圣山下的“慈子花”

——西康福利学校20周年纪实

S H E N G S H A N X I A D E " C I Z I H U A "

西康福利学校坐落在海拔3700米的塔公草原上，
是由四川省十届人大代表、四川省佛协副会长、
甘孜州政协副主席多吉扎西仁波切筹资兴办的全藏区第一所全免费、
寄宿制的民办福利学校。

林　强◎主编

编委会成员：王　瑰、张建森、陶　琴、曾清燕、魏　宏

UNITY PRESS

團结出版社

图书在版编目(CIP)数据

圣山下的“慈子花”：西康福利学校20周年纪实 / 林强主编. —北京：团结出版社，2018.8
ISBN 978-7-5126-6549-1

Ⅰ.①圣… Ⅱ.①林… Ⅲ.①西康福利学校-概况
Ⅳ.①G639.287.12

中国版本图书馆CIP数据核字(2018)第188850号

出　　版：团结出版社
（北京市东城区东皇城根南街84号　邮编：100006）
电　　话：(010) 65228880　65244790
网　　址：www.tjpress.com
E - mail：65244790@163.com
出版策划：力扬文化
经　　销：全国新华书店
印　　刷：成都国图广告印务有限公司

开　　本：787mm×1092mm　1/16
印　　张：23.75
字　　数：470千字
版　　次：2018年8月第1版
印　　次：2021年3月第2次印刷

书　　号：ISBN 978-7-5126-6549-1
定　　价：68.00元
（版权所属，盗版必究）

序一：仁波切的初心

正如因为有了徐悲鸿，才有了北平艺专，有了蔡元培，才成就了北京大学一样，西康福利学校的诞生与发展，是因为塔公的多饶嘎目有多吉扎西仁波切这位大德。

上世纪九十年代，仁波切利用到澳洲、美国以及国内的北、上、广、深等地讲学之机，对国内外的教育与办学经验进行了考察，尔后又对甘孜州所辖十八个县的贫困地区孤儿入学难的情况进行了调查分析。基于多届连任四川省佛教协会副会长与甘孜州政协副主席的担当与热忱，仁波切下定决心，创办甘孜州西康福利学校，解决全州部分孤儿的生存与教育问题，为甘孜州的稳定与发展，为贫困农牧区的基础教育，为高原的现代化建设，培养后备人才，走前人未走的路，做前人未做的事。这就是仁波切从心底发出的誓言，更是仁波切的初心。

筹措资金，设计施工，组建队伍，招收学生，实施教学……每项工作的困难，在这块偏远落后的土地上，都像一座难以翻过的大山，但初心的能量是不可估量的。仁波切以超人的能力与信心，在不到一年的时间里，演绎了精卫填海与愚公移山的神话：1998 年 9 月 1 日，西康福利学校开学了！校园里升起了鲜艳夺目的五星红旗。

从此，塔公草原这块沉寂已久的土地，因为有了西康福利学校而焕发了勃勃生机。甘孜州乃至整个高原，开始传诵学校发展过程中动人的故事……

每当凌晨以后有车灯照着校门，守门多年的周阿妈准会说，是仁波切开完会赶回来了；每当午后两三点钟仁波切仍未回校吃饭，伙食团的工作人员一定会说，是仁波切在和包工头谈话；每当仁波切眼挂血丝，我们知道，他肯定又遇难题了，又是几个通宵未睡；仁波切脸色发黄，是胆结石的折磨；扶着垫子起身，是腰椎病犯了……总之，在仁波切身边工作的人都清楚，是办学中的种种困难拖住了仁波切，没有休息时间，错过看病机会。西康福利学校办好了，仁波切的病痛却多了；孩子们在幸福地成长，而我们的仁波切却在操劳中衰老……

让我终生难忘的是2006年8月的一个晚上。大约十二点钟，我陪仁波切从木雅多饶嘎目学校的工地上下来。仁波切开车行驶在多饶嘎目至塔公的盘山道上，突然汽车抛锚了。车外月黑风高，雨雪交加。我不懂修车，只得由仁波切换胎。寒风入骨，雨雪刺脸，仁波切趴在雪泥地上摸黑操作，还不时地和我开玩笑……我无法控制自己的哽咽，心中不忍——省佛协的副会长，州政协的副主席，一位大活佛，此刻竟……

一次，一位省电视台的记者在采访时向仁波切提问：多吉主席，您这样不惜身体地工作，能法体常住吗？活佛的任务是弘扬佛法还是兴办学校？

仁波切答道：弘扬佛法与兴办学校的目的是一致的，都是一种教育，异曲同工。而办学校是更直接地利国利民，尤其在我们落后地区，更需培养出一批有用人才来推动社会经济的发展。发达地区的发展资源是多方面的，但人才是核心的动力。作为改革开放时代的活佛，能在政协委员这个职务平台上，协助政府为时代与社会服务不是更好吗？再者，佛协与政协给了我职位，不能只是名头，更多的是担当。当然，这么多年来的办学历程，是个克服困难的历程，但不管出现多大困难，我都初心不改。

十多年来，仁波切铭记初心、艰苦奋斗的精神无时无刻不深深地影响着教职工。胡忠、谢晓君夫妇，魏宏、盈明丽、陈少雄、四郎医生、周阿妈、仁青、扎西曲珠、何强等志愿者以及后来进校的教职工，都在不同的岗位上以初心作砥柱，为西康福利学校的发展进行着艰苦卓绝的奋斗。他们有的放下了家庭，有的耽误了嫁娶，有的舍弃了职业，有的搁置了生意……他们义无反顾地用青春与心血，谱写了一曲感天动地、为初心而奋斗的华美乐章。

他们在为高原孤儿的幸福成长传承着“传道授业解惑”的师者古义，又续写着“学高为师，身正为范”的现代师道。

时势造英雄，环境成就人。2004 年，尼玛同学在人民大会堂参加“新苗杯”全国少儿艺术新苗大赛，获舞蹈组银奖；2005 年，马海清、泽仁英措两位同学在央视“民歌中国”栏目接受访谈并演唱；2006 年，盈明丽老师被评为“四川女性 2005 十大年度人物”；2012 年，胡忠、谢晓君老师被评为中央电视台“感动中国 2011 年度十大人物”；西康福利学校自己培养的高中毕业生连续三届全部考上大学，大学毕业后，多人考上公务员……西康福利学校的成功办学，在甘孜州、四川省乃至全国，堪称民办公助学校办学成功的典范。而学校的创办人多吉扎西仁波切，以他不忘初心、勇于作为的实践，立下了一块永久的丰碑。

2000 年 11 月 16 日，我与金颖从成都来到西康福利学校任教，2008 年 3 月 5 日，我们不得已离校至成都养病。离开学校虽已十年，但正如多吉扎西仁波切所说，我们仍是西康福利学校的家人。但凡仁波切召唤，我们定是召之即来，来之即安。西康福利学校，这里有我们值得崇敬的仁波切，值得亲近的同事，值得牵挂的学生。九年的工作经历，生活的磨练，仁波切的培养，在我们的人生链条中，是十分重要而闪光的一环。与其说我教书育人，培养了学生，不如说我受到了仁波切的直接调教，实践着人生价值与人格品质的提升，完成着中国传统文化的传承。

曾　逸*、魏金颖

* 曾逸，汉族，安徽人，自 2001 年 2 月至 2003 年 3 月任西康福利学校校长，夫人魏金颖老师在办公室工作；2006 年 7 月至 2007 年 10 月任康定市木雅多饶嘎目九年一贯制学校校长；2007 年 10 月至 2008 年 3 月任综合办公室主任，夫人魏金颖老师在办公室工作。

序二：志愿精神的双子学校

“我也为你祝福，愿你有一个灿烂的前程，愿你在尘世获得幸福。”以前，我喜欢海子发出的此类祝愿。而如今，我更喜欢鲁迅先生的警句——“无尽的远方，无数的人们，都和我有关。”因为从中我能看到强烈的责任感。

迎来一批批新同学，送走一届届毕业生。光阴不仅上演着四季更迭、周而复始，时间更是把沧海变作桑田。

在多饶嘎目这个地方，有人说我们创造了奇迹。作为这所学校的校长，见证了康定市木雅多饶嘎目九年一贯制学校从无到有，从有到强；见证了从建校初期板房教学与生活的艰辛，到2009年建成的老教学楼阳光棚里的“团结友爱”，再到2014年震后于新板房中的“自强不息”，以及如今灾后重建的崭新教学楼里的“不忘初心、砥砺前行”……亲历并见证了这一切的变与不变，我思考得最多的是，我们付出了什么？我们收获了什么？我们留下了什么？

日月如梭，往事并未褪色，今日风和日丽，且任我在浩瀚的记忆中撷取星星点点的片段，并将西康福利学校的精神贯穿始终！

西康福利学校——志愿者之歌

2004—2006年，我被借调到西康福利学校工作。在西康福利学校的那些岁月，似乎都是在匆忙中度过，整日跟孩子们在一起，他们天真、活泼、开朗、快乐，日子过得很快。

转眼又到秋季，塔公草原像是铺垫了一层深绿色的毛毯，草原上格桑花怒放，在蓝天白云的掩映下，显得清丽脱俗。

新学期开始了！一天傍晚，外面传来一阵欢声笑语，伴随着孩子们的吵闹声，我应声望去，只见两个陌生人在孩子们的簇拥下，向办公室走来。他们都背着简单的行李，看似三十多岁，都戴着眼镜。“你好！我们是广东来的志愿者，是师范学院毕业的，希望能在这里当老师。”声音洪亮，听不出经历过长途颠簸。

“我们这里条件非常艰苦！”

“我们不怕！”

“我们这里没什么钱哦……”

“没关系，我们就是来献爱心的。”

每每有志愿者来，我打心眼儿里高兴，真心地欢迎！

福利校在离康定县一百多公里的塔公乡，山路迢迢，交通不便。福利校又是民办公助的学校，待遇远比不上公立学校。福利校的学生都是孤儿或来自单亲极贫家庭，这些年来校献爱心的志愿者还真不少，看到他们，我非常地开心，由衷地感动！然而，藏地的风俗习惯与汉地不同，加上高寒的地理气候，令很多志愿者最终选择了离开。

这两位老师来后不久，便停电了！晚饭吃得很简单，只有一个豆瓣炒莲白，米饭做到一半停的电，所以给老师们吃的饭都是夹生的。晚饭后，大家照例到操场上转上几圈，师生散步，每个老师身旁总会围绕着几个学生，活蹦乱跳的，老师或对学生循循开导，或给同学们讲故事。同学们对新来的老师总是兴趣很大，听新老师讲外面的世界，让新老师唱歌，于是大家欢快地一起唱起来：“每一次都在徘徊孤单中坚强，每一次就算是受伤也不闪泪光，我知道我一直有双隐形的翅膀，带我飞，给我希望……”

之后还要上一节晚自习，我给每个学生发了一根蜡烛，于是，教室里泛起了红光，无数根蜡烛所发出的光芒，聚拢在一起，把教室点亮，温暖着孩子的心。经过烛光的照射，老师高大的身影映在墙上，印在了孩子们的心里。

这些蜡烛，就像志愿者，在这非常艰苦的环境中燃烧自己。每一根蜡烛的光是有限的，然而，无数的蜡烛接力般的付出，就会聚合成持久的稳定的光源，照亮孩子们的前程，告诉孩子们不要害怕，要勇敢地长大！

很多人都说西康福利学校的志愿者有点傻。他们真是傻，放弃大城市稳定的工作和便利的生活，来到在中国农村里都算是荒凉和落后的地方；雪域高原，高寒缺氧，随时在对人的体能和毅力进行极限挑战；这样干下来，每月只拿三五百的工资……

可是，就有这么一部分志愿者坚持了下来，坚持了十几年，甚至二十年，把学校当成家，把学生当成自己的孩子。

难以想象！

是什么样的力量，令她毅然背上行囊，到祖国的青藏高原支教？是什么样的力量，让她穿过一个接一个幽暗的隧道，跨越万水千山，化作善良与睿智的雪莲，潇潇洒洒在这雪域绽放？

是什么样的力量，支撑他不遗余力地燃烧？皱纹仓促地爬上额头，华发早生，他却还恪守初心，十年如一日地在夜半挑灯伏案。是什么样的力量，赐予他历久弥新的热情，一次又一次地踏上高原，安安心心做个幸福的傻瓜？

难能可贵！

在雪域高原上，不乏有识之士，从民族的长远发展计议，纵览世界，放眼中华，借鉴历史，展望未来，勇于进取，敢为人先，只因深知少年强则民族强，少年富则国家富！

我深有感受，对于心中有爱、有情怀，又孜孜研究、专注于教学的人来说，这里并不苦，或许还能苦中作乐，乐在其中！正如孔子之问：“何陋之有?”往往人在物力维艰的境地，更能体会到精神富足所带来的充实和愉悦。这即是精神的力量！

傻是表象，傻的真相是一种精神——志愿者精神——傻头傻脑到义无反顾，无私奉献至不畏牺牲。而志愿者精神已融入了西康福利学校的精神，让文化教育在荒芜的藏乡生根发芽，让当地百姓对学校充满信任，甚至感动了中国！

傻至道者，为国为民！

多饶嘎目学校——志愿精神盛开的花朵

由于西康福利学校办学非常成功，远近闻名，当地百姓强烈要求扩大办学规模和扩大招生范围，普通家庭的家长们也希望把孩子送到福利学校，于是联名向政府表达民意。2006 年，经康定县人民政府批准，建立康定县木雅祖庆学校（现名康定市木雅多饶嘎目九年一贯制学校）。学校招收塔公、瓦泽、呷巴三乡二十七个行政村的农牧民子女入学，以全免费、寄宿制、九年一贯的模式，解决学区内适龄儿童读书难的问题，保障当地社会的教育公平。

建校伊始，由于基础设施简陋，电力等配套也没跟上，学校就像一座与世隔绝的孤岛，狂风、黄沙、霹雳、暴雨、大雪……似乎大自然一出手，就能将它拂去。每当夕阳西下，白昼缓步离开人间，黑夜张开无形的双臂笼罩住天空，黑暗所带来的真切寒冷和朦胧的寂寥浸入人心，有的老师不堪煎熬，选择离去。软硬件条件差，师资匮乏，于是，学校里出现了这样一群人——他们不计报酬，只懂给予；他们不图地位，只管奉献；他们不畏平凡，只愿今生无悔。他们，就是西康福利学校前来支援的志愿者。这些志愿者，构成了我校的创业团队，与我走过一段风雨同舟的日子。我想，支撑创业者的是对民族教育的情有独钟，还有青春激情和舍我其谁的责任感。民族振兴，教育为本，靠的是“匹夫有责”，正是这些凡人善举，在这个社会上坚守着正义，散发着正能量。创业者具有的这种责任感，与学校同生共长，是我校艰苦奋斗、自强不息优良传统的思想内核。

建校十二年，我校取得了良好的办学效果。2014 年至今的四次中考成绩，我们在甘孜州一类模式学校排名为三次第一、一次第二。学生们在校园里汲取知识、锻造人格，回到家乡成为老乡们的榜样，成为弟妹们的小老师，传播新文明、新风尚，以点带面，深得本地各界的认同和信任，具有良好的社会影响。多年以来，康定市木雅多饶嘎目九年一贯制学校因严谨的教风和取得的显著成效，在老乡中口碑极好，尤其是我校学生在卫生、礼仪方面的巨大变化，使学校赢得了当地老百姓的普遍认可和广泛赞扬。前来学校视察、指导工作的各级领导，如全国政协外事委员会副主任韩方明，四川省团省委书记张彤，原甘孜州党委书记胡昌升等，都对学校的办学成果给予了充分的肯定。

在这些成绩的背后，有党和政府坚定的支持，有老师们无私奉献的精神和无畏牺牲的实际行动，有一幕幕感人的瞬间。

我们回放2014年康定地震时刻的监控，看到很多老师在课堂上的第一反应是用双手保护学生而不是自己；在涌出的人潮中，有几个特殊的身影，那是志愿者们逆流而上，用铁的臂膀将孩子幼小的身躯从危险境地抢出；有的老师已抵达安全的操场，当发现学生还未全部脱险时，又义无反顾地冲进教学楼……

付老师和梁老师是从成都来我校的一对硕士夫妻，在高原工作十余年。2017年底，付老师因肾积水只身回蓉做手术，在医院里请护工照顾，而梁老师强忍悲痛留在我校默默坚守着岗位……医生在电话那头焦急地讲着手术的风险：“因为两年前的腹腔镜手术留下了刀疤，造成管道狭窄，这次手术镜有可能过不去，勉强过去也会影响镜体的灵活性，如果碰破肾动脉，会造成体内大出血和器官急剧衰竭，会有生命危险……你真的不回来?”他还没有遇见过像梁老师这样“绝情”的家属。“人都会死的，哪怕明天术后我不能醒来，我也深深感激这比起一般人还算是值得的人生，我不后悔当年到高原去的抉择。走就走吧，只是有一点遗憾，就是假如明天我走了，你不在身边。”付老师的话也令梁老师彻夜难眠。

在这块土地上，有无私奉献、坚忍不拔的精神，有牺牲小我成全大我的集体主义，它像有着不竭动力的马达，在西康福利学校激励着我；它又似弥漫在道德高地的一股馨香，在多饶嘎目学校熏陶着我。我常想，志愿者、老师们尚且能做到一百分，我作为本地区本民族的一位校长，重任在肩，责无旁贷，更应当做到两百分！

在《2016年国务院政府工作报告》中，李克强总理提出“培育精益求精的工匠精神”，“工匠精神”即认真、敬业、执着追求的精神。在学校管理方面，我努力营造敬业乐业的校园文化，弘扬“工匠精神”，争取把德育、教务、后勤等工作做细、做实，并让多饶嘎目学校具有持续发展的动力和长期的上升空间。

祝愿两校——比翼双飞，不辱使命

西康福利学校二十载，多饶嘎目学校十二载，一轮岁月白驹过隙！细数流年，静看过往，饱经风霜的两所学校褪去青涩，在雅母雪山之下安然矗立。

千年的雪山，喜迎春风化雨，雨露滋润了无数的桃李，如今从两校毕业的学生已经遍及甘孜州，待到这些同学长大成人，又将继续把文明的种子播撒。民族地方的教育，虽然起步较晚，但是适逢“文化大发展大繁荣”政策的春风，正在快速成长，恰如“人间四月芳菲尽，山寺桃花始盛开”，此番美景，正在祖国的青藏高原上竞相展现。

新时期，新形势，习近平主席发出时代最强音：不忘初心，继续前进！

甘孜州政协多吉扎西副主席也说：我们藏族人修房子，刮风下雨都不会停下来，教育事业利国利民，要把它做好，并为它奋斗终生！

我有一壶茶，足以慰风尘，尽倾江海里，共济天下人。我相信，做事不嫌点滴，足迹指明方向，有梦想，有格局，脚踏实地，效果就会慢慢呈现。我不辜负时代，时代也定不会负我。

德吉拥忠*

* 德吉拥忠，藏族，康定市塔公人，2004 年来校，任教藏语文，任过总务主任；2006 年调至康定市木雅多饶嘎目九年一贯制学校任副校长，2007 年至今担任校长。

主编手记

贡嘎山是摄影家的天堂，是摄影爱好者心中的向往。我，作为一个摄影家，在上个世纪90年代多次前往贡嘎山进行拍摄，由此认识了多吉扎西仁波切，也见证了他所创办的这所西康福利学校的发展，更是亲眼看着那里的孩子们一批又一批地入校学习、考学离开。这20年来，我数十次来到这所学校，与多吉扎西仁波切结下了深厚的友谊。这所学校在政府的序列中并不突出，也没有“名校”的传播度，但它却深深地印在我的心中，越来越重。那里的每一位老师，每一位志愿者，每一位孤儿及特困生，对我来说都太亲切了。每当在学校迎来一个个日出的时候，每当同学校老师接触和交往的时刻，就会感受到一种召唤。那是一种与以往生活经验不同的情怀，这种感受来自多吉扎西仁波切的慈悲包容，来自老师们的敬业奉献，来自学生们的坚韧团结。学校虽然离我数百里，我却好像一直生活在那里。西康福利学校不仅是我心里的一份挂念，更似我灵魂的港湾。

西康福利学校位于海拔3700多米的塔公草原，面朝雅拉神山，背靠贡嘎圣山。我第一次去学校，带了一面国旗。学校用我带去的国旗举行了隆重的升旗仪式，从此五星红旗就飘扬在学校的上空，飘扬在塔公草原上，飘扬在神山之间，飘扬在每一位汉、藏、彝、羌族群众的心里。如今20年了，这面红旗仍然鲜艳，越来越耀眼。那里走出了一批又一批的大学生，走出了全国少儿艺术大赛的获奖者，走出了全省的“三八红旗手”，还走出了“感动中国十大人物”……这些成绩、荣誉浸染着这面红旗，滋润着贡嘎山这片土地。

犹记得2010年，8年前的一个晚上，多吉扎西仁波切给我打电话，兴奋地告诉我，学校里的第一批高三毕业生参加了高考，他们的成绩都挺不错。这样的好消息让一向沉稳淡定的多吉扎西仁波切也激动不已。几天后，我找到了省招生考试办的领导，跟他们介绍了这所学校，讲到了这些孩子们的不容易，希望他们在不违反政策的情况下，对孩子们多加照顾。最终，首批22名毕业生有21名顺利上了大学，走下了高原，踏上了新的人生之路。也是从那一天起，我对这所福利学校，对多吉扎西仁波切，对那些志愿者以及那些孤儿和特困生们更加刮目相看。

2011年六一节那天，学校邀请我跟孩子们一起欢度节日。那一天，学校布置得喜庆洋洋，彩带、气球随风飘扬，每个孩子都穿着自己最漂亮的民族服装，快乐幸福溢于言表。走进学校活动中心就看到挂着“孩子们，生日快乐”几个大字的横幅。我当时特别纳闷，谁的生日值得全校庆祝，而且搞得这么隆重？原来，这里的很多孩子都是孤儿，他们有的出生以后就被父母抛弃，连自己的生日都不知道是哪一天。于是，多吉扎西仁波切决定每年的6月1日就是孩子们共同的生日。那一天是全世界小朋友最快乐的一天，他也希望这里的孩子们能够永远快乐下去。生日这天，活动室里张灯结彩，绿叶青翠，花枝招展，五颜六色的糖果摆放在桌子上，瓜子、花生这些孩子们喜爱的小零食更是必不可少。这是一次生日聚会，也是一次家庭聚会。孩子们和我们一起唱歌、跳舞、讲故事，最后共同许愿、吹蜡烛、吃蛋糕。到了晚上，篝火点起来，全校师生围绕着熊熊篝火跳起了锅庄，悠扬的旋律、跃动的舞姿点燃了贡嘎山之光。

如今，20年过去了，一批又一批优秀的志愿者走进这所学校，而这所学校也走出了大学生、研究生、空姐、摄影师、歌手……多吉扎西仁波切的慈悲和老师们的奉献改变了这些孩子们的命运，重新为这些折翼的孩子们添上飞翔的翅膀，让他们能够在贡嘎山的这片蓝天下自由翱翔。

贡嘎山，藏族人民心目中的神山，圣洁美丽，至高无上。西康福利学校收藏着我的一幅“贡嘎山”的巨照，这幅照片的原件保存在军事博物馆里。那是2007年，我由于帮扶凉山州麻风村的教育，被全国各地媒体宣传报道。多吉扎西仁波切在央视新闻联播看到我的事迹以后，当天晚上就给我打电话，高兴地说："好！好！太好了！林老师，你太好了！"随后，他问我能不能送他一张照片。我思来想去，挑来挑去，选中了那张"贡嘎山"，我想让贡嘎山的光辉照耀着西康福利学校，庇护那里的老师和学生们，让他们永葆圣洁纯净之心。

教育是关乎国计民生的大事，影响着一个国家的未来。然而，我们现在的条件有限，不能让每个孩子都享受到优良的教育。多吉扎西仁波切用他的慈悲之心帮助了那些孩子，也化解了我们的难题。作为一个奋斗了50年的教育工作者，我一直被多吉扎西仁波切和那些志愿者的奉献精神深深感动。此次听说他们要编写一本学校20周年纪实的书，我便自告奋勇地为他们出谋划策，当看到那些志愿者和孩子们写的文章，我又一次在心里为他们竖起了大拇指。多吉扎西仁波切，一位得道高僧，为给孩子们修建这样一所学校，筹措资金，设计施工，组建队伍，招收学生，实施教学……把自己操劳得一身病，怎么不令我赞叹！来自全国各地的志愿者们，吃的米饭经常是夹生的，点着蜡烛批改作业和备课是常有的事，一个人身兼数科和数职，每个月却只拿着300块钱的工资。这样的环境下他们有的人一坚守就是20年，怎么不令我敬佩！这些孩子们，出身贫寒，有的连自己的父母是谁都不知道，可他们不堕落、不抱怨，一直保有一颗纯洁向上的心，不畏将来，砥砺前行，怎么不令我感动！

在本书中，西康福利学校的管理者和老师们回顾和总结了建校二十年来的办学、教学经验与心得，志愿者和学生们讲述了一个个关于学校生活的动人故事——志愿者无私付出、突破自我极限、创造出一个个奇迹；孩子们敞开心扉，克服困难，在如父如母的仁波切和老师关怀下成长、蜕变，实现梦想……在雪域高原上，天空格外纯净美丽，而比天空更加纯净美好的，是你将在书中遇见的灵魂。对于那些有志于投身教育事业、特别是为民办教育和特殊教育奉献力量的人，对于那些在职场上苦苦打拼却总是难以突破的人，对于那些渴望寻找心灵力量的人，本书都非常值得一读。

四川省政协教育委员会副主任：林强

创办人简历

多吉扎西活佛（法名初日·达玛班扎）

1965 年 7 月　出生于康定市多饶嘎目的一个牧民家庭。

1970 年　开始学习藏语文和读诵经文及各类佛事仪轨。

1980 年 6 月　跟随大恩上师堪布曲扎仁波切出家，后在其座前获得堪布学位，学修显密经典达 20 多年。

1985—1988 年　任四川省藏语佛学院堪布。

1986 年　在根本上师初日·多洛门下求得宁玛派密续和伏藏全集的传承。

1989—1991 年　在甘孜州翻译局工作（负责审定《德格印经院目录大全》）。

1991—1994 年　在上海外国语大学学习汉语文。

1995—1997 年　在四川大学研修班学习。

1997 年　在康定塔公创办西康利乐敬老院、创建木雅尊胜塔。

1998 年　创办甘孜州西康福利学校。

1998—2016 年　任康定市政协副主席。

2000 年　向拉萨大昭寺佛祖等身像敬献佛冠并创办佛诞盛会。

2002 年至今　任四川省佛教协会副会长。

2004 年至今　任甘孜州佛教协会副会长。

2004 年至今　任甘孜州政协副主席。

2006 年　与康定市政府联合创办木雅多饶嘎目九年一贯制学校。

2010 年　在中国藏语系高级佛学院任宁玛班的堪布。

2011 年　在中国藏语系高级佛学院参加全国藏传佛教统考，获得一级经师资格。

曾任德格竹庆寺佛学院院长堪布，现任康定市塔公显密大僧院院长堪布、康定市佛教协会会长、四川省政协委员、中国佛协藏传佛教学衔工作指导委员会委员。

历任校长简历

樊四维，男，1940年2月出生，1963年毕业于四川师范大学中文系，1963—1984年在成都市十三中任教，成都市和四川省优秀班主任、优秀教育工作者，在1983年任第一任民选校长。1984年至退休，调任成都市第三中学担任校长兼党支部书记。1998年8月至1999年9月任西康福利学校校长。

吕美，女，成都人，1944年5月出生，成都实验小学优秀语文教师，成都成华区教研室主任，语文特级教师，国务院特殊津贴专家。1999年9月至2001年2月任西康福利学校校长。

曾逸，男，安徽人，1950年出生，先后于安徽省固镇县任中学教师、县委组织部科长、司法局局长、教育局党组书记。2001年2月至2003年3月任西康福利学校校长。

胡忠，男，成都人，1968年9月出生，1992年毕业于重庆师范大学化学系，同年工作于成都石室联合中学。2001年到校支教，2003年3月任西康福利学校校长至今。

上卷：为爱坚守20年，不忘初心

中卷：为师为友为父母，不辞辛劳

下卷：桃李芬芳满天下，将爱传递

上卷

为爱坚守 20 年，不忘初心

卷首语：独上高原，行走天涯路

不是孤儿院，不是SOS儿童村，更不是普通的学校。它是一百多个孩子的家，孩子们的童年、少年直至青年初期都在这里度过，身体的成长、性格的养成、心灵的塑造都在这里完成；它又是一所学校，是求知的殿堂，孩子们从小学到高中都在这里学习，知识的大厦在这里奠基，人生之路从这里启航。

一百多份生命之托，只许成功不能失败的教育实践。

这是前所未有的尝试。

没有样板可模仿，没有先例可借鉴，创办者多吉扎西仁波切怀着无尽的慈悲与大爱，“善有善报，因果不虚”的坚定信念，以无畏的勇气和担当，挑起了这副万钧重担，成为学校发展和孩子们生命中最有力的支持者和最可信赖的恒久依靠；一批又一批的志愿者们，怀着对高原孩子深深的爱，对教育事业的无比忠诚，义无反顾地在苦寒的高原，为孩子们的成长奉献出自己的青春、心血与智慧。

20年，许多的人来了又走了；20年，无数的困难、艰辛与考验；20年，头上有祖国母亲飞速发展撑起的荫庇巨伞，背靠全社会善心人士爱心筑成的坚强大山，脚下是古老文化孕育的坚实土地，仁波切带领老师们前赴后继，走过了一条闪光的探索之路。

没有轰轰烈烈，没有标新立异，有的是对国家教育方针的坚定执行，是对国家教育法规、学校规章制度的严格遵守，是对中华优秀传统文化的有力传承，是日复一日踏踏实实的努力和付出，是20年不动摇不放弃的爱与责任。

因为爱，所以奉献得忘我与彻底。

因为责任，所以要求得严格与持久。

时间流逝，人事更替，爱与责任成了家庭式的西康福利学校不变的精神与灵魂。也正是在老师们爱与责任的接力中，完成了对孩子们学业的培养、生命的塑造，把他们抚育长大、培养成才，西康福利学校走出了一条可圈可点、可资借鉴的特殊教育之路。

“桃李不言，下自成蹊。”当孩子们从让人恻隐的弱势群体健康成长为阳光向上、德行美好、知恩图报的令人欣喜赞叹的一股清泉一股力量的时候，我们细细梳理，把这条普通然而绝不平凡的教育实践之路，呈现、奉献在您面前。

西康福利学校20年发展纪实

1997年，甘孜州政协副主席多吉扎西活佛向州领导汇报了创办一所福利学校的想法，得到肯定与支持；之后向甘孜州教委递交《关于申请创办西康福利小学的情况汇报》；州教基〔1997〕字第25号文件予以批复，准予创办。这是由多吉扎西活佛自筹资金创办的全免费、封闭式、寄宿制的福利学校。

在康定县塔公乡西康利乐敬老院内，校舍动工修建。招生工作在全州18个县展开，条件为6至10岁的孤儿，民族不限。同时开始寻访师资。

1998年8月，学校面向社会招聘高中毕业以上文化程度的生活妈妈，即生活教师。这是学校基于学生的特殊性而设立的一个特别岗位，她们将与孩子们组成小家庭，担负起引领孩子走好人生第一步的教育重任。下旬，学校教职员工到位。28日，第一批几十个孩子到校。

29日晚，学校召开教职员工见面会，会上校董会主席讲话：

“尊敬的各位老师，各位员工：大家好！作为学校创办人，我代表学校，真诚欢迎各位的到来！今天在座的，都是对高原特殊孩子充满爱心、对边远地区的教育事业满怀热忱的志愿者们，是有着七年以上教学经验、身体条件适应高原气候，且接受每月300元工资，承诺既当老师又当父母、没有上下班、没有节假日、全心全意为孩子付出至少三年以上的老师们。你们经过慎重的考虑、理性的选择，接受了我苛刻的应聘条件，放下原本拥有的优越的工作和生活，放下自我，来到高原，从事特殊教育，奉献你们的爱心与智慧，在我心中，你们就是活生生的菩萨！在此，请先接受我崇高的敬意！并允许我向大家作个介绍：负责学校日常工作的校长是原成都三中的校长樊四维，学校教育教学的顾问是原成都市机关三幼的园长邱焘，……

我也介绍一下自己和学校。我叫多吉扎西，本地人，一名虔诚的佛门弟子。小时候我跟妈妈生活在一起，5岁时对三宝生起了无比的信心，对僧人的形象产生了深深的向往，幸运地得到了母亲的支持。那时我的启蒙老师是吉美登真上师，我跟着他学习藏语文，接受传统教育。7岁至15岁，我四处游学，学习读诵经文、佛事仪轨和佛教经典。15岁时，我开始在大恩上师堪布曲扎仁波切座下系统学习佛教显密经典，得到了大圆满龙钦心髓的主要传承；并先后在初日·多洛老上师座下求到了初日和龙萨传承在内的红教主要传承的灌顶和实修的诀窍。我还有幸拜见了其他教派的诸多高僧大德，无分别地虔诚顶礼和接受了各教派的传承。后来我有缘认识了中国佛协赵朴初会长，他要求我无论如何都要学习汉语文，并安排我去上海外国语大学学习。后由老人家出面与地方政协协商，让我脱产去上海学习。学习两年，年近30的我没有记住多少文化知识，却有了一个意外的发现：在令我惊叹和赞美的都市繁荣外表之下，是人们并不轻松的生活，望子成龙的愿望所带来的压力让父母们为了子女的教育无怨无悔地辛勤付出。那么，那些失去父母的孩子们，他们的教育由谁来操心呢？身为佛门弟子，替他们的父母实实在在地做点什么，才是最应该的。于是我萌生了为他们办一所家庭式学校的想法。我的想法得到了州领导的认可和支持。

当时的我无论在宗教领域还是世间，都有一些大家认为不错的机会，但我没有产生兴趣，因为我从小就不喜欢锦上添花，只希望能做些雪中送炭的事：哪怕是只能端出一碗热气腾腾的稀饭给一个需要的人，我都会感到由衷的喜悦和满足！因为在我心目中，这就是一个佛弟子应有的行为。由此，我创办了西康利乐敬老院，今天，又在敬老院的院子里，迎来了在座这么多同仁的加盟，我感到非常的欢喜！

西康福利学校是按《四川省社会力量办学管理方法》的规定，由我提出申请并获得甘孜州教委批准创办的福利性质的家庭式学校，它的建立，有赖于党和政府的信任。这种信任表现了对我办学初衷的信赖，对我个人的肯定和对学校办学前景的期望，更体现了对特殊群体的关怀，对藏区教育的重视，对社会力量办学的鼓励和支持，非常稀有难得！我很珍惜，也请大家一定要珍惜。学校虽然是我筹资创办的，但它就是政府的学校，是牧区百姓的学校，对它我没有任何个人的目的和企图，只希望能为当地的教育出一点力，能为家乡的发展和进步做一点力所能及的贡献。作为国家的一分子，这是我该尽的义务；作为一名政协委员，这是我该有的担当和责任。所以它不营利，全免费，而且必须在当地教育主管部门的领导下，和所有公办学校一样，不折不扣地贯彻执行国家义务教育阶段的方针政策和国家制定的教学大纲和教学计划，遵守国家法律法规。只有这样，才对得起这份信任，对得起当地百姓的支持和期待，也才能把学校办好，让孩子们拥有光明远大的前程。这样的办学原则永远要坚持。这也是对我、对学校各部门负责人、对每一位教职员工永久不变的要求。

学校的孩子身世特殊，来到学校，我们要让他们快乐地生活，培养习惯，学习知识，更要给他们负责任的爱，让他们成长得和一般正常家庭的孩子一样健康，甚至还要优秀。要做到这一点，我们就必须既是老师，又当父母，把他们当成自己的孩子一样看待，关心他们，更要教育他们，随时随地纠正他们不好的习惯，培养他们的好习惯。这是西康福利学校作为家庭式学校的特殊之处，也是学校每一位教职员工的责任所在。

老师们、员工们，从今天起，我们就是同事，也是这个特殊家庭的成员了。学校的办学目标是：解决少数民族边远地区特殊群体的抚养和教育问题；抓住西部大开发的有利契机，办好教育，探索出一条有效培养特殊孩子成才的新路，从而促进本地区全民素质的提高和本地区的发展。我们的任务光荣而艰巨，要走的路很长。所以，虽然地处偏远，但我们要引进最先进的教育理念和办学模式，向一流学校看齐，办高质量高水平的教育。学校设有校董会、办公室、教务处和总务处。校董会由我负责，学校的工作由樊校长全面负责，办公室由吴老师负责，教务处由魏老师负责，总务处由李老师负责。我在为学校寻访和邀请志愿者时提出，为大家提供的月工资是300元，因为能够接受这样薪资标准的一定是不为金钱只献爱心的真正的志愿者，是学校真正需要的人才，如在座各位；也因为学校刚刚起步，条件有限，所以还请大家理解和支持！当然我相信，随着学校的发展，志愿者待遇的提高一定是自然而然的事。日后大家在工作中有任何有益的想法、建议，个人生活上有任何所需，都请直接提出来，我会认真听取，努力办到。老师们，‘千里之行，始于足下’，‘精诚所至，金石为开’，只要我们存善心，做好事，团结一致，完完全全为孩子着想，认认真真按国家要求办学，佛教讲‘善有善报’，因果不虚，相信我们的办学目标就一定能够实现。最后祝大家身体健康，工作顺利！”

9 月 1 日上午，西康福利学校开学典礼在新建成的校园内简单而隆重地举行。甘孜藏族自治州州委副书记、州政协主席、州公安局局长、州教育局局长、州民政局领导、州妇联主任、康定县委书记、县政府领导、塔公乡党委书记、乡长莅临指导并在主席台就座，州委洛书记、州教委陈主任、康定县委书记和创办者先后讲话。各方嘉宾、当地老乡、学校师生参加了典礼。西康福利学校正式开学。

办学第一年（1998—1999 学年度）

学校学生有藏、汉、彝、羌四个民族，大多是孤儿，少数是特困生，来自甘孜州 13 个县，由各县教育、民政、妇联等部门正式考察推荐，由所在乡、镇政府担保，统一招收入学。孩子们没受过学前教育，性格顽劣，且各执方言，没有一种大家都能听懂、能够交流的语言。

在跟学生的见面会上，校董会主席说：

“亲爱的孩子们：你们好！欢迎你们来到我们这个家庭式的学校！很高兴我们能够聚集在这里，这是一种缘分。古人说过：善有善报，恶有恶报。我们一定是在过去行了善，才有了今天这么好的机会。

孩子们，你们身世特殊，以前也吃过一些苦，但没关系，更不用害怕，那些都永远过去了。现在，你们重新拥有了一个家，开始了快乐幸福的新生活。你们要在这里读书，现在读小学，以后读中学，如果努力，将来还可以读大学；更要在这里学习做人，培养好习惯。这个家里有许多的叔叔阿姨，还有几十个兄弟姐妹。我们所有的老师、长辈都爱你们！也会跟你们生活在一起，永远帮助你们。

我是这个家的家长，我叫多吉扎西。现在，我要跟你们讲讲我们这所家庭式的学校是怎么来的。起初，我有了要办这样一所学校的想法，于是向政府提交了申请；政府看了我的申请，相信我，认为我能为你们做好这件事，能够办好教育，出于你们的需要和对我的肯定，就批准了。所以我们一定要懂得感恩，第一就要感恩党和政府。其次，这所学校能建成，还靠了众多社会善心人士的支持和帮助，所以我们第二要感恩社会；而你们在这里生活、学习，要长大，要成才，得靠在座的所有志愿者老师。我敢保证，他们不仅爱你们，他们为你们所做的一切也都绝对是负责任的，只会对你们有帮助有好处，所以你们尽可以放心地服从他们，无条件地听他们的话。只要能做到这个要求，我敢肯定，你们不但会有变化，而且一定会成才。将来，我们不仅要自食其力，还要努力成为建设祖国与家乡的人才，并且把我们接受到的爱回报给社会，所以必须有能力有道德，而这只有靠教育，靠志愿者老师们的帮助才办得到。因此我们第三要感恩老师，要无条件地服从他们，以感激的心接受他们的教导。

孩子们，西康福利学校会为你们提供成长所需的一切条件，但成长得好不好，将来能否成才，要看你们自己。能不能上大学，能考入哪一级的学校读书，也全靠你们自己。学校不会也没有能力为你们寻求另外的途径，一切都通过国家正规考试的渠道进行选拔。你们能读到哪里就算哪里，包括博士、博士后。所以现在你们就要为自己的学习负起责任，从a、o、e开始，从1+1=2开始，认认真真跟着老师学，其他你们不用担心。只要听话，只要努力，学校会永远对你们负责，为你们提供支持。最后希望，你们能在西康福利学校心态自在，言行有规矩，学习、生活愉快！”

建校伊始，学校召开校务工作会议，依照《中华人民共和国义务教育法》和相关教育法规，建立规章制度，对学校各项工作进行规范化管理。

教学上，民族地区实行两种模式。本着为孩子负责的原则，学校与上级教育主管部门一起分析当时州内外的就业形势，经商讨，决定学校采用双语二类教学模式。

开学头三个月，学校对学生实行生活教育，为孩子们进入正规的课堂学习打基础。每天各上一节语言课、拼音课和诗教课，其余时间孩子跟着生活妈妈，学习洗漱、洗衣服、整理床铺、打扫卫生等基本生活技能；参加讲故事、读书、聊天等家庭活动，学说汉、藏语。

生活妈妈的工作职责是：负责学生的日常生活起居，保障学生的安全和健康；培养学生良好的生活习惯和行为习惯；教会学生一些基本生活技能，逐步培养学生的生活自理能力。主要工作是在学生上课以外的时间里，负责学生的一切行为：早上叫孩子起床，督促孩子洗漱、叠被、读书，陪同孩子进早餐；之后，送孩子去上课；中午，陪同孩子用餐，督促孩子午睡；下午，送孩子上课，接孩子放学，陪同孩子活动；陪同孩子吃晚餐，晚上安排孩子进行家庭活动，然后督促孩子洗漱、就寝，之后填写“一日生活记录”，写“生活日记”。而在孩子上课的时间里，妈妈们要打扫、整理学生寝室，清洗学生衣物，进行房间消毒、通风管理；负责学生的衣物管理；周末安排学生洗澡。

另外还有一些细致的工作：早上起床，给家里的女孩子们梳头；上学之前，检查每个孩子是否手脸干净；放学后，注意观察孩子情绪，询问孩子们上课的情况，视情况给予表扬和批评；在平时的家庭生活与活动中，更要时刻关注孩子的情绪与行为，对不好的行为习惯要时刻予以纠正，对孩子之间发生的矛盾要及时妥善解决，对孩子的思想问题要细心开导、疏通；孩子的一切用品，毛巾、牙刷，包括衣物都整齐统一，还要想办法细心为他们分辨……生活妈妈做的，是一位母亲甚至一位最好的母亲所应该做到的，努力给孩子以最好的家庭教养与教育。

生活妈妈们的工作既烦琐又辛苦，却意义重大。教务处下，特增设家教处，专门负责学生生活教育管理。

开学后不久，校董会主席和全校孩子进行了一对一的交谈与聊天，了解他们在校的生活、学习情况，之后与老师们沟通：

“老师们，这两天我与孩子们进行了交流，问他们过得好不好。一个孩子告诉我说，他曾难过了一整天，原因是看到一位老师给了另一个孩子一颗糖而没有给他。当时我心里很不好受，今天就把自己的想法和大家交流一下。佛教讲‘万法唯心造’，对任何人来说，心都是很重要的，心的作用很大。学校办公室墙上贴有一句话：‘一切为了孩子的健康成长。’这是我们的口号，也是我们工作的出发点和目标。而孩子们要成长得健康，首先必须心理健康。他们虽然身世相似，但来校前的家境还是有差异的，来到学校，我们不期望物质条件能够有多么好，也没有这样的能力和必要，但一定要给他们一个平等的心理成长环境，要公平。孤儿孩子的心是很敏感的，必须得到小心的呵护。所以我想我们能不能一起来制定一些规则，以保护孩子们幼小的心灵。

一是任何情况下都不要提‘孤儿’这个词，尤其当着孩子的面；二是不要出于好奇或其他任何目的去询问和打探孩子的身世，不要揭‘伤疤’，让他们快乐地生活；三是教职员工包括客人，不能单独给任何一个孩子任何一样东西；任何外来的捐助也都必须面向全体，比如有人带给孩子一小包糖，那么学校就要补上更多的糖，一起发给全校孩子；孩子不进老师宿舍；若有亲戚探望，不带东西进来，孩子由老师陪同去门卫室会见，那里与生活学习区隔着一个操场，不会刺激没人看望的孩子。这些条款希望我们为了孩子共同遵守。以后任何时候来了新教师新员工，部门负责人都要第一时间让他们清楚地知晓。”

老师们达成共识，很快形成了制度条文。

10月5日中秋节，举办中秋联谊会，孩子们以家庭为单位演出节目，表现出歌舞天分。决定凡遇节日均搞全校性活动，以营造温暖愉快的家庭氛围，培养学生多种才艺。其后，学校请擅长舞蹈的藏族老师来校教全校师生跳康巴锅庄，从孩子到教职员工，人人学会，作为家庭联谊传统节目。

入校前孩子大多营养不良，学校为此主动购进大量中药、西药，以预防各种疾病发生。中旬，孩子出现腮腺炎，并较快形成流行之势。学校迅速隔离了病患儿，积极打针配药，校园内大消毒，全校师生口服大锅汤药，凭借自己的医务力量控制住传染病，治愈了病患学生。期间食堂提供病号伙食。为改善孩子们的健康状况，校董会主席指示：孩子的伙食标准上不封顶，一定要从营养的角度合理搭配，让孩子们吃好。同时学校抓住晨练、体育课和课外活动的时间，鼓励、要求孩子们多参加体育锻炼，增强体质。

25日，共青团康定县委康青发〔1999〕68号，同意学校成立少先队组织。学校少先队大队部严格按照《中国少年先锋队章程》开展工作，接受团县委、县文教局的工作监督和指导。

11月，学校开始按课表上课。孩子们按文化程度分成一年级和学前班两个班。在州教科所老师帮助下，学校根据国家教委《九年义务教育全日制小学、初级中学课程计划（试行)》，开齐国家要求的全部课程，使用人教版全国统编九年义务制教材。一年级开设思想品德、汉语文、藏语文、数学、自然、体育、音乐、美术、劳动等课程，学前班开设了语言、计算、音乐、美术、常识，外加户外体育活动和游戏。

开课后，班主任带领学生认真学习和执行《小学生守则》和《小学生日常行为规范》；教务处拟订各种检查制度，制作“文明班级评比表”“学生宿舍评比表”“餐桌评比表”等表格，对学生的学习和生活实行常规检查，以维护学校正常的教学、生活秩序，帮助学生养成良好行为习惯，促进学生成长。

塔公交通不便，信息较为闭塞，为帮助孩子们打开眼界、认识世界，一建校，学校就建立了图书室，购书上千册，专辟一间宽敞明亮的教室，创设良好的阅读环境，鼓励任课教师和生活妈妈多带孩子们阅读；同时配置必要的电教设备，除课堂外，周六晚上，精心挑选适合孩子的动画片、儿童故事片，组织孩子们一起观看，学语言、熏品行、长知识，生活妈妈陪同，随做讲解。

1999年2月第一个寒假。学生年龄小，各方面的良好习惯也尚未形成和巩固，一旦放松，怕会丢失殆尽，故学校与孩子们的家庭或亲戚商议后决定不放假（包括整个小学阶段），以保证教育的连续性，抓住这段对孩子养成教育最关键的时期，为其一生打下坚实的基础。老师有特殊情况可请假。

寒假中有春节。按中国人传统，过年是每个家庭最重视最隆重的节日，作为家庭式的西康福利学校，也不例外，故寒假最重要的工作就是过年。年前，学校总务处做出计划，购买年货；办公室和教务处共同安排设计过年期间的活动。15日，从除夕开始，全校师生一起看春晚，放烟花，跳锅庄，搞活动，发新衣，拍合影；校长还亲自到每个寝室，给老师和孩子拜年，发红包（学生不能外出消费，小红包由班主任一人一个信封代为保管）。

丰富多彩的过年活动，营造了浓厚的家庭氛围、增强了家庭凝聚力、增进了师生感情。过年成为西康福利学校大家庭的第一大节日。

3月开学前，开三天办公会，就上期学校各项规章制度的试行情况，汇集各部门和老师们的意见，认真地进行修订；同时制订《西康福利学校部门岗位职责》。开学后，教职员工认真学习，要求严格遵守，认真履行，责任到人，各岗位接受定期考核。

6月1日，第一个儿童节，学校办石展和学生画展，为孩子们庆祝生日。因为身世特殊，很多孩子不知道自己的生日是哪一天，于是学校定下六一为全校孩子共同的生日，每年进行隆重庆祝。生日庆祝活动上，校董会主席对孩子们讲：

“西康福利学校不仅是你们学习知识的殿堂，也是你们的、我们的、大家共同的家。我们的家很大，有几十位长辈，一百多个孩子，还有从塔公到全国、全世界数不清的亲戚朋友，你们不认识，甚至可能永远都不会知道他们的名字，但他们关心着你们，帮助着我们，希望我们这个家能更好。我们没有血缘关系，以前也素不相识，但我们之间有世界上最纯洁和深厚的爱，是爱把我们从四面八方聚在了一起，这是我们这个家庭的特殊之处。我们家的第二个特殊之处在于，它也是一所学校，是培养人的地方。所以我们聚在一起，不是为了吃也不是为了玩，不是为了活着，而是为了进步，为了变得更好。古人说：‘苟日新，日日新，又日新。’我们也应该这样，包括我，包括每一位老师，也包括你们每一个，今天要比昨天好。

孩子们，曾经的你们经历过不幸，羡慕过其他有爸爸妈妈的孩子，来到西康福利学校的这些日子，你们露出了笑脸，获得了快乐，我们真心地高兴！从此永远绽放笑容，是我们所有人共同的心愿！今天是国际六一儿童节，是你们和全世界小朋友的节日，在此，我代表全校老师，向你们道一声‘节日快乐’！愿你们开开心心地度过这一天，充分享受童年的快乐幸福。今天更是全校一百多个孩子共同的生日，我要代表家中所有的长辈，祝你们‘生日快乐’！现在你们再不用羡慕其他孩子了，你们也有了家，有了爱你们的爸爸妈妈爷爷奶奶哥哥姐姐，还有数不清的叔叔阿姨。我是出家人，很多孩子称我‘阿克’，我觉得很好，也有人问我能不能叫我‘活佛爸爸’。一切都是自由自愿的。我和每一位老师都把你们当作自己的孩子，如果有一天，你长大了，发自心底地认为我就像你的爸爸，有资格当你的爸爸，还想称我‘活佛爸爸’，那没有问题，我接受。

今天开始，你们有了一个特殊的生日，一百多个兄弟姐妹共同的生日，它代表着你们的新生，代表着你们的幸福，希望也能见证你们年年岁岁的进步。以后每一年的今天，我们都会一起庆贺，庆贺你们的成长，也为你们的成长加油！”

之后学校为表现好的孩子发了奖，组织了孩子们喜欢的体育活动，晚上聚餐，举办生日晚会。蛋糕上的生日蜡烛被点亮，老师带着孩子们在烛光中许愿，感恩党和国家，感恩社会善心人士和老师，为全世界的小朋友祈福；接着孩子自己许愿，吃了人生中第一个属于自己的生日蛋糕；最后全校围着篝火跳了锅庄。孩子们过了开心而有意义的一天。

生日的确立，似一个标志，象征着孩子们从此告别了伤痛的过去，开始了幸福的新生；生日的庆祝，也是一个契机，提醒孩子们感恩，鼓励孩子们在德行、学习、生活各方面超越自己，更上一层楼。六一节，成为西康福利学校大家庭的第二大节日。

8月暑假。“不以规矩，不能成方圆。”西康福利学校，是一所学校，也是一个家，师生们朝夕相处，.始终在一个集体中学习与生活，团队意识和纪律性显得尤为重要。为了培养学生的组织纪律性，以保证学校教育的顺利进行，也为了锤炼来自全国各地的志愿者们，以适应艰苦的高原生存环境和严格规范的学校管理，学校与武警甘孜州支队联系，提出军训申请。

武警支队派出5名官兵来校军训，教职员工和学生全员参训。11天严格正规的军训，极大地磨炼了师生们的意志，让全校师生树立起了一切行动听指挥的服从意识和良好的纪律意识，学会了内务整理，师生精神面貌焕然一新。学生生活开始实行半军事化管理。

经过一年的生活教育，学生已形成基本的卫生习惯，具备了一定生活自理能力，学校打散家庭，学生分住男、女生宿舍，由生活教师进行集体管理。裁撤家教处。

建校第一年，孩子们完成了从“牛场娃”到小学生的蜕变，学校各项工作走上正轨。

办学第二年（1999—2000 **学年度**）

1999 年 9 月 1 日，学校举行一周年校庆。少先队鼓号队出旗、升旗，孩子主持，孩子们表演歌舞。精神抖擞、纪律严明又活泼可爱的小学生们，向领导和来宾展现了他们在短短一年里的成长与变化，也展示了学校一年来生活教育和学校教育的成果。

开学后，少先队大队部实行由优秀少先队员担任每周光荣升旗手和进行国旗下演讲；学校成立德育管理小组，由专任教师教思想品德课，增开“现代少年”（心理健康教育）课和“行为教育”课（学前班和幼儿班专设）。

作为家庭式学校，学生课外时间充裕。建校以来，学校一直探索利用课外时间对学生进行有意义有价值的培养，经认真研讨，老师们一致认为，作为中华优秀传统文化经典的四书五经和藏文化三格言，以及源于《论语》的蒙学读物《弟子规》，用于滋润孩子的心灵，培育孩子的人格和习性，可以熏陶出一种纯正无邪的品质，培养出一种光明磊落的浩然正气；同时可以对孩子们进行伦理、道德和行为规范的教育，帮助孩子培养传统美德，遵守行为规范，形成良好的生活学习习惯。故学校决定，在本期开设第二课堂，进行四书五经、藏文化三格言的诵读及《弟子规》的学习，要求孩子理解基本的道德观念和文明礼仪，读背之后在学习和生活中实践。同时结合全面实施素质教育，促进孩子的全面发展，依据现有条件，还在第二课堂中开设了藏、汉口语交流课（全校参加），数学、阅读、科技、美术和各种球类等，每周一次，后几种课程，学生凭兴趣自由选择参加。

10 日，国家法定教师节。孩子们把自己画的画、写的话送给自己喜欢的老师。学校举行庆祝活动，校董会主席讲话：

“今天是教师节，是学校全体教职员工的节日，我谨代表学校，代表全校孩子，代表孩子们的亲人，向老师们道一声：节日快乐！你们辛苦了！

尊师重教，是中华民族的优良传统，也是当今世界所有先进国家共有的特征。中华民族要复兴，国家要富强，藏地要发展，都离不开尊师重教，即重视教育，尊敬老师。为什么呢？古人说：‘建国君民，教学为先。’意思是治国安民，首要任务是抓好教育。又说：‘君师者，治之本也。’意思是尊敬国家的领导人和尊敬老师是社会安宁的根本。可见教育和尊师有多重要！老师不仅向我们传递文化，更教我们怎样为人处世，安身立命。而老师主要任务是传‘道’，传圣贤之道。尊敬老师，就是尊敬老师所传之道，就会向圣贤学习，自觉修养个人的品德行为，成为一个好人，一个遵纪守法的好公民；也会自强不息，拥有积极向上、光明美好的人生。人人如此，社会就会充满和谐与正气，国家自然河清海晏，民富国强。纵观中国几千年历史，只要是政治清明、盛世出现的时期，都是尊师重道的时期；相反，只要是轻师贱道的时期，都是王朝走向衰败和灭亡的转折点。

改革开放后的中国，走在建设现代化强国的路上，越来越重视教育。1985年，我国第一个教师节建立，标志着教师受到全社会的尊重。今年是第15个教师节，我们隆重聚会，是为了向投身高原特殊教育事业的全体教职员工们表示感谢，感谢你们一年来为学校的发展和孩子们的健康成长所付出的辛勤劳动和心血。尤其是来自内地的老师，你们放弃了都市的繁华与舒适，来到高原小镇，在恶劣的自然环境中工作，用自己的付出与牺牲，为学校的孩子们带来了温暖，带来了知识，带来了无私的大爱！无论是授课教师还是生活老师，无论是管理人员还是后勤员工，你们教书育人、管理育人、服务育人，在不同的岗位上以不同的方式教育、感化着孩子们，是值得孩子们同样尊重的老师！从今天起，对学校每位工作人员，孩子们都要一致称呼‘老师’。

老师们，你们的工作看似平凡普通，实则意义重大：你们是在传承和铸造着人类的文明，是在培养着高原和国家的未来！所以，在向各位老师表达由衷敬意的同时，也真诚希望老师们学而不厌，勤于自修，努力提高教育教学水平；且能表里如一，躬行圣贤之道，‘行为世范，学为人师’，作好孩子们的榜样；更要诲人不倦，把学校的每一个孩子视为己出，从生活、学习的方方面面去照顾他们、关心他们，耐心引导和教育他们，为他们的健康成长、成人、成才无我奉献！西康福利学校的孩子们是特殊的，需要在校每一位老师时时处处的关注、点点滴滴的培养，他们更是幸福的，拥有你们这样高尚无私的老师与父母！

孩子们，今天是你们老师的节日。你们有些尚小，也许还不能懂得前面我所讲一些话的含义，没有关系，有一天你们会懂的。现在你们只需知道和牢记：第一，当老师是很光荣的，今天，全中国的学生和家长都在为老师庆祝节日，都在感谢老师，我们也一样，今天停了课，就是为了专门感谢学校的老师；等一会儿，我讲完话，你们还要唱歌跳舞表演节目表达你们的谢意，当然，重要的是用你们的心。第二，作为学生，你们必须尊敬老师，永远尊敬老师，在任何时候任何情况下；更要心怀感恩，听老师的话，认认真真照着老师的教导去做，好好学习，天天向上，用你们各方面的进步和成绩报答老师！这才是送给老师最好的礼物。

今天是我们第一次隆重庆祝教师节。以后每年的这一天，我们都要开庆祝会，为老师们过节。从现在起，我们每年过两种节日：一是国家的节日国庆节，我们隆重庆祝，感恩祖国母亲；二是我们家庭的三大节日——春节、'六一'节、教师节。每个节日我们都要热热闹闹地过，有意义地过。最后再次祝西康福利学校的每一位老师节日快乐、身体健康、工作顺利！"

尊师，成为西康福利学校对学生的基本要求。

学校拟订校训"爱国　敬师　笃学　求真"，提出老师们"与孩子一同成长"。

樊校长离校，吕美老师接任工作。

10 月 1 日国庆节。学校隆重庆祝新中国成立 50 周年。上午全校师生通过电视收看国庆阅兵式，下午举行了庆祝活动，活动上校董会主席讲话：

"老师们，同学们：今天是 10 月 1 日国庆节，我们满怀喜悦，欢聚一堂，共同庆祝中华人民共和国成立 50 周年。上午，我们一起观看了阅兵式，收听了国庆讲话。江总书记在讲话中回顾了共和国建立和走过的历程，赞扬了祖国 50 年发展尤其改革开放 20 年来取得的伟大成就，为未来的发展指明了方向。作为祖国的一员，我们欢欣鼓舞，倍感自豪！

老师们，同学们，我们的祖国拥有令人骄傲的五千年灿烂文明，也有让人唏嘘慨叹的百年探索，更走过了 50 年坎坷而光荣的发展之路。当时光的年轮即将驶入 21 世纪，放眼世界，一些国家和地区仍弥漫着战火的硝烟，无数的人们还在忍受饥饿与死亡的威胁，而我们生活在和平的蓝天下，享受着宁静美好的生活，青青的校园里书声朗朗。这都要感恩伟大的祖国，感恩祖国的和平与稳定。改革开放 20 年，祖国的发展迎来全新的契机，取得了举世瞩目的建设成就，全国各族人民都享受到了祖国发展的成果，我们身处的高原藏区，也发生了巨大的变化，人民逐步过上了幸福的生活。这更要感恩我们伟大的祖国，感恩祖国的强大。老师们，同学们，没有国哪有家，没有国家的富强哪会有个人的幸福。只有国家好了，每个民族才会好，民族好了，我们每个人才会好。今天是祖国的华诞，作为中华儿女，我们深深地庆幸和感恩：庆幸生为中国人，庆幸生在一个伟大的时代！感恩祖国为我们提供的一切！中华民族有56个民族，10多亿人口，56个民族一起发展、一起进步、共同繁荣，每一个人都享有幸福安宁的生活，我不知道世界上还有哪个国家能比我们的祖国做得更好！这是多么不容易又是多么的了不起！

我们的西康福利学校也乘着改革的春风，幸运地诞生在祖国飞速发展的今天。我们感恩和报答祖国的最好方式，莫过于珍惜今天，努力工作，认真学习，把学校办好，孩子们成长好，与祖国的发展同步，为民族地区的特殊教育事业做出自己的贡献，以此作为给祖国母亲的献礼！

而在今天这个美好的日子里，我们要用四个民族的歌，四个民族的舞，尽情歌唱，纵情欢舞，代表全国56个民族，织成一首感恩赞美的颂歌，献给我们共同的母亲，伟大的祖国，庆贺她的生日！祝她繁荣富强！祝她前程似锦！祝她永远壮丽辉煌！”

爱国，成为全校老师的自觉意识，也似一颗种子，深深植进了全校每一个孩子的心窝。

2000年4月，从二年级中选拔年龄稍大、学习能力强、成绩优异的学生成立“高班”，独立教学，以缩短小学学习时间。

5月4日，塔公乡团委代表共青团康定县委参加学校建团仪式，共青团西康福利学校支部委员会成立，乡团委为校团支部授团旗。校团支部在团县委领导下开展工作。

7月，邀请四川省教育学院的教授和专家来校为教师开讲座，与教师座谈，介绍内地先进的教育理念和模式，提高教师教育素养；为学生上课，开阔学生眼界。学校成为四川省教育学院教育研究所的教育科研基地——实验学校。

8月，暑期军训，巩固上一年军训成果。

办学第三年（2000—2001学年度）

2000年9月，校团支部举办法制教育讲座；少先队大队部创办红领巾广播站，表扬好人好事，宣传优秀少先队员和优秀共青团员的事迹，老师播讲睡前故事。

11月，学校举办为期三天的首届秋季运动会，促进学校各项体育运动的蓬勃开展。

12月9日，校团支部举办“‘一二·九’纪念活动”，发展团员，进行班级合唱比赛，邀请塔公乡党委书记参加。

2001年寒假期间，邀请西藏大学艺术系的舞蹈教授来校教授舞蹈，教全校孩子大学舞蹈专业课程“古典身韵”，进行艺术熏陶，提高学生舞蹈水平，培养舞蹈素养。

春节后，吕校长离校，曾逸老师接任工作。

开学初，由于学生生活自理能力有了很大提高，部分大龄学生也具有了一定管理能力，学校批准成立以共青团员为主干的学生自治委员会，协助生活教师，参与学生生活管理。

5月1日小长假期间，部分学生参加社会实践，到塔公草原上的著名景点木雅金塔参加旅游服务接待工作（金塔收入为学校办学资金），以接触社会，学习与人交往的能力，学习服务接待的基本技能。下旬，高班学生参加康定县小升初考试，以优良成绩全部通过。

8月，邀请原广西男篮队员来校训练男、女篮球队一个月，增强体质，锻炼意志，提高水平。因学校尚无初中部，邀请县文教局推荐的对口支援康定县的成都市新都二中校领导来校参观洽谈，同意接收高班学生去该校就读。

13日，教育部办公厅“教民厅函〔2001〕7号”对《关于四川省甘孜州西康福利学校亟待解决的问题》作出回复，将学校纳入“民办公助”之列，享受牧区寄宿制学校实施义务教育阶段的待遇。

第四年（2001—2002**学年度**）

2001年9月，高班学生离校赴成都市新都二中读初中。学校委派一位老师随同前往，代表学校以家长身份配合新都二中对高班学生的生活进行管理，对他们的学习进行督促。

学校狠抓学生思想品行教育，从“孝，弟，谨，信，爱，仁”六个方面告诫学生：作为西康福利学校的学生，必须做人在前、读书在后，进德在前、修业在后，要以《弟子规》的内容自觉要求和规范自己的各种行为。

坚持进行对素质教育的探索，力求走出具有自身特色的新路子：丰富拓展第二课堂，开发学生的多元能力，掀起传统文化热、阅读热、文体热、科技热、书画热。

2002年“五一”前夕，邀请木雅金塔负责旅游接待的专业老师来校对高年级学生进行礼仪及服务接待等培训；节日期间，选派十多名学生再次参加金塔旅游接待工作。

7月，暑期军训。

8月，新教学楼建成，极大改善了学校办公、教学条件；师生共同努力，用半年时间铺成一新足球场与跑道。

第五年（2002—2003**学年度**）

2002年9月10日教师节。庆祝活动上，校董会主席致辞：

“尊敬的老师们：大家好！今天是你们的节日，我谨代表全校孩子和学校，对大家一年来的辛苦付出，表示由衷的感谢！并致以崇高的敬意！

学校的发展已进入第五个年头，五年来，在上级主管部门的领导下，在师生们的共同努力下，学校的发展取得了可喜的成绩：各项工作稳步推进，孩子们良好的品德和行为逐渐养成，学习也有了一定的提高。但要达成我们的办学目标，还远远不够。陶行知先生说：‘在教师手里操着幼年人的命运，便是操着民族和人类的命运。’作为教师，肩负着孩子们的未来，肩负着民族振兴的希望，道德学问不能不高，言语行为不可不慎。新的学期，愿我们能在以下方面，继续努力。

一是无私奉献。大家抱着奉献于特殊教育的决心，拿着低薪，已辛勤奋斗了五个春秋。古人有‘安贫乐道’之说，老师们的身上就体现了这种精神。孩子们长年生活在学校，学校教育融合了家庭教育和社会教育，承担了孩子成长的全部责任，‘教书育人’显得特别具体而庞杂，我们不仅要传授孩子知识，教会他们学习，更要塑造孩子的心灵，健全他们的人格，教给他们一生受益的东西。现在内地的父母只有一个孩子，还常操碎了心，学校有一百多个孩子，只有二十多位教职工，要让每一个孩子都能健康成长，这注定了我们的工作繁重琐细，事情可能永远做不完，时间永远不够用，是‘知其不可而为之’，但也注定了我们的高尚。只要我们学会放下自己，完完全全为孩子考虑为孩子付出，我们做的就是功德无量的好事。老师们，让我们‘捧着一颗心来，不带半根草去’，继续无私地教育孩子，服务孩子，让孩子们在我们的无私奉献中健康成长，长大了，再把自己的爱心与才能无私奉献给国家和社会，这就是我们最大的成功。

那怎样做才能让孩子们健康成长呢？首先需要我们严于律已，率先垂范，以高尚的品德和模范的言行举止影响学生，春风化雨地教化孩子、熏陶孩子，让孩子们在纯洁、美好的教育环境中成长。当然我们不是圣人，有很多缺点和不足，但我们明了是非，知道正确的方向，那我们就努力向善，改给孩子们看。我们尤其要带头学习优秀传统文化，用其中蕴含的丰富营养先滋润自己，再浸润孩子们的心灵。这是我们的第二个努力方向。

第三是严格要求学生，对学生负责。这项要求一建校就在提，今天想补充几点。一是希望老师们不能只看眼前，还要着眼于将来，保证我们的教育行为对孩子的一生有好处。二是希望教务处计划安排好学生在校的所有时间，包括周末、假期的休息时间，哪怕是玩耍，也要有目的有安排；而一切的安排，都必须服从于孩子的健康成长。三是强化人人都是教育工作者的意识，树立‘校园无小事，事事皆教育’和‘影响即教育’的观念。四是在所有活动中重视对学生做事认真的培养。五是充分认识到严是爱，宽是害，‘教不严，师之惰’！永远不能放任学生，更不能讨好学生，应无条件地对孩子严加要求。六是努力了解孩子，这是取得良好教育教学效果的保证。每个孩子都是一本书，需要我们仔细地去阅读，读懂了，才能给予孩子最有效的帮助。七是和谐温暖的气氛是重要和必需的，简单粗暴的教育方式一定要抛弃，一切的教育行为都出于爱，就要尽力让孩子们感受到爱；更要善于讲道理，任何孩子犯了错，都要让他明白错在何处，正确的该怎么做，这样才真正有助于孩子的改正和进步。我们要努力做孩子们的良师益友。

老师们，‘德不孤，必有邻’，能够共同献身于这项崇高的事业，就是同行者。愿我们大家在生活中互相关心，工作上互相支持，个个身体健康，心情愉快，工作顺利！今天，我知道孩子们精心准备了一台献给老师的节目，想换得老师们一天的轻松和开心的笑脸，愿这台节目也能代表我真诚的心意，祝大家节日快乐！”

之后为学年度优秀教师和优秀员工颁奖，师生进行联谊。

全校兴起师德修养和业务进修热，各部门在每周工作例会中组织老师再次学习《西康福利学校教师职业道德规范》和学校规章制度，培养高尚师德，加强规范意识；教务处加强教学常规的落实和检查，坚持业务进修和交流，认真执教公开课、认真评课，不搞形式，共同提高，切实保证教学质量；总务处开展岗位练兵，提高技能，提高服务水平；要求全体教职员工强化无课内课外之分、上班下班之别，学生所在就是职责所在的意识；学校对教职员工的师德进行考核。无私奉献、业务精良成为西康福利学校每一位老师的自觉追求和要求。

在全校老师的带动和影响下，孩子们的行为和学习有了令人欣喜的改观和进步。校园里尊师爱生、文明守礼、努力奋进蔚然成风。

2003 年 2 月，康定县政府“康府发〔2003〕6 号”文件，对学校“关于请求增设初中班的报告”作出批复，同意学校增设初中班。

3 月，曾校长离校。胡忠老师接任工作。

开展饭后“说话”活动：每日午餐和晚餐后，在餐区进行半小时，学生抽签上场，围绕一个话题，说话 3 分钟；老师就选手形象、仪态、语言、内容、主题等多方面进行现场点评、打分，最终选出优胜者并颁奖。

上半年，全校师生在足球场上种草，培植草坪，美化校园环境，为足球运动的开展创造条件。暑期军训。

第六年（2003—2004 学年度）

2003 年 9 月，开学后，借校舍维修之机，全校师生校外住帐篷十天：白天正常上课，晚上在外过夜，锻炼吃苦能力。

开学初，为提高学生的做事能力和管理能力，强化其服务意识和责任心，校长亲发聘书，聘用 10 名学生自治会成员作为学生工作人员参与学校管理，主要负责图书管理（师生借阅、图书清理、分类上架），教学仓库管理（教学用品进出管理和账目管理）和学生生活管理（寝室卫生检查、就寝、起床）。

学校在办公文字处理电脑化的基础上，实现财务工作电算化；开始借助电子网络，进行信息收集和传递，为学校管理工作和教育教学工作服务。

学校采用各种方式，帮助学生顺利度过青春期：引导学生树立远大理想，确立人生目标，把主要精力集中到学习上；利用班会，对高年级学生进行心理健康教育，帮助他们认识自己，主动适应青春期带来的变化；利用周末生活会，分男女生进行生理健康教育，教给学生安全意识；关注学生心灵成长，努力走进其心灵，了解其所想所需，给予他们所需要的帮助；活佛利用在校的有限时间，与大龄学生进行一对一的谈心……

举办全校数学竞赛，组织全校学生参加第五届世界华人小学生作文大赛，激发学生的学习兴趣和学习热情。发扬中华优秀传统文化，坚持在第二课堂进行汉、藏传统经典诵读活动：三年级读唐诗读《萨迦格言》，四年级读《论语》《甘丹格言》，五年级读《老子》《水木论语》，六年级读《中庸》《诗镜》。

10 月国庆期间，安排部分学生参加服务培训，并到塔公宾馆进行旅游接待实践。

学校被四川省教育厅、四川省劳动和社会保障厅、四川省民政厅评为“四川省民办教育先进集体”。

2004 年 1 月，学校决定，从今年起，四年一循环，按汉、藏、彝、羌四个民族的传统习俗过年。

春节前一月，各部门紧密配合，着手准备。团支部与少先队大队部共同筹划与设计传统汉历年系列活动，旨在让学生了解汉族的文化传统、过年习俗。过年期间活动丰富多彩，以求孩子们在积极参与和尽兴玩耍中增长见识，学到知识，加深情谊。正月初一，校董会主席发表新年讲话：

“亲爱的老师们、孩子们，新年好！今天是汉历甲申猴年新年，也是我们一起度过的第六个春节。六年前，我们从甘孜州各地，从全国各地相聚在西康福利学校，组成了一个家；六年来，我们朝夕相处，同吃同住同劳动，共同学习，一起进步，面对挑战，共渡难关，成为了真正的一家人。在我们的共同努力下，学校越变越好，孩子们越来越懂事，我们之间的感情也越来越深厚。我们几乎已经忘记：我们来自四个民族。

我们亲如一家，水乳交融，不分彼此。这不妨碍我们分属不同的民族。藏、汉、彝、羌，四个民族，都是祖国 56 个民族大家庭中的一员，不存在哪个民族好，哪个民族不好，每个民族都有值得自己骄傲、值得其他民族学习的优秀历史文化传统。作为各民族后代的我们，有责任和义务继承与发扬它们，让我们的民族走向世界走向未来。孩子们，今天的你们已经掌握了一定的文化知识，有了自己的思想，学会了思考；很多已从童年走进少年，还有的正从少年走向青年，你们都长大了！该知道自己属于哪个民族，该了解自己民族的特点，该担当起延续与振兴自己民族的重任。我们属于西康福利学校这个家，更同属中华民族这个大家。中华民族的振兴意味着56个民族的振兴，中华民族的繁荣昌盛意味着56个民族的繁荣昌盛。而要想振兴自己的民族，首先必须了解自己的民族，继承本民族的优秀传统；要想与其他民族和睦相处，就必须了解其他的民族，尊重他民族的传统习俗。无论是有56个民族的中华民族这个大家，还是有四个民族的西康福利学校这个小家，都必须讲团结，求和谐，‘家和万事兴’。只有亲如一家，我们的国家才会兴旺发达，我们的学校才能蒸蒸日上。

老师们，孩子们，昨天，我们由特殊的因缘走到了一起，在风雨同舟的生活中结下了特殊的亲情；今天，希望我们借由对各自民族文化传统的了解和学习，升华这种感情，让它更加理性，更加坚固。为达到这个目标，学校决定从今年起，一年按一个民族的传统习俗过年。希望每一年老师们都认真准备，孩子们认真参与，用心学习，一年要有一个民族的特色，一年要有一年的收获。让我们的新年从此与众不同，让我们的新年变得更有意义和价值，让新年见证我们的团结和进步，让我们在以后的岁月中，同舟共济，甘苦与共，携手向前！

今年是汉历年。我回来前就听说学校各个部门的老师们已为过年做了充分的策划和准备，孩子们也认真进行了春晚节目的排练。昨天回到学校，一下车，我就看到了阳光棚大玻璃上漂亮的窗花、门上红红的春联和灯笼，进门更是处处张灯结彩、喜气洋洋，阳光棚里还有‘过年知识’宣传栏，回到房间，门上也有大大的‘福’字，果然浓浓的汉族味道！晚上我们吃了热气腾腾辣辣的火锅，看了热闹的央视春晚，零点一起迎接新年，放了鞭炮看了烟花。今天早上吃了汤圆拜了年，听说中午还要一起包饺子，明天还有游园、赶庙会……当然我最期待的是学校春晚，期待着欣赏同学们学习的汉族歌舞、戏曲还有武术……吃好玩好之外，学到了什么，这才是真正的收获！在此，我要向为过汉历年辛勤准备的各位老师和同学表示衷心的感谢！预祝汉历年活动圆满成功！更要向全家老小和我们的客人们，恭祝新春快乐，祝大家在新的一年里工作、学习、事业顺顺利利红红火火！共祝我们的祖国国泰民安！”

主席的讲话，让全校师生原本融洽亲密的感情上升到民族团结的高度，让师生们对学校的多民族特殊性有了新的认识，进一步认识到团结的重要，开始自觉注意自己的言行，不利于团结的话不说，不利于团结的事不做，互相尊重、礼让，学校呈现出更加和乐的家庭氛围。民族团结，成为西康福利学校的美好特征和优良传统。

四川电视台来校拍摄过年活动并在四川电视台妇女儿童频道播出。

6月1日，学生生日。参加国新办组织的中国藏学家、活佛代表团正在美国访问的活佛发回了贺信：

“亲爱的孩子们，请接受我从遥远的美国发回的祝福，祝你们生日快乐！这次我很高兴能作为中国藏学家、活佛代表团的一员访问美国，更高兴能在你们的生日，和你们分享一些感受。

以前很多人都说，美国人是世界上最轻松最自由的，好像想干什么就干什么，这次我有机会近距离地接触，才清楚地知道其实他们都生活在不小的压力之下。当然不同的是，他们人管人的现象少，因为从小就生活在法治的环境中，教育、生活等各方面都规范有序，所以美国人能很自觉很习惯地接受制度的管理，也显得文明。不过因为一切都用制度来要求，人情味就没那么浓，他们人与人之间的感情也就显得比较淡薄，不可能像我们那么亲密无间了！

孩子们，在我们学校，有一种现象比较普遍：说多了，烦；说少了，工作、学习就常做不到位，达不到要求。这当然跟每个人的能力有关，但也跟‘人管人’有关，因为不是制度管人，所以很累很辛苦，效率不高，效果也不见得好。我们的学校要发展，就要从‘人管人’过渡到制度管人。因此我们现在就要学会并习惯用制度来约束自己，不管是寝室、班级还是学校，只要说到制度，就要毫不犹豫、没有分别、无条件地遵守。养成了这样的好习惯，我们一生都会很受用。所以孩子们，世界上一个想干什么就能干什么的天堂是没有的，像美国那么发达的国家，人们都还在那么卖力地工作，我们就更不能懈怠了，不能原地踏步。

这就是我在美国最深刻的感受之一，也是送给你们的生日礼物。希望你们能够清醒地认识世界，热爱我们的家园，快快乐乐地生活，开开心心地努力，快快进步！再次祝你们生日快乐！”

6月上旬，第一届六年级学生小学毕业，顺利升入初中。

7月暑假期间，活佛专程回校为全校师生做美国之行的报告。报告中，活佛说：

“在美国，我亲身体会到了‘民族的，就是世界的’这句话的涵义。的的确确，我们东方人有自己的思维，自己的价值取向，自己的生活习惯，自己的人生追求目标，与世界其他地方其他民族不一样，我们就该立足于自己的文化、自己的特点，努力去做一个有东方文化特色的民族。

美国人对我们的东方文化充满了兴趣。这次出去，在多次座谈中，他们都爱问：什么是佛？什么是佛法？什么是喇嘛？什么是活佛？我告诉他们：所谓佛，是指觉悟者，即从迷惑走向开悟，对自己对他人对宇宙的真相完全没有迷惑的人，他也没有任何的烦恼，而且由于彻底的无我，他任何时候任何地方所做的一切事都是利益他人的；佛法，则阐释了宇宙的真相，帮助人们了解和掌握因果的规律，从而让人们清楚地知道善为什么会有善报，恶为什么会有恶报；喇嘛有两种，一种是白衣，一种是黄衣，都是放下了世俗的追求，决心走解脱道路的专修者；活佛就是仁波切，是‘人中之宝’的意思，指的是不仅今生学修佛法，而且过去世修行成就的乘愿再来者。

他们还问：喇嘛吃肉吗？我说因为高原气候寒冷，以前条件艰苦，蔬菜少，吃肉的不少；现在生活条件好了，有了很多素菜，吃的选择多了，很多就不吃肉了。又有人问：喇嘛可以结婚吗？我说白衣喇嘛可以，黄衣喇嘛不行。有人问：轮回真的存在吗？我说，不止学佛的人，世界上还有一些人也清楚地记得自己的前世，这样的事例很多，他们证明了人有前世今生，也就证明了轮回的存在。有人问：前世、今生和来世之间真的有因果关系吗？我说，其实它们的关系就如同昨天、今天和明天的关系：你昨天做的事情，对今天多少会有影响；而你今天的想法和做法，也一定会影响到你的明天。有人问：你们喇嘛平时修学的佛法有哪些内容？我说所有的善事修行都可以包括在七个内容中，就是礼敬、供养、忏悔、随喜、请转法轮、请佛菩萨住世和回向。又有人问：你们喇嘛一辈子修学佛法，有没有什么东西可以拿出来，证明你们有成就呢？我回答：做生意的人很多，请问大家都知道的富人有几个呢？我认为学修显密圆融的成就者在中国藏区从来就不缺少，而且多如繁星。仅康巴高原上小小的甘孜州，近几年就出现过两位把肉身化为虹光的虹化成就者，请问这样的成就是否足以证明修行是可以有成果的呢？如果请美国的科学家来解释这样的虹化现象，不知道会怎么解释呢？还有人问：你们修学佛法对社会有什么价值？我回答：接受佛陀教育的人们受益很多。你知道佛教的创始人释迦牟尼吗？他身为王子时，在游行中看到了人世间生老病死的痛苦，由此想到‘我是否也要面对同样的事？’；而当看到所有的众生都逃不出生老病死的轮回，但却没人因此而去寻找解脱的方法时，他感到不可思议，于是下了决心，舍弃王位，离家出走，苦修六年之后，终于大彻大悟，达到了超越生死轮回的境界，成为究竟圆满的觉悟者。之后他用了四十多年的时间，为众生讲述‘诸恶莫作，众善奉行，自净其意，是诸佛教’的内容就是善恶因果。什么是善？众生的身口意按佛陀的教育调整到放下自我，自利利他就是善。什么是恶？造成对自他不利因素的所有事情，对自己对他人都不利的就是恶。佛陀用八万四千法门来讲述因果规律，使无数有缘的人按佛陀教育的要求，走上自利利他的道路，最终无烦恼得解脱，这就是佛法给社会带来的价值和利益。有人又问：中国政府提倡学修佛法吗？我回答：中国公民的信仰自由受到法律保护。中国政府为了让 13 亿人吃好穿好过上好日子而奋斗，我认为，这与佛教教义是不矛盾的，佛陀就是提倡人们要多做利益他人的事。……尽管不了解佛教和藏传佛教的人们问题各种各样，五花八门，以上只是我记得住的，记不住的还有很多，但对于我们每一个人来说，立足现在的本位，学好自己的文化，过好自己的日子，才是最重要的。”

报告中，活佛还告诉孩子们：

“我在哥伦比亚大学见到了几位中国留学生，他们学习非常刻苦，在国内学习时提出的问题有时甚至能难倒老师，因为他们看了比老师还要多的书，刻苦到老师都劝他们必须休息的地步。同学们，只听人说少数民族‘能歌善舞’，没听说过学习刻苦的，但事都是人做出来的，同样是人，他人做得到，我为什么做不到呢？现在学校学习条件这么好，老师们这么用心地教你们，为你们奉献，应该珍惜，抓住机会，立下高远的志向，首先敢想，然后会做，刻苦努力地用实际行动做出来。”

活佛美国之行的讲话打开了孩子们的眼界，丰富了他们的知识，为他们指明了努力的方向。

在成都新都二中就读的高班学生顺利通过中考，全部升入高中。暑假期间，学校组织师资，为他们辅导功课，以减轻高中学习难度。

为使升入初中的同学能对自己有更高的要求，学校依照国家《中小学生守则》和中小学生日常行为规范要求，结合学校和学生实际，制定《西康福利学校学生公约》，为学生提供操作性强的行为准则，对学生在校各种行为进行规范和指导；同时制订《学生操行评分标准》，对全校学生的操行进行量化评定。

第七年（2004—2005 学年度）

2004 年 9 月，开办初中班。

10 月国庆期间，举办第一次校级演讲活动，初一和六年级同学参加，自由选用汉语或藏语进行演讲，其他年级旁听，汉、藏任课教师作现场点评；之后制定间月一次演讲制度，要求学生轮换使用藏、汉两种语言进行演讲。

在塔公草原搭帐篷，野外生活一周：学校让学生民主选举一位同学做一周活动总指挥，自由“组阁”，制订一周活动计划，在规定资金范围内，自由安排一周饮食，并负责学生的住宿及活动纪律等。这是学校第一次对学生委以如此的重任，授予这么大的权力。全校同学兴奋地选出了自己的“总指挥”，由他指定了助手。“总指挥”充分运用权力，对生活与活动作出了大胆的安排。同学们很听话；从校长到老师，一边轻松地放手，完全配合与服从，一边则对他们的请教予以热情、认真的指导，对活动中的漏洞予以极大的宽容。期间在学校的建议下，还特别安排了一次远足：全校师生步行 16 公里到多饶嘎目，简单午餐（糌粑、奶茶），并为当地老乡简单演出后，步行返回。短短的管理实习，让同学们初步品尝了组织管理工作的酸甜苦辣，清醒看到了“想”和“做”的距离及自己的不足，受到了极大锻炼。

12 月底，1400 平方米阳光棚建成，结束了在雨、雪天气无法进行体育活动的历史，极大改善了师生工作、学习、生活条件；修建期间，全校师生多次参加劳动，建成之后，又自己动手布置、装饰、绿化阳光棚，“爱我家园，建我家园”。

2005 年初，针对学生寝室在公物和个人物品管理使用上出现的问题，总务处制订《学生寝室物资管理、使用和领用办法》，改变物资领用管理模式：从生活教师定时为学生统一领取和发放物品，变为按物品实际使用情况，室长领用物品、学生自己管理，以消灭浪费现象，提高寝室管理质量，培养学生的自我管理意识和能力。

在规范物资管理的过程中，总务处坚持服务育人、管理育人，坚持严管厚爱，以理服人，以德服人，通过反复耐心细致的讲解，让学生明白学校物资来自爱心捐助，应心怀感激谨慎使用，没有任何理由可以随意丢弃和浪费；明白学校严格物资使用管理是为了培养其生活自理能力和自立能力，以让学生在使用和管理物资时多一份责任心、殷重心和感恩心；也让因物品管理使用不当而受到劳动处罚的学生，知道劳动目的是为督促其做好自我管理，能以愉快、配合的心态接受和完成劳动任务，且下决心以后不犯。另外充分信任学生，让学生推选的寝室室长直接参与和管理寝室各项工作。总务处定期召开室长会议，共同讨论寝室管理工作，采纳室长的意见和建议加以改进；室长的工作接受全体同学的监督和生活老师的监督管理。

配合总务处，班主任在各班开展感恩教育。让学生知道自己的一件衣服一双袜、一个本子一支笔虽然都是学校发的，自己没花钱，但都来自社会善心人士的捐助，来自他们辛苦工作所得。世上没有人会钱多得没处花，也没有什么帮助是应该的，人们捐助学校是出于慈悲、出于爱心，是希望孩子们幸福生活，好好学习，将来成才。我们必须珍惜，不能浪费；还要把这份爱和希望记在心里，好好努力，才对得起良心。古人说“滴水之恩当涌泉相报”，若不能知恩报恩，就永远算不得一个好人。所以决不能浪费，包括用餐，包括学习和生活用品的管理和使用。另除日常清洁打扫认真督促严格检查外，学校还寻找机会尽量多地让孩子们参加一些强度适宜的劳动，体会劳动的艰辛，知道挣钱的不易，懂得“一粥一饭，当思来处不易；半丝半缕，恒念物力维艰”。勤俭节约，逐渐成为全校孩子的自觉行为，成为学校的传统。

寒假期间，从内地邀请志愿者英语老师来校，分年级授课，提高学生英语口语水平。

2 月，第一次藏历年。七天新年活动期间，学生演出两台藏历年春晚、三台传统藏戏（《赛马称王》《师君三尊》《阿达拉姆》），表演濒临失传的传统锅庄，进行藏族传统游戏。师生着藏装，吃藏族食品，按藏族传统举行藏族新年庆祝活动，充满浓郁的藏族氛围。全校同学对藏族优秀的传统文化有了深切了解和体会，汉族老师们也获得了许多新奇的体验。

藏历年初一，校董会主席发表新年讲话：

“尊敬的各位老师、各位客人，亲爱的孩子们：新年好！今天是藏历木鸡新年的第一天，早上我们依照传统，派属相相合的人去抢了头水，用这水烧了茶，我们每个人都喝了，祝愿大家一年吉祥！

今年我们过藏历年，一切都按藏族的传统来过。从年前到现在，我知道老师、同学准备了整整一个月，很辛苦，也学到了很多东西。很多孩子还觉得很新奇，因为以前从来不知道，是不是？这很正常。因为不光是孩子们，相信包括一些老师，包括现在的很多藏族人，都已经不知道这些传统，也很久没有这样过年了。其实包括我们去年过的汉历年也是这样，现在大家追求现代，很多人遗忘了自己的传统，这好像很正常。但正常不代表正确。因为再现代，你也是藏族人，变不成汉族人，也变不成外国人。这两年康定、塔公为了开展旅游，都在搞‘穿衣戴帽’工程。为什么？康定一位领导告诉我，康定不能学成都的样子、纽约的样子建造，因为再学也比不过人家，也成不了成都和纽约。只有建出了自己的特点，才会被世界认可和接受。所以我们的房子都装修成了藏族民居该有的样子。只有民族的，才是世界的。

为了民族的团结和融合，我们要学汉语；为了走向世界，与世界交流，我们要学英语。但起码的是，作为藏族人，首先必须学会藏语。作为福利学校的孩子，不要求你藏语考试一定能得一百分，但最低限度要及格，还要会说一口流利、标准的藏语标准话。其次要会吃藏族的饮食。现在同学们爱吃馒头鸡蛋，爱吃面包喝可乐，这些都没有什么，但不能不习惯吃糌粑酥油。还有藏装，这次为了过年，藏语老师专门教同学们学穿藏装，这是对的，非常好！必须会穿，还要穿得快，穿得好，不能穿得让老乡们笑话，也要懂穿着藏装的礼仪。做到了这些，你基本算是一个藏族人了。当然不是这就够了。这次准备过年，两位藏族老师专门去向一些藏族老人学习了传统的木雅锅庄，回来教会了同学们跳；还有藏戏，我们邀请了专业的藏戏团住在学校，教了同学们三台藏戏；还有你们从小在读在背的各种传统格言。这些都属于藏族的优秀传统文化，不是随便一个藏族人都有机会学的，同学们很幸运很有福报，要好好珍惜。这些学得好，就可以说是比较了不起了。相信你们学得不错，这几天我和客人们就等着欣赏了。

总之一句话，孩子们，作为藏族的后代，不能丢掉了自己的传统，该会的一定要会，不要以为这是过时了的东西，优秀的传统文化是永远具有生命力，值得代代相传的。而且真正的传统如果你都会，能做得出来也说得出来，那将来不管你到内地还是国外，都会受到尊重。当然作为新时代的藏族学生，还要广泛学习各种现代文化知识，与时俱进，学得越多越好！这样你们才可能担当起振兴民族、建设家乡的重任！学校其他民族的孩子们，既然有缘来到这所学校，希望你们在除了自己本民族的语言文化外，还能学好藏语文，以利于大家的交流，也促进彼此的友谊！最后祝客人们、老师们藏历年期间愉快！预祝孩子们演出成功！祝大家身体健康、吉祥如意！扎西德勒！”

四川电视台、四川卫视和甘孜州电视台来校拍摄藏历年活动并在春节期间播出。新年过后，学校加强对学生在校园与藏族老师交流必须说藏语标准话的要求。马海清、泽仁英措两位同学应邀在一位老师陪同下去中央电视台音乐频道《民歌·中国》栏目组，接受文化访谈，并一展歌喉。

3 月，学校被四川省人事厅和四川省民政厅评为“全省先进民间组织”。

4 月，全校师生到新都桥蔬菜基地种土豆和萝卜，体验播种的艰辛与快乐，学习劳动技能，培养吃苦耐劳的品质，让学生爱劳动、会劳动。

7 月，为让在校学习生活多年的孩子们了解家乡，了解家庭状况，以明白自己将来对家乡和家庭所负的责任和义务，认识知识的重要，增加学习动力，建校以来第一次特困生放假一个月。

暑假期间，奖励各年级成绩优异、表现优秀的 5 名同学外出旅游。在一位老师带领下，历时二十多天，到成都、北京、上海、杭州、苏州等城市，游览名胜古迹，参观科技馆，访问清华大学、北京大学、复旦大学、四川大学等 8 所大学。返校后，他们写的参观学习心得，连同在各地的留影，制作成宣传专栏，引起强烈反响，激发了全校同学刻苦学习、飞出大山的愿望。

暑期中，学校为高年级同学提供电脑学习；周末播放《中华文明五千年》及科教片；从成都购进理、化、生实验仪器及设备，配备实验室，保证初中各科实验课的开设；购进电脑，装备微机室；阅览室和图书馆移至阳光棚内，多年期待的师生自由开架读书得以实现。

下半年，活佛陆续接到很多电话和信件：一些农牧民想送自己的孩子进西康福利学校读书。这源于“暑假效应”。放假回家的孩子们良好的品行、丰富的知识、健康的身体和积极向上的精神面貌感动了家长和亲戚，也震动了邻里，学校的办学质量受到了广泛赞誉和肯定。因学校性质特殊，无法满足其愿望，活佛把来信转呈给康定县人民政府。康定县委、县政府经认真研讨，接受群众的诉求，遵照国家“集中办学”的要求，决定由多吉扎西活佛与政府联手，在多饶嘎目共同兴办另一所福利学校，以解决当地 27 个行政村普通农牧民家庭孩子的读书问题。

第八年（2005—2006 学年度）

2005 年 9 月开学，继续利用现有条件，积极为学生创造课外学习机会：周末播放健康影视片，全校学生观看后写观后感，优秀文章在专栏上展出，鼓励老师参与，供学生学习与交流；播放《中国史话》和《世界历史文化遗产之中国档案》，历史老师同步进行补充解说；周日轮流安排初中学生学习电脑，学习藏、汉双语输入及绘图等基本操作。

10日教师节，学校授权给学生，由学生设计庆祝活动。节日当天，学生们向教职员工们一一敬献哈达后献上一台自编、自导、自演的节目，向全校老师表达感恩和节日的祝福。

10月，全校师生去蔬菜基地劳动三天，收获土豆和萝卜，让学生切身体会到什么叫“一分耕耘，一分收获”。开通宽带，方便教学资源的扩充。

11月中旬，阳光棚和教学楼供暖，师生度过建校以来最温暖的一个冬天；高年级同学承包了下煤任务。下旬，第一次过彝族年。制作传统习俗专题宣传板报；举办彝族新年文艺晚会；耍坝子，跳达体舞；吃彝族特色饮食。

2006年1月，建校八年来第一次全校放寒假两个月。为让学生健康快乐地度过假期并有收获，学校设计成绩通知单；精心拟写“告家长（或亲戚）书”，要求家长假期对孩子负起责任，安排好孩子的学习、活动和生活，对孩子的行为进行监管；认真布置假期作业；家长来接学生时分批召开家长会……还把首次颁发的奖学金，亲自交到获奖学生家长手里。

3月，开学前，学校组织“走出去”听课活动：教务处老师在全州教学质量第一的康定中学初三年级集中听课5天，并与康中老师就教材教法、班级管理等问题进行了广泛探讨，有效促进了学校课堂教学水平的提高。

开学报到，老师严格细致检查学生假期作业。对未按要求认真完成作业者，不予报到。学生随家长住街上旅馆补作业。报到工作因此延续四天，个别学生往返数次才合格。那几日天降大雪，天气异常寒冷，雪中往返的辛苦，给了学生和家长一次深刻的教训：让学生知道凡事必须认真、负责、守信，让家长知道应该对孩子的学习和成长负起责任。

3月，盈明丽老师被中共四川省委宣传部和四川省妇联评为“四川女性2005十大年度人物”和四川省“三八红旗手”。27名同学随盈老师前往成都，在四川电视台颁奖典礼上演出；结束后参观四川大学和西南民族大学；同学们对优美的校园环境、充溢着活力的大型运动场和藏书丰富学习氛围浓厚的图书馆羡慕不已，生起努力学习的强烈愿望。

大部分学生进入青春期，需要与长辈进行更多的平等交流，获得更多思想上的引导，学校要求全体教务处老师和部分员工以家长身份，一日三餐陪同学生进餐，保证每一个孩子吃好，培养学生餐桌礼仪和健康饮食习惯，并在午餐、晚餐后带领本桌同学在校园散步20～30分钟，散步过程中与孩子进行轻松愉快的交流。同桌学生由老师抽签产生。老师们克服工作繁重、时间紧张的困难，坚持与学生同吃同散步，受到学生普遍欢迎。每餐后的散步，成了老师与学生心灵沟通、知识和经验传递的独特渠道。

4月中旬，新建的木雅多饶嘎目学校开工。全校师生风雪中到多饶嘎目挖地基、栽树4天。

“读万卷书，行万里路。”“六一”前夕，学校提出申请，经文教局批准，奖励优秀教职员工和优秀学生外出参观学习，校长带队。历时12天，到成都、阿坝、甘肃、青海、西藏，参观了泸定桥、成都市辛亥秋保路死事纪念碑、都江堰水利工程、西宁市中国工农红军西路军纪念馆、塔尔寺、青海湖、布达拉宫、大昭寺、西藏博物馆。在拉萨，师生们观看了西藏历史文化展，了解西藏的历史与现状，了解社会主义新西藏50多年来取得的巨大建设成就；还走进拉萨农贸综合市场；观看了拉萨市歌舞团的演出。参观活动丰富多彩，师生们收获巨大。沿途的绮丽风光，激起了孩子们对祖国山川的由衷热爱；悠久绚烂的民族文化，激发了孩子们强烈的民族自豪感；拉萨的美丽、人民生活的幸福，唤起了孩子们努力学习将来建设自己家乡的美好愿望。12天的旅行生活，还极大开阔了孩子们的眼界，给他们以多方面的锻炼，孩子们受益匪浅。回校后，参观团师生向留校的老师同学作了题为“爱我家乡，爱我中华”的汇报交流。

暑假期间，邀请成都市盐道街中学和双流县的优秀中小学老师来校指导初中部和小学部课堂教学。

初中年级的增加，让师资变得紧张。学校陆续积极而有步骤地通过甘孜州人才市场进行多次教师招聘，重点考核师德和教学技能，坚持标准，保证学校教学工作的顺利进行。

8月，全校同学和教务处老师赴多饶嘎目，协助多饶嘎目学校开学。报名时，全体同学和老师共同维持了三天秩序。新生入校后，学校选派70多名同学任近30个寝室共600名新生的生活老师，与新生同吃同住，担负起培养他们文明健康生活习惯的任务，其余同学和老师则住军用帐篷，承担了余下一些建校、修路的劳动。整整20天里，稚气的“生活老师”们尽心尽力、尽职尽责地工作。他们大胆运用在西康福利学校看到和接受的管理模式及老师们的管理方法，把自己多年来养成的良好卫生习惯、生活习惯和行为习惯及军训收获，悉数教给自己的“学生”，为新生们顺利进入规范化的学习生活打下了基础；同时，也把在校从老师身上感受到的忘我利他奉献精神，用在了工作中。为了照顾好这些比自己小的孩子们，他们常常作出牺牲，少吃少睡，非常辛苦，却毫无怨言。在木雅多饶嘎目学校任课教师和正式生活教师到位后，师生撤离，多饶嘎目学校顺利开学。回校后，由木雅多饶嘎目学校对西康福利学校70多名“生活老师”进行了表彰。学校向木雅多饶嘎目学校支援数位优秀骨干教师和包括校医在内的员工，协助多饶嘎目学校办学。

第九年（2006—2007**学年度**）

2006年9月开学，对教师工作常规进行严格考核：教务处老师从早上6:50早餐开始考勤，包括一日三餐和餐后散步；在工作时间内，办公室电脑只能用于教学资料的查询，限制下班后的上网时间；开始实行月考制度，要求老师认真对待，以达到最佳教学效果。

针对进入少年及青年初期部分学生自我意识强，行为变懒散，纪律较涣散的现象，学校继续以《弟子规》和《学生公约》要求学生的行为，重点抓生活习惯、学习和活动纪律，全校操行评比公开，集体监督；对好人好事及时表彰，对不好的现象及个人进行全校曝光，维护积极上进的校园风气。

在每天下午的课外活动时间，组织乒乓球、羽毛球等多项比赛，全校学生按班级组队，人人参加，严格裁判，认真评奖；丰富校园生活，增强学生体质，调剂紧张的学习生活。

最高年级进入初三，迎来中考第一年。学年工作重点：备战中考。

对志愿等关乎学生前途选择的大事，学校在负责任地为学生提供参考意见的基础上，充分尊重学生意愿，由他们自主选择、自己决定，学会为自己负责。对于生命中第一次比较重大的考试，为教会学生正确面对挑战、应对压力，并通过中考很快成熟起来，学校与初三年级老师达成“成长比成功更重要”的共识，多次召开有初三老师参加的办公会，针对学生在不同阶段表现出的不同状态进行研讨，做到上下步调一致。并在不同阶段，召开师生座谈会，在民主、轻松的氛围中，鼓励学生畅所欲言，谈感受、讲困难，再针对学生现状，请老师们从不同角度，在学科学习、心理状态、身体健康等各方面，为学生提供切实有效的建议和帮助。

11 月10 日，第一次羌族年。学唱羌族《咂酒歌》，学跳羌族锅庄《莎朗舞》。

2007 年 6 月 13 日，活佛陪同初三年级赴新都桥参加中考。考试期间，活佛与带队老师一起，不仅为同学们提供了良好的食宿，亲自到考场接送，还精心安排同学们考完每一科目后的放松与复习，使每位同学都在考场上发挥出了自己的最好水平。考场中，学生良好的精神面貌、文明礼貌的举止、认真诚实的态度，也赢得监考老师与考场工作人员的一致好评。中考结束后，学生稍作休息，即去金塔参加建筑性劳动。下旬放榜，24 名学生中 600 分以上有 7 人，全班总分平均分和单科平均分皆名列甘孜州前茅。学校奖励中考表现突出的同学去成都旅游 7 天。同学们游览峨眉山，参观四川大学，在成都市区小住。在成都，发给每位同学一笔现金，让同学们自由组合，自由活动，自由消费，以培养孩子的自主意识和能力。同学们很兴奋，大都进行了有意义的安排。回校后，与全校学生进行交流，产生良好影响。

7 月，除一名同学报考幼师被录取外，其余初三学生全部考上高中，其中 6 名同学收到康定中学实验班和重点班录取通知书，1 名同学收到泸定中学重点班录取通知书。第一届中考，硕果累累。初三年级在最后一年没有流失一名学生，且在紧张的学习生活中迅速成长为全校最懂事、最明理、最勤奋的年级，成为其他年级的榜样。

在有活佛参加的毕业生座谈会上，全体孩子均表示希望继续留在学校读高中。学校本着“一切为了孩子的健康成长”“为孩子终生负责”的承诺，尊重孩子们的选择，向上级教育主管部门提出申请。经批准，学校增设高中班，挂靠在新都桥藏文中学，在本校教学。8 月中旬，学校通过甘孜州人才市场，招聘高中专业教师，为高中班教学的顺利实施提供保障。下旬，学校联系成都市新都二中刚带完高三的一批骨干教师，来校对高中班进行为期三周的初高中衔接示范教学，为学生进入高中学习打下良好基础。

高班学生高中毕业，一人考上四川师范大学，一人上线选择复读。

暑假期间，学校安排老师，在各年级组织学生再次学习《弟子规》：“诚于中，形于外”，加深理解，从思想上真正明白“仁”的目标、“礼”的重要，培养对师长、对社会的真实恭敬与感恩之心，在行为上自觉切实地做出来。人人巩固背诵。

第十年（2007—2008 学年度）

2007 年 9 月，高中班正式行课。

开学初，组织教职员工重新学习《西康福利学校教师职业道德规范》；向新老师介绍校史和学生特点，帮助其尽快熟悉学生，了解责任，进入角色；日常工作中，老教师们以身作则，带头垂范，以期早日形成教育上的合力，创造良好教育氛围。在物理实验室配备上网专用电脑、电视，方便老师们利用网上资源备课，需要时可在物理实验室上课，辅助课堂教学质量的提高。每晚组织学生收看央视新闻联播。

10 月国庆，庆祝活动后，选派高一学生到金塔参加旅游服务接待工作。学生进行“十年成长”主题演讲，回顾自己走过的十年成长之路，感恩一切来之不易，感恩国家、社会与老师的培养，珍惜今天的学习生活条件，立志报效国家和社会。演讲在每日晚餐之后的时间进行，学生抽签上台，教务处全体老师担任评委，语文组老师轮流进行现场点评。

11 月至 12 月，进行“中华情·赤子心”主题演讲。学生收集资料，写作初稿，老师认真改稿；定稿后在各班进行试讲；之后在全校集中演讲两天，评出优秀选手。演讲后，各班办专题板报，交流演讲稿件。26 日，举办演讲汇报会，邀请州宗教局、州统战部、县政协、县文教局的领导莅临指导，获高度评价。

2008 年 5 月 12 日，汶川发生 8.0 级特大地震。学校及时组织师生收看新闻，并一反平时只看新闻联播的惯例，在阳光棚里不间断播放救灾新闻和信息。那段时间，孩子们一下课，就围聚在电视机前：看到废墟中逝去的生命，他们伤心得流泪甚至痛哭；看到有人被救援出来，他们高兴得鼓掌、跳跃。这次灾难极大震动了孩子，让长大了的他们在自己或清晰或模糊的不幸童年记忆之外，第一次亲眼看到了无常带来的残酷，第一次为他人真实的受难感到痛苦。从电视中看到全国人民开始为灾区捐款时，孩子们自发跑到了学校办公室也要求捐款，学校表示支持。于是学生们纷纷取出保管在学校积攒多年的压岁钱、自己获得的奖学金、亲戚来看望时给的钱，悉数捐出，很多孩子还为自己能捐出的钱太少而难过；老师们也捐出了自己不高的工资。自愿捐款之外，经全校师生同意，学校还吃素菜一个月，把节省出的伙食费捐给灾区。6 月 1 日，全校孩子的生日，没吃蛋糕也没举行庆祝活动，孩子们毫无怨言。

汶川地震，让孩子们流了太多的泪，也让他们快快地成长起来：第一次深切体会到什么是与祖国人民“同呼吸，共命运”，第一次产生了竭尽所能想要帮助他人的强烈愿望，第一次回报了社会。

第十一年（2008—2009 **学年度**）

2008 年 9 月开学后，狠抓师德教育。学校性质特殊，工作繁重，责任重大，生活艰苦，高度的敬业精神和奉献精神成了学校所有教职工的职业道德要求。本期新进六位老师，为帮助其尽快熟悉学生和学校工作，每周增开一次教务处教育研讨会，交流各班学生基本情况，对个别学生的教育问题进行研讨，使全体教师在教育观念上达成共识，保证教育的一致性和连贯性；实行新、老教师共同值周，保证管理效果，帮助新老师从烦琐细致的工作中体会什么叫“奉献”。

常抓学生德育。爱国主义教育：团队国旗下演讲，结合“历史上的今天”及国家时事、校园新闻，学生写稿、演讲，老师指导；周末放映正版爱国影碟，如《震撼世界的七日》《大国崛起》《复兴之路》等；组织学生观看残奥会，感受震撼。勤奋成才教育：把勤奋刻苦、立志成才列入德育教育目标，利用班会和学校板报“成才专栏”，用真人真事激励学生，为了家乡和祖国，战胜困难，勤奋学习。尊老教育：坚持周末安排孩子轮流为校内的西康利乐敬老院老人服务，遇节日、晚会，大孩子背老人参加并送回。

学校招收 50 名一年级新生。本着为孩子负责的原则，学校经与康定县教育局商讨，结合当时州内外的就业形势，决定对学校的第二批孩子，实施双语一类模式教学。

为帮助新同学尽快适应学校生活，学校实行“一带一”方式，把每个小同学都交由一位大同学负责。要求大同学将心比心，把小同学当成自己的弟弟妹妹，且视为回报社会的方式：认真尽责、奉献爱心，学习之余，与小同学同吃同住，带、帮、教、管，当好小同学的启蒙老师。

第十二年（2009—2010 **学年度**）

2009 年 9 月，第一届学生上高三。备战高考成为学年工作重点。

为了达成学校办学目标，帮助孩子们实现美好梦想，学校对高三工作予以高度重视：教务主任和高三班主任联合负责高三学习，校长负责高三学生思想及生活保障；召开各科老师与学生座谈会，帮助学生正确认识高考，摆正心态，尽快主动积极地投入到紧张有序的高三学习中；备考工作以成都为依托、借鉴和标准。

2010年1月，为提高学习能力、获取备考经验，寒假期间，学校安排高三全体师生赴成都名师堂学习听课14天。师生们在知识上获得了提高，增长了信心，对高考的认识也从模糊到逐渐清晰。

下学期，高三班主任加强班级管理，所有自习时间到场，保障安静的复习环境；严格生活管理，坚持规律作息，保证学生学习时有充沛的精力。

4月，二诊结束，帮助每位同学分析成绩，确定下阶段重点突破方向，设定目标分数；学校根据学生意见，创新性地调整课表，并在阳光棚专辟高三自主学习辅导区，借鉴国外的做法与经验，在区域内常备丰富多样的茶水、健康糕点及零食，供高三同学在课间自由享用，晚上提供加餐，“一吃健康，二吃心情”，以缓解学生压力。

5月，学校从内地邀请几位有经验的退休教师，来校与科任老师共同承担对学生的授课辅导任务；中旬，三诊，规范考试、认真评讲、淡化结果，稳定情绪；下旬，对学生进行应试心理辅导，帮助学生做好心理准备。

6月1日，为不影响高三复习，学校取消白天生日庆祝活动。在生日晚会上，校董会主席发表讲话：

“亲爱的孩子们，祝贺你们在学校度过的第12个生日！我谨代表全校所有教职员工，代表光临我们家的所有客人，向你们表示衷心的祝福：祝你们生日快乐！今天，你们又大了一岁，比去年懂得更多、进步更多，这是一年来老师们付出辛劳和心血的结果，也是你们听话努力的结果，应该感恩，值得庆贺！今年也是特殊的一年，再过几天，高三的同学们就要走上高考考场，接受国家的检验和挑选；再过十几天，初三的同学们也要走上中考考场。希望能给高三同学、初三同学以祝福和力量。

高三的同学们，你们在学校成长了十二年，学了十二年的文化知识，更接受了十二年做人的教育、爱的教育，从懵懂无知的孩童长成了有理想、有文化、品行端正、知书达礼的青年，看到健健康康的你们，从我到老师到你们所有的亲人还有一直关心支持你们的爱心人士都为你们感到高兴！

作为学校的最高年级，你们是懂事的。我知道，长久以来，你们都是老师们的好帮手，是低年级弟弟妹妹们的好榜样。你们做到了《弟子规》中要求的‘入则孝，出则弟’，上，尊敬师长，下，友爱同学，深受老师们的信任和同学们的喜爱。这是值得庆贺的，是你们最有价值的成长之一。多年来，你们还代表学校参与各种对外接待和服务工作，参加了多次对外演出，以良好的风貌、彬彬有礼的举止和多才多艺，获得好评，树立了西康福利学校学生文明、美好的形象。你们还参加了为数最多的劳动，为我们家园的建设做出了贡献，也因此成了全校最会做事和最能干的孩子！这是值得庆贺的最有价值的成长之二。12年中，你们也经历了多个第一：第一届小学毕业，第一届初中毕业，第一届高中毕业。为了迈好这么多的第一步，你们跟着老师进行了勇敢而艰辛的探索与奋斗，付出了比其他年级多得多的努力，相信也获得了最多：一是学得最多，我曾听一位高二年级的同学在中考期间说过，很羡慕你们，说虽然你们最辛苦，但你们学的知识最多；二是价值大，你们不仅依靠自己的付出为自己开辟了新的天地，还用你们走过的历程，为学校、为低年级积累了宝贵的经验和教训，让后面的弟弟妹妹们能走得更轻松更有效更成功。所以同学们，你们的付出是值得的，也是珍贵的，在此，我要代表学校，向每一位同学表示感谢！也希望你们记住，天道酬勤，永远不要怕付出，不要怕辛苦，不要怕为人先。开拓者的事业永远是光荣和崇高的。这是最有价值的成长之三。

同学们，会做人会做事会学习，这就是你们在西康福利学校12年岁月中最大的收获，比学习成绩更重要的收获。保持不变不忘，就会成为你们一生的财富。在即将跨出校园之际，我真诚地希望，也郑重地要求你们，不管是走到大学还是进入社会，乃至一生，都不要忘记你们在西康福利学校所受的教育，不要忘记仁爱他人，不要忘记感恩报恩，不要忘记继续用《弟子规》严格要求自己。做人做事做学问，是值得我们学习一生、践行一生、坚持一生的功课。只有修养好了自身德行，才可更进一步，齐家、治国、平天下！生在这样的时代，成长在这样的环境中，你们该有这样的志向和抱负！而在为理想奋斗的过程中，永远不要忘记‘勿自暴，勿自弃，圣与贤，可驯致’。做到了这一点，相信你们的人生之路一定会走得顺利与满意！也一定可以为国家为民族做出应有的贡献！

孩子们，这就是我今天送给你们的生日礼物。希望你们好好记取。最后让我们一起祝愿高三和初三的同学们，希望你们能毫不松懈地认真复习到最后一刻，冷静自信地走上考场，发挥出自己的最好水平。不留遗憾，就是成功。祈请上师三宝加持，祝同学们高考成功！中考成功！也祝所有的孩子在新的一岁里更加努力，健康成长!”

主席讲完话，高三学生代表发言，表达同学们对十二年成长的感恩，对美好未来的展望……生日晚会后，师生们还自由组合，围坐在摆满丰富饮品和糖果的圆桌旁，抚今追昔，憧憬未来，畅聊至很晚。简单特别的生日，成为高三最后的“加油站”。

5日，高三师生到达康定。考试三天，活佛与师生们同吃同住，每场考试前亲自送同学们到考场，生活安排周详细致。下旬，分数公布，三位同学过了二本线，一位同学上了五百分。无论考得是否满意，同学们都坦然接受了高考结果，并以快乐积极的心态转入到志愿填报中。

活佛说：“高考是孩子们的事，填志愿是家长的事。”意思是家长有责任帮助孩子填写最恰当的志愿：保证上线的每个孩子不落榜，并兼顾孩子的兴趣，最大程度发挥分数的价值。为此，学校专门聘请内地有多年高考志愿填报经验的老师，到康定为高三学生指导；两天后，学生回到学校，利用办公室电脑充分了解各所高校；为了家乡将来的发展，学校建议学生多填报教育和医疗卫生两个方向；综合各方意见，每位同学在规定时间内进行了网上志愿填报。

7月初，全校到雅拉神山搭帐篷野营8天。学校组织高三师生多次温泉聊天，老师们向同学们传授大学学习生活经验、在社会上为人处事的原则和方法，作为送给同学们上大学的礼物。

一次聊天，活佛特别为高三同学讲了一个不懂法律而酿成悲剧的真实故事，借此告诫孩子们：“一定要有法制观念，遵纪守法。在大学里要专心读书；将来毕业了回到家乡不管是做事还是创业，都一定要具备相关法律手续，首先征得政府部门的批准和同意。就像我们学校，如果当初没有政府的批准，你们就不可能拥有这个读书机会；如果没有政府这么多年的帮助和支持，你们也不会像今天这样可以跨进大学的校门。……机会难得，一定要珍惜。希望你们在大学里不要随波逐流，要有自己的学习目标和奋斗方向，立志学到真正的学问和本领，回来建设你们的家乡；要多去两个地方——图书馆和运动场。”

高三每位同学完成五千字《我的高中生活》，总结得失，抒发感受，为学校的教育教学提供参考，为后面年级同学留下借鉴。

宿营期间，学校让高三同学认真考虑，自主选择监护人：选学校作监护人，由学校承担其大学期间全部费用（包括学费和每月生活费500元），学生向学校汇报学习、生活情况，放假期间回校；选家庭亲戚作监护人，家庭承担费用的缺口由学校补足，学生不再接受学校管理。

下旬，各批次大学开始录取。8 月底，高三同学赴各高校报到。学校第一届高三工作圆满结束。

第十三年（2010—2011 **学年度**）

2010 年 9 月开学后，中学部三个年级全部升入高中，教学难度增大，为保证教学质量，学校从老师和学生两方面狠抓教学和学习、生活常规管理。

第二届学生进入高三。师资作调整，班主任连任。在第一届高三积累的经验教训基础上，从暑期补课开始，高三备考工作有条不紊地展开，形成常规。鼓励学习落后的同学不放弃，要求老师们尽一切努力对孩子困难的学科予以帮助。

年底，应亚洲女性协会邀请，校董会主席与一位老师、两名学生，赴北京参加“2011 年亚洲女性协会新年慈善音乐会”。在音乐会上，播放学校短片，校董会主席做一分钟演讲，两个孩子接受访谈。

2011 年 6 月，高三学生赴康定应考。高考三天，正值活佛在塔公佛学院有佛事活动：每晚活动结束后赶往康定，第二天早上把孩子们送进考场后又返回塔公，不辞辛劳，陪孩子们考完了所有科目。

第二届高三，完全凭借学校自己的力量，顺利走完全程。全班同学无一人落榜，全部考上大学。学校为就读大学生提供每月 1000 元生活费。

第十四年（2011—2012 **学年度**）

2011 年 8 月 31 日，成都市委宣传部陪同中央电视台到校采访拍摄胡忠校长，胡忠老师和谢晓君老师成为央视“感动中国”候选人。

不喜宣传一向低调的胡忠老师和学校老师们反应淡然。但学校认为，两位老师若能当选，对高原特殊教育事业的发展和社会人心将产生积极的影响，利国利民，决定支持参选，以真实负责的态度配合相关采访拍摄，但不能影响学校的正常教育教学活动，尤其不影响高三年级的备考工作。

2012 年 2 月 3 日晚，中央电视台“感动中国 2011 年度人物颁奖盛典”播出，胡忠老师与谢晓君老师当选感动中国 2011 年度人物。

学校以评选“感动中国”人物活动为契机，倡议在外就读的大学生及在校同学积极参与，使孩子受到一次深刻的教育：学习生活在充满爱心的学校里十几年，天天与老师们朝夕相处，对老师们的奉献与付出已习以为常，这次来自国家最高形式的奖励与社会的反响，促使他们重新认识自己的老师，思考老师们付出的代价与意义，由此产生深深的感恩，进而认真思考自己的人生。

6 月，第三届高三毕业生参加高考，全部考上大学。

第十五年（2012—2013 学年度）

2012 年 8 月，为整合教育资源，支援康定教育，学校把塔公校址交给政府，政府转交给塔公中心校，并在多饶嘎目拨一块土地用于学校重建。下旬，学校迁至多饶嘎目文化园区，与木雅多饶嘎目学校“资源共享”，各自办学。学校志愿者老师月工资提高到500 元。

9 月 10 日教师节，办公室魏宏老师作题为《致敬时代典范、教师榜样》国旗下演讲：

“老师们、同学们：早上好！高原的初秋，清凉中承载着金黄。当阳光唤醒草原，我们伫立在国旗下，迎来共和国第 28 个教师节。教育大计，教师为本。教师，承载着祖国的希望，肩负着人民的嘱托；教师，是文明的传承者，是时代的先行者。胡总书记鼓励我们：‘有志青年到农村、到边远地区、到祖国最需要的地方为国家教育事业发展建功立业。’

1958 年，有一位老师响应党的号召，从上海到宁夏支教，在 42 年奋斗历程中，他因操劳过度不幸双目失明，但仍凭着记忆坚持讲课，直到退休。退休以后，他又继续留校为学生工作，直到瘫痪在床。2007 年，以他名字命名的电影《冯志远》在全国播出，自此，冯志远老师志愿支教边疆的优秀事迹传遍祖国，他为振兴边疆教育事业敢于奉献的精神，至今激励着我们。

1990 年，有两位老师来到凉山彝族自治州甘洛县的二坪村小，那时的二坪村，全村 400 多人几乎没人识字。二坪村小被当地人称为‘天梯’小学，住在山下和山腰的学生，每天要背着书包、爬着陡峭的‘天梯’去上学。就是在如此艰险的环境下，两位老师志愿扎根此地 18 年，用知识的‘云梯’，为彝区贫困孩子撑起一片梦想的蓝天。2009 年 9 月，两位老师入选‘100 位新中国成立以来感动中国人物’。他们就是李桂林、陆建芬夫妇。

2000 年，有这样一位老师，从报纸上看到一篇关于甘孜州一所孤儿学校急需教师的报道，便放下都市优越的工作生活条件，志愿来到高原支教；3 年后，他的妻子带着年幼的女儿走上高原，与他并肩工作。2012 年，两位老师双双荣获 2011 年度‘感动中国人物’称号，这两位老师，就是与我们朝夕相处的胡忠、谢晓君老师。

天下兴亡、匹夫有责。冯志远、李桂林、陆建芬、胡老师、谢老师，这些优秀的老师，身上有着共同的特点，那就是：坚定的理想信念、深厚的仁爱之心、强烈的社会责任……他们自觉地把爱国之情、报国之志融入到振兴祖国边远贫困地区教育的事业中，敢为人先，甘为人梯，用平凡的奋斗，展现出了中国特色社会主义时代人民教师的伟大风采！总书记曾说：‘高尚的师德，是对学生最生动、最具体、最深远的教育。’在今天这个美好的日子里，让我们向老师们致敬！向高尚的师德致敬！老师们、同学们，1935 年，革命烈士方志敏在狱中写下《可爱的中国》：‘不错，目前的中国固然是江山破碎、国弊民穷，但谁能断言中国没有一个光明的前途呢?’向往着光明，烈士续写下未来：‘到处都是活跃跃的创造，到处都是日新月异的进步。’

今天，踏着先烈用鲜血开创的革命大道，凭着数代人前仆后继的艰苦奋斗，烈士笔下描绘的祖国社会主义美好愿景正在变为现实。今年，是全面贯彻落实十七大精神关键之年，是我国改革开放第 34 年。34 年峥嵘岁月，是一路波澜壮阔的征程，是一场坚韧不拔的奋斗。环顾世界，有的国家在徘徊，有的国家还在战火中煎熬，而我巍巍中华，呈现出欣欣向荣的奋斗气象，在这条齐奔小康的路上，我们正在凝聚力量，成就辉煌。

拿破仑曾预言：‘中国是一头沉睡的狮子，一旦觉醒，将会震惊世界。’如今，这头狮子已经醒来。中国，正以稳健的步伐走进世界民族之林；中国，正以伟岸的雄姿屹立于世界东方。老师们、同学们，让我们在以总书记为核心的党中央坚强领导下，与全国各族人民一道，高举旗帜，奋力前进！让我们化榜样为力量，用不懈的坚守与奋斗，为康巴贫困牧区教育事业的发展，做出我们的贡献，续写出更加绚丽的动人篇章！”

高三年级除语、数两科外，英语、历史、地理、政治四门课的老师，半天在高三上课，半天到木雅多饶嘎目学校上课。

2013 年 6 月，最后一届高三同学通过高考，全部考上大学。至此，西康福利学校第一批四届学生全部毕业。

7月28日，深圳市首界文化传播有限公司来校进行三天两夜的《孝治天下》讲学及培训，讲解儒家十三经之首的《孝经》。全校师生参加，共同学习“百善孝为先”的做人道理，学习中华优秀传统文化之精髓，学习修身齐家治国平天下的方法。

第十六年（2013—2014**学年度**）

2013年9月，落实常规。小学毕业班工作成为学校年度工作重点。学校在六年级孩子的思想、生活和学习等各方面投注关心，加强管理，以促进备考工作，保证学习质量。

在第二课堂增设藏、汉历史课程：更敦群培的《白史》，林汉达、曹章的《上下五千年》。

10日，庆祝教师节。孩子们制作手工、绘画作品送给全校老师作为节日礼物。康定县副县级以上领导干部与部分孤儿“结对认亲”，成为他们的“爱心爸妈”，节假日带礼物来校看望、聊天，了解关心孩子的生活、学习和心理，帮助其进步与成长。

学校志愿者老师月工资提高到900元。

2014年春，学校在园区内植树。

6月，第二批第一届学生通过小升初考试，升入初中。

第十七年（2014—2015**学年度**）

2014年9月，毕业后志愿回到多饶嘎目工作的大学生，已超过十人。他们立志扎根牧区，献身家乡教育事业与慈善事业。月底，胡忠校长受邀到北京参加第六次全国民族团结进步表彰大会，作为模范个人，接受中央领导颁奖。

11月22日，康定发生6.3级地震。突如其来的强烈震动让孩子们大受惊吓，但由于学校校舍完全按照国家标准修建，主体结构没有受到任何破坏，所以并没有造成学校人员伤亡，财产也没有受到大的损失。地震发生后，党和政府迅速及时地给予了学校强有力的救助与支持，尤其是甘孜州、康定县各相关部门的领导和救援人员，包括武警官兵，直接住进了园区，陪伴学校的老师和受惊的孩子们同吃同住，让师生们体会和享受到了前所未有的来自祖国大家庭的无比温暖，给学校发展的历史留下了特殊的一页，给全校师生留下了难忘美好的记忆。后作为灾后重建计划的一部分，政府出资，在多饶嘎目原地异址重建木雅多饶嘎目学校新校区；学校在党和政府关怀下，在社会善心人士的帮助下顺利渡过难关。

地震发生后，学校第一批在外就读的大学生纷纷利用周末回到学校，看望在校老师和同学，主动参与学校的抗震救灾工作。

2015 年春节，第一批在读大学生和已工作学生二十多人自愿回校陪同留守老师过年。他们自主安排和组织过年各项活动，积极准备并演出一台“春晚”，邀请志愿者老教师们参加和观赏。

3 月开学，入住过渡板房。加强督促各年级学生的学习，以尽力弥补由于震后提前放假耽误的学习。

6 月，学校第二批第二届学生小学毕业，升入初中。

第十八年（2015—2016 **学年度**）

2015 年 9 月开学，严格各项常规检查，加强学校规范化管理。

在第二课堂中开设藏文史学名著《青史》，继续学习《上下五千年》。

2016 年暑假，第一批七十多名孩子、学校早期的生活妈妈、教育顾问、老校长等回校，与学校志愿者老师们一起，为学校三对喜结良缘的孩子在多饶嘎目按藏族传统仪式举办隆重的婚礼，见证了他们的幸福。

师生联谊会上，孩子们主动提出：工作了的同学们希望能每年每人出钱凑成一笔小小的资金，用于改善渐入老年的志愿者老师们的生活和健康；老师们有任何困难，都会派代表尽力相帮——以此作为他们的报恩。老师们无不感动。

孩子们同时希望能每两年聚会一次，回来看望老师和学校第二批的弟弟妹妹们，为学校的发展尽力。

第十九年（2016—2017 **学年度**）

2016 年 9 月，第二批第一届学生进入初三，迎战中考。

学校高度重视，共同制订初三年级工作计划，依据现有条件尽力为初三年级师生的学习和生活提供方便，以保障复习备考效果。

2017 年 6 月，第二批第一届学生参加中考，考入州内各高级中学。

7 月，震后重建的木雅多饶嘎目学校新校区落成，木雅多饶嘎目学校搬迁。

西康福利学校搬入多饶嘎目文化园区新校区。两所学校在政府和上级教育主管部门一视同仁的关怀和指导下继续发展。学校志愿者老师月工资提高到1500元。

暑假期间，校董会主席向老师们明确提出：发扬西康福利学校的传统，对孩子们在品德、行为、生活上全面要求，培养好习惯，纠正坏习惯，力争在假期里变个样。校董会主席还利用在多饶嘎目的时间，多次亲自给孩子们开会、聊天，告诉他们：作为西康福利学校的学生，各方面的要求很高，首先是要做个端端正正的人，站有站相，坐有坐相，说话有说话的要求，做事有做事的样子，完全按照《弟子规》中的要求来做。

下旬，全校孩子学习舞蹈基本功、排练舞蹈节目。学校要求：除上台表演的同学外，给予其他同学同等学习的机会，每个孩子每个舞蹈都要学，且每个动作每个表情都必须认真要求；孩子们要好好学，好好跳，不是为了客人，是为了自己综合素质的提高和全面发展。

8月初，甘孜州政协来校进行联谊活动，给孩子们带来礼物；孩子们表演节目，获好评；领导们对学校的办学成果和老师们的无私奉献予以高度赞扬。13日，成都市新都区武协主席一行来校教授汉字书法和武术，全校孩子参加。18日，华西口腔医院与州医院口腔科来校义诊，为师生检查、治疗，举办宣教讲座，教孩子们爱牙护牙。

月底，高中生赴甘孜州各高中就读。学校承担其学费和生活费：孤儿每月生活费700元，单亲家庭孩子每月500元。学校面向社会招聘老师。在康定市委市政府的关心支持下，市教育局为学校解决了20名市聘教师和部分公办教师名额。

第二十年（2017—2018 **学年度**）

2017年9月开学，第二批连同在外、在校就读的学生达178名。第一批大学毕业志愿回校工作的孩子超过教师队伍的半数。

10日教师节，白天，活佛与新老教师们座谈，介绍学校历史，帮助新教师们了解办学历程和志愿者老师们的奉献精神，促进新老教师融合；晚上，孩子们为老师们献上一台自编自演的晚会。

10月国庆，学校举行庆祝活动。胡忠校长作题为《沐浴在新时代的春光里》国旗下演讲：

“老师们、同学们：大家早上好！今天，是祖国68岁华诞，让我们重温祖国光辉历史，以此表达对党和政府、对祖国人民深深的感恩。

1949年10月1日，人民领袖毛主席在天安门城楼上向全世界庄严宣告：中华人民共和国成立了！随着五星红旗冉冉升起，经历近代以来100多年苦难岁月的中华民族迎来了浴火重生的曙光。‘长夜难明赤县天，百年魔怪舞翩跹，人民五亿不团圆。一唱雄鸡天下白，万方乐奏有于阗，诗人兴会更无前。’人民共和国的诞生，使亿万劳苦大众当家作主，中华民族在中国共产党的领导下，从此走上建设社会主义的伟大征程。68年光辉岁月，伟大祖国由新民主主义走向社会主义，逐步开启以实现人类社会美好理想为奋斗目标的中国特色社会主义道路；68年峥嵘岁月，伟大祖国生产力和综合国力逐步提升，人民生活实现了从贫困到温饱、再到小康的历史性跨越，中华民族摆脱积贫积弱的历史阴影，以伟岸身姿，重新屹立于世界民族之林。‘吃水不忘挖井人’，68年峥嵘岁月，我们应当铭记历史，深深缅怀为我们建立新中国的老一辈无产阶级革命家和革命先烈，深深缅怀为使我们过上幸福生活而付出艰辛与生命的一切英雄模范和先进人物。今天，凭借着无数革命先辈、仁人志士的卓绝努力；凭借着共和国航船劈风斩浪、不断前行，中华民族迎来了最接近伟大复兴的历史时刻。新征程，吹响号角。看，在党的领导下，全国各族人民正高举旗帜，践行理想，传承初心，续写辉煌。

老师们、同学们，生活在这样一个伟大的时代，我们是多么幸运！沐浴在新时代的春光里，我们拥有了生命出彩的机遇。就在伟大祖国68岁华诞到来之际，我们的家——西康福利学校，也进入创办第20周年。20年，我们扎根祖国高原最贫困牧区，为这里的教育发展，为这里的特殊孩子，倾力付出，艰苦奋斗！我们的动力来自哪里？我们的信念源于何方？改革开放以来，作为社会力量兴办教育主要形式的民办教育不断发展壮大，已成为社会主义教育事业的重要组成部分。与此同时，党和政府积极引导社会力量举办非营利性民办学校，引导民办学校坚持教育公益属性，要始终把社会效益放在首位。西康福利学校作为非营利性民办学校，一建校就积极响应党和政府号召，始终把高原贫困牧区最广大人民的根本利益作为一切工作的出发点和落脚点，致力于把祖国现代教育发展成果惠及牧区全体人民。‘位卑未敢忘忧国’，20年来，西康福利学校全面贯彻党的教育方针，坚持社会主义办学方向，把立德树人、培育和践行社会主义核心价值观作为根本任务，把理想信念教育和道德教育放在首位，加强规范管理，提高办学质量，形成全员、全过程、全方位育人的工作格局，学习和弘扬中华民族优秀传统文化和地方优秀传统文化，努力培养孩子们的美好品德，提高学生服务国家服务人民的社会责任感。学校全体同仁，发扬爱岗敬业、无私奉献精神，始终保持谦虚谨慎、求真务实的工作作风，为高原培养出一大批德智体美全面发展的社会主义建设者和接班人。

长风破浪会有时，直挂云帆济沧海！老师们、同学们，融入新时代，行进在中国特色社会主义这条光辉大道上，我们满怀激情与豪迈！康巴高原15.3万平方公里锦绣河山，为我们的福利教育事业铺就了广阔舞台；中华民族灿烂辉煌的五千年文明成果，为我们的奋勇前进提供了强大精神力量；共和国母亲68年来的巨大成就，为我们创造美好未来铸就了坚实后盾！老师们，同学们，让我们不断凝聚新力量，做出新贡献；让我们更加紧密地团结在以习近平同志为核心的党中央周围，在党和政府领导下，高举民族团结伟大旗帜，与13亿人民一道，同心同德，扎实苦干，为高原社会主义建设发展，为祖国‘两个一百年’奋斗目标、为实现中华民族伟大复兴中国梦而不懈奋斗！”

组织师生收看央视国庆晚会。会后校董会主席、资助学校的嘉宾、学校老教师分别讲话，对学校新学年的工作和发展，对第二批孩子的学习与成长，提出要求，寄予厚望。

4日举办中秋联谊会，师生们同台表演，其乐融融。

2018年1月，应聘老师放寒假，志愿者老师和孩子们留校进行补课，参加劳动。2月春节，全校师生与多饶嘎目文化园区工作人员一起过年。

3月开学，学校计划每月举办一次校级学习活动，由藏、汉、数、英各教研组轮流策划、准备、组织，内容由课内向课外延伸、拓展，形式多样；活动中分年级进行竞赛，科任老师作评委，按总分评出名次给予奖励，以激发学生的学习兴趣，增长知识，提高能力。

4月30日，校团支部江彬飞老师作题为《向奋斗的青春敬礼——纪念“五四运动”99周年》国旗下演讲：

“老师们、同学们：大家好！迎着牧场的初阳，在鲜花盛开的五月，我们又将迎来属于青春的节日。中国共产党早期卓越领导人李大钊同志曾在《‘晨钟’之使命》中写道：‘青年之文明，奋斗之文明也，与境遇奋斗，与时代奋斗，与经验奋斗。故青年者，人生之王，人生之春，人生之华也。’青春，是情怀绽放的时节，它不止于岁月，更鸣响在梦想、信念与担当中。

‘头可断，肢可折，革命精神不可灭。壮士头颅为党落，好汉身躯为群裂。’这是共产党员周文雍被捕后在监狱墙壁上写的一首不朽诗篇。1928年2月6日，年仅23岁的周文雍与在革命斗争中建立爱情的陈铁军一起，在广州红花岗刑场举行了悲壮的婚礼，从容就义。中华民族近代以来的革命历程，就是一部灿若星河的中华儿女奋斗史。从李大钊、周文雍到刘胡兰；从董存瑞、邱少云到王进喜；从雷锋、焦裕禄到郭明义……一代又一代有志青年满怀崇高理想，为民族独立、人民解放，为建设祖国、振兴中华，敢于牺牲，勇于奋斗！他们用青春与热血，将民族精神代代相传，他们是共和国的脊梁，他们的丰功伟业，彪炳史册！

老师们、同学们，踏着革命前辈用青春与鲜血铺就的恢宏旅程，今天的我们，迈入中国特色社会主义康庄大道。没有了白色恐怖的残酷，渐远了甘洒热血的壮烈，新一代青年，该如何担负责任，续写未来？时间之河川流不息，每一代青年都有自己的际遇和机缘，都要在自己所处的时代条件下谋划人生、创造历史。总书记殷切寄语，广大青年要成为实现中华民族伟大复兴的生力军，肩负起国家和民族的希望，要把人生理想融入国家富强、民族复兴的伟业之中，把实现党和国家确立的发展目标变为自觉行动。总书记的谆谆教导，为当代青年指明了人生方向。

20年前，怀揣着振兴贫困牧区教育的梦想，一批青年志愿者，先后来到西康福利学校，来到高原这片被称为贫中之贫、坚中之坚的落后土地上。多年来，他们在党和政府的支持下，在社会善心力量的支援下，为牧区教育发展，凝聚初心，团结协作，默默奉献！20年后，他们辛勤的汗水，终将这方贫困牧区的教育之树浇灌成形，开花结果，枝繁叶茂！中国青年志愿者，一个既亲切又崇高的名字。今天，当我们回顾西康福利学校志愿者们20年奋斗历程，又一次感悟到这一称谓所赋予的美好含义。爱国，是人世间最深沉、最持久的情感，是一个人立德之源、立功之本。爱国，不能停留在口号上，而是要把自己的理想同祖国的前途、把自己的人生同民族的命运紧密联系在一起，扎根人民，奉献国家。西康福利学校青年志愿者，来自祖国各地，他们淡泊名利，践行誓言，用无悔的坚守书写下奋斗的青春！

盈明丽老师，来自重庆，长年工作在教学一线，为学校发展倾尽全力；2006年盈老师荣获‘四川女性十大年度人物’和‘四川省三八红旗手’荣誉称号，她的先进事迹赢得社会广泛赞誉。魏宏老师，来自成都列五中学，二十年如一日，为学校发展和学生成长倾注热情；魏老师甘于奉献，屡次婉拒媒体报导，在孩子心目中，她是天下最好的母亲，在同事眼里，她是爱岗敬业的模范楷模。陈少雄老师，来自湖北，是电子信息技术高端人才；陈老师被孩子们视为兄长，多年来，他助人为乐的美德传遍牧区，被老乡们亲切地称为‘湖北雷锋’。德吉拥忠老师，来自本地牧区，屡次放弃调进县城工作机会，把青春与梦想定格在为家乡教育发展的艰苦奋斗中；在支教西康福利学校不久，因工作能力突出，被提拔为木雅多饶嘎目学校校长，如今，她引领的这所学校已成为远近闻名的牧区名校。胡忠、谢晓君老师夫妇，来自成都石室联中，为振兴高原贫困牧区基础教育事业，并肩奋斗；2012年，胡老师谢老师双双荣获中央电视台‘2011年度感动中国人物’称号，站在荣光辉映的颁奖台上，接受祖国和人民最高的礼敬与赞许！……

青春，经过磨砺才有光泽；青春，有所担当方显厚重。习总书记曾多次分享自己的成长经历：少年时他深受焦裕禄精神影响；15岁时到梁家河插队面临过‘五关’考验；20岁挑起了梁家河大队支部书记重担，带领村民建起陕西第一口沼气池；30岁当县委书记时骑着自行车下乡走访……青年时代的基层经历和经验，让总书记深知，青春是用于奋斗的，唯有奋斗的青春才是幸福。为此，总书记常常勉励青年一代要树立为国奋斗的理想信念，勇做走在时代前列的奋进者、开拓者，把远大的抱负落实到实际行动中。青年兴则国兴，青年强则国强。只要我们团结一致，敢于为祖国为人民奉献青春，中华民族伟大复兴的中国梦终将在一代代青年的接力奋斗中变为现实。老师们、同学们，益重青春志，风霜恒不渝。让我们勤奋学习，努力工作，增长本领，向着明天，同天下追梦的青年朋友们一道，扬帆启航吧！”

6月1日上午，学校师生到木雅多饶嘎目学校进行“六一”联谊演出；晚上举办生日晚会。校董会主席通过微信，向全校孩子发送生日祝福：

“亲爱的孩子们：生日好！20年前，家中的孩子们拥有了一个共同的生日，每年的这一天，就成了我们最热闹、最开心的节日之一。在今天这个特殊的日子里，家中最年长的我，要跟你们说几句话。

对任何人而言，人生都是一个艰辛的过程，我们更不例外。因为我们是特殊群体，而且我们生长的环境虽自然纯净，却不具足让孩子从小接受良好教育的条件。这和现在内地一些教师和父母提供给孩子的成长环境，实质是一样的。一位清华教授曾愤慨：中国教育最大的骗局就是快乐教育、学历无用以及释放孩子天性，这三个骗局，正在一步一步扭曲中国孩子的成长。而我认为，快乐教育和释放天性，主张孩子要快乐、要自由、要释放他们最完美的天性，要让他们独立自由地成长，听起来很美，实际却糟糕透顶！是最没有竞争力的教育！教师和父母应该给予孩子自由，但这个自由不是无限制、无规则、无节制的，更不是纵容和无作为；一定的释放和宽容没有错，但在释放的前面必须有清晰的不可跨越的界限，否则只会让孩子缺乏最基本的敬畏之心；孩子的自律意识也没有一些教师和父母想象中那么强，不能被无限地夸大，否则只会让孩子丧失最基本的控制力，而一个不懂得自律的孩子，是永远不会有未来的。

很多人喜欢讲国外的教育多么自由、多么先进、多么地尊重孩子的意愿，却有意无意忽略掉了，这自由的前面，还有一条清晰可见的边界：有些事可以做，有些事坚决不能做。教育学者丁琳讲过这样一个故事。一次她家来了一位美国客人——一个三年级的小姑娘。像所有小孩一样，小姑娘对糖果没有任何抵抗力，吃完第一颗，还想吃第二颗。她问妈妈是否可以，妈妈很明确地说不可以。小姑娘只好平静地接受了。事实上，无论中国外国，无论年少年老，也无论在校园还是走入社会，规则意识、敬畏意识和自律意识都是必需的，是拥有美好人生不可或缺的有力保障。

著名教育家乌申斯基说过：‘如果你养成了好习惯，一辈子都享不尽它给你带来的利息；如果你养成了坏习惯，一辈子都在偿还无尽的债务。’这三种意识，就是能让我们受益终生的好习惯。借今天这个机会，对家中80名已毕业的大学生、27名高中生、71名初中生、78名小学生，共256位孩子，我提三个要求，希望你们一生铭记，努力具备，那就是：规则意识、敬畏意识、自律意识。以此作为送给你们的生日礼物。祝你们生日快乐！

让我们虔诚感恩：感恩上师三宝加持我们积极向上！感恩祖国给予我们一切！感恩所有的老师引领我们健康成长！感恩所有的爱心人士用行动让世界充满温暖！……永恒感恩。”

13日，第二批第二届学生参加中考。

从孩童到成年，从校内到校外，西康福利学校履行“为孩子终生负责”的承诺，一直为孩子们的健康成长提供宝贵的教诲，陪伴着他们人生的不同阶段。20年奋斗，学校为藏区的建设和发展输送了一百多名合格的人才，初步达成了办学目标。今天，为了更多特殊孩子的未来，学校两代教师，正携手新教师，在日益繁荣富足起来的高原，在更加美好的新时代，用不变的爱与责任，用创新的思维和意识，续写着学校新的发展篇章。西康福利学校从历史走向未来。

学校特殊的教育事业在继续，探索之路在延伸……

“路漫漫其修远兮，吾将上下而求索!”

中卷

○
○
●

为师为友为父母，不辞辛劳

卷首语：善与仁的接力——致我们的老师

深处雪域的康巴高原是圣洁美丽的，但气候环境并不适合人居，是我国极度贫困的地区。党和政府不断向这里倾注发展资源，康巴儿女中的有识之士也在不懈探索内生发展的动力。但无论如何，扶贫先扶智。没有智力上的普遍脱贫，一个贫困地区就算在一夜之间暴富，也会在不久的将来一夜之间返贫。从这个角度来说，西康福利学校的创办和发展，就是创办人多吉扎西仁波切对藏区脱贫途径的积极探索。

西康福利学校二十年的发展所取得的成绩，证明这条道路是切实可行的。不过，西康福利学校的成功，同样有赖于志愿者老师们不计报酬、不知疲倦的倾心付出。这群志愿者老师，来自天南海北、各行各业，教育行业出身的就上课教学，非教育行业的，就各以所长，或者从事行政，或者从事后勤，或者从事财务，哪里缺人，哪里顶上，不会就学，学必专精，并且还都是孩子们的“父母”，时时处处，言传身教。

二十年来，有一批老师来了，就扎根下来，他们固然难能可贵，许许多多老师来服务几年就走了，同样可贵，因为这样有来有去的接力，保证了我们师资的持续，不断更新我们的教育观念，还为孩子们带来了天南海北的信息，增长了他们的见识，开拓了他们的视野，培养了他们对多元文化的包容胸怀。所以，对每一位老师，我们都同样地感激。

很多老师，我们联系不上了，联系上的老师，很多都为我们写下回忆文章。从这些文章里，我们看到他们在这里工作时，心里只有这些孩子，想的、做的，都是为了这些孩子的健康成长、长远发展，哪怕被孩子深深地误解，仍不改初衷。他们是伟大的，就像天下每一个伟大的父亲、母亲。

他们的伟大还在于，他们自己回顾这段经历时，都没有意识到这段付出的意义——在客观上，他们的工作已经为贫困民族地区的教育事业，为藏汉儿女的心灵沟通、理解互助，为中华民族大家庭的水乳交融做出了巨大贡献。他们就是当代的文成公主。

西康福利学校，以一片慈爱仁心，换了来无数志愿者的无私奉献。这是得道多助的体现，也是人性本善的证明。每一颗心，都是雪域高原上纯洁的雪莲花。

我依然爱这里的蓝天

盈明丽*

缘　起

那年，我二十七岁，是重庆市永川区的一名教师。暑假，我和几位朋友一起来到康定塔公，没想到，这里竟然就是我缘定的精神归依之地。

塔公是一个小镇，坐落在一个河谷滩上，四面环山，山是起伏的草原。

镇上最好的建筑是寺庙，红墙红瓦，高大庄严，让人一望而知信仰是这里人们的第一生活。我喜欢这些寺庙，喜欢徜徉在这些寺庙的壁画里，感受穿越而来的古老文明。

我也喜欢这里的人。七八月份高远的天空下，草原上遍地野花，人们穿上节日盛装，合家出行“耍坝子”，帐篷里摆满美食，酥油茶、酸奶、人参果、青稞酒、砣砣牛肉……；小伙子们在赛马场上尽情炫耀马技，姑娘妇女们则多参加服饰表演……

教师是母亲给我选择的职业，我做得很认真，但并不安分。到了塔公，人们说这里是圣地。圣地是什么，我感觉有些抽象，但又觉得起码不会有随处的贫穷和落后。而这里，一留心，看到的就是贫穷和落后。我为此感到悲伤。

后来，我留在了镇街头的西康福利学校做教师。用教育改变这里的贫穷和落后，是这所学校创办人的初衷，我融入了其中。

---

* 盈明丽：汉族，重庆永川人，1998年8月到西康福利学校工作至今；数学教师，兼任过教务主任、出纳、生活老师。

幸福的孩子

学校硬件设施是令人羡慕的：四层教学楼、师生宿舍楼、一千二三百平米钢架结构的阳光棚、实验室、电教室、运动场、草坪……

草坪上，孩子们读书、背书，或三个一团、五个一群说着他们的故事。有美术老师带领孩习们架起画板写生，也有老师与孩子们谈心……一幅幅活泼又和谐的画卷展开在那里。

阳光棚是多功能的学习活动场所，设有开放的图书室，那里是喜爱读书的孩子的天堂，每天都有孩子在那儿看书。

同学们就在这样一个宽松、舒适、温馨的环境中学习、生活。一线的老师辛勤地为他们付出。学校开齐了所有的科目，孩子们课内学习基础知识，认真努力；课外参加丰富多彩的活动：学古筝、跳不同流派的锅庄、学格萨尔王戏剧表演……

品学兼优的孩子，学校奖励他们外出旅游学习，到过成都、北京、杭州、苏州等地。

一年一年，孩子们读完小学读初中，读完初中读高中，参加了高考的同学，几乎都如愿地进入大学学习。

每隔两年，离校的全体同学回校团聚，有愿意参加集体婚礼的同学，学校给他们筹办，让他们在母校的怀抱里举行仪式，进入人生的新阶段。

这些孩子有过不幸的幼年，但他们在西康福利学校的成长是幸福的。

做人是第一位的

学校强调：做人是第一位的！西康福利学校的学生，不可以不会做人！

我们的校训“爱国　敬师　笃学　求真”，就是我们全校师生员工的做人原则和信念，已经潜移默化，扎根于心。

有一位来校多年、理科学养很好的老师，为学校做过太多的事，上课、学校设备维修、学校修建买建材、跑工地……穿着一身沾满泥灰的衣服也笑呵呵的，谁有什么困难找到他，他总会热情尽心地给予帮助。那位种花的老师，成天都默默无闻地工作着，修剪、施肥、浇水，校园里天天都有百花盛开，雪域高原也有了一方没有轮回的春天。

我也每日早起晚睡，又做教学老师，又做生活老师。工作最多的时候，我上初中三个年级的数学课，还当班主任、承担学校的管理事务，没有节假日。二十年里，就用那寸长的粉笔书写着我的青春，哭过、笑过，劳累并幸福着。

孩子们在这样的环境里，自然受到感染和熏陶。大学毕业后，孩子们有的考上公务员直接做人民公仆，有的进入公司打拼，有的独自闯荡追寻梦想；还有很多选择成为教师，奔赴藏区各地义务教育最艰苦的第一线，立志不改变当地教育的落后状况，绝不调离；有的则回到福利学校，接力我们的福利教育事业。

和孩子们的生活片段

上课铃声一响，同学们迅速跑进教室，音乐委员起音大家唱着歌等待老师。课堂上他们坐得端端正正，睁大双眼听老师讲课，抢着回答老师提出的问题。害怕惹老师生气，一位同学搞小动作了，旁边同学赶快拉他……当看到自己作业本上得了满篇的红勾时，有的孩子暗暗地拍手窃喜。

放学了，几个长得虎头虎脑的小男孩在草地上争抢说着什么，当你走去时，他们积极地给你找个好位置，几个脑袋都凑向你，你偏头看着一个孩子听他说他家乡的狗呀、马呀……另一个男孩用他那凉凉的双手把你的脸搬正来望着他，“老师，我跟你说嘛，我家乡还有熊……”，当你表现出兴趣时，他们说得更来劲了。

一周一次看电视，学校会发糖给同学们。有的孩子会留下两颗不吃，等着给老师，糖都已经软软的了……这样的礼物是贵重的。

孩子们再大一些，十五六岁，有了几分腼腆和羞涩，也有了些沉重，模模糊糊的有了使命感，开始想自己的未来，面临升学，学习开始有了压力。在老师的指导下，他们都克服各自的困难认真地学习，篮球场上，电视房里，少了他们的脸孔……勤奋一词已不再空洞了。

和孩子们一起在学校蔬菜地里劳动；夏令营活动，和孩子们步行几十公里去雅拉雪山脚下泡温泉，路上还看到一闪而过的藏羚羊；一起在草原的帐篷里听讲座、读书学习；一起去拉萨旅行，感受布达拉宫的悠久与神奇。在我的记忆中，这一切是多么的温馨。

这不是童话

“不经历风雨，怎么见彩虹？”西康福利学校第一批 100 多名学生的培养是成功的，成功得有些像童话，但若了解我们背后的付出，就没人会说是童话了。

西康福利学校是一所服务于孤儿和特困生的寄宿制学校，不是只有校舍和教师就够了，如何有效地培养孩子们，才是最关键的问题。学校请来教育专家，幼教、小教等各阶段的特级教师，请他们从学校管理到每个岗位的操作，对我们进行实地指导。

在教学中，语言是一大障碍，老师不懂学生的语言，学生不懂老师的语言，老师一节课连说带比地教，讲得很累，还要完成教学任务，如蜗牛背着重重的壳缓慢爬行。

生活、学习能正常运转还算好，遇上停水停电的日子就辛苦了，尤其在冬季，零下几度、十几度，睡觉不是享受，我常是穿得厚厚的缩在被窝里稀里糊涂地睡一夜。为了能有开水喝，劳动的同学用三砣石头架一个灶，放上一口大铁锅，拨开水井的冰块，用水桶打上水来倒在大铁锅里烧。

进入初、高中阶段，孩子们生活上能自理了，可思想却有些叛逆了。老师正面的教导孩子未必就接受，当老师去纠正他们不合适的行为时，有时会僵持起来，老师会处于一种尴尬的局面，而我把这种状况叫做教师的“苦难”。但是，想到这些孩子生命的特殊性，他们的人生要独立、要与他们的同龄人一样在社会上立足竞争，一定不能有任何差错。所以，我们必须想方设法把他们叛逆的青春规范在正确的道路上，不能有任何放弃。这是对生命的关怀，面对任何苦难，我们都必须蹚过去。

孩子们小升初、初升高，在我们的努力下都能顺利过关。面对高考，我们就不太有底了。所以第一届高考班，学校特意安排了全班去成都名师堂学习了近二十天，所有任课老师随堂听课、陪读，和孩子们一样早出晚归。回校后，把所学的方法结合我们学生的实际，改良教学和复习。最后除了一个孩子外，其他全都考进了大学，我们的老师也就知道“水的深浅”了，对后几届的教学就有了底气，最终把他们全都顺利地送进了大学校园。大学毕业，不少同学还能选择到大城市里去闯荡，他们完全能够独自飞翔了。

祝　福

是命里注定，是缘分。海拔三千八百米的塔公，我无一丝高原反应。

学校已从塔公河边迁到雪山下的多绕嘎目，迎来了又一批孩子，开始了新的启航。时光在流逝，岁月不待人。我已头发花白，芳华不再。但二十岁的西康福利学校，芳华正盛，前程无限。

人虽老，心未改，新校园里绿叶红花摇曳，我还可以浇灌它们的盛开，欣赏他们的自在。头望窗外，天还是蓝得那么辽阔纯净。二十年了，我依然深爱着这片蓝天。

不悔的青春

魏　宏*

二十年芳华眨眼即逝，从未想过要把做过的写下来。写些什么呢？

冰雪消融阳光灿烂的春日，远望窗外淡蓝的天空、山上依稀的绿意，我思索着，在时光的长河里回溯……

忙

29岁踏上高原，走进西康福利学校的那一刻起，就走入了生命中最忙碌的一段——印象中，岁月从不悠长，时光总是匆匆。

---

* 魏宏：汉族，四川成都人，1998年8月来校工作至今；语文教师，兼任过物理教师、办公室主任、生活老师。

1998 年秋，建校初。记忆里满是阳光，阳光下闪着亮的河水，河边晾晒的一排排五颜六色，透着洗涤剂清香，泛着阳光味道的孩子衣物。那是生活妈妈们的辛劳杰作。校园里到处是小小的人儿，奔跑着，欢笑着，叫喊着，兴高采烈。那是新入校的孩子们。

生活妈妈和小小孩子占据了那时的记忆，那时的主题是生活。我在家教处，也在教务处。不停有新孩子来，接收，登记；交给生活妈妈，牵着手去领新衣服、新鞋子、生活用品，去浴室洗澡、换衣、理发——魔术般，又一个小学生诞生。

库房、餐厅、寝室、校园，妈妈、孩子、笑脸，一天脚不沾地回不了宿舍，却做不了说得出的什么大事。

那时的校园外没有堤坝，围墙小门外几步就是清清的塔公小河；园内是碎石砂土地，跑过扬起小沙尘。遍洒无遮无拦的阳光。

一个夜晚，疲惫回到宿舍，在桌前椅上坐下，看看座钟：八点半。尚早，想歇口气备课。门响了，一位生活妈妈的声音。我笑，立起身，应声出门。辨不清当时的笑里有些什么，自嘲、无奈？只记得：那天该又是第一次回宿舍，算回得早，但备课成了空想。

那时所忙大都与生活相关：具体事务，协助生活妈妈们解决遇到的问题，孩子生病，个别孩子的教育，时不时与生活妈妈们聊天。

记得在一位妈妈寝室。静静的夜，孩子们都睡了，床前整齐摆放的小板凳上整齐叠放着衣物，我俩坐在取暖器旁小声说着话，取暖器的光映红映亮了刚拖过的木地板，显得特别干净温馨。美好的感觉记忆至今：好幸福的家。

11 月，学校正式行课。忙的内容从此加入了教学。我学物理，以为会教数学，没想到被安排教了语文。边学边教，从学前班教到了高三。

曾经很认真地几次向学校表态：我只教到小学毕业，到初中请专业的语文老师哦；我只教到初中毕业，高中语文一定要请好的语文老师……学校无不答应，却终因缺少师资，由我硬着头皮一路教了下来。当然战战兢兢，当然倾尽全力。

教语文、教政治、教物理，家教处、总务处、办公室，与一位任课老师一起上阵当生活教师……学校工作多变，没有一样不重要，也没有一样是可以轻松胜任的。于是忙成了常态，延续二十年。

忙中用心最多者有二：

一是教学。

从未放下的科目是语文。在我眼里，语文如大海，浩瀚无际，没有定法。汉语是藏地孩子的第二语言。在二类教学模式的我们学校，孩子不仅要学会生活中熟练地使用汉语，用它学习除藏语文外各门学科，将来还要用它去参加高考，与内地孩子竞争。重要性和难度可想而知。

多年的语文教学，归结起来似乎两大特点：一广二扎实。“生活有多么广阔，语文的世界就有多么广阔”，聊天、读故事、看书、观影……识字量不大时先听老师读：《小狮子爱尔莎》《苦儿流浪记》……识字多了有兴趣了再由老师陪着读；养成阅读习惯之后，老师就只负责提供足够多足够丰富的书了。

喜欢每次回成都时去书城精心选购；喜欢为孩子们推荐书，借一本文、质兼美的好书给孩子，会充满了喜悦，放心安心。我们陪不了孩子一辈子，但书可以。多读书，读好书，是对孩子一生的期望。

最早的《海尔兄弟》《狮子王》《海蒂》，后来的《悲惨世界》等名著改编片，到各剧情大片，没有色情暴力枪战，只有智慧和爱，只有真善美。书籍和电影，助力了孩子们语文水平的提升，更帮助他们了解世界，认识人生。

每本书都会先翻阅后，再交到孩子们手上。记得睡前灯下浏览曹文轩的《草房子》，猝不及防泪下，心灵柔软的角落被击中，充满水晶般透明的感动；记得提着为孩子们购买的沉重书籍和碟片，欣欣然走在阳光遍洒繁华的成都街头，衣着简单、双臂酸软，内心却满是富足，满是沉甸甸的喜悦……那是忘不了的美好！

如果说读书观影是愉悦的输入，那么语言输出的过程就是痛苦的了。深刻体验什么叫“在纸上耕耘”。藏区汉语教学难，是公认的。原因之一是藏语语序与汉语相反，造成很多孩子口语到书面都语序颠倒。在小学低段又不讲语法，也没法讲。怎么办？用阅读、观影培养孩子的语感、用各种活动让孩子多说多练外，就只有“改”了：一句句纠正孩子说不通的话，一句句改孩子写错的句子。鼓励孩子重说，要求重写重读。包括日记，包括答题，包括作文。于是学生的作业常常布满红笔修改的印迹，于是直到高中作业照样详批详改。

记得孩子们刚开始记日记、写作文，初中高中刚开始学写议论，语病比比皆是，让人头痛。改作业时总在手边放一小堆爱吃的大白兔，改几本就衔一颗糖起身在办公室走，再坐回去接着改。一篇篇，一行行，一字字，常看得眼发花，胃翻滚，这就是呕心沥血吧。不鼓励自己是不行的。

发现并修改了学生的错，接下来就要学生改错。刚开始孩子常常是粗心的，不够认真也不甚在意，更无耐心，于是再错或遗漏。于是再指出其错处，再要求改……旷日持久的拉锯战，要求老师数倍于学生的耐心细心，不可稍懈偷懒。

艰苦卓绝。这就是学习的苦，老师和学生都无可逃避。

当然也有乐：当学生写出了哪怕一个通顺的好句，一句感人优美的话，都会自心底升起巨大的喜悦，由衷地予以赞美鼓励。孩子自然也欢喜。经历辛苦之后收获进步，这本是每个孩子都该品尝的学习过程。孩子们的语言就在这样长期的坚持下，慢慢文通字顺了。

这是必须要下的语文教学中的扎实功夫。

身兼数职，课时量大，于是，常常深夜伏案、埋头兀兀的背影就成了学生眼中的我。其实这不是自愿的选择，而是不得不做的笨活儿。当然它取决于老师，还有班级人数。四五十人的大班，至少就汉语文教学，在藏区大概是不合适的。

语言教学的最大成功，莫过于送给学生一个工具，娴熟地与世界交流并流畅地表达自己的工具，而语文教学真正成功了，分数自然也上去了。这就是多年教学中的“最忙”。

二是学生。

在大学“卧谈”有共识：要教书就要当班主任。为什么？好像这样才有意思有意义。在成都没当过，专心物理教学。到了西康福利学校似乎年年当，却不是出于选择，是安排，但很乐意。

一直认为教书育人是一项浩大的系统工程，需要教育者具备极高的素质：包括爱心与才干。我是有所敬畏的。但在西康福利学校很多事情由不得推托，也不容谦虚，还是因为缺老师，因为需要。所以接班主任几乎没加考虑。当了，然后学。不确定自己在班主任的岗位上究竟给过孩子们什么，只记得一直不松懈地关注着每个孩子的发展，也一直试图和孩子们走近。心灵上。

学校即家，学生是孩子，班主任就算小家长了。家长自然关心孩子，在各方面为孩子负责。不过除了衣食冷暖，孩子们的一切外在行为，不过是心灵的投射。学校提供创造的条件足以满足孩子们的生活所需，最当关注的，是孩子们的心灵。

孩子违反了纪律，或有反常，不管是不是自己碰到亲自处理，都会找孩子谈话。读到日记、随笔、周记中孩子表露的一些思想与心事，要么笔批，要么面谈，不会置之不理。孩子主动求助，更会认真倾听，全力相帮。

……

这一切，是老师都会做，不稀奇。回忆中值得记下和总结之一，是一个也许较特殊的经验或教训。那就是：能否以一颗母亲的心为孩子考虑?

问题是在与一些脾气倔强孩子的交流中出现的。西康福利学校对老师有明确要求：绝不姑息孩子的任何一个坏习惯。这意味着何时何地都不能对看到的孩子任何一个不好的行为视而不见，要让他认识到错误，然后改正。

孩子稍大，凡事有了想法，不一定认可老师所讲道理，甚或由于情绪出于逆反，导致一些孩子在一些时候对自己所犯一些显而易见的错误死不认错。我却是一个认死理的人，对错分明，且有足够的耐心，常常针锋相对，乃至寸步不让，于是出现僵持。于是有时都推迟吃饭，有时一起熬至深夜。

有时则会想：如果我是他的母亲呢? 说也奇怪，每当这么一想，心里绷紧的弦顿然松弛，主动退一步，僵局打破，孩子常常很轻易就接受了。

但有时又想：和颜悦色动之以情晓之以理，每个孩子自然都喜欢的，但将来出去，好些时候遇到矛盾冲突，对方是不会对你客气的，那时需要的就是对是非的判断了。由着自己的脾气与性子怎么行呢? 于是坚持。但效果往往并不理想。即使这次孩子认输认错了，也不一定能见他的错误尤其脾气就改了。

在与这种孩子的“交锋”中，我大概进、退各半。现在回头细想，站在母亲的角度考虑和处理或许是对的。母亲的心是什么呢? 相信花开有快慢，相信自己的孩子终会有开放的一天，善于等待，不急不催不逼；给孩子以足够的信任，给他改正的空间和时间。

我们也该这样对待性格特殊的孩子。尤其面对没有父母缺少安全感的孩子，更该以一颗母亲的心体谅他们，在他们遇到过不去的坎儿时，主动作出让步。对其脾气，却绝不迁就与放任，而是以不放弃的态度持久关注，在一次又一次的碰撞与交流中，不懈地说理、坚持。相信精诚所至，孩子一定会改的，只要有母亲的爱子之心和韧性。

这是更大的考验：要求老师持有非“解决问题”而是“期待成长”的心态。我没做好。这是工作期间对孩子留下的最大愧疚和遗憾。原谅我，孩子们! ……没有岁月可回头。真心希望，今天的你们，已因种种境遇改变了自己的脾气，学会向真理低头。

当然，快乐是占多数的：与孩子用笔神交，心与心的触碰，孩子主动相约在操场上一圈圈漫步的愉悦，帮助孩子走出困境、失败、痛苦，重获希望、勇气、快乐的欣慰。

对任一个孩子的成长来说，我能给予的关注都远远不够，但能尽自己的心力陪伴他们哪怕一程也是幸福的。这是责任，也是可遇不可求的缘分。

这是可以与教学一比的忙碌。不止耗时间、精力，更有心的牵挂与付出。

没有节假日，每逢周日也不奢望放松休息，只盼该做的事能做完，若还有空做做个人卫生，就喜出望外了；住在学校，却常早出晚归，家成了单纯睡觉的地方；睡眠一直好，倒头一分钟内即可入眠，睡觉是多年来奢侈的享受；生平爱整洁，房间却常杂乱，没功夫收拾也没时间打扫……心中，学生渐渐成了第一位：事关学生，不管是学习是生活还是思想，永远舍得花功夫耗时间，遇有冲突，自己的一切皆可让步。

乐

累吗？当然。累到有时自感灯油将尽。高兴的是每每一觉醒来，又精神了，所以很喜欢清晨，喜欢看阳光射进窗棂，喜欢开始全新一天的感觉。苦吗？不。有的是辛苦，但“心”从来不苦。

相反，二十年相伴不离不变的，是乐。这乐来自哪里呢？

高原的美。

学校环山傍水。每年四月底五月初，我们就从眺望学校对面山凹里坡上的一丛绿色探知春讯，那是一大块草地：当山顶还有白雪覆头的时候，它就有了隐约的努力睁大眼才能辨认的绿；后渐清晰成浅绿，周围的褐色似也被浸染少许；当变成浓绿，放眼周围，已是满山满眼的绿了。

春总姗姗来迟，却从不辜负人的等待。有时感觉山似乎是一夜之间绿起来的。怡眼的绿里藏有红红甜甜的野草莓，有趴在坡上贴近地面方能发现的各种不知名的叶形不一的草和各色小昆虫，那是一个精美又生机勃勃的小王国。

出校门，过马路，翻过一个不高的山坡，就是驰名中外的塔公草原和坐落在草原上的木雅金塔。金光辉映下的草原如一块花毯，一大块一大块开满了不同色彩的野花，黄、红、紫……五彩斑斓。

校园的操场上跑道旁绿草菁菁，各色小花点缀其间，像星星，像眼睛。

当世界终于铺满春意之时，阳光棚内盆栽的山茶早已一树一树开得烂漫：一朵朵一团团一簇簇，如云似霞，映红了校园。匆匆路过时总忍不住驻足，也爱坐在树旁办公，任红色的花瓣坠落到书本上。孩子们曾依偎着山茶留影，人面茶花两映红；也曾偷偷把我桌上的落英摆成漂亮的心形。

三个月的春夏两季我们就在这仙境般的美好中度过。

第一场雪有时会在八月底飘落。于是秋冬季到，直至来年五月。这段时光的记忆底色是白，晶莹的白。世界常被白雪覆盖，纯洁而静美。

这就是高原四季。它年复一年地陪伴了我的塔公岁月，贻我以美，赠我以乐，如今定格成一帧帧鲜活的画，珍藏心底。

六年前来到多饶嘎目，山之巅，雪山麓，风更大，天更冷，美也更粗犷与纯粹了。仍时不时就惊艳了眼，随手一拍，就是朋友眼里“没有烟火气的美”。

还有高原的冷和静。

寒冷的空气让人清醒，清凉的风拂去内心的浮躁；远离喧嚣，让人可以静静地思考，静静地做事，静静地走自己的路。

高原，成了我快乐的源头活水之一。

快乐还源于特殊的体验。与在内地比，西康福利学校的生活本身就是全新的：它让人在投入全部身心精力的同时，心无挂碍；它让人在工作中学习完全地为他，放下自己；它让我的几乎每一天都过得充实。

记得有段时间，好些个夜晚，从办公室出来，或从学生寝室出来。生活楼上走廊的灯光打下来，照着图书架，照亮了地砖，阳光棚里的一切变得影影绰绰，很静很美。时近子夜，万籁俱寂。那时我常常想起在外的亲人和朋友来：此刻的他们在做什么呢？已休息，抑或在娱乐？他们可曾想到此时的我才结束工作？可曾想象过我们如此静谧美好的夜？……那时总会有一种特别的庆幸涌上心头，感到异常的踏实和幸福。

就更不必说教学带来的快乐，孩子们的懂事进步给我的快乐了，那是时时可以感受的。

所以，生活在这么一个自己喜欢的美丽的地方，做着自己喜欢的有意义的事，怎会不快乐？

得

我在西康福利学校得到了什么吗？有的。学校有口号：“与孩子一同成长。”这是对老师的要求。要求学生做到的，老师该先做到，于是有了道德行为的进步；要把学生教好，就要不断学习，钻研业务，于是有了知识水平的进步。此外，我在西康福利学校至少还得了三个意外收获：学习并爱上了朗诵、主持和舞蹈。

这都是在工作需要的情况下被发掘并得到进步的。人的能力有限，但在学校尝试过各种各样的工作以后，好像已不惧怕接手任何事了：只要认真，只要努力，只要坚持，没有什么学不会。这是所得之一。

1998 年 10 月 27 日。“本来今天极不顺心，教学引起的。晚饭没吃，早早上了床，躲在屋里，看幼儿园教材，极度的沮丧。仁波切却在这个时候给了我一份惊喜，一份美丽，这真的是我有生以来穿过的最美丽的一件衣衫。……夫复何言？走下去，万千的艰难我必须走下去。”日记摘录。那天仁波切送了全校教职员工每人一件羊羔皮藏装。受到感动和鼓舞，我又振作精神，自信地投入了工作。

二十年的工作生活中，来自仁波切的感动和鼓励有过许多。仁波切很忙，很少在校，但我们都知道，他一直在，在我们身边，有力地支持着每一个人。在工作中遇到过很多困难，包括教学和对孩子的教育。当仁波切偶尔回校，有时向仁波切请教，有时是仁波切问及，不管怎样，都会得到仁波切的真诚鼓励和具体指导。这给了我极大的帮助。

仁波切常谦虚地说自己不懂教育，其实他最懂孩子，更有超前睿智的眼光；他一直真诚地感谢我们的付出，而我们都明白他其实付出得最多！从创建西康福利学校到创办木雅多饶嘎目学校，二十年的无私奉献让我们真切感受到他为国家、为社会、为学校、为他人，唯独不为自己的赤诚之心；二十载的相处让我们看到了他高尚伟大的人格；是他的人格魅力感动感染了我们每一个人，从而把学校团结成了奋进的一家人。

在西康福利学校工作，我没有以前学校升学的压力，但从不敢对工作掉以轻心，只因不忍耽误孩子，也不愿辜负仁波切。他就是我们最好的榜样，他的慈悲、无我、宽容、认真、低调……是我努力的方向，也是我在学校工作的最大收获。这是所得之二。

2017年9月10日教师节。多饶嘎目草坪帐篷内，西康福利学校新老教师座谈会。两位年轻教师发言，都是学校的孩子，大学毕业后志愿回来任教。他们在回顾自己的成长经历时，分别谈到多年前我的一个举动、一次谈话对他们产生的影响，都动情落了泪。我很意外。没想过会有这样的作用。

原来善恶真的有报。所有出自善心的言行，终会有好的结果；凡是善的，只管去做。一切付出都是该的，从未想过回报。孩子们点点滴滴的感恩，是对学校教育成果的肯定和证明，是对学校的报答，也是我生命的收获。

是谓所得之三。

感

曾在假期为木雅多饶嘎目学校在外就读的部分高中生补过课。都懂事可爱，却学习困难。不长的时间里，他们很努力，我也竭尽所能。但无论语文还是物理，都未见到大的起色，毕竟时间短，基础差。

条件所限，假期补课没能延续。今年六月他们就该参加高考了。时不时的，会想起他们，为他们担心，包括此刻；也想到了西康福利学校的第二批孩子，想到了当年留在西康福利学校的初衷：帮助孩子们，让他们和内地都市里的孩子一样，享受高质量的教育。成都重点中学不少我一个，可藏地的孩子需要我。

夜已深。我坐在电暖桌旁，取着暖开着窗，柔曼的窗纱在清凉的晚风中翻卷。

很清醒。

二十年芳华已逝。

我很满足。

在人生最好的年华，我没有虚度，既奉献于国家与他人，又获得了成长。

脚下的路还长。

“士不可以不弘毅，任重而道远。仁以为己任，不亦重乎？死而后已，不亦远乎？”

我与西康福利学校的几件小事

白玛翁姆*

1997年春天的一个上午，多吉扎西仁波切跟我说他准备创办一所全免费、寄宿制的孤儿学校。我一听马上提出异议，因为凭一己之力要在边远的塔公草原建福利学校，完全不可能！且不说办学必须的校舍、师资，就是师生日复一日的吃穿住用、安全和医疗保障，就足以令人不敢想象。但是仁波切告诉我，他希望能借此机会做些有利社会的事情，而且州里已经正式批准他创建学校的申请了。现在要做的，只是抓紧时间，争取在明年九月开学的时候让孩子们能够按时上学。

我明白了，办孤儿学校的事情没商量！仁波切给我分配了一个任务，在康定城里帮他联系一家施工能力强，要价不太高的专业施工队伍来承建福利学校。

善业感召帮衬多

带着仁波切的嘱托，我想法设法，终于找到了一个很有施工经验又非常认真负责的施工队——州建二司二队。我把施工队的蔡长林队长推荐给仁波切，仁波切高兴地接受了，给了蔡队长施工方案图，定了施工时间，然后我们就成立了一个施工管理团队，康定建筑队伍中最有能力的州建二司一队队长刘洪狮自荐担任建设方代表，工程师青春雨为技术负责人，蔡长林队长为施工方代表，我就充当工程管理与仁波切之间的衔接人员。

由于刘队长身边有一群现成的工程技术人员，所以学校施工图纸的优化和修改，施工建筑材料的选购，施工过程的监督、检查等等都得到了专业保障。

---

* 白玛翁姆(曾梅)：汉族，四川康定人，一直关心、帮助学校发展的热心志愿者。

刘队长把福利学校修建的具体情况告诉蔡队长后，蔡队长非常诚恳地表示工程在保证质量的前提下，会最大限度考虑节约资金，工程预算以保本或微利为原则。

校舍设计图纸是仁波切提供的，但是有些高原建筑的特殊要求和防震的细节需要完善，工程师青春雨主动免费承担了这项工作。为了赶工期，我们一边开挖基础一边完善施工设计，一点也没有耽误修建进度。为了进一步节约工程成本，我们拟定了《自购材料单包修建工程合同》，施工队欣然同意；刘队长又极力向他们公司领导汇报，仁波切办这所福利学校是慈善事业，希望公司能够减免一些工程管理费用。州建一司的领导很认真地到施工现场与仁波切沟通、了解情况，最后作出全部减免福利学校修建工程管理费用的决定；地勘工作也是先出报告后付款，并且是减半收费；从塔公送到康定的试压建材和模块也是免费提供检测报告……一切都是从零开始，但一切都那么顺风顺水，现在想起来才觉得真是善缘和慈善事业的感召啊！

奋战一周迎开学

修建福利学校的施工过程，虽然所有工程管理程序都是按照国家规范进行操作，但由于当时塔公没有劳动力市场和物资供应市场，每次临时需要增加技术工种或者修理机具设备，都要到100多公里外的康定县城去办理。高原天气温差很大，施工条件艰苦而且雨季不定，我经常担心会因自然气候等影响施工进度。幸好每次遇到特殊情况时，施工队就像福利学校工地的后勤站一样，提供一切无偿有质的帮助，最终所有问题都得以顺利解决。

1998年8月底，离预定开学典礼只有一周时间，校舍修建后期还有很多需要整改的工作没有完成。这些工作都需要增加专业技术工人，但是施工方实行工程班组承包制，各个班组从自身利益出发，更多考虑节约成本而忽略工期。我们意识到时间紧、任务重，临时又很难抽调技术工人。为了保证福利学校能够按时开学，刘队长、蔡队长和我立马放下自己的所有工作，住在了工地现场。刘队长和蔡队长承担起总负责、总协调工作，他们把各个工种、各个班组的具体工作列表后，责任落实到人。实行跟班管理、跟踪检查，工程管理员直接配合班组长，始终坚持“工作进行到哪里，管理跟踪到哪里，检查验收到哪里”，保证每项工作一次到位。那几天两位队长上班在前、下班在后，亲身做好示范工作。每天晚上收工后，都要开展工作总结，解决当天工作中出现的问题，同时安排第二天的工作。适时地列出“工程倒计时时间表”，人人都有紧迫感，做到每个人都保证当天所安排的工作按时、按质完成。

一次，一位管理员吃饭时谈及有个卫生间大便器排水不畅，刘队长问他疏通没有，他说通了，但流得不快。刘队长便当即要求尽快处理，不得留有任何瑕疵！他说可能堵了点石灰渣，用一段时间就会好。我们坚持说：“不行，这里又没有专业的工人留驻，如果我们撤离后堵了就麻烦了。”管理员说：“要彻底处理工作量很大，时间来不及了。”刘队长生气地责备了他，说着说着就吵起来了。

吃晚饭时那个管理员没有来，大家以为他生气了也没叫他。晚上十点过了还未见他回来，我们都出去找，最后在那个卫生间的灯光下发现了他的身影。原来他正带着工人在疏通大便器。他趴着用手摸，太深了摸不着，整个人趴在地上，脸都贴着地面了。他正大声叫：“快把竹夹子递给我！”工人及时把竹夹子递过去，他专注地开始往里面夹了很久都没夹住，我们都有点想放弃的时候，突然听到他高兴地说：“夹住了夹住了！”结果取出来的是一个装药的小塑料瓶。

就这样，收尾工程在商量与争执中解决掉一个个难题，我们如期迎接了西康福利学校的开学典礼。

光阴似箭，西康福利学校转眼已走过二十年，当年参与福利学校初建工作的同志很多都已退休，个别已经离开人世。但大家由此善业结下的福德善缘越来越深，我们非常满足自己今生有缘积累这样的宝贵财富。

意外相遇归宿至

1999 年 8 月的一个周日下午，一个小女婴被遗弃在福利学校门口。我和学校的嵇老师一起带孩子去康定检查、治疗之后，又把孩子带回家照顾了一个多月。我给孩子临时取了个名字叫卓玛。我和先生商量后，本想收养这个孩子，但当时我们已经有一个七岁多的女儿，所以我们家不符合收养条件。

甘孜州政协副主席土登泽仁活佛建议我把孩子送到福利学校，他告诉我，当初把孩子放到学校门口的人就本有此意。尽管很是不舍，但我还是给多吉扎西仁波切打了电话说明情况，仁波切当即同意。于是，我们带着卓玛回到了福利学校。

由于当时孩子年幼，仁波切专门安排了一位后勤老师昼夜照顾孩子，并给孩子取名小卓玛，和我之前临时写下的名字不谋而合。就这样小卓玛成为了福利学校最小的学生。

后来，大家发现小卓玛的头似乎没有力气，不能直立。仁波切和老师们都没有带婴儿的经验，大家生怕孩子发育不良，便多次带她到康定做儿保。在她大概三岁的时候又来州医院检查，医生说基本可以肯定孩子不是发育不良，而是先天性脑瘫。小小的生命，多么可怜！

然而小卓玛又是幸运的。作为学校最小的孩子，她得到了仁波切、老师、同学格外的关心、呵护。从三个多月开始一直到现在，大家把她当成宝贝一样精心照顾，带到全国各地治疗。暂不提仁波切和照顾她的阿姨为小卓玛治病寻找了多少的人脉资源，花费了多少体力、精力和资金，仅仅是这个小生命成长过程中，因为病痛和被遗弃而经历的委屈、埋怨、伤心、暴躁乃至自暴自弃的情绪磨难，也可能打乱一个正常家庭的全部生活！多年来我都深深地为仁波切和西康福利学校如此接受小卓玛而感恩、感动，如果她不是生活在福利学校这样的爱心善业汇聚之家，普通人怎么可能为她提供如此深厚的关爱和全面的治疗？

令人欣慰的是，小卓玛在爱心教育的引导下，早已走出了阴霾：她学会了读书，非常善良、明理，也很愿意帮助别人。记得她十几岁时曾和我谈起，她还记得我父亲的面容和我母亲对她的关心。我的家人也经常问起小卓玛的近况，尽管只是在她孩提时短短几十天的朝夕相处，亲人般的情感依然将我们内心相连。我想我和她都会有同感：这次意外的美好相遇，于她、于我皆是幸运，也皆是人生的难以忘怀。

慈善事业爱心铸

西康福利学校正式开学是在1998年的秋天，开学仪式庄严而简洁。像每个家庭的父母一样，仁波切也时刻关注每个孩子的学习和成长。第一届学生中考结束后，仁波切了解到有两名学生想到康定中学读理科，且均已收到康定中学重点班的通知书，于是亲自去康定中学联系，让两个孩子顺利进入康中重点班住校就读。仁波切又委托我管理他们的生活。每次仁波切到康定出差，都要等孩子们放学带他们吃饭、聊天，了解他们的思想动态、学习近况和生活需要。快到夏天的时候，仁波切出差到成都，约我一同去为孩子们选购夏装。整整一个下午，仁波切一丝不苟地从商场一楼选到五楼，终于为孩子们购买了满意的夏装。那时我眼中的仁波切，俨然是一位慈父。

孩子们上高三以后，由于是学校第一届高三，从老师到孩子都缺少高考备考经验。仁波切就托人，请有经验的老师利用假期给孩子们补课。在很多爱心人士的帮助下，最终联系到成都名师堂为孩子们补习。名师堂的多位老师被仁波切的善业感动，不仅免除了大部分的补习费用，还与学校结下善缘：之后好几年，名师堂的老师都利用暑假到学校与我们的教师沟通教学，还义务为低年级孩子上示范课。

西康福利学校不仅培养了一批知识青年，还吸引了一批有志于慈善事业的志愿者。大概是学校开办八九年后的一个夏天，学校来了一位清秀大方的志愿者孙老师。她做事有条不紊、吃苦耐劳、能写会说，很快就受到大家的喜爱。听说她以前在单位是做财务工作，因为严重的心脏病，不到三十岁便退休在家养病。了解到仁波切创办孤儿学校的大善义举，她不顾一切来到海拔 3800 多米的西康福利学校做义工。严重的心脏病在平原生活都有危险，到高原生存就需要承担更大的生存风险。孙老师刚来学校时，仁波切多次劝她回到家乡好好养病，可她坚定地要求留下来。有一次，仁波切对她说，塔公的风沙特别大，想为学校盖一个阳光棚，请她负责修建。她便立即购买原材料，聘请设计师和施工队，自己也亲自到工地劳动。她每天加班加点，忘我奉献，终于在进入冬季的时候为学校盖好了温暖的阳光棚。

二十年来，多吉扎西仁波切带领一群热爱教育和慈善事业的人为孩子们默默付出，他们的奉献精神感人至深。我见证了他们的善举，更感受到他们积极向上的慈悲精神和福泽未来的强大力量！

我也有段像菩萨一样行善的岁月

何　东*

菩萨和天使的感召

我是西康福利学校校舍的建设者之一，也是第一批内地志愿者，但我一直都是一个俗人。虽是一个俗人，却也很有点恻隐之心。1996 年我就在多吉扎西仁波切创办的塔公西康利乐敬老院参加志愿服务。仁波切的菩萨心肠，令我感动，我就发了个愿：这辈子，无论如何，也要像菩萨一样无私地帮助他人。

1997 年，仁波切打算创办的福利学校通过审批，仁波切立即着手建设学校。当时资金并不充裕，可仁波切又坚决不向社会募捐。为了把建设资金用到实处，我们来自内地的志愿者决定参与校舍建设，能够自己做的事，绝不花钱请人做。我加入了建筑沙石运输组。我们建议学校购买两台川路工程农用车，自己运输，不分昼夜地跑。为赶工期，常常凌晨 2 点就起床往折多山上拉沙石。其中的辛苦难以言说，因车况差、载重大而出现的险情，现在想起来都后怕！好在好心有好报，直到学校顺利建设完成，一年时间里，整个工程没出现过一次事故！看着巍然矗立的漂亮校舍，所有的辛苦也都随风而去了。

开学第一天，我第一次看到那么多失去父母的孩子，他们一个个都像受苦的天使。我心里有些难受，真想去一个一个抱抱，给些安慰！这更坚定了我继续在这里做志愿者的决心。人生总要做点有意义的事，能给这些可怜的小天使做一点有利于他们重新成长的工作，暂时抛下什么都值！

---

* 何东：汉族，四川成都人，1996 年到塔公西康利乐敬老院，1998 年 8 月到西康福利学校，任总务主任，2000 年离开，现为自由职业者。

被期待的幸福

在学校，我的工作是负责全校的后勤，即所有生活用品、教学用品、医疗用品的采购、管理和发放。这些工作说起来简单，但做起来非常繁琐、复杂。学校的后勤保障原则是不管吃的用的，都既要品种丰富、质量过关，又要价格合理，因此只有去成都才能集中采购到符合条件的物资。那时成都还没有形成像现在这样集中规范的批发市场，必需满城跑才能采购齐全，所付出的时间及精力是现在的几十倍。好在我当时年轻扛得住，可以既当采购又当搬运，常常跟着货车一连在外颠簸五六天。不管有多疲惫，我每次拉着一车物资回校，看见全校师生欢天喜地地迎来，兴高采烈地搬运，便觉得再累都值！能背负这么多人的期望，每次都实现他们的期望，我只感到由衷的幸福。

“胆大”的我

二十年前，穿梭在横断山中的318国道，与现在相比，是天壤之别！当时不要说城与城之间的公路，就连城内的公路都没有一条像样的。《二郎山高万丈》这首歌可不是唱着好玩的，冬天硬冰，夏天塌方、泥石流，甚至一个不小心、一个疏忽，都能让汽车翻下万丈深渊，每年都不知有多少人为此丧命。那年代走过这一条路的人，对此都印象深刻。有一次我们就在二郎山遇到了塌方，只好开车绕道石棉，但石棉方向一路上仍是塌方不断。走了两天，快到石棉的时候，副驾座上的一位老师睡熟了，我独自开着车，由于太累太疲倦，竟也不知不觉睡着了！猛一惊醒，看见车正往大渡河中冲去，吓得我猛打方向盘——再迟一秒我们就到大渡河里喂鱼了！这类危险发生过多次。可我怎么还能坚持下去？有人说，那是我胆子大。但其实我胆子不大，从小就很怕死，只是我有一个信念从未动摇，那就是要像菩萨一样宁舍生命也要积极帮助他人！

守护的奇迹

学校的孩子们从小失去父母，身体缺乏营养、心灵缺少呵护，从各地汇聚到学校时，几乎每个小身体都有各种疾病。学校一度变成了医院，困难可想而知！

有时孩子一批一批地生病，吃药打针一个寝室一个寝室地去完成。老师、后勤，全校员工齐上阵，不分白天晚上地轮班护理。不是一天两天，有时甚至连续十几天超负荷护理。哪怕是深夜和凌晨，天寒地冻，孩子生病有危险，因设备不够，校医无能为力的，我们都会连夜开车护送孩子去县城大医院治疗。在这份守护之下，二十年里没一个孩子的生命被病魔夺走，反而是因病被弃的婴儿在这里恢复健康，长大成人。

我的自豪

2000年，从建设校舍开始，我在西康福利学校已经志愿服务了三年，见学校已步入正轨，善业感召越来越广，志愿者越来越多，我便心怀不舍地离开了。前几年，西康福利学校的事迹被中央电视台报道了，说这里有一群高原的菩萨！这个说法不错。我相信我也包括在这群“菩萨”之中——尽管我只是一个短暂的“菩萨”，和那些二十年一直坚守在这里的“菩萨”没法比，但我仍感自豪，毕竟在西康福利学校最艰难的起步阶段，我也在这里留下了一段像菩萨一样行善的岁月。

爱的践行

邱　焘*

记得1998年7月的一天，成都市教育局人事处处长冯炳和老师告诉我一个消息，说康定塔公的多吉扎西仁波切要办一所孤儿学校，预计招收100名10岁以下

---

* 邱焘：汉族，四川成都人，原成都市机关三幼园长，1998年8月来校任教育教学顾问，负责培训生活老师。

的孤儿，要在成都招生活妈妈，问我能否担当此事。我很熟悉生活老师的工作内容，就毫不犹豫地答应了。

我见到多吉扎西仁波切时，他非常坦诚地讲到他办学的初衷，就是想培养建设甘孜的人才。他的朋友都问他："你有多少钱？要供养这么多孩子。"活佛说："现在只有30万，钱以后再想办法。"所有的人都说这是没法办到的。甚至有人说："你真的疯了。"当时仁波切慈祥地笑了笑说："事情总是有办法的，我一定要把学校办起来。"

100个孩子的全部成长开支由一个人来承担，是何等的压力，又是何等的心胸！且不是为自己，只为孩子将来能建设家乡，建设祖国，这是何等的伟大！我顿感自己的渺小，因此暗下决心，一定要尽力去办好这件事。我感到这种爱是完全无我的大爱。正是这种爱，洗涤着我的灵魂；正是这种爱，团结了全校的教职员工；正是这种爱，感染了全校的师生，让来自不同家庭的孤儿真正地融入了西康福利学校这个大家庭，得以健康地成长。

西康福利学校是个大家庭，但孩子们刚来时，为了让他们尽快适应这里的集体生活，尽快养成良好的生活、学习习惯，每个生活老师都会带领若干个孩子，组成一个个小家庭，生活老师就是"妈妈"。学校的所有活动，都以这样的家庭为单位开展。

记得第一年中秋，孩子们刚到学校一两个月，在会议室里以家为单位坐在一起，每家前面的桌子上都摆满了各种水果和糖果。孩子们静静坐在桌边，没有一个孩子伸手去拿食物，他们都在等待"大家长"校长的到来。校长到了，活动开始，每个家庭都表演了节目，孩子们非常愉快。最后校长和所有师生一起跳起锅庄，热烈温暖，其乐融融。

一次，生活妈妈孙逢英生病了躺在床上，她家有一个女孩只有四岁，把自己的药放在水杯里让孙妈妈喝，还说："这是我妈妈留给我的，吃了病就好了。"孙妈妈说："不用了，万医生已经给我吃了药了。"孩子仍然坚持要她吃，边哭边说："你要不吃药我就又没有妈妈了！"孙妈妈抱着孩子也哭了。这不同血缘的妈妈也是一样的亲啊！这母女之爱让我永记于心。

孩子们从各个地方来，也带来了各种传染病。一次，腮腺炎流行了。我们都非常着急，立即消毒、吃中药，进行预防。一天吃晚饭的时候，吴泽凤妈妈背着她家5岁多的小七珍急急忙忙地到医务室。我们以为又是一例腮腺炎。等我吃完饭到医务室才发现，孩子高烧昏迷了。我和两位医生讨论可能是什么病，有没有把握治疗，但他们难以确定。一个可怕的念头从我脑海中闪过：“会不会是病毒性脑膜炎？不能完全排除。怎么办？小七珍的生命……其余孩子会不会传染……”我们不敢多想，决定立即送康定治疗。

天已经黑了，师傅开着校车，万医生和我陪着小七珍。我们都非常焦急，小七珍仍然昏迷不醒……汽车快开到新都桥的时候小七珍醒了，我的心一下放松了，可以排除脑膜炎，我们自己可以处理了。汽车调头回学校了。我想，这件事对5岁多的孩子肯定不会留下什么记忆，而车里灯光昏暗，她更不可能知道我是谁了。

一次，我给小班的孩子们上音乐课，教唱《好朋友》这首歌。歌词非常简单：“你帮我来梳梳头，我帮你来扣纽扣，团结友爱手拉手，我们都是好朋友。”孩子们兴高采烈地唱着歌，而有些简单的动作是两人一组一起做的。我请了一个大一点的孩子跟我一起做示范。孩子们都跟着边唱边做动作，只有小七珍一动也不动。我想她是最小的，又不懂汉语，所以没有在意。

上完课，孩子们出教室了，我忽然发现小七珍的大眼睛流着泪。我蹲下去问她为什么哭，她却哭得更厉害了。我急忙抱住她，她什么都不说，但是不哭了。我突然领悟到小七珍是想和我做好朋友。我笑着再唱一次歌，并和她一起做动作，唱到“你是我的好朋友”时，小七珍笑了，我也笑了。我真想告诉她：孩子，老师错了，老师认为爱是用语言来表达的，你告诉了老师：爱是用心灵来感受的。小七珍，聪明的孩子！

军绿色的余热

吴晓群*

在部队大院长大的我，在父亲的影响下，于1982年也穿上了军装。我学习并

---

* 吴晓群：汉族，广东广州人，1998年9月来校，任办公室主任；1999年12月离校，现已退休。

从事过电脑操作、新闻报道、预审、笔录、档案管理和内勤等工作，后在司令部当参谋。1997 年，我退伍了。十五年的军旅生涯，让我懂得了什么是舍己为人。

有一天，朋友告诉我，多吉扎西仁波切在四川的康定塔公办了一所孤儿学校，并问我是否愿意去那里做管理工作。我答应了。

1998 年 9 月，我和表妹一起到达塔公西康福利学校，参加了开学典礼。学校安排我去成都采购学生生活用品和学校办公用品。我边采办边向一所幼儿园的园长和一所学校的校长学习幼儿体操和学校管理，采购了《美国哈佛管理》《中国中小学教育》《中国法律大全》跟《儿童游戏大全》等书作为学习资料。

回校后，我担任了办公室主任。在福利学校的办公室里，我通过学习购买来的书籍，借鉴部队的内务条令，草拟了西康福利学校的管理制度，征询学校负责人意见。学校负责人将规章制度交给一些教育专家过目，得到肯定后开始在学校实施。

部队十分重视战士们的娱乐生活，我觉得孩子们也可以学习歌舞自娱自乐，而且，歌舞表演也可以向外界展示西康福利学校的精神风貌。于是我向学校负责人提出能不能让孩子们也学习歌舞，负责人当即表示同意，并自豪地说，藏地的孩子，天生会唱歌，天生会跳舞。

以 1999 年元旦为契机，学校开始部署文艺节目的排演，以当时生活妈妈负责的“家”为单位出节目。有的老师负责歌舞教学，有的负责话剧编排，有的负责教导诗歌朗诵。负责人还提出让学生们学习藏族的本地舞蹈锅庄，并请专业的舞蹈老师进行教导，之后，跳锅庄成为了西康福利学校的传统。

文艺汇演的结果特别成功，而且喜庆热闹，孩子跟老师欢聚一起，脸上映着火红的篝火，不远处绽放着烟花。这是我第一个远离亲人的元旦，却觉得更像与家人在一起。

在担任办公室工作前，我也兼任过三个月的生活妈妈，当时我对孩子们进行了饭前集合列队训练，负责人看到后觉得很好，开始在全校推广实行。

为了进一步加强学生的纪律意识，学校从武警甘孜支队请来五名教官，全校教职工以身作则，与孩子们一起参加军训。老师统一穿迷彩服，孩子们统一穿校服。军训持续到暑假结束，全校师生学习了站军姿、列队、齐步、跑步、正步走跟擒拿拳，进行了完整的军训。

十多天的军训给师生们培养了良好的体态、仪容，加强了集体意识，全校的精神面貌焕然一新。

军训结束后，学校负责人组织了一个调查组，到甘孜州十多个县去调查学生们的真实家庭情况，我是其中一员。在各县奔波期间，我们真实地了解到孩子们身世的悲苦，也深切感受到了藏族人民穷困但不改淳朴善良的性情，这些都深深打动着我。

调查工作完成后，我发现学校管理即使没有我，在其他优秀老师的领导下也运作得十分完善，我就没有再直接参与西康福利学校的工作了。

记得刚到校不久，我听到一个小孩叫我“嬢嬢”，不懂四川方言的我以为叫的是“娘”，十分尴尬的同时又十分感动。军绿色的余热让我走进了西康福利学校，而这声错听的“娘”让我更加感恩国家、党还有部队对我的培养。这段经历让我感悟到，舍己付出的回报也许并不是物质上的，但却让人有种说不出的精神满足。

直击我心的歌声

刘喜洋*

1998年对我来说是特别的一年。

正值9月收获的金秋时节，我和表姐前往四川省甘孜州康定县塔公乡西康福利学校担任后勤志愿者。

学校坐落在一片圣洁的土地上，到处是飞舞的经幡，蓝蓝的天空映着白白的塔子，是那么和谐，美不胜收。

我在学校工作了两年，于2000年回到了原单位。当时学校已经小有规模，有教职员工几十名和一百多名学生。今年正值学校建立20周年，学校迎来了一批又一批的孩子，也有了更多社会人士的帮助。而我又翻出了当年的旧相册，勾起了

---

* 刘喜洋:汉族,广东广州人,1998年9月来校,任会计出纳;2000年6月离校,现在广州能威矿业技术咨询有限公司工作。

我许多美好的回忆……

每逢藏历新年和六一儿童节，校园里的老师和孩子们总会穿上平时不舍得穿的美丽藏装，围着篝火跳起欢快的锅庄，大家手拉手笑着，唱着嘹亮的歌。那歌声仿佛穿过校园，飘过层层高山，时至今日，每次想起来都还直击我心。

记得甘孜州建州50周年的那个暑假，塔公草原举办了千顶帐篷节，我带着孩子们去金塔做义卖，孩子们积极地“推销”高原特产人参果、酸奶和各种藏饰品，逗得行人哈哈大笑，纷纷慷慨解囊。一天下来我们收获颇丰。在回校的路上，孩子们热烈地讨论着一天的成果，欢声笑语久久回荡在塔公乡的小路上。后来孩子们都说那次的经历对他们来说很重要，是一次很好的历练。

还有一次学校组织军训，我穿着军装和孩子们站成一排暴晒在阳光下，没过多久就全身酸痛，头晕眼花了。站在我身边的孩子却笔挺地站着，还一个劲儿地悄悄鼓励我，我又咬着牙挺了下来。

虽然学校的孩子们从小缺少父母的爱和陪伴，但西康福利学校给了大家一个温暖的家，给了孩子们一个新的“生日”和团聚的力量，让他们在雪域高原学习和生活，茁壮成长。如今他们已经走出校园，成为有文化、有担当和对社会有贡献的人。

作为后勤服务队伍的一员，能够为他们的成长添砖加瓦，是我终身的荣幸和财富。

口述：我的回忆

周玉莲*

1998年，我52岁时来的福利学校，刚刚到学校时就给孩子们当生活老师。那时我带的孩子们都是比较大一点的。当生活妈妈最心焦的就是我们“家”最小

---

* 周玉莲：藏族，康定市新都桥镇人，1998年8月来校，任生活妈妈，门卫；2015年8月退休。

的三个孩子：蒋庆荣、四郎益西、卡地。蒋庆荣经常逃课不好好上学，她爱和小狗耍，每次逃课我就去有小狗的地方找她。她一身弄得很脏，我就带她回来换衣服，把脸和手脚擦擦干净，然后让她去上课，等她下课了再给她洗澡。我慢慢教她洗衣服、爱干净，养成好的生活习惯。四郎益西比较调皮，爱和同学打架，不好好上课，在课堂上爱捣乱。卡地刚来学校的第一个月，一句话都不说，我一直以为她是个哑巴。乡上卫生队的医生来的时候，我还给医生说这个孩子好像是个哑巴。开学一个多月后，她慢慢对我们熟悉一点了，才开始说话。有一次吃完午饭，她第一次和我说话，她用他们家乡的方言给我说她要钥匙。虽然听了很久才知道她要钥匙，但终于确定她不是哑巴，我心中的石头才算落了地。我带的其他大一点的孩子们都还好，都比较懂事听话，平时主要注重培养他们好的生活习惯。

生活老师当了半年多，我带班久去康定看病，在医院里照顾他。班久刚去康定时病得厉害，医生抢救时，我也没有其他办法，只能在旁边哭，随后给活佛他们打电话，求活佛保佑。医生出来的时候就使劲求医生。慢慢的孩子病情好转，我心里才好过一些。班久挺聪明，医院的医生护士都认得他，也都很喜欢他。我们的病房经常满是医生护士送的樱桃和其他水果。后来很多年后再去医院，那些认得我的医生护士都还要问我：你们家班久呢？你们家班久成绩好不，长大了不？

回学校后，我就去了厨房里上班。大概在厨房干了三四年的样子吧，门卫走了，我就去门卫接班了。

我做门卫一直做到2012年学校搬迁到多绕嘎目。平时我除了做门卫，还做一点香厂的活，每年多多少少做点香卖出去补贴学校的开支。香厂每年收雪巴，然后把雪巴晒干，雪巴多的时候有几千斤，我经常请胡忠老师带孩子们来帮忙。雪巴晒干了，把它们打成粉，再和上其他的香粉，分开包装到盒子里。很多孩子在放学后或者周末时都喜欢来我那里帮忙。那个时候我的门卫就在敬老院旁边，孩子们不仅帮我，还帮很多敬老院的老人家做点家务，劈柴、挑水、打扫卫生。

到多饶嘎目后活佛对我说：“老阿妈，你年纪大了，就在接待中心休息，想工作的时候就做，不想做的时候就休息。你现在的主要工作就是好好休息。”但我从小到大做惯了事情，要我休息我也坐不住，所以就帮阿拉仁青在厨房又干了一段时间。那边海拔要高一点，我的身体也不是很好，在那边整天都打瞌睡。活佛怕我身体不好，就又让我回塔公去金塔守门。

我在金塔守门时，有两次都突然昏倒在门口。我后来想，我在金塔总给人家带来麻烦，年纪大了身体不好，经常病了还要麻烦其他人来照顾我。所以 2015 年 8 月份的时候，我就正式退休回家了。

现在，我退休下来在家里面接近三年了，我们家这个位置离塔公也不算远，现在很多孩子都抽空来看我，问我身体怎么样，问我在家还好不。我真的觉得很感动。以前都是孤儿的孩子们，通过活佛和老师们的帮助，现在都能在社会上自力更生。孩子们都很善良。这些都是活佛和老师们教育得好。

当年去学校时真的什么都没有想，只是觉得能帮助一下我们甘孜州的这些孤儿孩子们就对了，也没有想到能坚持这么久。

真是感谢政府支持仁波切办这所学校，还给我们这么多的帮助。感谢学校的老师把孩子们教育得那么好，老师辛苦付出了很多，才有了现在这些孩子的成功。感谢孩子们这么听话、这么努力、这么用功。

坚　守

仁　青*

从 1998 年西康福利学校成立以来，迄今已过去了二十年。二十年来，寒来暑往、春夏秋冬，一步一步一路走来，有无数的艰辛和不易，无数的感动与快乐，也有说不完写不尽的故事。

作为学校的一名炊事员，我二十年如一日，自始至终地坚守在自己的岗位上，任劳任怨、尽心工作，按时做好饭菜，以营养、健康、节约为宗旨，按学校对炊事员各项工作的要求，为老师和学生们服务，为学校贡献一份力量。

二十年来，我一直跟随着这个大家庭，从未想过要离开，主要是因为学校的

---

* 仁青：藏族，康定市塔公人，1998 年 8 月来校至今，任炊事员。

特殊性与学校创办人的人格魅力，以及自身尽一份善心的愿望。

回想过往，刚开始学校的一切工作都很艰难，炊事工作的条件也不如现在，常常停电，很多事情都要靠我们自己动手解决。我们用牛粪、柴火来煮饭、炒菜、烧茶水，自己和面做馒头包子等。平时用煤炭，后来用煤气，随着学校后勤等各方面条件的逐步改善，我们的炊事工作条件也好了许多。

无论是正常学期还是寒暑假，不管就餐的人是多是少，工作再忙碌、劳累，我心中都没有一丝一毫的懈怠与抱怨。而且学校领导引领有方、关心到位，老师、学生一句句暖心的话，给予我们更多的是快乐与欣慰，激励着我们更加坚定、更加努力地做好炊事工作。

这里早已是我的家，我的生活工作都与学校分不开，无论身处何方，学校都是我一份最深的牵挂。看着学校一步步地成熟，一步步地发展与进步，看着学校越来越好，看着一批批来自偏僻山村稚气未脱的孩童，从无知到懂事，到后来逐渐长大读大学、读研究生，毕业当老师、当医生、当导演，在社会的各行各业回报社会，成为对社会有用的人才，我从内心深处感到无比的骄傲与自豪。

我从不后悔一直坚守在这里，因为这里需要我，我也需要这里，这里能够体现我的价值。在以后的炊事工作中我会不断学习、进步，努力增长厨艺，总结经验，团结同事，在学校的领导下更加努力，把自己的工作做得让大家满意。

口述：我与西康福利学校的缘

扎西曲珠*

我与西康福利学校的缘分真的很深。孩子的父亲去世不久，我到处打工挣钱

---

* 扎西曲珠：藏族，康定市塔公人，1998年8月来校，任洗衣工；2012年调至康定市木雅多饶嘎目九年一贯制学校洗衣房工作。

养家糊口。那时学校正在修建中，我就到学校的工地上打工。一次偶然的机会我见到了办学校的活佛，他了解了我家的情况后，就让我到学校来工作。当时我高兴极了，因为不但我有了工作，孩子的读书问题也得到了解决。这是我从来没想过的。

刚来学校时我主要负责打扫校园卫生，后来又去照顾过敬老院的老人。对他们我就像是照顾自己的父母一样，因为我知道对待每一份工作都要用心，这样才对得起活佛。后来因为学校洗衣服的老师要离开一段时间，学校领导就安排我去洗学生的衣服。虽然说洗衣服这份工作比较简单，但我却把它看得很重要。每当看见孩子们穿着我洗得干干净净的校服时，我心里好开心。从 1998 年夏天开始，到 2012 年暑假西康福利学校由塔公搬到多饶嘎目为止，我都在西康福利学校工作。这十四年里学校领导对我特别关心，孩子们也很喜欢我。现在孩子们都已经长大了，有参加工作的、有自己创业的，也有已经成家了的，我替他们感到高兴。

爱的分享

孙逢英*

1998 年 8 月 25 日，我带着自己对藏族特别的情感和向往来到甘孜州西康福利学校，做生活老师。

刚到学校有些不适应，高原反应特别严重，但随着孩子们陆续到来，头疼耳鸣又算得了什么呢？看到刚来学校的孩子特别揪心，因为有部分孩子蓬头垢面，手指甲老长。孩子们刚到学校都很腼腆，但目光非常清澈。比较小点的孩子亲戚送来时会哭得很厉害，稍大点的孩子虽然有些不舍，但还算比较听话。

---

* 孙逢英：汉族，四川成都人，1998 年 8 月来校，任生活老师，2000 年离校；现在成都经商。

学校把孩子们一一分到生活老师手里，建立以“家庭”为单位的生活学习模式。

我们学着给孩子们理发、洗澡，然后教孩子们整理自己的寝室。他们看到干净整洁的房间开心极了，相互用藏语交流着，虽然我一句听不懂，但看得出他们是由衷地高兴。虽然他们很不幸，但是慈悲的多吉扎西活佛让他们又很幸运，给了他们感受文明、学习文化知识的机会。

因为我不懂藏语，所以和孩子们交流起来特别困难。还好学校安排周到，每家都有一两个既会说藏语又会说汉语的孩子，他们成了我们和孩子们的翻译。

很多孩子最基本的生活常识都不会。我做示范，边讲边手把手教他们刷牙。由于高原上比较冷，好多孩子从来不洗澡，到了学校也不愿意洗澡，但是个人卫生必须讲究，我耐心地讲道理，最后孩子们终于愿意洗澡了。我由衷感谢家里的大孩子们，他们是最辛苦的，既是翻译又是哥哥、姐姐，还帮我管理小弟弟、小妹妹，没有他们我的工作是无法进行下去的。

刚开始，孩子们自己不太会洗衣服，我就手把手地教。我对孩子们特别“苛刻”，哪怕一丁点儿没洗干净，也会让他们反反复复洗到干净为止。当时他们心里不太乐意，但我假装不知道，要求他们必须这样坚持。他们出于对大人的敬畏，还是坚持下去了。最后，连四岁的友珍也能把自己的手帕、袜子洗得干干净净的。

随着时间的推移，我和孩子们相处也越来越默契，哪怕一个眼神，孩子们都知道要做什么，以至他们能主动热情地叫我“妈妈”了。虽然我是一个未婚姑娘，但听到孩子们叫我妈妈时，我却答应得很自然，因为我的角色就是妈妈，我心里早已经把他们当成了自己的孩子了。

有一次我得了重感冒，起不了床，可让孩子们着急了，他们嘘寒问暖，端药倒水，下课都会跑回来问问。有好几个孩子哭了：“妈妈，你快点好起来，给我们讲故事，陪我们打篮球……”孩子们对我的好，现在都记忆犹新。

那时候，每个周日的下午，都是我们敬老的日子。有一次，我带着孩子们提起热水，来到多吉扎西活佛创办的敬老院，为老人们泡脚、剪手脚趾甲，我做得很认真。在回寝室的路上，有孩子问我：“妈妈，您为什么要那么做，为什么不怕脏？您是汉族人，为什么会对藏族老人那么好？”

我笑了，亲切地回答：“因为我们也会有老的一天啊！敬老是中华民族的传统美德，帮助他人是没有民族之分的，是每一个人的本分。孩子们，你们来到西康福利学校，是受恩于国家的好政策、多吉扎西活佛的大爱。你们也应学会感恩，把恩情回报给身边需要帮助的人，回报给社会，懂得把爱分享……”

还没有当妈妈的我，在西康福利学校做了两年“妈妈”，把我的母爱给了那些更需要爱的孩子们。今天，这些孩子都长大成人，也在把他们的爱，分享给他人、分享给社会。我永远都记得我曾经的孩子们。

生活妈妈的小故事

吴泽凤*

生活妈妈们的豪迈

有一首歌叫《走进西藏》。大意是讲，走进西藏，你就走近理想；走进西藏，你就走近天堂；走进西藏，你就走近太阳……可是无论是理想、天堂，还是太阳，当你的身体健康得不到保证时，再美的理想、再美的天堂和太阳，都只是一道彩虹短暂横亘于天际。

妈妈们最遗憾的就是这个，尤其是上了年纪的妈妈，她们更懂得理想的难能可贵。因为历史的原因，她们已错过了太多太多的机会，现在能有这样的条件能让她们重寻当年的旧梦，怎不令她们欣喜？往往她们在工作的热情上，表现得比我们年轻人更为热烈。从她们那里，我们不但学到了做母亲的经验，也得到了她们母亲一样的关心和爱护。

一位妈妈病了，她们会轮番看望和照顾；一位妈妈想家了，她们会围拢来，像妈妈一样地护着你，爱着你；一位妈妈不知道如何与孩子相处，她们总会教给

* 吴泽凤：汉族，四川成都人，1998 年 8 月来校，任生活老师，2001 年春离开学校；现为苗夫控股集团总裁办主任。

你经验，为你出谋划策……

我因为来得太急而不知道高原的气候变化，带的衣物少，税妈妈当即就从她的皮箱里拿出自己的一件羽绒服，坚持让我收下；龙妈妈见我的鞋子不够，就拿出她的一双运动鞋给我，说高原上穿运动鞋好走路。她们还告诉我，要照顾好孩子，必须先照顾好自己，如果连自己都病倒了，那谁又来照顾孩子？

然而，高原一方面展示出它的美，一方面，也显示出它的冷酷与无情，它处处在告诫人们强者生存的道理。由于高原气候的骤然变化，加上工作劳累的原因，上了年纪的妈妈们一下子便显得力不从心了。

年龄最大的税妈妈，五十多岁，眼睛、脸部及手、脚都出现了不同程度的水肿；四十多岁的赵妈妈、林妈妈也出现了较为严重的高原反应，不但整晚睡不着觉，心脏也打雷似地跳动得厉害；龙妈妈多年的哮喘在高原复发，连上下楼梯都很困难；部分妈妈还出现了拉肚子、流鼻血等水土不服的现象，整个人像变了形似的……

我去看望她们时，她们难过地告诉我，这样下去，她们不但帮不了孩子，反而会因此拖累了学校：“如果不是身体的原因，说啥我们也决不离开孩子，离开学校……”妈妈们已做好了她们的准备和打算。那些日子，我独个儿流着泪，祈求上苍能感念她们善心，保佑她们身体早日康复，不要把我单独留下……

好几天过去了，她们的身体不但没有康复，反而变得更为严重了，加之医疗条件的有限，妈妈们的决心动摇了……潘妈妈走了，税妈妈走了，林妈妈走了，一个月下来，一连走了七位妈妈……

每一个妈妈的离去，孩子们都会呼天抢地痛哭一场。妈妈们也会痛哭一场，无论离去的，还是留下的。

龙妈妈是最后一位提出要走的妈妈。她本是做好了六年的“上山下乡”准备而来的，日用工具、板凳、书籍，为孩子们买的100多个乒乓球，无不是她为那个小家做的爱心准备。因为身体突然的变化，她也选择了离去，但她仍然坚持着，带病为她那个“家”的孩子们织好了毛衣、毛裤、手套和袜子。临走时，除了带走随身的衣物，其余的都留给了年轻的妈妈——这是每一个妈妈临走时共同的惯例。

前几位妈妈走时，我都流泪了，唯有龙妈妈走时，我没有哭，我仍然记得她在泥巴山下的豪言壮语——“就当45岁再来一回上山下乡！”

这句话坚定了我们几个年轻人留下的信心与勇气！我们互相勉励，“如果不是身体的原因，我们绝不离开孩子！”

第一句汉语

七珍是个脸蛋似红苹果的5岁小女孩，腼腆而又胆怯。腼腆时，会用手捂着脸；胆怯时，别人一句大声的话都会吓得她直哭。她刚来的时候，一句汉语都不会；她说的藏语又与别的孩子不太一样，类似方言与普通话的差别。我请了会藏语的小翻译，与她交流起来还是困难重重。

叫她吃饭，我是连比划带说，甚至端了一个碗做示范，她才明白我的意思；叫她刷牙，她把放在牙刷上的白兔牙膏当口香糖一样吃了，或者拿错了别人的牙膏……

刚开始的时候，我把她像裤腰带一样系在自己的身边，见着这样教这样，想到哪儿说到哪儿，她连睡觉都和我一块儿。她大概明白我的意思，但总是难于启口，总是小猫似的躲在我的身后。

一个多月了，几乎就没听过她的声音，我都几乎快崩溃了。

晚上，我带领孩子们排练小品《喝酸奶的时候》——为提高孩子们的语言表达能力，我们自编自演的小品，忽然从寝室的隔壁传来了一个清脆而明朗的声音：“妈妈，妈妈，益西志玛用我的牙膏！”我急忙奔到隔壁房间，那呼叫的正是一个多月来都不肯讲话的七珍！

我激动地抱起她，告诉排练的孩子们：“七珍会讲汉语了，七珍会讲汉语了！”他们一惊，也跟着狂呼喜叫。我的喜悦与激动，绝不亚于一个第一次听见自己孩子呼唤自己的母亲。

孩子们不但为七珍鼓掌，还为七珍选定了小品的角色。七珍却很生气的样子，拿着她的牙膏给我看，仿佛因为我没来得及给她公平决断而不满意。

半粒核桃的爱

马赤哈和康峰这两个彝族孩子没来我们家以前，洛布作为家里最大的孩子帮我把男生寝室管理得井井有条，家里那几个小不点一直围着他，被他指挥得团团转。尤其是小建建，像个“跟屁虫”，一开口就洛布哥哥长，洛布哥哥短。

近日，新来的马赤哈和康峰被我安排进洛布他们寝室。因为他们新来的缘故，我对他们也显得尤为关心。这两个孩子聪明、憨厚，主动地帮着做这做那，受到了我的表扬。连几个小不点也转移视线到了他们那儿。

中午在餐厅，本该轮到洛布洗碗，他却私底下要与马赤哈和康峰计较，说马赤哈比他大一岁，应该洗碗，康峰也是寝室里的，应该去打开水。这两个孩子什么也没说，一个去洗碗，一个去打了开水。

那两个孩子走后，我找到洛布，问他为什么这样。半天，他才支吾着说：“你和所有的同学只喜欢新来的马赤哈和康峰，不喜欢我了。”我才恍然大悟这些天来冷落了洛布。

我真切地对洛布说：“家是大家的，妈妈也是大家的，他们刚来，什么也不懂，妈妈当然应该多关心他们才对，等他们习惯这儿之后，他们也和你一样会帮妈妈管理。校长不是说过，这里的每一个孩子都应该相互关心，相互帮助，都应该得到相同的爱吗？你比他们早来，早些得到了妈妈的爱，他们后来，妈妈是不是该多关心他们呢？”

洛布听了，不好意思地低下头恳请我的原谅，更藏不住脸上露出的喜色。我轻拍着他的肩膀，要他去找他们玩，他高兴地带着建建去了。

晚上，洛布悄悄地告诉我：“妈妈，马赤哈好像生病了，我听见他在咳嗽，你去看看他吧！”

马赤哈果然病了，洛布帮着我把他送到了医务室。等马赤哈服了药回寝室躺下休息后，洛布的半个拳头在我面前伸开，那是半粒核桃。他坚决地要给我，说那是一个叔叔给的，他给了马赤哈半粒，剩下的留给我。

我忽然为这十一岁孩子的细心和懂事而感动！

飞翔的小鸟

有一次，我感冒生病在床，独自躺在宿舍里不想动弹。

洛布悄悄推门进来，把一只小鸟放到我的床头柜上。鸟儿的叽叽喳喳把我吵醒。我让他赶快把小鸟放回大自然去，他却说：外边在下雪，小鸟会冻死的，就让它在屋里陪你吧，我们都上课去了，没人在宿舍陪你的……

我一时泪下。

今日，又是大雪。我开门检查房间，洛布没去上课，正拿着什么东西在取暖器旁烤着。

我厉声问：“洛布你不去上学，待在家里干吗？”

他委屈地说：“一只小鸟被冻伤了，我给它暖和一下就去上课。”

我再也没讲什么，有什么事能比看见孩子亲手拯救一个生命更让人欣喜呢？

一会儿，雪停了，他手里的小鸟已雀跃着要飞。在院坝里，洛布把它放飞了。小鸟低旋，仿佛在谢他。

织毛衣

学校御寒的冬衣还没到，天气骤然寒冷！学校老师们自发组织为孩子们织毛衣！孩子中有几个年龄偏大的女孩子，看着辛苦织毛衣的妈妈，极力要求分给她们一些织毛衣用的棒针和线，要妈妈们教她们如何起线，如何勾花，她们也要帮着给弟弟妹妹织毛衣。孩子们心灵手巧，很快便学会了。不会织毛衣的孩子，也会参与到挽线团的行列，一个用手绷着，另一个就去挽线团，配合默契。

有几个四五岁的孩子见大孩子能织了，自己也想织。妈妈们为了安全没有同意，她们就自个儿去操场的工地上寻捡一些废旧的铁丝、钉子，用石头砸直、砸尖，作为织毛衣用的针。没有线，她们就将自己身上的毛衣脱下来，拆了袖子，挽了线，煞有介事地学大人的模样织着毛衣……真是令人啼笑皆非！

后来，学校为孩子们购买的御寒毛衣终于送到了，妈妈们也才不为此发愁，孩子们却爱上了针织。妈妈们买来毛线，买来织毛衣的棒针交给他们，她们居然也能织出各种式样的手套和围脖……

愿所有幸福都触手可及

万　江*

西康福利学校的学生，大都有着一段我们难以想象的悲惨经历，甚至有些孩子还带着残疾。

一位曾患肝炎的孤儿，小时候在家烤火时，不小心一只脚踩进了烤火盆里，因身边无人帮忙，五个脚趾被火烧得挛缩，成了残疾。

一次，一个孩子因玩耍不小心摔倒，手腕肿得很高，疑似骨折，校方安排我带她到州医院检查治疗。晚上半夜照顾她上卫生间，掀开被子，吓我一跳：她竟如此瘦削，骨瘦如柴都不足以形容，完全是一副骷髅架！第二天，我问孩子的身世，她只默默流泪，什么也不说。我至今也不知道她小时候在家乡究竟经历过什么。我当时真想大哭一场，天下真有如此可怜之人！但哭是没有用的，只能把泪水化成深深的心痛和爱，好好照顾好她，不忍再让她承受一丝丝的痛苦。愿所有的痛苦，孩子们都不必经历！所有的幸福，你们都能触手可及！

在这里，这样的孩子都获得了重生。今天，看到他们个个快乐、幸福、健康地在不同的岗位上发挥着自己的光和热，我们也无比的欣慰和骄傲。

---

* 万江：汉族，四川攀枝花人，1998年8月来校，任校医，当过女生生活教师，教过初中生物；2006年8月调至康定市木雅多饶嘎目九年一贯制学校，任校医至今。

且行且珍惜

皮晓萍*

1998年11月，一个偶然的机会，经甘孜州教科所主任的推荐，我来到了西康福利学校任教。

学校里有一百多个孩子，大多是少数民族，藏族孩子占多数。我刚到时和孩子们交流都很困难。记得我第一天到班里上课，班上四十多个孩子，我站在讲台上讲了大半节课后，才发现大部分孩子都听不懂我说话。这个班里的孩子年龄差异也很大，小的五六岁，大的十二三岁。这样一个很特殊的班，首先要解决语言问题。于是我在教学当中就手舞足蹈地比划，一个音、一个字、一个词、一句话地教。就这样坚持下去，孩子们很快就能说出较流利的普通话了。

这里的孩子是那么的淳朴，又那么的尊敬老师，听老师的话：不管是老师布置的作业还是老师交待的事情，不管是学习上的还是生活中的，孩子们都会不折不扣地完成。看到孩子们这么勤奋好学，我当时就想把我所有会的东西尽可能地教给孩子们，并让这些东西为他们的生活带来希望，增添快乐，那就是我最快乐的事。

就这样我选择留下来了。我是老师又是家长，在学校的三年每天和孩子们同吃同住，在一起学习、游戏、欢声笑语，就这样看着他们一天天地进步，自己感觉非常的幸福。我爱这个像家一样的福利学校。我们那时没有评职称，所有考试没有排名，也没有补课费……福利学校找不到任何的名利之争，每月就300元的生活补助。我在学校工作那几年是最快乐、最骄傲的。

---

* 皮晓萍：汉族，康定市人，1998年10月底到校，任一班和幼儿班班主任，任过语文、音乐、舞蹈、美术老师兼大队辅导员；2001年8月离开学校，现在西昌市同行教育旅行社工作。

这里的孩子们心地都很善良，特别重情，可能是因为他们都经历过不幸，非常珍惜老师和给予他们关爱的人，也非常珍惜现在的幸福生活。孩子们都很懂得感恩。

记得我刚到学校不久，一天我打了饭坐在办公室前椅子上吃饭，饭盒里剩了一点饭菜没有吃完，这时孩子乔乔向我走过来说：皮老师，你没有吃完，请不要浪费。我一惊，赶快吃完。孩子们知道这里每粒粮食和学校所有的一切都是来之不易的，都是善心人士的捐赠，是他们的爱心才有了今天的幸福生活。我也知道，但我疏忽了，我很惭愧。

这里的孩子身上没有一分零用钱，也没有零食，衣服、学习用品等也是学校统一发放的，没有任何东西可以攀比。他们之间很少吵架、打架，年龄较大的孩子很自然地照顾比自己小的同学，他们就是亲人般的兄弟姐妹。

我们学校因为孩子们的情况特殊，所以不放暑假，但我们会开展很多丰富多彩的活动来充实他们的假期生活。暑假就有军训、耍坝子、野炊、登山等。寒假我们一般就排练节目，为一年一度的春节联欢晚会做准备。孩子们和老师都有节目。记得2000年的暑假，甘孜州在塔公草原上举行“千顶帐篷节”活动纪念建州五十周年，我们学校也组织了一次让孩子们体验生活的实践活动。我们在木雅金塔成立了接待中心，分成了火锅、特产藏餐、小吃、住宿、服装出租等几个小组，让同学们体验生活和赚钱的不易。孩子们一个一个笑逐颜开，主动热情地招呼、招待每一位客人，成为活动中一道靓丽的风景，得到客人们的一致好评。这段经历也成了不少孩子终身难忘的记忆。

时光荏苒，岁月如梭；素时锦年，稍纵即逝。青春年华，似沙漏般，一转眼二十年过去了，曾经的高原孤儿们，如今长大成人，活跃在社会的各个领域，服务藏区、服务社会。我作为老师，欣慰的同时，更多是祝福着他们，祝福孩子们且行且珍惜，祝福孩子们幸福一生！也祝福曾经在学校工作过的所有老师身体健康！扎西德勒！

我的快乐和幸福

四郎娜姆*

生命如花，绚丽多彩，但有些孩子的生命之初，是灰色的不幸的。我坚信，只要我们有爱，有一颗肯付出博爱的心，就一定能让不幸的孩子像花儿般成长。这并不困难，只要力所能及地伸出你的手，伸出我的手，大手牵小手，就能为这些孩子搭建起幸福的“家”。

多吉扎西仁波切就为这些孩子搭建了这样的家，建立了西康福利学校。1998年9月，甘孜州13个县100多个在人生的起步阶段就经历不幸的少年儿童，被接到这所学校，吃穿不愁，有书读，开始了另一条轨迹上的生命之旅。

2000年的一天，我幸运地走进了塔公河边这所学校，以志愿者身份出任校医。学校的校容，让我吃惊不已。整洁、干净、温馨，所有的孩子都干干净净的，每一个角落都几乎一尘不染，每个寝室都有独立的卫生间，还有取暖设施。这样的学校，在发达的内地也不会逊色。而学校的老师，个个都很和蔼可亲，不仅要向孩子们传授科学文化知识，更承担着父母的角色，尽着父母的责任。所以，孩子与老师之间亦师亦亲，很多孩子还情不自禁地把老师们叫作“爸爸”“妈妈”。

所以，我确信，这些孩子虽然大多是孤儿，身世是不幸的，但他们又比谁都幸运，在爱心人士的帮助下，在如父如母般老师的呵护下，在仁波切的关爱下，他们一定能够更好、更健康地茁壮地成长。

在学校，所有的孩子都叫我“阿妈四郎”，我有100多个孩子。听到一声声的“阿妈”，我的心一次次被感动和融化，我知道我有义务有责任，为孩子的健康保驾护航，为他们的成长付出一份无私的爱心。这或许就是我一不小心就在西

---

* 四郎娜姆，藏族，康定市塔公人，2000年3月来校任校医，2012年8月退休。

康福利学校服务了十三年的原因。虽然这些年，由于一些琐碎而不得不做的事情，我无法继续服务于这个学校，但是我一直都向往西康福利学校这个人间天堂，时时怀念学校的创办者多吉扎西仁波切和那些诲人不倦的老师们，更常常想念那些天真活泼可爱的孩子们。我是真的希望有一天能够再次回到学校，继续为孩子们的健康保驾护航，继续去见证一批又一批孩子如花儿般成长绽放。

我当年在校时的第一批学生，现在已陆续大学毕业，在各地回报社会，为甘孜州的建设事业添砖加瓦。很多好朋友和我聊天的时候，总会说西康福利学校出来的孩子与人为善，有能力有胆识，都很不错，听到这些话我真的很高兴，也很骄傲。

我是个很普通的人，有幸参与了西康福利学校的建设与发展，亲眼目睹一位活菩萨——多吉扎西仁波切的菩提之行，以十三年的时间伴随孩子们健康成长，最后又看到了孩子们的成功，还有孩子们对国家、社会的回报。而我，则因此而感到快乐和幸福。我也相信，任何人，无论处在什么环境下，只要肯真诚地付出爱心，就一定能收获同样的快乐和幸福。

我在西康福利学校的前两年

陈少雄*

2000年初，我准备找工作，正好看到《成都晚报》上有一则招聘启示。仔细一看，是甘孜藏族自治州有一所民办学校，名叫西康福利学校，招收了一百多个学生，都是孤儿和特困生，需要志愿者老师。

启示很短，只说在康定县，学历没具体要求，也没说月薪多少，说有爱心的人士可到成都教育学院参加面试。当时信息没有今天这么发达，我对藏区的了解

---

* 陈少雄：湖北荆州人，2000年3月来校至今，任体育、计算机教师。

只限于书本：康巴高原是藏族人居住的地方，海拔高，气候不好，地广人稀，很落后，解放前还是奴隶社会。

我从四川大学毕业一年多以来，工作已换了三次，都没有觉得满意的，也不知道自己想做什么。我觉得现阶段一定要找个喜欢的工作，于是，抱着试一试的心态去成都教育学院参加了面试。

我顺利通过了面试，几天后来到了学校。刚进校园，就见到好多学生，脸上都红通通的，像熟透的苹果，看起来很可爱。我认识了好多来自内地的老师。我好像进了一所内地的学校，吃的是稀饭、馒头、白米饭，厨师也是内地来的，交流语言也是汉语，住的房子内部也是汉式结构，还带独立卫生间，没有什么不习惯。我曾经以为这会是一所破旧不堪的学校，结果是一所很漂亮、很舒适的学校，而且其他的老师对我们也很亲切，有一种家的感觉。

进校第二天，学校安排我负责全校的体育教学及办公室文字输入及排版工作，不过全校只有办公室配备了一台电脑及打印机，全校体育课一个星期只有两个班四节课。因以前在大学很喜欢各种运动，尤其是足球、篮球、乒乓球，还有跑步，所以当体育老师是我特意申请的。当时的我认为喜欢就一定能全心投入，全心投入就一定能做好，正好学校也没有专业的体育老师，学校同意了，我感到很欣慰。

因在电脑方面轻车熟道，所以接下来我只需要好好琢磨怎样做一个体育老师。没多久我就认识了孩子们，而且大都叫得出名字。其中有一个叫桑登泽仁，很特殊的一个孩子，几个人在一起投篮，他投球后别人捡球他就生气。他喜欢一个人投球，别人看着。

我教育他不能这样，他还很不高兴，后来吕校长告诉我孤儿大部分都有这种毛病，很敏感，还有些冷漠，刚开始很难交流，要多关怀，慢慢沟通。原以为当老师很容易，以为自己懂了教给他们就可以了，现在发现并不是那么简单，就像往瓶子里灌水，瓶口大点很容易进去，如果瓶口小装水就很困难。所以在接下来的体育课里，投篮时会给他们很多篮球。但怎样改掉他们这些坏毛病呢？分组比赛可以培养他们团结的意识，不然总活在一个人的世界可不好。在比赛中，发现像桑登泽仁这种性格的孩子还不少，自己拿着球就自己投，丝毫不理会别人。但比赛多了，为了赢得比赛、多些时间上场，他们逐渐意识到了团结的重要性，因为看那些常赢比赛、常在场上的同学，并不是一个人在拿着球投篮，而是要把篮球传给同伴，多交流多配合才能赢球。看着他们慢慢进步，我心里很高兴，有时候打比赛，赢的一方还可以有点小奖励。

两个多月时间慢慢过去了，在这段时间里，我到过街上几次。塔公乡只有一条街，人很少，只有一家卖菜的，只有一家餐馆，卖生活用品也只有几家，确实很落后。整个镇上条件最好的就是我们学校，有电而且有自来水，而街上没有哪个地方有自来水，连乡政府都是从井里打水上来吃。

六一儿童节马上就到了，听学校老师说这是一个重大节日，因为绝大部分学生并不知道自己的生日，所以学校决定把六一儿童节作为全校学生的生日。

为准备这个节日，学生们每天都要抽出部分时间练习歌舞，在这方面藏地的孩子确实很有天赋。就说“跳锅庄”，我学了两个多月还有点不会，而且动作机械很难看，而全校学生大大小小都会，才四岁的都会，而且很好看，如果穿着藏装就更好看了。还有一些歌唱得好的学生，特别是来自九龙县叫作马海清的大同学，一首彝歌《妈妈》能把初次听的观众听得眼泪都要流出来，而他的理想就是长大当一名歌唱家。学校老师们准备过节需要的糖果、玩具、生日礼物等，像过年似的。

在期盼中，六一节终于来了，上午学校给期中考试考得好的个人和班级颁奖，还组织了课间操比赛；下午则是篮球、乒乓球、拔河、跳绳等体育比赛，当然还要给学生发够糖果。晚上的重要节目是吃蛋糕，看见他们手上拿着蛋糕，笑容甜甜的，很是羡慕，因我自己长这么大好像也没有人给我准备过生日蛋糕。吃完蛋糕，晚上歌舞表演开始，几乎每个学生都要上台，老师也参加，真的很热闹，以前我真的没见过。歌舞表演完，最后的节目是跳有篝火的锅庄。看到学生们那么高兴，我比他们更高兴，好像我从内地来之前从来没有这样开心过。可能这才是藏族人的生活方式，温饱问题解决后，这种享受生活的感觉真的很好，这也是藏族人千年的文化传统吧，真的让人很羡慕。在我家乡湖北及四川成都市，一般人的空余时间基本上是在麻将桌上度过，相比较，我更喜欢学校安排这类课余生活。我好像越来喜欢这所家庭式的学校了。

六一过后，学生们开始准备期末考试。虽然是小学，但也要上一节晚自习，早上六点起床，要晨跑，跑完后上早读，早读完吃早餐，上午四节正课，下午也是。这和内地学生作息时间基本一样。

这里离一片小森林松林口很近，学校为了学生能放松，过一周或两周就会带学生去爬山、捡蘑菇、捡柴火等。学生们也很喜欢，年青老师们更喜欢，以前我只在书本上看到捡蘑菇，现在终于可以亲手捡了。

这里是高原，山的相对高度不是很高，但海拔高度却有四千米左右，爬山很累人。我第一次去的时候，往上走几十米时就气喘得不行。这里的空气很好，蓝天白云没有一丝杂质，经常有彩虹出现，有时一层彩虹，有时两层彩虹，运气好的话会看到三层彩虹。彩虹在草原及山上到处可见，有时还能见到美丽的彩云。

高原的天空真的很神奇，这种大自然的魅力可能只有在高原上才能体会。当然天气变化也很无常，本来是艳阳高照，没有几分钟来一片云就大雨倾盆，运气不好可能碰上冰雹，有时接近鸡蛋那么大，我就碰到过一次，很危险。我很喜欢这里的森林，还有周围的山，是个放松的好地方，我的星期天大部分都是在山上度过的。

期末考试刚结束，听说甘孜州建州五十周年庆祝活动在塔公有分会场，而且甘孜州十八个县都会在塔公草原上搭帐篷，一起庆祝。听说可能有成千上万的人参加，我们学校也可能要参加表演，所以学生要准备更多更好的节目。

还有一个更振奋人心的好消息：西康福利学校的创办人多吉扎西活佛马上要回来了！活佛还特意为学生们请了两位教藏舞的舞蹈老师，学校放假没多久就到了，每天大部分时间都带着我们练习舞蹈。

在学生们和老师们的期盼中，多吉扎西活佛回来了。他看上去很年轻，只有三十多岁，穿着僧服，很庄严很和蔼，尤其是那双眼睛让人看起来很舒服。下午在吕校长的介绍下，他和我们这些新来的老师见了面，问我们生活习不习惯，有什么需要帮助的没有，简短问候后就回宿舍去了。下午学校几位领导开完会后，整个学校开始忙碌起来，下达通知全校师生和职工这段时间都不准请假，都要学会藏舞老师新教的锅庄。接下来几天全校教职员工都在操场上练习锅庄，包括在厨房做饭的两位五十左右的厨师——这两位老厨师跳起来真的很滑稽，但是也没办法。锅庄舞好像天生为藏族人设计的，只要穿上那袖子长长的藏服，不管是老的少的怎样跳都好看；只要穿着贴身的汉装，怎么跳都别扭，包括我们这些年青人。想想老年人也在学，我们这些新来的年青人也没什么好抱怨的，一定要把它学会。

终于州庆开始了，歌舞表演进行了几天，塔公草原上大大小小各种颜色的帐篷围绕着金光灿灿的木雅金塔绵延好几公里，还有巍峨的雅拉雪山耸立在远处的白云中，真的很好看。这段时间，学校每天安排几个老师负责带着全体学生看节目表演，还有几个县请全体师生到他们的帐篷吃东西，学生们很轻松，老师们也开心。

终于五十周年建州庆祝活动结束了，各县的帐篷全部撤出，街上的人也慢慢稀少，塔公草原恢复了往日的宁静，西康福利学校恢复了正常的教学工作。活佛给我们全体老师开了会，讲述他创办西康福利学校的原因，成都、上海、北京、深圳等大城市他都去过，而且还在上海、成都的两所大学学习过汉语和英语。他看到内地孩子在好的学校有好的老师受到很好的教育，他也想在家乡创办一所现代化的学校，有好的老师、好的教学条件，孩子们在这样的学校学习，也能像内地学校的孩子们一样，将来一个个上大学，一个个成为有能力有作为的人才；而他作为孩子们的家长，也要像内地学生家长一样，竭尽所能为他们创造最好的学习环境，为了他们能健康快速成长创造条件，所以我们全体老师一定都要做为孩子着想、有责任心的人。看着他讲述时那坚定而有神的目光，真的有种不成功便成仁的气势。他希望我们全体教职员工只要在这里待一天，就要做一天对孩子们有用的人。

这就是所谓成功人士与我们一般人的区别吧，像我这种凡人一天只想着自己能轻轻松松工作，工作之余好好享受生活，比如自己喜欢爬山时观看碧空如洗的蓝天，喜欢在寂静的森林里听一声声清脆鸟鸣声，也喜欢一个人与大自然亲密接触心神宁静的感觉。原以为这是一种很高贵很了不起的个人生活，结果发现自己还是生活在以自我为中心的世界里，其实与那些一有空就待在麻将桌上的人没两样：本质上都是让自己感到舒服，让自己感到快乐，都是一种自私自利的行为。和那些一天到晚操劳为自己孩子着想的伟大的父母相比差远了，当然和我们活佛校长一切为了一百多个孩子健康成长的胸襟相比，更感到自己的渺小。

回想自己前二十五年的生活，从小到大都是父母在为自己付出，很辛苦地把自己从小学供到大学，自己好像没为他们做过任何事，更不要说像活佛校长这样为一百多个孩子而付出自己的一切，一切以孩子为中心，一切为了孩子们的健康成长。想想自己过去“找个工作混口饭吃”的想法真觉得无知，从现在起我要做一个为他人着想，并为之付出的人，不然自己这么多年的书白读了。

活佛校长在校的那段日子里，为了让学生安心学习，找一百多个学生逐个谈话，了解他们的过去，倾听他们现在的生活，展望他们未来的发展，有时一谈就谈到深夜，好像他永远有用不完的精力。没多久他又出去了，可能是去筹集资金吧？毕竟一百多人要吃饭，几十个教职员工要发工资，学校建设还没完，比如食堂、餐厅太小，教室现在只有两间，只有一块篮球场，没有足球场，平时活动就在教学楼外面一块坝子里，下雨下雪很不方便。想想一个人要完成这些，还是很困难，不过我们相信我们的活佛肯定能完成。

在接下来的日子里，我带着孩子们为我们的校园做了点贡献，首先是我们的运动场。在 2001 年的夏天，足球运动场基本被推土机推平，但还需人工整平，我们全校师生每个星期都在那里劳动。不管是老师还是学生都拿着锄头、撮箕等在工作，有的用锄头锄平，有的用撮箕捡石头。慢慢的，运动场初步成形，足球场里运来了泥土，我们把土整平后，撒下草种。跑道有 5 米宽 300 米长，还焊了两个足球门。看着运动场完成，大家都很高兴，以后我们举行春季或夏季运动会就有地方了，而且平时活动场所更大，不用在那狭小篮球场上跑步了——晨跑时，围着有草坪的足球场，会使人心情舒畅。为了庆祝场地竣工，我们还进行了一场足球比赛，没有人数限制，只需把足球弄进对方球门，用手也可以，像橄榄球一样。十月初，我们全校师生还在运动场举行了秋季运动会，看到学生们在运动场上灿烂的笑脸，真的很高兴，真的有种“乐吾乐以及之人乐”的感觉。

2001 年暑假，又从成都来了一位老师：胡忠，个子不高，但很精干，四方脸庞上闪动着一对精明、深沉的眼睛，人很和蔼，很亲切，听说来自成都一所有名的中学，而学校正缺这种有教学经验的老师。刚到学校时已经晚上了，刚好和我一起住的老师离开没多久，有一张空床位，在学校还没安排好住处之前，他在我的宿舍里住过几晚。后来学校给他单独分了房子，因为听说他的夫人也是老师，过段时间会过来看他。真是一个好消息，因为过去一年里走了一些老师，包括招我过来的那位代理校长吕老师也走了。后来，胡忠老师当上学校的校长，全权代表活佛管理学校，而他很努力，很负责，也很讨学生喜欢。他会给每个学生理发，星期天还会带着学生一起做包子，每天中午空暇之时，会带着学生散步，给他们讲故事以及做人的道理。只要学校有事，他都带头干，从不计较，不仅这样，我们的胡校长还从每月自己的工资中拿出部分钱给孩子们买糖吃。

2003 年，胡忠老师的夫人谢晓君老师带着他们只有三岁多的女儿胡文吉也来到了学校。为了这一百多名孤儿和特困生能更好地发展，他们全家都来到海拔 3800 米左右的高原，真不容易。谢晓君老师也是一位很负责的老师，也没有上下班的概念，只要学生需要，她都会在那里。她是位音乐老师，每次有活动，她都会和孩子练习到很晚，而他们的孩子也没回成都上学，直接就在西康福利学校读书了。

来到西康福利学校之后，我看到了以前从来没有看到过的另一种状态的生活，看到了人间最单纯无私的仁爱和慈善，经历了许许多多的感动，内心也在渐渐地变化，已经自然地想着怎么为学校作贡献了。如果说以前的我只是个喜欢清静和自然的年轻人，那么现在的我则是一个日渐成熟，有了人生方向的年轻人，我决心像活佛、胡忠老师他们一样，为藏区的教育事业献出我的一生。

今年是2018年，我到西康福利学校十八年了，再过十八年，我还是会在这里。但是我早已不认为我是在为什么人作贡献了，只是做点有意义的事罢了。

你是一粒种子

——贺西康福利学校建校20周年

绕东·邓珠多吉*

你，是一粒种子
是爱心浇灌的种子
是慈悲哺育的种子
心怀菩提，身行大善的人
揣在怀里，捧在手心
就在二十年前春日的阳光下
将你播种在西康腹地
菩萨钟爱的地方——巍巍雅拉膝前

---

* 绕东·邓珠多吉：藏族，康定市新都桥镇人，2000年7月就读于西南民族大学期间来校做志愿者辅导员，教孩子们舞蹈；现在昆明与朋友经营一家藏族文化发展有限公司。

二十年，二十回冬雪封冻
严寒 北风 积雪 黑夜
那可是你
是你
为春日的萌芽
盛夏的花开
金秋的丰收
养精蓄锐
为大善之梦整装待发
一粒种子
一份希望

二十年，二十载春雷呼唤
温暖 柔和 细腻 绵密
雪山雅拉
雅拉啊
融冰河冻雪
化甘露琼浆
灌溉着你，滋养了你
使你初出萌芽，破土露出尖尖细角
一份希望
一抹嫩绿

二十年呐，二十度夏雨灌溉
热切 澎湃 昂扬 多情
你扎入厚土，
你破土劈石，
你包纳百川，
你茁壮成长，

那么坚强，那么稳固，那么踏实
渐渐的，枝繁叶茂，为流浪的孩子遮风挡雨
慢慢的，百花绽放，世间于是光彩夺目
一抹嫩绿
一棵大树

二十年，二十轮秋霜洗礼
金黄 烂漫 耀眼 丰硕
秋晨寒霜起时
你在洗礼
将毕生养分浇灌给枝叶和花朵
叶子金灿夺目，
果实甘甜丰满，
一棵大树
一身硕果

风再起时，更将你的种子播撒人间。
上东雅拉
是你坚强的后盾，
下东贡嘎
是你无私的见证。

注：本诗原文是邓珠多吉先生的藏语诗，邓珠多吉先生亲自译为汉语。

梦想起飞的地方

唐财平*

西康福利学校成立至今已有二十载，二十年无私普济造就一路桃李芬芳。而我，十八年前与之结缘。短暂的邂逅成为人生最为浓墨重彩的一笔，铭刻在骨髓，融入到血液。多年以后重回故地，虽已过而立之年不再青春年少，当年的那份感触却是越发清晰厚实，点点滴滴历历在目，宛如离家多年的孩提又回到母亲的怀抱，别有一番滋味感慨在心头。

十八年前艳阳高照的夏天，我与几位大学同学萌动着青春的梦想走进西康福利学校当志愿者。当时，学校的善举已是声名远播，我们多多少少也有取经镀金的私心杂念。我们怀揣着激情与好奇，慕名而来。但现实远非释放激情这般简单，激情只需短暂的情绪释放，而福利事业却需恒久的仁爱慈善。当我们真正融入这个特殊的集体，才渐渐体会到汗水的芬芳与付出的伟大，那是一种精神感召，那是一种人爱沐浴，当初的那点私心杂念随之落荒而逃荡然无存，并在羞愧中第一次对人之所以为人的存在意义有了些许思考，这些思考虽然浅薄，却直接影响我之后的人生走向，可谓是受益匪浅。

这个集体的特殊在于每一个稚嫩的生命或多或少都感受过生活的沉重与无奈；特殊在于每一个坚强的笑脸背后都隐藏着曾经的酸甜苦辣。但他们都在这里重新寻回了生命的尊严，重新找到了人生的方向。只因这里是爱的家园，温暖的港湾。当我们也初为人师站在讲台上，才学会了以师者之心对待众人。此时，孩子们的琅琅诵读声成了最为动听的乐章，孩子们专注学习的身影成了心中最美丽

---

* 唐财平，藏族，康定市新都桥镇人，2000 年 7 月在校任临时辅导员，时为西南民族大学学生；现在西藏军区工作。

的风景。我曾看见无数老师挑灯夜战提升孩子们薄弱的学业，我曾见证无数老师呕心沥血修补孩子们破碎的心灵，我曾目睹多吉扎西仁波切日复一日为孩子能有一个美好未来而忙碌奔波。凡此种种，怎一个“崇高”能形容!

“一个都不能少”。当年，来自九龙县的胡长寿、马海清、马赤哈三位小朋友由于思念故乡相约逃离学校，老师们发现后第一时间发动一切可用资源连夜找寻。第二天就在康定机场附近将其找回，并安排专门的老师分别与之谈心，疏导心理。三位小朋友在老师的用心引领下重新定位目标，找准人生方向，最终学业有成，各有成就。

“不抛弃，不放弃”是每一个西康福利学校老师共同坚守的信念。来自新龙的一个同学到内地上高中时跟别的学生养成了诸多不良习惯，甚至荒废了学业，老师们得知后心急如焚，当即决定将其带回学校，放在身边教育引导。他在老师们的帮助下浪子回头，顺利考上大学，走上公务员岗位。这样的事例不胜枚举。难能可贵的是从西康福利学校走出的学生没有一个走上歪路邪路，其实这就是最大的硕果。

而我们，当年在学校所担负的虽然只是一些简单的辅导任务，却在那份付出中获得了别样的满足。看着一张张稚嫩的笑脸，那是绽放的生命，如一株株挂满露珠的春笋，迎着朝阳五彩缤纷。此时，更能体会那些为孩子们健康成长而默默付出的众多爱心人士的艰辛与不易，内心深处不由响起一首老歌的旋律：“这是心的呼唤，这是爱的奉献……只要人人都献出一份爱，世界将变成美好的人间。”这歌唱起来容易，做起来何其难。一位伟人曾经说过：“一个人做一件好事不难，难的是一辈子做好事。”而西康福利学校的老师们做到了，用他们恒久执着的爱心做到了。行善虽易，坚持不易，更何况二十年如一日，始终持一颗善心，为一种善行，将爱洒遍西康大地。

那时风景那时人，给了我太多感动，感动于那份爱心、那份责任、那份执着。我有幸能够成为一滴水，融入西康福利学校这片温暖和谐的海洋，让我们在这里找到了一颗善心，学会了给弱者一份同情，给陌生人一个微笑，这是做人的根本。从这个意义回望当年的经历，与其说我们在志愿付出，不如说我们在学习做人。西康福利学校名副其实地成为我梦想起飞的地方，人生励志的高岗，日思夜念的家园。

如今，二十年过去了，二十年光阴流转，当年传道授业的青年老师今日已是头发半白，却仍旧痴心不改。期间，该是有多少难忘记忆，该是有多少感人故事。我们无法回到过去，但是我们必须铭记那份沉甸甸的历史与回忆。二十年的追寻不会天天风和日丽，二十年的奋斗不可能天天鲜花掌声，玉不琢不成器，这个过程无疑是痛苦的。面对一系列的艰难坎坷，西康福利学校用自己的博爱和善良使得每说一句都算数，每走一步都留印，最终积淀成“福利之魂”的美名丰碑，巍然屹立在雪域高原，屹立在西康儿女们的心间。

对于每一个与西康福利学校有缘的人，这何尝不是我们人生追寻的航标。祝愿西康福利学校一路吉祥，一路阳光！

用经典引领人格

胡　忠*

十七年转眼过去。回顾在西康福利学校工作的这段历程，我坚定地认为教育不光是传授知识技能，更要把正确做人道理传递给孩子。

习总书记曾说：“世界上最难的事情，就是怎样做人、怎样做一个好人。”当前，越来越多的状况警示我们，应该把教育更多地落实到引导学生学会做人上。

世上最美的花朵一定开放在最适宜它生长的环境里。孩子内心明亮的仁爱、智慧之光，一定闪现在教育者精心而正确的呵护引导中。美的花朵终有凋落之时，而孩子的柔和心光一旦闪现，就会在他的人生路上越来越亮，不仅温暖自己，也会照亮他人。

我以为在教育中，只要是对孩子成长有益的，只要是符合人性规律的，就要

---

* 胡忠，汉族，四川成都人。2001 年 7 月来校，教过数学、汉语文、政治、生物、化学和音乐等课程，任过班主任、教务主任、后勤主任。自 2003 年起担任校长。入选中央电视台“感动中国 2011 年度十大人物”。

大胆传递给孩子，并引导孩子向那个方向努力。教育者在工作态度上，一定要锲而不舍、百折不挠，唯有如此，才能把孩子从内在无知、外在无助引导到自信、自律、自强中来，孩子的一生才能有所作为。

古人教育孩子，让孩子从小背经典。经典是正确做人的道理，也像人生的导航，孩子一开始可能不懂，但只要背下来，对今后的人生而言，就埋下了正确指向的种子。这是看似很简单，其实很聪明的教育方式。相反，不用经典去引导，默许孩子背离正确的做人方向与方式，这是危险的教育。

我很推崇传统教育经典中的《弟子规》，这是古代中国的孩子人人必学的最初级教科书，是教孩子做人的书，里面有中华民族上千年教育历程中累积的经验和智慧。

“弟子规，圣人训，首孝悌，次谨信，泛爱众，而亲仁，有余力，则学文。”这是《弟子规》的总叙，大意是：“孩子做人的规矩是经过古圣先贤践行证明的教育垂训，孩子首先要孝顺父母、和睦亲友，然后在社会生活中严以律已、诚实守信，同时扩大爱心，回报社会，造福人民，要以品德高尚的人为榜样不断提升自己的道德境界，在努力把人做好的基础上，应当学习更多的知识、文化、技能。”

古人为了把这个教育理念深植人心，在造字时把“教”的左边写成“孝”，右边写成“文”，意思是先教孩子行孝，具备爱心，然后在此基础上多学文化知识，具备能力，这样孩子就能在社会上立足，对社会作出贡献。

非常幸运的是，在众多爱心人士的帮助下，西康福利学校的教育工作者从一开始就贯彻落实了这一宝贵的教育理念。我们在第二课堂教孩子诵读经典，像《弟子规》这样的蒙学课程，要求孩子们必须朗朗上口、熟记于心，然后引导孩子古义今用，不断落实于行动中，贯穿在生活里。我们还在假期请来专家学者，为全校师生、管理者和职工们专门开设传统文化教育课，要求学了就必须落实在工作、学习和生活中。通过这类学习活动的开展，学校师德师风整体提升，爱岗敬业、团结友善、诚实守信的团队作风不求自来。

中华文明，上下五千年，其传承中最令人感动的东西，就是我们的民族自古以来就很重视用经典引领人格、开启人性光明品质的教育理念。世上的宝藏，我们终其一生也难寻其下落，而人格的宝藏却存放在每一个孩子的心灵里，如果善于开启，这个孩子的一生将是何等的灿烂美好！

在当代，唯有更多的教育工作者拥有这样的教育理念，我们的教育才能取得真正意义上的良好效果，才能为新时代中国特色社会主义健康发展不断输送合格的建设者和接班人。

青春永驻，桃李芬芳

孙吉拉姆*

2001 年 9 月，不到二十岁的我，来到了西康福利学校，从事后勤服务工作。

我与孩子们年龄相差不大，做他们的姐姐刚刚好，可他们都叫我“阿拉孙吉”，也就是“孙吉阿姨”。我勉强答应，心里觉得很别扭，或者说有点伤感。自认为是姐姐，在他们眼里却是阿姨，难道我已经不青春了？不过，想想他们跟外面孩子身世不同，没有父母疼爱，没有亲人陪伴，这样称呼或许是想得到更多长辈的爱吧，我就慢慢习惯了，一个大家庭，总要有人是阿姨的角色。

我的工作在厨房，和仁青及几个内地厨师给孩子们做一日三餐。起初，我不太会炒菜，就给仁青他们打下手。时间长了，我也学会了炒菜，就想把自己的技艺奉献给孩子们，工作更有干劲了。所以，我也和孩子们一样，喜欢逢年过节。他们是享受节日的物质和精神大餐，我是为他们奉献美食大餐。他们是快乐休闲，我是埋头苦干，但我是兴奋的，总感觉有股热流在促使我做出最好的美食。

我虽然忙碌在厨房，但也关注着学校每天发生的一切。每年的儿童节，是孩子们最喜欢的日子，这是他们共同的生日。当天，学校会专门从外面给孩子们采购来巨大的生日蛋糕、各种各样的糖果、形形色色的生日礼物，我们厨房则会给孩子们准备更多更丰富的晚餐。生日宴会开始，活佛会首先为孩子们送上生日祝福，然后各班成绩优秀的孩子作为代表点亮生日蜡烛，孩子们闭上眼睛，在活佛

---

* 孙吉拉姆，女，藏族，康定塔公人。2001 年 11 月来校工作至今。

的祝福下许下自己最美的生日愿望。蛋糕分开，送到每一个孩子的面前，孩子们一个个大睁着眼睛紧盯着，脸上笑靥如花。没有人说，你是感觉不到他们曾经经历的苦难的。知道他们的身世，你又会觉得他们比有父母的孩子还要幸福。

我也不由得想起了自己的童年。我家就在塔公小镇上，我在镇上的塔公小学读书。每天早上都要背着书包去学校上学，到了中午要回家吃饭，下午又背着书包去学校上学，晚上要回到家里。我算是离校最近的学生，还有很多同学远在数十里之外，他们也要天天跑。学校没有条件建立宿舍，让远处的同学住校。为了同学们能在天黑前到家，老师们放学后也不敢补课，或者是和同学们一起做点活动。福利学校的孩子成天在校园里学习生活，全没有奔波远涉之苦，老师们还是家长，全天候地照顾他们的生活，陪他们玩耍，教导他们做人做事。这样的幸福，小时候的我想都想不到。读完小学，要去离家数十公里外的新都桥读初中，家里人觉得我太小，不放心我寄宿，就让我辍学在家了，我也就失去了求学的机会。而现在福利学校的孩子们，从小学、初中到高中一直都在本校完成学业，这是多大的幸福啊。

现在，福利学校的孩子们毕业后，在各行各业建功立业。有的孩子选择回到学校，回到曾经的家，为自己的弟弟妹妹们传授知识文化，传递爱的火把……

孩子们大了，活跃在甘孜州建设的各条战线上。我的青春已经不在了，而仁波切和早年就来的老师们，也已开始两鬓斑白，曾经矫健的步伐有时也有些蹒跚了。仁波切选择了一条艰难坎坷的为孤儿和特困生办学的道路，呕心沥血地奔波付出，为甘孜州闯出了一条崭新的办学之路。内地来的志愿者们则为了我们康巴高原的孩子，拼死拼活地奉献自己的一切。

我作为一名康巴人，更应该为自己家乡的建设出力。我虽然无法像内地的志愿者一样，站在三尺讲台上给孩子们传授文化知识，但是把后勤做好也是对他们的支持。青春流逝，也没什么关系，每个人的青春都会过去，但是每天也都有人进入青春。二十岁的西康福利学校，不也正青春鼎盛吗？有无数人的青春的接力，西康福利学校就会青春永驻，年年桃李芬芳！

往事历历，回忆满满

宋峨莎*

到塔公

我的父母都是教育工作者，他们认为教育的目的是唤起人的善和爱，合格的教育工作者必须首先是一个善良、大爱的人，父母的言传身教自小就影响着我们兄妹三人。我妹夫不是教师，但听说广西偏远乡下有所学校缺英语老师，便毅然辞去在北京外企高管的职位，自费到那所学校教了一年英语，直到学校找到替代者，同时还筹资为孩子们改善教育、教学环境。我妹妹则全力支持妹夫的志愿工作，一个人在北京里里外外地照顾家庭，从无半句怨言。于我全家人而言，扶助弱小，参与公益慈善，就像呼吸一样，是自然而然的事情。

2001 年下半年（当时我在北京读研），听说西康福利学校新建成的宾馆正在征召志愿者，希望通过宾馆运营为学校获取长期办学的稳定资金，我当时已获得宾馆服务管理的资格认证，认为这件事自己义所当为，就把我的想法告诉了家人。父母亲、妹妹、妹夫虽然担心我能否适应高原的恶劣环境，但都说应该先去试试。于是，退了学我就背包出发，去了那儿。不曾想，这个决定把我的人生转到了另一条道路上。

2002 年 3 月底，我到达塔公草原。在内地，这个时候正是芳草萋萋、花团锦簇的春天，而塔公却下着纷纷扬扬的大雪，寒冷彻骨。看来，在这里创建一份事业，是要有巨大毅力的。

---

* 宋峨莎：汉族，四川人，家在北京。2002 年 3 月来校至今，任过西康福利学校总务主任，后期参与康定市木雅多饶嘎目九年一贯制学校修建、西康福利学校工作和多饶嘎目文化园区建设。

接待我的是何东老师。何老师带我参观了福利学校的校园和正在建设中的塔公宾馆，宾馆和学校教学楼同在一栋楼，一东一西，各占一半，宾馆朝北向街，教学楼朝南临河。他告诉我，学校实行封闭管理，宾馆建设这段时间，我需要住到木雅金塔上。

木雅金塔，又名十世班禅纪念塔，是甘孜州民族宗教文化旅游景点，与西康福利学校刚好在塔公街的两头，十分钟的步行距离。金塔在周围雄伟的雪山和连绵不断的群山环绕下，显得小巧玲珑，精致优雅；在平坦的塔公草原中心耸立起来的金塔又显得分外雄伟壮观，气势磅礴。上有明亮如洗的蓝天，下有碧如翡翠的草地，金塔矗立其间，庄严肃穆，挥云揽地，光芒万丈，给人以强烈的视觉冲击，令人洗净旅途的疲劳，精神为之一振。金塔建成以来，一直都是甘孜州旅游的重要形象代言。

福利学校、木雅金塔、塔公宾馆是同一慈善平台的不同慈善单位，木雅金塔和塔公宾馆的收入都是福利学校的办学资金，整个平台的工作中心就是西康福利学校。所有单位都是在政府主管部门的管理下开展工作。平台创建人是甘孜州政协副主席——多吉扎西仁波切，一位德高望重的高僧大德。加入这样的事业团体，我很庆幸，也很欢喜。

第一份工作

2002年4月，我接到了到塔公后的第一个任务，为塔公草原的五一旅游盛会，培训福利学校选拔出的接待学生。五一前的头两天，培训开始。学校办公室主任魏宏老师宣布活动纪律，教务主任盈明丽老师对学生进行安全教育，金塔解说员吴晓群老师介绍木雅金塔的相关知识，然后我对学员们进行个人卫生知识、仪容仪表知识、礼节礼貌知识的培训。

孩子们学习得非常积极认真，一说就懂，一示范就明白，只是在学习如何互相对视、微笑、问好时，难以把神态、动作做到位，也难以理解为什么一定要以那样的方式。我想到了办法，自己一一模仿孩子们如何偷视、如何抓耳挠腮等不自然、不得体的小细节，直逗得他们弯腰捧腹地笑。在笑声中，孩子们顿时就把我的讲解领会到了，之后便能做出很得体的仪态了。有了成功的经验，在培训如何得体地握手时，我请来老师和孩子们一起练，分别示范老师和老师握手、老师和同学握手、同性别的同学握手、不同性别的同学握手、大同学和小同学握手，边练边讲解，时时爆发出阵阵笑声，也是在这些笑声中，同学们快速地掌握了与不同握手者之间的恰当距离、握手的方式、谁先伸手的原则等。

五一接待来临，我们负责接待的学生不仅礼仪得体，而且一连几天，始终精神饱满，不知疲倦，获得了社会各界的一致好评，他们穿梭忙碌的身影也成了塔公草原上一道靓丽的风景。当然，形式丰富的实践活动，学校每年都举行，孩子们的社会实践能力得到了锻炼，终身受益。2018 年 3 月，我在办公室遇到洛松曲珍老师，当年她是我的学员。聊起当年的社会实践活动，她马上调皮地做了一个标准的指路手势，还真诚地对我说，从那时得到训练后，她和人打交道都不会紧张，什么样的场合也都不会胆怯，能大胆地跟人交流，清楚地表达出自己的想法。现在，她也在这样培养她的“孩子”——福利校新招的 100 多名孤儿和特困生，每月都抽一个休息日，分批带不同的孩子到销售部和餐厅参加劳动实践。

宾馆的工作

2003 年国庆前夕，塔公宾馆正式开业，作为宾馆管理服务的专门人士，我负责起了宾馆的具体工作。为了做好国庆接待，学校为宾馆安排了一些学生进行实践，我负责对他们进行业务培训，并指导他们的工作。

我首先培训孩子如何敲门。我把用钥匙敲门、手掌拍门、拳头砸门、急促敲门、连续不断敲门全演示了一遍，孩子们笑个不停，显然这些方式都是不恰当的。那么应该怎么做呢？同学静静地听着，仔细地看我示范，然后他们吃惊地发现，敲个门都有这么多的学问。

同学们的工作，一般是客人到达前，由尼玛拉姆老师带领同学检查房间，有要维修的项目，男同学就飞跑去请负责维修的谭洪军老师来处理；闭路电视效果不好，又立马去请陈少雄老师过来调试；客房卫生有瑕疵，女同学马上动手处理，物品没配齐的马上补齐用品。

客人到达后，男同学去迎接客人，并协助客人把大件行李提进大厅，另有两名男同学专门负责在制氧机前冲灌氧气袋，交给缺氧厉害的客人使用。陪着客人登记交费完，男同学会提着大件行李，带客人去客房。女同学一人在开水房灌开水，一人跟随尼玛拉姆老师把开水瓶送往客房。客人退房时，女生和尼玛拉姆老师查房，男生为客人拎大件行李下楼。客人离开后，女生开始清扫客房，撤换脏布草送入洗衣房。男生和老师一起洗涤、晾晒。女生在做完清洁的房间派进新布草，补充各种用品。不过，若不是五一、十一的旅游黄金周，学生们是不用来帮忙的。

入冬之前，宾馆停止经营，擦完玻璃窗，清洗地毯后，我们就会到屋顶清洗水箱。那个时候，塔公乡是没有自来水的，宾馆和学校都是靠从自己掘的水井中抽水，送到屋顶的水箱中来供应“自来水”，于是水箱也就需要定期的清理维护，发现箱体有问题还得在康定请专门的师傅来维修。清洗时，我们先将水箱里的水排空，然后爬木梯进入水箱，清理水箱里的水垢等杂物。清理水箱时，学校常常会派几个男生来帮忙，现在我都还清晰记得他们劳动时的那股憨憨劲头。

挣钱与做人

有次国庆大假，一对来自重庆的年青夫妇入住宾馆，办完手续，他们坐在大厅里等待客房清扫完毕入住。我走出服务台，忽然发觉母亲怀里的孩子有点异样，靠近一看，孩子薄薄的嘴唇已经紫得有些发青了。孩子才一岁多，他闭着眼，安安静静的好似睡着了，轻轻摇也不睁眼。我知道这可能是高原缺氧的症状，便主动请他们退房，赶快开车到海拔较低的地方，但夫妻俩都觉得累了，不想走，也认为小孩只是睡着了，没有问题。

我又详细解释，但他们还是不太相信，我便请在宾馆实践的一位同学去请校医来。男孩飞快地跑去请来了四郎医生，四郎医生用听诊器给孩子听完心跳，拨开眼皮看了孩子的瞳孔后，很严肃地告诉夫妻俩，孩子严重缺氧，心跳非常急促，不是睡着，是昏迷了。在这里吸氧也不顶事，必须尽快送到低海拔的地方，再行观察。

夫妻俩这才紧张起来，我一边给他们全额退还房费，一边让实践的同学快去给他们打开大门，让他们的小车尽快出去。看着夫妻俩的小车驶远，仁青、尼玛拉姆和我才松了口气，在场的其他客人都纷纷喝彩。孩子们刚才担心小孩，现在也是既激动又兴奋。是的，宾馆是通过劳动和服务换取应得的报酬，钱是重要的，但有些东西远比钱更重要。那就是作为一个人，所必须具备的爱心和责任心。

床单下有钱

一次五一假期，午饭后，尼玛拉姆老师带着女生在做客房清扫，一个女生突然叫起来："老师，床单下有钱。"这是一位林姓香港客人上午退的房间，钱有厚厚的一叠。林姓客人已在宾馆住了二十多天，他在塔公有位藏族朋友，常去朋友家。林先生也在闲聊中提起过他的朋友叫檀崩，住在塔公乡力邱河对岸。按照这条线索，我和尼玛拉姆开着车到力邱河对岸寻访，花了一些时间，才见到了檀崩老师。檀崩老师文化素养很高，待我们非常和气，他确认自己是林先生的朋友，而林先生虽然已经离开塔公，但他俩约好两个月后在某地见面。我们说明来访原委，他爽快地表示，钱可以交给他，保证转交给林先生。把钱交给檀崩老师，道谢出来，我俩一身轻松。开车回到宾馆，做事的同学马上冲出来围了上来，叽叽喳喳问个不停，他们担心的是钱有没有送还给客人。得知钱已送到客人朋友那里后，孩子们的心这才放下了，高高兴兴地各自回去做事。

我们的做法，于宾馆而言，是处理客人遗留物品的正常程序和方法，但于参加实践的孩子而言，也是在教他们做人的原则。孩子的心灵是张白纸，你的言行所表达出的心灵色彩，不论是鲜艳而明亮的，还是灰暗而污浊的，都会在孩子心灵里描绘出同样的色彩。

德国游客不知道的秘密

宾馆曾接待过一个30多人的德国摩托车骑行团队。入住的第二天下午，几个房间的客人拿出些衣物要求清洗，傍晚时分刚洗完，客人突然提出行程更改，第三天一早就要离开。宾馆因为在塔公草原，风大日烈，什么衣服晒半天，都会干，所以就没有配置烘干设备，但傍晚时分才洗完的衣服，第二天一早就很难干了。怎么办呢？

当时在宾馆参加服务实践的男孩子建建和几个小伙伴在一旁知道了这件事，过来对我说："峨莎老师，我们可以把客人的衣物弄干。"原来他们知道值班室里有一台不大的油汀取暖器，他们的计划是，每人拿一件衣物，展开以后围着取暖器烘烤，烤到快干时，在室内晾起来，再烤其他的湿衣物，当全部湿衣物烤完时，反过来再烤最先晾的衣物。说实话，当时我确实没想到这一招，我刚点头同意，孩子们就立即去取衣物实施他们的计划了。

晚上十一点过，我回到宾馆，房间里面热烘烘的，宋燕老师正在叠那些衣物，她高兴地说：“孩子们把衣物全烤干了，刚才送他们回学校了。”第二天，客人取了衣物，道谢后就离开了。我当时想，这些远去的客人可能一辈子都不会想到他们的衣物在那晚的神奇经历，不会知道几位十三四岁的孩子坐在热烘烘的房间，花了几个小时来为他们烘烤衣物。但是，建建和他的伙伴们并不介意，他们已经获得了成功解决困难的喜悦。

这件事情已经过去了十几年，我从未忘记过，每次想起来都是满满的感动，建建也已大学毕业回来，担任了多饶嘎目旅游文化公司的办公室主任。

你真棒，做得太好了

房间的清洁卫生，看起来并不复杂，但房间内不同位置和物品，会有不同的清洁方法和程序，以及是否合格的检查标准和方法，刚接触的人都会觉得太过琐碎。福利学校的小女生在这里参加服务实践，我们都会按照规范的操作来教她们，也会教给她们检查标准和检查方法。但为了不影响她们的参与积极性和正常学业，对于一些反反复复也做不好的项目，我们也不会盯住不放，而是在她们走后自己重新做。

但四郎志玛同学是个例外，她非常耐心、细致，把听到的都记在心里，完全按要求来操作，没达到标准的位置会反复做，直到整个房间卫生合格为止。所以她做的房间总是最好的，我又额外分了两间房给她做，结果也是完全达标的。我高兴地对她说：“你真棒，做得太好了。如果我的老师来检查，你也同样是达标的。”

一晃十几年过去了，四郎志玛已经大学毕业，成为了一名教师。我想，宾馆的经历她或许已经忘了吧。2016年四郎志玛返校时找到我。她说在宾馆参加社会实践时，老师的表扬，给了她很大的鼓励，增强了她的自信心。她要专门对我说声谢谢。我感谢孩子的信任，让我分享了她成长中的心路历程，也很欣喜能对她有所帮助。我想，和人相处时不该吝啬给对方真心的赞美。你的一句赞美和肯定，可能会在不经意中给人以很大的鼓舞，当然，这赞美和肯定应当是建立在真实的基础上的。

一起种菜

2004年开始，因为工作的需要，我在完成宾馆和金塔的旅游服务和接待任务的同时，还担任西康福利学校总务主任，为学校的师生做好后勤服务。

2005年4月，铺天盖地的雪才渐渐停止，大地开始解冻，农区勤劳的农户开始侍弄青稞地。而福利学校的孩子也要开始他们为期三天的农业劳动体验了。今年全校师生都去学校的小农场种蔬菜，体验另一种劳动生活。

我一早就先开车把化肥送到蔬菜园，再分几批把老师、学生全部送过去。师生们在蔬菜园阿秋老人的统一指挥下，先将土翻松敲碎，撒上薄薄的一层化肥，再用长绳拉直，算好行距，挖土为垄，深沟种土豆，浅沟种萝卜。小同学负责清理土豆，小块头的交给播种者直接使用，大块头的交阿秋老人根据发芽情况切块，再运到地里使用。种土豆时，在深沟里插入土豆种后，再从垄上翻下稍多的土盖住土豆种。种萝卜，则只需从垄上翻较少的土，薄薄的一层盖住种子就可以了。

到十月下旬收获的季节，仍然有三天的劳动时间，师生同往菜园，挖土豆，拔萝卜。看着新鲜的还散发着泥土气息的大土豆，还有白白胖胖，宛如孩子胳膊腿的大白萝卜，丰收的喜悦涌上大家的心间。

蔬菜运回学校后，扎西彭措老师带领男孩子挖地窖，窖藏大批的土豆，这批土豆作为每天餐桌上的一个菜品，可以吃到来年的春节以后。女孩在孙吉老师和厨房其他老师的带领下，把大批的白萝卜洗净，切条，晾晒，腌制。这样，冬季早餐餐桌上就会出现可口的腌萝卜干了。吃着自己劳动收获的成果，孩子们感觉真是分外香甜。自种自收，不只解决了学校师生吃菜的部分问题，更让学生直接体验到了劳动的意义与快乐。

种草植树

西康福利学校地处甘孜州康定县塔公草原景区，这里有优美如画的自然风景，但是生态系统也相对脆弱。我们在观赏草原美景的同时，也对如斯美景的明天存有深深的忧患，希望能够从孩子抓起，把环境保护的意识植根于孩子们的头脑中。因此，每年夏天，学校都会组织师生到草原拾捡垃圾，后来还积极和县林业局、草原工作站联系，在他们的大力支持下，在校园内、学校周边、金塔等地方植树种草。

福利学校搬到多饶嘎目文化园区以后，这项植树种草的活动也一直在延续，并因为园区内另一所学校（多饶嘎目学校）的加入，植树规模更加扩大。每年从三月中旬开始，在文化园区内，福利学校和多饶嘎目学校的师生一起动手，清理两所学校周边的空地，以 4 米 ×4 米的间距挖坑，种植柏树、杉树、松树、白杨树和银柳。多饶嘎目学校的学生家长也以村为单位，由村长带领，分批次参与植树活动。家长们非常尽心尽力，他们一早赶到园区劳动，忙到傍晚才回家。在海拔四千多米的高寒草原，看着这些迎风摇曳的小树，让人感觉这圣洁的家园更美了。

建设多饶嘎目学校的苦与乐

2006 年 7 月，在西康福利学校成功办学的基础上，经过政府部门的批准，慈善平台开始创办另一所慈善性质的扶贫学校——多饶嘎目学校，学校建成后，可解决塔公、瓦泽、呷巴三乡二十七个行政村 2000 余名贫困农牧民家庭适龄儿童上学难问题。现在这个学校已经是甘孜州的教育名片，我亲眼见证了它的诞生和发展、壮大。

建校伊始，学校的办公室在一个很大的钢架白帐篷内，面积约 200 平米，帐篷内的地面是草地，需要做成水泥地坪。当时开学在即，时间紧迫，多吉扎西仁波切也亲临现场和师生一起并肩劳动。我和女生一起先把地面的石头垃圾清理干净，铲去草坪，按谭洪军老师的要求挖到合适的位置，再平铺碎石和黄沙，陈少雄老师老师带领男生用方铲和锄头搅拌混凝土，确定浇灌高度后，带女生拎灰桶把混凝土运进帐篷内，谭老师带男生将混凝土沟平再用振动棒打紧、找平。十年过去了，学校的办公室早已搬到教学大楼，这个帐篷现在是园区的一个景点，每次看到帐篷，我心里还是会涌起激动的感觉，当时的劳动场景又栩栩如生地浮现在眼前。

学校开始修建宿舍楼和教学楼时，因工程进度需要，要突击完成部分基坑的开挖。福利校的学生也参与了地势较平缓位置的基坑开挖工作。每个老师带五个学生开挖一个 3 米 × 3 米的基坑，大家平等、互助、亲密无间，没人偷懒，也没人叫苦。各组都暗暗展开竞赛，力争成为开挖合格基坑最多的小组。老师累了，学生会抢过老师手中的工具，强迫老师休息；眼看学生累了，老师也会“命令”学生放下工具休息。到了中午，午餐哨音响起，大家都会快速洗好手，奔到野炊营地，看着盆中孙吉老师、仁青老师已经揉好的糌粑团子和煮熟的土豆，抓起一个，就着喷香的奶茶大吃大喝起来。这时，有孩子开始拖长声调吟诵：“天将降大任于斯人也，必先苦其心志，劳其筋骨，饿其体肤，空乏其身，行拂乱其所为……”马上有同学反驳：“我们筋骨劳累，但没有行拂乱其所为呀！”逗得大家哈哈大笑。

大学生们回家劳动

学校已高中毕业考上大学的学生，放假返回福利学校时，学校也会给大学生安排一些适当的劳动实践。当时学校响应政府号召，从塔公街搬到了多饶嘎目文化园区，在园区内修建新学校。学校建筑和装修材料到工地时，放假回校的大学生也参与了卸货的任务。多饶嘎目以前没有自来水，园区工程部在山上自建蓄水池后，埋水管把山泉水引入园区才有自来水。这项引水工程，大学生也承担了部分工作，学生把铸铁水管抬到指定区域，再协助施工人员安装水管，回填土方。学生在工地上也学会了沙石材料的方量计算方法、地坪、墙面的收方方法，掌握了回弹仪的使用方法和检测数据统计方法。

园区接待中心 2200 平方米的地板砖铺贴完以后，我们请工程管理员教大学生地砖铺贴质量检查方法，学生学会检查方法后，很快把空鼓、线缝对得不整齐的全部检查出来，做标记，请工人维修，直到全部合格为止。涂料工也教会大学生如何熬胶水，如何按比例兑制涂料，如何使用滚筒粉刷墙面，再分组竞赛粉刷墙面。男生人数少些，完成了接待中心 1500 平方米的围墙墙面粉刷，女生人数多些，完成了园区 2500 平方米的围墙墙面粉刷。两个组的学生因为完成任务好，都得到了奖励。通过这些劳动实践，这些已经进入大学的学生不但学会了一些劳动技能和知识，做事能力、吃苦耐劳的能力普遍有了很大提高，身体也得到了锻炼。

我们的“大家长”

提到公益慈善平台的创办人，我们这个志愿者之家的大家长——多吉扎西仁波切，内心不由得充满崇敬和感激之情。也许有人会认为我们付出自己的青春和才华让孤苦无依的孩子能健康成长，但在我内心深处始终认为，是仁波切建立的这个公益慈善平台让我们和所有孩子一起成长。在仁波切身上体现的慈悲、智慧和美德是我们毕生都学不完的。仁波切的一言一行都践行着福利学校的校训：“爱国　敬师　笃学　求真”。浓缩到对孩子的教育，那就是：一切为了孩子的健康成长。

福利学校的学生一直过的是集体生活，平时都是食堂厨师做给学生吃，在寒暑假期间，课程安排相对轻松，这时，仁波切会建议老师分批次安排学生到厨房帮厨，摘菜洗菜切菜、协助厨师炒菜做饭，培养学生的动手能力。而大学生在几年的大学生活结束后，就将踏入社会，仁波切和学校老师更是特别关注这批孩子生活能力的培养。从大学生入学后第一次放假返校起，一直坚持培养学生的审美能力和生活自理能力。为提高大学生参与的兴趣，还以竞赛活动的形式举行。

厨艺竞赛：仁波切曾经笑着问大学生：“以后你们工作了，自己会有一个家，我和老师到你家做客，或者同学到家做客，怎么招待我们呢？是全部菜都到餐馆打包，还是自己做呢？”仁波切接着加重语气说：“孩子们，我希望能吃到你们自己做的饭菜。”学校于学生而言，并不只是学校，学校还承担了家庭的责任，仁波切的话道出了父母希望子女能自立于社会，照顾好自己的慈爱和希望。于是从大学生第一次放假回福利学校开始，直到第一批孩子全部大学毕业为止（现在在校读书的是第二批就读的孩子），每年寒假期间，学校都会请专业的厨师到校授课，时间或长或短，手把手带着大学生做菜，传授搭配菜品的技巧。做中餐、藏餐、西餐的老师轮流授课。授课结束后，参加学习的学生每人做一道自己最拿手的菜，有的同学做菜，有的做小吃，有的做汤、做炒饭……做好的菜放进自助餐炉，每道菜都配有餐牌，餐牌上标上菜名和做菜学生的名字。按正规的自助餐摆台方式准备好以后，邀请仁波切、全校老师和教做菜的厨师一起品尝，综合评选色香味俱佳的菜品，对菜品制作者予以奖励。服装搭配比赛：大学生假期快要结束之前，仁波切总是会组织一次服装搭配比赛，他会发给大学生相同的现金，让他们坐校车到康定市买一整套衣裤鞋子。由学生自己选衣服、自己讲价，要求他们按自己的身材、肤色、喜好买。衣服买回后，所有学生穿好后一一出来亮相，由仁波切和老师作评委来评选。仁波切在孩子的眼中既是他们的父亲，也是他们的母亲，孩子们高高兴兴地穿戴好，在自己家，在自己的父亲、母亲和老师面前，在兄弟姐妹面前，走 T 台展示自己搭配的服装。仁波切和老师逐一对每位同学新买的衣服给出评价，对着装美观大方得体的同学予以肯定，对着装有欠缺的给出中肯的评价和建议。最后，对着装得体、搭配合理的学生给予奖励。

仁波切对所有志愿工作者都秉持诚恳、理解、尊敬和信任。我在塔公 16 年的工作历程中，仁波切都是要求：遵守国家法律和遵从行业法规。除此之外，他不会干预任何一项工作。但是当工作中遇到困难，找到仁波切时，他会毫不犹豫地想方设法去解决问题，解决问题后再默默退出、默默守护，他是我们整个公益慈善事业强有力的缔造者和守护者。

自豪和感恩

从 2002 年来到西康福利学校，我已经在这片圣洁的土地生活整整十六年了。回想多年从事公益慈善事业的经历，我胸中激荡的是自豪感，自豪于我们拥有亲密团结、朝气蓬勃的公益慈善团队，自豪于福利学校成长起来的孩子已成为这个慈善团队的中坚力量，自豪于我们拥有可信赖可依靠的大家长——多吉扎西仁波切。

同时涌上心头的还有深深的感恩之情，感恩父母予我生命，教育我成为正直善良的人，感恩多年来未能在父母面前尽孝但父母仍然一如既往地关心支持我，感恩妹妹、妹夫和兄长，长时间以来对父母耐心细致的照料，让我能心无旁骛地在高原上挥洒汗水，实现自己的公益慈善理想。感恩慈善平台能让我把理想蓝图变为实际，更加感恩的是默默守护陪伴我们成长的仁波切。愿得寸草心，报得三春晖。我会继续努力，为公益慈善事业发挥自己的光和热。

浅谈学校管理、文化建设及教学感悟

谢晓君*

教学是以教师为引领、以知识为媒介、以活动为阵地、以学生进步为目标的长期推进的一项教育工作。教学要出成果，教师的敬业态度是最为关键的。敬业态度好的教师，对学生的成长抱有浓厚的兴趣，学生是他关注的唯一焦点。这样的教师，就像一位称职的园丁，能自觉自愿地去培育花果。使每一位教师在工作中都能像园丁一样地去培育学生，是我们队伍建设的目标。为尽快达成这个目标，就要用学校管理制度去协助、去促成。

在木雅多饶嘎目学校创办初期，学校领导班子就认定，首先，学校要发展，办学要成功，必须要从“严”治校，从“严”治教，从“严”治学。在学校，我们的“严”不光针对工作，针对他人，更是针对管理者本人。无论是对老师，对学生，只要是宣布生效的管理办法或规则，管理者带头严格执行，决不放弃。为此，在工作管理上，我们的“严”，难免会“得罪”人，但是，为了使学校管理工作、教育教学工作能良好运行，出效果，每到必须“得罪”人时，我们都从不拖泥带水，决不含糊。几年“严”下来，虽然“得罪”了一些人，但我们把学校管理得有条不紊，井然有序。

其次，我们认为，培养出学生的良好学习习惯才是教育出成绩的保证。一般情况下，学生是不会“主动”去培养自己的学习习惯的，这就需要教育者的严格训练。当然，教育者的“严”绝不是指伤害孩子，“严”要“严”在孩子品行习惯培养过程中的“堵漏”上，教育者应当深谙学生的成长之道，明白哪些环节抓

---

* 谢晓君，汉族，四川成都人，2003年来西康福利学校支教，教汉语文；2006年工作关系调至康定，到康定市木雅多饶嘎目九年一贯制学校任教至今，任总务副校长，教初中语文。

实抓牢，就能对学生的成长起健康保护作用，哪些环节一旦忽略，就会对学生的成长起伤害阻碍作用。

正因为在管理上贯彻一个“严”字，学校的教育及文化活动就能顺利开展起来。多年来，我们始终把培养学生习惯当作最重要工作来抓。课堂上，我们努力把书本知识教给学生，培养学生“认真刻苦、诚实谦让”的学习品质，铸造孩子“尊师重道、勤学务实”的美好风尚；课堂下，我们训练学生生活自理，互帮互助，养成学生“团结友爱，自强不息”的生活品质。我们还充分利用各类活动促进孩子的成长，展示孩子的进步，使家长放心，让社会满意。

比如，学校要求各教研组轮流每周举办与教育相关的文化活动，形式不限，只要拿出方案，只要能挤出时间，都支持。活动原则也提得非常明确，那就是尽量让每个孩子都能参加到活动中，让孩子得到锻炼。多年的事实证明，这些活动对孩子的身心成长的确是积极有益的。

每月一次的家长日，我们会把老乡请进课堂，听老师宣传国家教育方针，听老师介绍孩子们的成长状况。每逢大型节日，学校还组织大型文化汇演，把老乡们请到现场当观众，让他们切实看到孩子的成长变化，从而感受到国家法定教育的真实作用。

我校在初三管理方面也积累了一定的经验。我们的原则是，尽最大努力给予初三孩子各方面的支持和保障。比如，我们在本学期开学召开了初三教师工作会议，对老师们的常规管理提出各项要求，并制定各科教学复习计划，随后监督落实执行这些计划，还把每周课余时间分配到各科，确保学生的学习保质保量；我们对学生们做中考动员，并请各科有经验的教师充分指导学生复习要点；我们还会对学生进行问卷调查、交流谈话，充分了解每个学生的思想动态及实际需求，若要求合理，则学校会予以配合；本期开始，我们对毕业班各科所需复印资料，均全力支持；我们也会适当延长晚自习时间，让学生学得更充分些；我们会在考前一个月，用多媒体培训学生卷面答题注意事项；我们还会合理调整安排毕业班学生用餐时间、清洁卫生时间……总之，一直到参加完中考前，我们都会竭力保障毕业班学生的在校衣食住行，确保学生安全、安心、安静的学习。

在一类模式中学的教学中，我有以下三点心得。一是要长抓口语，无论藏语、汉语、英语都要抓。我是教汉语的，学生入学时，基本口语都不会。在教材里，每个单元后都有一个口语交际训练，每一次口语交际，我都会花比较多的时间去准备，然后实行。从一年级坚持到九年级，学生从不会说、不敢说变成喜欢说、抢着说。现在，口语交际是学生最喜欢的课，他们不但在相互交流时能熟练地用汉语，而且跟老师和客人都能大胆交流。有的同学到小学高段和初中时，已能主持全校性节目，普通话的表达与内地孩子一样流畅、标准，还有的孩子已能自己写稿，自己演讲。口语训练也是一种生活技能培养，搞好这项教学，对牧区学生将来从事生产就业，有着直接而重要的影响。

二要长抓背诵，这是所有语言类学科的教学要领。我的汉语教学都是从学生的读、背开始，让学生读现代文、背现代文，读古诗、背古诗，读文言、背文言，甚至背阅读题的一些精选答案。我坚持了九年，学生也积累了九年，量变引发质变，最后就水到渠成。现在，无论课上课下，学生都能与老师轻松交流，有问有答，学生们不仅可以有感情地朗诵，还能说快板，即兴表演小品。

三要以教师的“敬业”态度影响学生的“做人”。“为人师表，博学严教”一直是我校教师队伍建设大力倡导的教风形象，因为这是学生健康成长的保障，也是教育成败的关键。我的学生来自牧区，他们纯朴、好学。多年的工作投入，让我有一种感觉，面对这样一群孩子，能帮到他们的最好方式，就是我的敬业。

这十多年来，我始终告诫自己，面对孩子，一定要坚守责任。我要求自己：改作业要一改到底，细致到位；抓学生习惯、品行要一抓到底，决不半途而废；我鼓励自己用全部的精力和毅力与孩子相伴——帮助他们在学业与品行上全面进步！

为此，在课堂上，我会努力挖掘做人的话题，并结合学生行为习惯中的困难，有意识地把优秀道德文化融入到教学，务必使学生在汉语学习中，持续地受到做人的教育并取得品行的进步。比如多年来，我一直坚持把《弟子规》的内容落实在教学中，实践证明，这对孩子的成长真正有益，不仅能使他们养成良好的礼貌习惯，做到尊师孝亲，进一步还能激发出他们对他人、对社会、对国家的感恩图报之心。孩子的品行进步了，做事的责任心得到强化，表现在学习上，就是自觉、刻苦，就是出成绩。去年全州中考，我们在一类模式上取得了第一，我个人认为，很大程度上是因为孩子在习惯品行培养方面有了一定的收获，自然而然成绩就有了进步。

十多年前，我放弃了都市的繁华，来到高原支教，不期然间已融进这支教育者队伍，并用自己微薄的力量改变着一批高原孩子的命运，让他们成为有知识有文化的新时代的高原儿女。每想到这儿，我会感觉到内心有一股无形的力量，它鼓舞着我向前，让我感受到身为一名高原教师内心所拥有的那份沉着与充实。我的心灵满溢着温暖与感恩，我的眼光遥望着光明的未来！

一切都是值得的

胡　静*

今年，西康福利学校将迎来建校 20 周年的纪念日。在这 20 年里，学校的创办人多吉扎西活佛及全体师生共同努力打造着这所特殊的学校，虽然经历了许多的风风雨雨，快乐、忧伤、辛苦、疼痛……但大家都幸福着！努力着！一切都是值得的——为了实现多吉扎西活佛及园丁们的愿望：希望所有孤儿和贫困的孩子都能读书，接受良好的教育，成为有用的人。也为了帮助孩子们实现自己的梦想：做自己想做的事，成为国家的栋梁，为祖国尽一份力！

我来学校有十几年了，一直在做后勤。

刚来是在学校的厨房，为老师和孩子们做饭。学校吃得比较简单：一素一荤一汤。但大家每次吃饭都很开心，每顿都像头次吃一样新鲜、快乐！每个星期天孩子们会来厨房帮忙做包子，那是他们很喜欢做的事。孩子们非常小心、非常认真地包着，虽然刚开始做的包子往往大小、形状不一，但老师们看着孩子们稚嫩的作品，脸上都会忍不住露出微笑！我们会认真地教他们，不长的时间，有些孩子做的包子就会非常好了。每次吃的时候，大家都会吃在嘴里暖在心里。

那时候学校还在塔公，条件不太好，经常停电，有时一停就是一个月。塔公的冬天很冷，再停电，真的就冷得难以忍受了。做饭也更加困难，只能烧柴火，厨房的空气不是很流通，我们经常都被呛得一把鼻涕一把泪的，出来就跟煤矿工

* 胡静，汉族，四川广汉人，2003 年来校至今，任炊事员、库房管理员。

人一样黑；而且只能用冷水洗菜，那水是从雪山上来的，冷得刺骨，手脚僵硬，浑身就跟被冰包裹了一样。老师们看到，常常会买东西送给我们说：“你们在厨房工作，辛苦了，谢谢你们!”我们很感动，也很感谢老师的关心，好像也就不觉得有多苦了!

后来我的工作换了，做学校的库房管理。孩子们慢慢长大，也变得更懂事了，看到我们在忙，就会积极地跑过来帮忙，把库房收拾得整整齐齐，干干净净。每个月发放的生活用品和学习用品他们都很珍惜很节约；每当有老师或同学生病，同学们都很积极地去看望，互相照顾着、安慰着。老师们对每个孩子都很认真、负责，不管是学习上还是生活上，经常自己掏钱出来给孩子们买东西，当时他们的工资也就300元；批改作业经常熬夜熬到很晚，有时甚至到凌晨，但他们从没有怨言……

学校就是一个大家庭，活佛就是我们的大家长。在这个大家庭里，大家互相扶持着，关心着，爱护着。两年前，我和一位同事出了车祸，在医院躺了一个月。刚出车祸那天，在康定开会的活佛第一时间就来看我们。他很忙，那天晚上到医院已经近十二点了。他对我们说：什么都不用担心，只管养好伤。看见活佛慈悲的面容，我心里感觉很温暖、很平静，疼痛也少了很多。学校以最快速度派出了两个大孩子来照顾我们，她们都是福利学校毕业出去读完大学刚回来不久的孩子。她们很贴心、很小心地照顾了我们一个月，直至出院。老师们也忙里抽空来看我们，已经在外面工作的孩子们也来了，问寒问暖的，好感动！虽然身体痛，但有老师和孩子们的关怀，心里很暖!

现在福利学校的学生已经是第二批了，第一批已经基本大学毕业，在各行各业工作，有的已经结婚生子，还有些选择了留下来，继续着前辈们的事业，为下一代的孩子奋斗，努力着！有些老师从建校到现在，不管生活多艰苦多累，一直孜孜不倦地坚持着，对工作从来没有说个“不”字。感恩活佛，感恩各地的善心人士，感恩老师们，让孩子们健康快乐地成长！也感谢孩子们，让我的人生过得有意义!

美丽的经历，美丽的回忆

王　瑰*

我是2005年9月初来到塔公草原的西康福利学校，2007年8月底离开的，恰好两年。十余年后，再回忆这两年的生活，只有一个“美”字可以为我总结。这份美，烙在了心底。美在此心，是以永藏。

塔公草原风景之美，完全可以描述，因为这种美是简单的几种色彩构成的，难以描述的是这简单中的雄壮，它是对心的震荡。塔公之后，除了高原和荒漠能让我心动，世间似乎已没有可看的风景。

西康福利学校的风景很好。高大的阳光棚罩住的，是只有光明和温暖的巨大空间，再加上平整锃亮的瓷砖地板，本身就是康巴高原上靓丽的风景。大大小小的同学，与外来的老师、客人相遇，总是闪身在侧，伴随一个九十度的深鞠躬，再一声字正腔圆、发自肺腑的“老师好”，这是足以打动每一个外来者的美丽风景。而在他们这声问好的背后，是创办这所学校的活佛的深厚愿力和情怀，他要给草原上那些失去父母、生活特困的少年儿童幸福，并给他们一个美好的未来；这声问好的背后，还是无数爱心人士的慷慨捐赠和供养，是那些抛弃都市繁华只会汉语的内地老师，来到这里，将只会本民族语言的儿童数年间培养成内地同龄人一般谈吐书写的奇迹。美是正确认识苦后，把苦变甜的历程。

我本身与美没有关系，甚至害怕暴露在美之下，把美摧毁。我最大的痛苦，就是一切外在示人的东西都丑，但偏偏有颗唯美倾向的心。所以，我沉默做人，安静读书，认真备课，为的就是尽量不要让美发现我的存在。

---

* 王瑰（王奎）：汉族，四川崇州人，2005年9月来校，任教初2008级、小2007级语文老师，2007年8月离校；现在云南省曲靖市曲靖师范学院从事研究工作。

不过，我错了，错在我只看到了美客观的一面，忽视了美更是主观的判断。

那群大大小小的同学，似乎有个共同的审美倾向：知识很美。所以，我在阳光棚里安静读书，读又厚又大的书，一时间，也成了一道美景。这群美丽的孩子中，有胆大的，就慢慢地走近我，和我交流。与他们一交流，我又发现，他们认为圆满才美，所以我惨不忍睹的圆盘大脸，在他们眼中其实并不难看。

于是一不注意就忘了自己丑了，我开始耍个性了。我的个性是什么呢？散漫无边，独立自由。

一次吃午饭，我心血来潮，便脱离用餐区，与校水电工谭先生边吃饭边下棋。下得正酣，被仁波切撞见了。仁波切批评了我们。过了一段时间，我认识到我错了，错在忽视了福利校的特殊性，老师和孩子们一起用餐，既是身教的示范，也是亲情的培养。这群孩子，这群来自苦难的孩子，最不能有的就是轻浮，要学会的是厚重。只有从小培养出厚重的精神，曾经的苦难才能转化为他们的财富，也才能让他们在未来漫长的人生道路上活出一个有意义的人生。

除了散漫，我还讲究“独立”，独立之个体、独立之精神。到福利学校久了后，我发现这个学校具有高度追求一致的校园文化，但是我觉得，人类之美在于百花齐放，青春之美在于个性飞扬，所以当我看到几乎每个孩子的认知和追求都那么一致时，便深为忧虑。于是，我走上了一条逆反的道路。孩子都说吃肉不好，我就大张旗鼓地吃肉给他们看，甚至还瓜分他们的肉吃，大有一股就入地狱给你们看的气势；集体性娱乐活动，唱歌、跳锅庄、文艺晚会，全校师生都参与，我绝不参与；老师没事不出校，我每周都要找些事来出校；课前唱歌，我只鼓励他们唱《想唱就唱》；孩子们说，长大了就想留在学校做点事，我说外面的世界很大，应该去走走，最后我还真的走了，走给他们看的；学校让每个班在课间操跑步时，喊几句提气的口号，我要与众不同，搞个“风清清，水叮叮，我们是快乐的小灵精”，让他们挨了批。总之，我在努力地用我的实际行动告诉他们，每个人都应该不同，要有独立的精神，大胆的脚步。

现在想想，我真是搞笑得离谱，你要独立自由，要追求理想，自己去爬你的山、看你的书、走你的路就行了，为什么要把少不更事的孩子往你自以为是的轨道上引导呢？他们若是认真学习，光是书本里的世界和人生，就不知道给他们指出多少种思考的维度和多少条人生的道路了。更重要的是，在这个时代，所谓独立，那是要依赖强大物质基础的。少年时代内心的宁静，是多么有助于学习知识。心里真正装满了知识，人间的一切，还不是一看就懂？每个人只要活着，就有他的独立思想；只要长大，就会谋求自主，就会看到自己与每个人的不同。在他们那个本来就有点荷尔蒙跃动的叛逆青春期，我还要去火上浇油，打破他们内心难得的宁静，罪人啊，我。

这些，算是我十余年后回忆塔公岁月时的忏悔吧。初离塔公的几年里，我还颇为这些行径自豪，又多了十余年的阅历后，我只为这份年少轻狂感到可笑。

在西康福利学校的两年，我没有留下什么有益的东西，但是我收获了很多美的东西，时间越久，陷入红尘越深，越觉得其美不可方物。

一种美是人生的境界。西康福利学校建校之初的各位老师，抛家辞亲，只为心中的信念、远方的生灵。了解了他们的创业故事，我第一次有了最美的人的感觉。

而陈少雄老师的事迹，尤其令我感动。陈老师在四川大学理论物理系毕业，起初在沿海的台资企业工作，收入不错，老板赏识，就因为知道老板有妻在台湾，又在大陆娶，不忍事此丑恶之人，便愤然离去。机缘得巧，他来到西康福利学校，感到了心灵的归依，便坚决留下来。在学校，除了坏事不做，什么事都做；除了说有益的话，什么话都不说，微笑着面对一切。我为他的这种毫不犹豫的纯粹感动。他是否活到了哲学的层面、宗教的层面，我无法评判，但他至少在二十余岁时就活到了美学的层面。学校的每一位老师，每一位工作人员，他们的背后，都至少有一段关于美的故事。陈老师只是他们的代表。人间虽然纷纭复杂，但人可以活得黑白分明。

一种美是简单的信任。简单的人际关系，是一种美。中国历史太悠久了，不断的经验积累，已经让中国人变得很复杂，猜度他人的心思，成了每个人的习惯。但在西康福利学校，人之间有一种简单的信任，说什么，是什么，用不着去猜测各自心里的真实意图。到这里的人，心里只有风轻云淡。一切交往在这里都能够化繁为简，去伪存真。谈得来的，随你促膝长谈，至情至性。谈不来的，各说各话，各走各路，但始终没有忘怀还是有着共同事业目标的同志，照样可以相互协作，共同努力。

孩子们也简单地信任着老师，老师说的、要求的，他们不一定能做到，但却绝对相信那才是正确的事、正确的方向，自己做不到，只为自己的无能为力或本性难移叹息。就是像我这样，一不注意就说话漫无边际的人，也能得到他们的信任，看着他们真诚信服的样子，心里是很美的。对得住他们的是，哪怕我再怎么漫无边际，在善的引导上、在原则问题上还是没有昧过良心的，更不曾信口雌黄，颠倒黑白。

在一个地方，能亲身感受到这两种美，人生就不太遗憾了；若又恰在年轻的时候，则会是一笔宝贵的人生财富。我庆幸自己拥有这笔财富。

在塔公，在西康福利学校的两年时光，是一个美的历程，也是一个走向成熟的过程。

在领略到人间大美的同时，我也看到了中国的现实是多么的复杂，多么的不平衡。美总是在苦的存在和衬托下才能存在并彰显的，没有区域发展不平衡的现实，没有那么多苦难的儿童和他们背后苦难的家庭，我又怎能感受到这样的大美呢？从横向比较得来的美，总不如纵向比较得来的美，前者是失衡的局部美，后者是发展的整体美。所以，与其去抱怨，不如一点一滴地去完善。

在西康福利学校的两年，注定是一段生命中的记忆。幽蓝的天，洁白的云，矗立的雪山，无垠的草地，叮叮流淌的清溪，呼呼作响的经幡，松林口金色的十月，塔公寺恒转的经筒，金塔与雪峰相映成辉，牦牛与马匹动静得宜，天地尽染的霞光如梦，璀璨星空的流星一个接着一个。在这样纯洁美丽的地方，我与一群美丽纯洁的人朝夕相处。

我忽然又想起了那幅美丽的画面。2007年的夏天，一个雨后晴朗的下午，我与几位老师在碧绿的草原上捡拾蘑菇。一群女生到金塔，从小山头的那边渐渐显现出来。她们看到了我，我听到一声悠长齐整的“王老师”，吃了一惊，回头一看，是福利校的学生。但是我没有应声，因为我还没反应过来。这时她们跳了起来，招手挥拳，送出两声更加洪亮悠长的“王老师”。可是我还是没答应，转过身低下了头去，有点害羞。她们说一声“叫你不答应”，就嘻嘻哈哈地跑走了，像一团红色的云，在如茵的草地上向金塔滚滚而去。我没有答应，但心里美滋滋的。迄今我人生中最美的一幅画面，就这样定格在了我的脑海里，大约永远也不会褪色。你们的青葱少年，我的末日青春，在美丽的塔公草原相遇，我的青春意外地划上了一个美丽的句号，感谢！

所以，当我离开塔公后，我希望永远都不会和这里相识的人相见，因为我已经把最美的他们藏在了心底，不见，回忆起来，就永远都美丽如初。而在塔公，若还有人记得我，也只记得我最不丑陋的时候。这样，岂不完美？

成全的，原来是自己

顾江源*

缘 起

2002年夏天，一次偶然的机会，我和几个朋友休假到四川旅游，途经塔公草原，得知当地有一所叫西康福利学校的民办学校，认识了学校的创办人多吉扎西活佛。于是，我们在这里驻足，和学校的孩子一起生活了一周。我被这里的一切深深地吸引、感动，得到了一种全新的体验。从此，每逢春节期间，我便利用所有积攒下来的公休假和年休假，到西康福利学校，与志愿者老师一道，和这些孤儿们像家人一样聚在一起，共度一年最隆重的节日——春节，体验另一种意义上的生活——家庭式的学校生活。

从吸引到了解、直到真正融入，我觉得我已无法离开这里，于是2006年6月，我毅然辞去了在广州的工作，放下一切，作为一名志愿者来到这里，成为西康福利学校这个大家庭中的一员，并决心以我的绵薄之力，为这个特别的家做点实实在在的事情，只要这个家需要我！

成为一名发电机技工

2006年春，多吉扎西活佛决定在多绕嘎目村，牧民自发捐出的空地上，为当地贫困农牧民的孩子们再建一所九年一贯制学校，即现在的多饶嘎目学校，而我正好赶上了新学校秋季学期开学前的筹备工作。

---

* 顾江源，汉族，广东广州人，2006年6月来校，任英语、地理教师；2017年3月调至多饶嘎目艺术中心图书馆工作。

多吉扎西活佛给我安排了工作，让我跟厂家工程人员学习操作发电机，学会后就负责发电机管理。乍一听，我以为自己听错了，忙跟活佛解释，我之前从事的是计算机网络技术，属于弱电范畴，而发电机是属于强电领域，二者是不同的专业技术，自己根本不懂，怕误了学校的大事。活佛说：“你看，现在除了你，我们还有什么人能调用?”确实如此，我只好接受任务，怀着一颗忐忑的心，跟着工程车颠簸了近20公里的山路，来到了多饶嘎目。

空旷的草原空地上已搭好了两顶大帐篷，用来临时堆放基建材料。四排连体的活动板房还在搭建中。下车只走了几步，我就感觉缺氧，喘不过气来，心脏像要跳出嗓子眼似的难受，毕竟这里的海拔有4100米。

厂家来的工程人员一见车子到，就嘟着嘴冲刚下车的多吉扎西活佛叫道：“你们的发电机机房呢？你们负责发电机的技术人员呢？这里的条件太差了，我要跟厂里说撤人!”活佛看着他，平静地说：“机房今天就盖。”又指着我说：“我们的发电机负责人就是她。”“女的?!”厂家施工员不屑地睥了我一眼，“不行！开发电机的岗位历来都是男的，女的体力根本干不下来的！赶紧换人，否则我教不了!”“就是她了!”活佛坚持地说，“你什么时候教会了她能够独立操作，什么时候我们再验收签字，你看着办吧!”说罢扭头走人。“哼!”厂家施工人员气呼呼地瞪我一眼。

“师傅，我也是被赶鸭子上架的好不好!”我无辜地说，“眼下，只有我们双方一起努力，赶在下个月新学校开学前，把发电机安装、调试、验收完了，您才能回厂交差，您说是不是？在施工方面，有什么要求您尽管提出来，我们一定全力配合!”厂家施工人员无可奈何。就这样，我变成了一个学徒工，跟着厂家师傅一步步学习发电机的操作、日常的保养，以及故障的诊断和注意事项，还建立起作业日志，并把这所有的内容形成文字规范备案，留给后来人。

在日夜不停紧锣密鼓的赶工中，新校区的筹备工作基本就绪，新学校第一批新生开学报名就在这片草原上展开了。三天的报名时间，很快就招齐了计划中600名7岁以上的儿童。

随着新学校的运转步入正轨，冬天的脚步也没有任何迟滞地到来了。

每天发电3次，发电机平均运行达13个小时，能否保障老师和孩子们能够喝上热水、吃上热饭，全靠这台发电机了。每想及此，我就感到压力特别大——我不但要养护好发电机，保证它正常运转，还要保障供电和热水供应，以及厨房所有电器设备的安全使用。

每天凌晨，我4点钟起床，先到开水房，做好发电的准备工作。由于天气寒冷，特别是清晨，发电机里的润滑油被凝住，活塞拉不开，所以在清晨开发电机前，要用热水浇灌机体来预热。水箱也要注入热水，待发电机空载转速慢慢正常后，合闸送电加负载。这个准备工作前后要花半个小时左右。由于力气小，我只能将前一天晚上存在保温桶中尚且温热的开水，一桶一桶地提到墩子上，再一勺一勺地舀进水箱。

约5点钟，发电机预热完毕，就能够直接送电供照明和锅炉烧开水，并将所有保温桶都注满新烧的开水，以供全校师生早餐时饮用。6点钟，将烧开水的锅炉用电切换给厨房，厨师们开始准备全校师生的早餐。

这里，冬季的早晨天亮得晚，直到9点钟，太阳才爬上山顶。学生们已经结束了早餐，开始上课，发电机也要停机休息一下。宿舍里太冷了，没法待。晚上房间里的湿气都凝结在金属制的天花板上，随着白天逐步升温，凝结在天花板上的冰霜又慢慢融化，整个宿舍里开始“下小雨”，床上、地下，一滩一滩的积水。如果到各个宿舍走一圈，就会普遍看到一道独特风景——每个宿舍都有“地图”在晾晒！

一般这个时间，只要是晴天，我都会坐在枯草遍地的山坡上休息。沐浴在微温的晨光中，深深地呼吸着苏醒的空气，放松一下忙碌了一个早上的身体。这时，覆盖在枯草上的霜花在阳光的照耀下，融化成一滴滴晶莹的露珠挂在枯草上，折射着五颜六色的光芒。抬眼向四周望去，原来满目枯草的衰败景色，竟也纷纷鲜活起来，恍若色彩缤纷的琉璃世界，遍地珠宝，光彩夺目。随着太阳越升越高，温暖的阳光驱散了严冬的寒冷，空气变得清凉舒爽，令人心旷神怡，耳边传来孩子们稚嫩的读书声，如天籁之音在空气中飘荡

我发现，只要重新调整一下看这世界的角度，就会有完全不同于以往的体验：天地还是那个天地，空旷的草原上还是那几排简易房搭成的校舍，但有些东西却变了——当下，所有纷杂的念头、烦恼都净化掉了，身心莫名的放松、安宁、幸福和满足。

上午10点钟第二次发电，供电烧开水和厨房准备午餐。下午1点半，停机休息。

下午4点钟第三次发电，供电烧开水和厨房准备晚餐。直到晚上9点，学生晚自习结束，洗漱就寝后，我才停机。发电机关闭之后，必须趁着机体还未冷却，及时排空水箱和冷却管道中的水，以防冷却管道冻裂。待发电机房和开水房清理完毕，我拖着疲惫而酸痛的身体回到宿舍休息，一般已经10点钟了。这时，

只要不是下雨或下雪的天气，挂满繁星的天幕感觉垂得特别低，似乎一伸手就能摘星揽月，时不时的，还能看到流星划过。这是多饶嘎目特有的夜景！

每天给发电机预热也好，三餐前给所有的保温桶注满新烧的开水也好，清洗水房地面以防孩子滑倒摔伤也好，至少前后累计平均要提40大桶的水，累得从没做过这么大强度体力劳动的我双肩酸痛，久久无法入睡。但是，想到每次凌晨4点钟起床赶去发电的路上，总会发现已有孩子等在黑乎乎的教室，不少孩子因此受冻感冒，只是因为他们以为只要醒了就要上课时，那份淳朴、善良、不怕苦的天性，又让我相信，再苦再累，为他们付出什么都值。

走上教师岗位

2008年春节一过，西康福利学校的校长胡忠老师找到我，希望我来校任教初三英语、高一英语、地理三门课程。

我很犹豫，辛苦不怕，我就怕自己水平有限，误人子弟！为了帮我建立起信心，学校联系了成都的中学，安排我去旁听英语课和地理课。从成都听课学习回来，福利学校已经开课近两周了，我面对欠下的一堆“课债”，只能一头扎进繁忙而紧张的教学工作中。

一周的课时达到了36节，紧张而忙碌的教学工作几乎构成了我生活的全部。一天24小时，除了睡觉、备课，基本都是和孩子们一起度过——辗转在不同年级的教室之间上课或做自习辅导；按照要求，和孩子们同桌吃饭，一起看《新闻联播》，一起散步。值周时，6点钟挨个宿舍唤醒孩子们起床、洗漱，组织孩子们晨练；巡查各班自习纪律；组织三餐按秩序就餐，餐后公共区卫生的检查；每间宿舍的内务质量检查及整改，直至晚自习后督促孩子们洗漱、就寝、熄灯……

时间最紧和占用我时间最多的是初三英语，最有难度的是高一英语和高一地理，于是每晚12点钟在忙完了初三孩子们的英语辅导后，我才开始专注于高一英语和地理课程的自学、备课。等到这些告一段落回到宿舍休息时，也已经是凌晨3点了。

白天，只要时间允许，我就去旁听教学，学习其他老师对课堂教学的组织、课堂节奏的把握、课堂气氛的调动，获益良多。

进入2009年，我的教学改为专门负责全校的地理课。我边自学边备课，从刚开始的陌生，转而越来越对地理感兴趣，于是，在教学中我又找到了快乐。我很想把我所知道的知识全都教给孩子们。

比较头疼的是，孩子们普遍对基本的地图理解和记忆较困难，对图形的思维能力很弱，于是，我想到个办法：和孩子们一起动手，以省为单元，利用休息时间，手工制作中国地图的拼图。在这个拼图上不仅注明了省的简称、省会、主要的山脉和河流，还用素描的笔法，利用颜色的浓淡，表示出地形的高低起伏轮廓。孩子们下课休息的时候，可以轮流一边做拼图玩，一边记忆相关信息，相互之间还比试，看看谁的速度最快！这个方法有效果之后，我又带着高三的孩子们人人动手画世界各大洲主要国家的简图。为了方便孩子们更好地画图和记忆，我又托朋友买来一箱彩色套笔、涂改液、报时贴、标签纸、小凤尾夹以及小订书机等学习用具。

课堂上，我将最主要的知识框架教给孩子们，形成系统的、整体的概念；知识拓展则放到课下，充分利用已有的资源，“寓教于乐”“寓学于乐”。比如，充分利用学校图书馆现有的藏书，选择性地分阶段向孩子们推荐一批课外阅读的图书，像战争类的作品、推理侦破类的作品等，引导孩子们灵活地安排零碎的时间读书，也鼓励那些兴趣广泛、读书多的孩子更上层楼。这样，不但提高了孩子们学习的兴趣，促使他们积累了知识；而且还帮助孩子学会了管理时间，培养了孩子们课外主动学习的习惯。同时，在这样的课外阅读的过程中，还使得孩子们躁动的心渐渐地沉静下来，学会享受学习的过程。

我充分利用一切机会，比如，和孩子们一起边吃饭边看《新闻联播》的时候，一遇到有关信息，就会及时问身边的孩子“为什么会这样”，或者问“这条新闻背后隐含了什么信息”“会有什么连带影响”等。饭后散步时，则和孩子们讨论课外阅读的感受、认识等。我发现，原来总是由我提问后孩子们才被动地去思考，慢慢地，孩子们开始主动向我提问“为什么会……”“为什么不能……”我发现，那些越是活跃、爱问问题的孩子，求知欲望就越强，越是感兴趣的学科，问得越多，学得越好！

在福利学校这种家庭式的教学环境中，师生朝夕相处，我有很多机会利用身边生活中发生的具体事件，随时随地有意识地通过各种方式，引导、启发孩子们学会去观察身边发生的事情，逐步养成独立思考的习惯，培养逻辑思维的能力，慢慢训练思维的敏捷度，真正做到寓教于乐。这种“乐”不是小孩子玩球耍游戏的低层次感官上的“乐”，而是获得“事物真相”与自己所学知识“如此近”，自己也能“挖掘、洞察真相”，仿佛打开了一扇智慧大门，带来了内心触动和满足感的高层次心理上的"乐"!

我当老师不久的时候，觉得孩子们的思维不够活跃，特意推荐了《达·芬奇密码》给大家。结束后，几个孩子跑进办公室，对正在改作业的我说："老师，看不懂！节奏太快，很多地方看不明白。"于是，等到了下一个周末，我便陪着孩子们一起再看一遍《达·芬奇密码》。看时频繁地使用暂停健，将涉及的相关背景知识，尤其是数学、物理、化学、历史、艺术、密码学、心理学、犯罪学、宗教学等讲给孩子们听。影片的故事情节跌宕起伏，悬念不断，伏笔连连，每播放到这样的地方，我就"暂停"，提前"预告"，提醒孩子们要有个思想准备，以免反应不过来跟不上故事情节。我推荐这部影片的目的旨在激发孩子们对学习知识的兴趣。后来，高中的孩子们自己又反复看了两遍!

《士兵突击》是当时央视一台晚上黄金强档热播的电视连续剧，我广州的同学每次给我通电话时都要激动地赞叹，"满满的正能量，镜头很干净，全力推荐给孩子们看!"但学校当时没有条件看，所以，我请这个同学帮我买了一套影碟寄到学校来。一收到影碟，带着满满的期望，我就立即在周末播放了出来。人头涌动，全校的老师和学生都聚齐了，后面的甚至站到了桌子上。这部电视剧讲的是当代军人的励志故事，体现的不光是军人外在的气魄，更是一种不抛弃不放弃的精神，这种精神可以体现在我们每一个人的身上。《士兵突击》的剧情，一度成为我和孩子们饭后操场散步时的主要话题，剧中的对白也常被他们挂在嘴边。我告诉孩子们，"不抛弃，不放弃"不是口号，而是一种执著的精神。作为求学的青少年，我们要在学习生活中，"不抛弃"同伴，互相鼓励和帮助，"不放弃"自己的理想和目标，更"不放弃"为此的不懈努力。

在与孩子们一起学习生活的过程中，我不仅努力教给孩子们勤劳、诚信、责任、感恩、坚持等基本的品质，还努力培养他们包容的心胸、担当的情怀，希望他们长大后能成为一个自食其力、利国利民的人。如果，这些能融入每一个人的精神血脉，我相信他们的未来每一天也都会是快乐幸福的。

所以，作为老师，也许我的知识不够渊博，无法教给孩子们高深的知识，我不够富裕，无法送给孩子们贵重的礼物，但起码我做到了努力给孩子们一颗正直善良、蓬勃向上，不懈追求至善至美的心。

如今，第一批四个年级的孩子们都先后毕业工作了，看见他们的笑脸是我最幸福的事情。相当一部分的孩子又回到多饶嘎目，陆续接替我们这批早期的支教老师，到西康福利学校和多饶嘎目学校任教。我们的事业同样后继有人。

感谢孩子

自2006年我以一名志愿者身份，来到福利学校起，先后做过发电机技术员、仓库管理员、档案管理员、图书管理员、英语老师、地理老师、语文老师。忙碌而充实的13年匆匆而过，蓦然回首，竟然在不知不觉中挖掘出了我这么大的潜力，这在来福利学校之前是无论如何都想象不到的。回顾这些年的经历，我更深地体会到一些东西，比如“什么是责任”“什么是教育”“什么是教师”——只要孩子们需要，我都愿意重新开始边学边做！

借由孩子们，我得以将曾经的童年重温一遍，再拾起被淡忘的幸福，补全日渐空虚的内心；为教育孩子们，我努力去做一名称职的老师，最后发现，一起长大的还有自己。所谓师生一场，不过是相互滋养。我原本以为自己为孩子们付出了一切，到最后才发现，成全的，原来是自己！

谢谢你们，愿意做我的孩子。

谢谢你们，给我这个机会，让我当你们的老师。

谢谢你们，让我在你们的少年时光里陪伴你们一起成长！

草原上的花儿

王　森*

当黎明女神身着玫瑰红裙，展开透明双翼，降临人间，大地母亲苏醒了。她

* 王森：汉族，四川绵阳人，2006年6月来校，先做后勤，后任教汉语文；2009年9月调到康定市木雅多饶嘎目九年一贯制学校工作至今，负责考勤、广播室、工会工作。

的孩儿们也逐渐活泼了：草原上独立临风的树揉了揉眼睛，四下张望，找寻他的好友小百灵；花儿们抖抖绮丽的衣裙，舒展高雅的玉颈；柔韧的芳草叶儿披缀着如宝石般闪耀的露珠，在晨风中骄傲地轻歌曼舞……

校园里的孩子们呢，刚刚晨练完，浑身带着清爽的气息，正拿着书本，说说笑笑、三五成群地走向明亮的教室。上课的乐声响了，紧跟着，传来清脆悦耳的朗读声，老师的殷殷教诲声，以及同学答错问题引起的哈哈大笑声……多么美妙的清晨交响曲呀！正浇花儿的我也不禁陶醉了。

孩子们，就像花儿，盛开在广袤的草原上，纯洁芬芳，烂漫可爱。每每回想他们的模样，一张张笑脸会瞬间浮现于眼前。

我刚来学校，还不适应高原的生活，强烈的高原反应让我的心透不过气来，四肢无力，眼泪也快控制不住了。勉强捱到医务室，医生正忙于给孩子们拿药，顾不上我。我垂头丧气地窝在板凳上，心灰到了极点。忽然感到后背上有一只小手，在轻轻地抚摸我，一下又一下，真是舒服极了。直身回眸，是个如花瓣一样美的小女孩，柔柔的眼神，盛满爱意地仰头看着我，边抚摩边轻声地问：“老师，好点了吗?”我急忙点头：“好多了。”

亲爱的小孩，你知道吗？你小小的善心，足以治愈我的任何病痛；你闪光的灵魂，一下子就驱走了我心里的黑暗呀。向别人打听，方知你的名字叫梅朵，译成汉语是“花儿”的意思。

到学校有一阵子了，开始怀疑自己的选择是否正确，言行也不免流露出慌乱与不安。走在阳光棚里，遇见一位老师，正与她寒暄，却听到后面有人轻声地呼唤：“老师，您能给我们讲一个故事吗?”转身，看见的是两位眉清目秀、明眸皓齿的翩翩少年。他们的笑脸天真无邪，如花一般。即使是石头，也要被化软了。我遂微笑着应道：“当然可以呀，不过你们叫什么名字呢?”

“我叫多杰，他叫扎西。”

“多杰是什么意思?”我很好奇。

“金刚啊，具有保护的力量。”他很自豪。

“那么扎西呢?”

“当然是吉祥的意思啦。老师，你肯定听过扎西德勒吧？就是吉祥如意呀。”多杰抢答，扎西则赧然含笑。

多美好的寓意呀！我的心被深深地打动。

“你们读几年级了？”

“二年级。”异口同声。

“真好。想听什么故事呢？”

“什么都行。”

“那就讲个童话故事吧。”我的眼睛也开始放光了，因为我最喜欢讲故事。

“耶！”两个孩子举手欢呼了，笑得格外灿烂：白牙如含苞的玉莲，脸上像金色的阳光洒满。此情此景，鼓舞了我继续留下的心。

卓玛（化名）同学刚转到我校，在操场散步时，给我讲她的生母是如何离世的，父亲又是怎样离奇地走了。说实话，我听了感觉有点奇怪。其他孩子都是避谈这些的，她怎么会这么热衷地介绍呢？相处久了才发现，她其实是一个豁达、开朗、情商很高的孩子。

那天中午，我坐在旗台边默默地抹眼泪，是被一个男生气的：不好好听讲，不写作业，还要欺负其他同学，屡次说他都不改。卓玛经过看见了，问我怎么了，听完我的诉说后，她很不屑，大声地说：“这有什么嘛，老师，您还没遇到比他更坏的呢。以前我读的那个学校里，有个男生特别调皮，把老师气哭了不说，还把老师的黑板擦藏了起来，老师上课找不到，急得只好拿出纸巾来擦……”听到这儿我“扑哧”地笑了，原来哪儿都有调皮的学生。哎呀，这个小姑娘，真能神侃。

“老师，您的心情好些没？”她真诚地询问。

“好了。”我笑着回答。想道：你这么热心，我怎能不好呢？

有个女生的奶奶病了，她要回家探望。因天已大黑，我带着几个男同学一起去送她，顺便帮她提重重的背包。回来的路上，大家一路说一路笑，海阔天空地神聊。

“老师，人都会死吗？”小达瓦突然问了这样一个问题。

“是啊，而且不分老少。”我瞥了他一眼，话题好沉重啊。

“嗯，”他点点头，“妈妈离开的时候好像才四十多岁。我好想妈妈呀。不知道怎样才能再看到她？”他开始发愁。

“你要听老师们的话呀，品德好，学习好，妈妈知道了就会高兴。”

“她会知道吗？”小达瓦来了精神。

“当然会啦，其实她根本没离开你，她一直都在天上看着你呢。”

“嗯——那好吧。”他好像在承诺。真是个乖孩子。

“快看，流星。”赶紧转移话题。

“老师，您知道那些是什么星星吗?”阿泽在提问。

“当然啦，不过老师也认不了几个。先看北边，看到像大饭勺的七颗星星没?是北斗七星。”

“哦。”一片附和。这组星最明显，一眼看出来了。

再看南边。

“看，有个人是不是披着件兽皮，中间斜排三颗星，好像是他的腰带?”

“在哪儿啊?”小则很着急。

“哦，我看到了!”小登、达瓦兴奋地回应，也不知真的假的。

“那叫猎户座。”

“前面像天鹅在飞的叫天鹅座，那边好像狮子王正腾空起跃的叫狮子座。”只认识这些了，我心里有点愧疚。

“噢。”孩子们点头，很满足。

仰望璀璨的星空，心潮起伏。孩子们啊，你们正在星星之间漫步，而我，在星空下作诗。

星期天，早饭过后，难得出门的我拿起背包，准备到街上买点吃的。走到阳光棚，见孩子们正玩得开心，有的在打球，有的在踢毽子。我径直往外走。几个孩子突然放下球拍，向我冲来。他们抓着我的手，扯着我的衣襟，挽着我的手臂，急切地问:“老师，您要走吗?”“您不教我们了吗?”“您要回家吗?”……

我一下子有点懵，过了片刻才明白过来：学校的老师走得频繁，以致孩子们心灵受伤。我赶忙解释：“不是不是，我是去街上买菜，一会儿就回来。老师不走。”他们这才松了一口气，变得高兴起来。“老师，您回来时我们帮你提菜。”“好的。”我愉快地应道。

亲爱的孩子们啊，老师怎么舍得离开如此善解人意的你们呢？人生的旅途上，无论遇到的是铺满鲜花的阳光大道，还是坑洼不平、充满荆棘的沟壑，在相聚的时光里，我们都将彼此相搀，一起跋涉，共同前行。

神思至此，禁不住笑了。可爱的孩子们啊，莫非你们是上天赐予我的如珍珠般珍贵的礼物吗？如一束光，如无尽的喜悦，闪亮了我黯淡的人生；你们是草原上自由绽放的花儿，随微风散发着阵阵的清香；时不时的，荡漾出欢快的笑声，点缀了我原本不够绚丽的生活。

草原上的花儿们啊，正是你们，赐给了我无穷的力量；正是你们，融化了我心中的坚冰。我已不在意我曾经的落魄，把我避世的人生活出了金子的光辉。

转眼一瞬间，十二年已过。白发已掩青丝，容颜亦褪盛色。没有什么遗憾，只有知足、感恩和快乐。

支教日记

柳　斌*

在西康福利学校的工作经历，是我最宝贵的财富，也是我能在新工作岗位上一直坚守的关键。2009 年离开福利学校，来到现在的学校——一所平民子弟学校，以少数民族学生、留守学生、打工子女为主，中途放弃了条件优越的学校的高薪聘请和进入公立学校的诸多机会，从 2010 年至今一直担任初三班主任。带了七届初三毕业生，最多的时候教五个班的物理，从无怨言。所任学科取得了中考 4 年第三的好成绩——这在平民学校实属不易。我想这些都是深受西康福利学校老师们的影响，自己一直把西康福利学校的老师们作为榜样，把立志服务最需要帮助的孩子作为自己的信条。当然我的付出，也获得了学校和家长们的认可：2013 年被评为全市只有 20 个名额的西昌市中考优秀教师，2014 年被评为西昌市优秀班主任，2015 年被评为西昌市中考优秀教师，2016 年被中共东城街道工作委员会评为“优秀共产党员”，2017 年被中共东城街道工作委员会推荐为西昌市“优秀共产党员”。

在此，我摘录几段我在西康福利学校时的日记，以反映西康福利学校带给我

---

* 柳斌：汉族，四川西昌人，2006 年 8 月进入西康福利学校，教过物理、体育、生物、地理、数学，2009 年 7 月离校；现任西昌市金成学校副校长。

的成长。

学生更需要的是什么

2007－06－24

这几天几个大孩子由于学习习惯不好，中考结束后被安排和六年级的孩子一起学习。

我想六年级的数学对于这些大孩子应该没什么问题的。结果第一次和低年级的孩子们一起模拟考，考得却很糟糕，甚至比不上六年级的一些学生，其中一个孩子听说中考数学考得还比较好，结果却被小学数学给难住了。这件事让我感触很深。

学生按理应该随着教育年限的增长而得到不断进步。但是当回过头去看自己的学习经历，却常发现自己没有得到多少实用的东西，而只是陷入了老师们所设计的应试模式之中。老师教育学生不是为了培养他们自己持续发展的能力，而只是为了考试的需要。最后学生得到的只是怎样对付试题，怎样应付考试，其他一无所知。而且一些枯燥的教学形式，使学生对所学的知识不感兴趣。学习的目的更多来自外部的填鸭，发自内心的学习动机基本没有，所以考完试，所学的东西也就寿终正寝，不受重视了。过了些时间回过头来再做这些题，忘了，不会了！假如当时老师教给学生的不仅是应试方法，而是分析问题、解决问题的能力，培养学生对学科的兴趣，也许就不会是这样的一种结果。

当然这也许只是自己一种片面的看法，我想造成这种问题的因素很多，比如我们学科内容设置、学生自身的发展特点、遗忘规律等。但总的来说，我们的教育不应该是这样的，我们教给了孩子什么？

想想自己，以前学得很好的学科，现在再做这些学科的题，还是有点吃力！很多都忘了！那么，什么是我们永远不会忘的，一辈子不会丢的呢？或许这些才是学生最需要的东西！

后记：除了知识的学习以外，学生最重要的应该是拥有健康的体格，积极乐观的生活态度，充满自信的人生，强烈的自我认同感，同时还要有对国家、民族、集体的认同感、归属感。积极健身，乐观生活，努力学习，这是我最喜欢给学生讲的生活态度。

雪巴，野生菌，贝母

2007－07－14

今天带了三个学生去采雪巴——音译，一种高原植物，叶子燃烧时可以产生香味，一般用来熏香。走了两个多小时的山路才到达了目的地，这是一片原始森林。由于很多原因，这些森林已经慢慢退化了。但是在高原上能有这样的原始森林还是比较罕见。这里有很多我们要的雪巴，而且品质还不错。

结果雪巴还没有采，学生就发现了很多的野生菌！这里的野生菌和草原上的不一样，很大很多！一些松树上还长了些野生木耳，半个多小时我们就捡了很多。想到今晚又有美味了，登山的疲惫感也减轻了很多。在采雪巴时，学生发现雪巴丛中长了一些贝母。大家都很兴奋，一边采雪巴，一边挖贝母。

下午4点多，任务完成。是该带着战利品回校了，我们也累坏了！手上到处是伤口，由于雪巴的叶子很硬，很尖，很容易划伤手。粗心啊！今天早上出发的时候又忘了戴手套。红蚂蚁和一些小虫子好像很久没有见过外人了，对我们也格外的亲近，身上到处都是它们留下的吻印。

接下来在山间的一条河里尽情地洗了个澡，这河水也是够刺激——够冷！夏天还有这么冰的河水，厉害！岸上和水里两种温度概念。我不得不在水里和岸上来回跑。孩子们倒很厉害，假如我从小在高原长大，我相信自己也可以。

回校后，请专家一一排查了野生菌，虽然丢了很多，还是剩了好些！里面还有一些珍贵的菌种，比如松茸之类的，看来今天的收获很丰富啊！

后记：每一个人回顾自己的读书生涯，估计你再也想不起老师们课堂上的英姿了，你甚至想不起太多的课堂情景，但是你却记得某位老师不一样的陪伴，某些不一样的课堂，某一次的野炊、郊游，某一部在学校看过的励志电影，记得某位老师和你发自内心的谈话。你不会记得一些程序化的校园生活，但是你却记得某次在学校的劳动经历，某一次翻墙出校，某一次违纪，其实这些都是我们的成长经历，都值得珍藏。我们应当感激那些给我们及时纠偏的老师们，或许这就是我们从懵懂走向明理、从稚嫩走向成熟、从依赖走向独立的一个过程，这些在我们人生履历上留下印痕的点点滴滴，如甘泉濡湿着我们成长的岁月、丰盈着我们的生命。

感谢爸爸妈妈

2007－08－19

早上给家里打了一个电话，妈妈接了。在20多分钟的通话中，依旧还是那些不变的话题：爸爸怎么样，爷爷怎么样，一些亲戚朋友怎么样。而这些总会有些变化，总会让自己心里产生一些波澜。

爸爸妈妈由于上了年纪，身体常有很多不适，但是每天仍然处在忙碌和辛劳之中。每次都是那句话：趁着身体还可以，多做点事情。

做儿子的确实惭愧，出来工作了却不能为父母分担什么。从小学到大学，父母为了我的学业，付出了太多太多。特别是大学四年，每一次回家，分明都可以感受到父母在日渐变老。父母用辛劳换来了自己学业的顺利完成。而我呢，用什么来感激他们?

每一次在电话里妈妈都会反复对我说要注意自己的身体，在电话即将挂断的那瞬间，仍然不忘把这句话补充一遍。

而爸爸却很少和我通话，即使碰巧接到了我的电话，也是几句话就收尾了。我知道爸爸对我的爱是埋在心底的。从小到大，爸爸总是这样，他不愿把自己的情感明显表现出来。而我的一切他都会放在心上，默默地帮我做好，不让我受任何委屈和痛苦。遇到什么事情，他不愿去求人，全都自己扛下来。爸爸说过：这辈子，他没有欠过任何人。对我总是那句话：你自己过好就是了，不要担心我们。闭上眼睛，浮现出来的只有爸爸那忙碌的身影。

来这里一年了，隔几天都会给家里打个电话。自己现在唯一能做的或许就是让他们感觉到儿子在他们身边，没有远离。

感谢爸爸妈妈!

后记：扎根高原，无私奉献，但是面对亲人，估计这是我们老师情感深处最大的坎。向福利学校的老师致敬!

在西康福利学校三年时间，最开心的事情就是学校安排我兼任体育老师。每天早操和学生一起跑步，课间操和学生一起做广播体操、跳锅庄，跳达体舞，体育课和学生一起打篮球、踢足球，让身心都得到了锻炼。

现在想起来，无论是起床还是就寝，无论是锻炼还是学习，学生良好行为习惯的养成，都是需要时间的，也离不开老师及时的纠正和督促。可以说学生的好习惯是老师守出来的，学习积极性是老师爱出来的。

现在回想在福利学校的点点滴滴，来自各位老师的关心帮助，是最让人感动的。在这里，每一位老师对人都如此真诚，没有半点私心。仁波切关怀的眼神和问询，胡老师默默的帮助，魏老师放在寝室门口的惊喜，无不深深触碰着我内心深处。

西康福利学校老师们对我的影响可以说是深远的，他们的良好品质深深影响了我今后的生活和工作，以及为人处事的态度。尊重他人、待人友善、表里如一，这些都是我自己坚持的，也是我最喜欢给学生提的人际交往原则。

走入孩子的内心世界

张　艳*

记胡忠老师

我第一次看到胡忠老师时觉得他很平常，一点也不像校长。他衣着朴素，言谈举止平易近人，给学生训话的时候也是一贯的平静、温和，没有尖锐的语调或夸张的肢体动作，看上去更像一位父亲而非校长。

我被安排住在四楼一个宽敞而明亮的房间，光线充足，视野开阔。老师们都住在三楼和四楼。过了几天，我发现只有胡忠老师一人住在一楼，那个房间阴冷潮湿，窗外是一道高高的围墙，完全挡住了阳光；围墙外是一条排水沟，房间里即使白天也要开着灯；四面墙壁由于年久发霉已变成灰色。藏地的气候本来就寒冷，再住在这样一个房间里，叫人怎么活得出来！我问胡老师为什么不住在三楼或四楼？胡老师说，住在一楼，学生们有什么事可以随时去找他，很方便。他也

* 张艳：汉族，四川攀枝花人，2007 年来校工作至今；英语教师，兼任过语文教师、物理教师。

要不定时地出去查看学生们的情况。他说得很淡定，好像这是再平常不过的一件事，可他的这种决定，却让我心底涌起一股热流！

胡老师有一个女儿，他的母亲刘妈妈从成都过来帮他照顾孩子，就跟他住在那间阴冷的房间里。他的太太谢晓君老师在多饶嘎目学校任副校长，工作很忙，两校相距十多公里，他们夫妇一年到头也见不了几回。刘妈妈有风湿性关节炎，关节处有变形，走路的时候能看出来。十几平方米的房间放着两张单人床，一个衣柜和一张写字台，再加上生活用品和带孩子用的各种零碎杂物，整个房间显得又挤又乱。胡老师安之若素，就连刘妈妈也没抱怨过一句。

谢晓君老师在多饶嘎目学校既上课又搞管理，晚上大家都进入梦乡，谢老师会一个人起来巡查几次，怕学生调皮捣蛋不好好休息，影响第二天上课。有一次，她不小心滑倒导致脊椎受伤，只得卧床休息，胡忠老师赶去照顾。谢老师那次摔伤很严重，按道理应该送到内地大医院检查治疗才是，可谢老师只休息了几天，就硬挺着下床开始工作，而胡忠老师居然只照顾了谢老师几天，因放心不下福利学校的学生们而匆忙赶回了福利学校。谢老师后来留下了后遗症，一到冷天，受伤的地方就会发作，疼痛难忍，严重时会抽搐。在我眼里，他们夫妇俩都是那种特别能吃苦的人，默默地把方便留给别人，把困难留给自己。

胡忠老师很爱他的女儿，但他不准女儿在外面喊他爸爸。他对女儿说：这里的学生大部分都是孤儿，你喊我爸爸，被他们听到了就会勾起他们心底的伤痛，让他们很难过！因此他的女儿在外面都只喊他“胡老师”。后来跟着妈妈到了多饶嘎目学校读书，跟她爸爸待在一起的时间很少。在多饶嘎目学校，她和其他学生一起住集体宿舍，喊她妈妈也称“谢老师”，和其他学生一样。这种情形持续到她初中毕业。

我到学校不久，遇到过这样一个学生，手臂摔骨折了，整天缠着纱布吊在脖子上，见到我就会做出很痛苦的样子，对我说他的手臂很痛！我对胡老师提过两次，建议送康定医院检查。胡老师却轻描淡写地说：你刚来，不太了解这些孩子，他的手臂没有什么大问题，那是他的心理作用。我对他的态度很不满，心想，怎么能这么冷漠呢？我坚持请多饶嘎目学校的万江医生过来给检查一下。万江医生过来以后，我把那个学生叫到办公室，胡老师也坐在一旁。接下来发生的一幕我简直不敢相信！万江医生请他把纱布取下来，拿着他的胳膊活动了几下，然后对他说：“你的胳膊已经好得差不多了，不要再缠绷带了，要多活动，否则你的胳膊真要出问题！”那个学生当时就不好意思地哭了，胳膊随随便便地甩了几下，就去上课了。我吃惊得说不出话来！胡老师说：“你刚来，这些学生你还不太了解，他们是很值得同情，但同时，他们身上也有很多不良习气。比如说，哪天不想上课了，就装病。”我为自己的自以为是感到惭愧！我明白了一个道理，要教好这些孩子，光心软是不够的，还要有智慧。

进入高三以后，高考复习的紧张和压力对每个学生来说都是一场考验，有一名学生受不了了，自认为成绩很差，考不上大学，于是偷偷跑掉了。胡老师心急如焚，立刻四处打听，派人出去寻找，把孩子找回来以后，胡老师耐心地开导他，安慰他，并一再向他保证，只要跟着学，坚持到最后，就一定有希望考上！这个学生答应了，但没过几天又跑了。胡老师又费了一番周折把他找回来，继续做他的思想工作，安抚他，请他为自己的前途着想，一定不要放弃。没想到这个学生过几天又跑了，还留下话说不要再去找他了，他非常感激胡校长，感激学校对他的关心，他是自己心甘情愿离开的，学校不用负任何责任。但学校又怎么可能放弃他呢？胡老师又同前两次一样，费尽周折把他找回来。这名学生感动了，向胡老师保证说这次真的不再跑了。他果然没有再跑。

魏老师等几位教高三的老师专门抽时间给这个学生补课。最后他考上了大学！接到录取通知书的那一天，他高兴得手舞足蹈，简直不敢相信像他这样的学生也能考上大学。老师和同学们也都向他表示祝贺！从此，他的人生翻开了新的一页。上大学后，他给胡忠老师打电话说，上大学的感觉太好了！当初要不是胡老师把他找回来，苦口婆心地劝他，他一辈子也体验不到如此美好而丰富多彩的大学生活，他对胡老师感激不尽！胡老师拯救了他的人生！同时也向关心他，帮助他的老师和同学们表示感谢！

青少年在成长的路上，如果能够遇到像胡老师这样的良师益友，是多么幸运的事！他会少走很多弯路，甚至他的整个人生都会因此而改观。

胡忠老师很擅长做学生的思想工作。福利学校有一个传统，那就是饭后老师陪学生在操场上散步、聊天，以此增进彼此的了解与沟通。聊天的话题五花八门，学生们好奇心很强，想象力异常丰富。散步时，围着胡忠老师的学生常常是最多的，先到的学生会牢牢地挽住胡老师的胳膊，后面来的学生就只能抓住胡老师的衣角，前呼后拥地围着胡老师往前走，留下一路欢声笑语。胡老师常常巧妙地讲一些故事，或开玩笑，在无意中让那些感觉受了委屈或忽略的学生重新变得轻松开朗起来。有些时候，胡老师会一连几天只陪着一个学生散步，跟他做深入的对话，解开他内心的结。青少年在成长过程中，会遇到很多心理问题，但因为他们敏感脆弱的自尊心而不愿意说出来。胡老师在这些学生的成长过程中，恰如其分地扮演了他们父兄的角色，填补了他们内心深处的需要。

福利学校一直把爱劳动、会劳动作为一项长期培养目标，学校的大小劳动都由师生共同完成。有时候要干的活又脏又累，有时候会遇到下雨下雪严寒等恶劣天气，但只要有必要，学校从不迁就学生，要求一定要把活干完干好。在这些大大小小的劳动中，胡忠老师总是带头干在最前面，始终和学生们站在一起坚持到最后。论体力，胡老师肯定比不上这些藏族孩子，但胡老师愿与他们甘苦与共的这份心意和实际行动令所有的学生折服。因此每次劳动学生们都尽心尽力，没有任何怨言。到毕业时，每个学生都具备了很强的劳动能力和独立生活能力。

我现在看胡忠老师依然很平常，而这种平常是我们作为人的自然本色。

记孙小宇老师

我刚到福利学校时是由孙小宇老师接待的。她身材苗条，眉清目秀，端庄大方很有亲和力。她陪我在房间里聊了很久，解答了我提出的所有问题。后来我才知道，她是福利学校最忙的一位老师，她要负责财务、采购、接待、设计等各项工作，还要负责工程建设上的原料采购及工程质量把关。一名柔弱的女老师，可以做大大小小这么多事情！我对她钦佩至极！同时，她也成了我坚持下去的榜样。

她留给我印象最深的是从容不迫的风度。她很忙，从早晨到深夜，一直都在忙，但她无论说话还是做事都不急不慌，有条不紊。她从来不诉苦，累得快倒下了，从她的脸上也看不出一丝疲倦。任何人有事找她，她都会微笑着打招呼，耐心地听对方说，然后认真细致地把事情处理好。从很多小事上都能看出她的这种敬业精神。

孙老师负责学校所需物品的采购，经常怀揣有限的资金，在批发市场不辞辛苦地从一家走到另一家，不厌其烦地跟老板讨价还价。她深知，她手上的钱来之不易，凝聚着政府对孩子们的关爱和社会各界善心人士的一片爱心，她不能轻易花掉一分钱。

物品采购齐备拉回学校后，孙老师亲自指挥学生卸货，自己也跟学生一起搬运，然后入库、摆放、登记等等，一直到每个细节都做好了，才会坐下来休息。而这时她常常已经是精疲力尽。可稍作休息后，她又会打起精神来去忙下一件事。

要过年了，学生们都非常开心，因为他们可以吃到很多好吃的东西，而且可以一连吃几天！可这段时间正是孙老师最忙最辛苦的时间。她要大批采购年货，还要安排食堂过年的准备工作，有时厨房忙不过来，她还会亲自下厨帮忙。

有一天早晨，我们都坐在餐厅吃早餐，边吃边聊，很开心。早餐很丰富，有包子、馒头、花卷、鸡蛋、蛋糕及各种奶茶和稀饭。我注意到孙老师从食堂里走出来，随手拿了一个鸡蛋，在栏杆上把鸡蛋敲碎，剥掉皮边走边吃，这就是她的一顿早餐！我忽然间感到很惭愧。我们这么多人都在享受现成的，而孙老师却连坐下来吃一顿早餐的时间都没有！看她若无其事的样子，我想她一定是经常这样，已经习惯了。

财会是项细活，要求认真仔细，不能有丝毫马虎。孙老师白天很忙，静不下来，所以她做账都是等到晚上，大家都休息后，才开始工作。她经常在电脑前一坐就是几个小时，把每个细节都做好，认真核对每一笔账，反复检查，保证没有任何疏漏，再把各种票据凭证整整齐齐粘贴在本子上，然后才休息。有时等她把事情做完，天已经快亮了。

孙老师对福利学校的老师和学生非常关照，从来不嫌麻烦。记得有一年冬天，天气格外冷，我们这些刚来学校没多久的老师冬衣不够，那段时间又赶上经常停电，冷得我们在房间里不停地走，不停地跺脚，根本坐不下来。晚上穿着棉衣睡在被窝里都还是冷，很难入睡。孙老师知道后，就在成都给我们每个老师买了一件羽绒服，那是我在福利学校穿的第一件羽绒服。以后停电的晚上，我都是穿着这件羽绒服睡觉，那种温暖的感觉至今都还记得。

学生们生病了，需要的药品医务室没有，孙老师会马上出去买或请朋友寄来；有的学生生了重病，需要送到成都治疗，孙老师会一直陪伴在他们身边，细心照料。从第一届高三开始，一批又一批的学生走进大学校门。大学生活对他们来说既新奇又陌生，他们既渴望融入又有点胆怯和害羞，他们不知道自己能否被接纳，不知道老师和同学会用怎样的眼光来看待他们这些来自藏地的特殊群体。他们内心有点忐忑不安，有的学生入学一段时间后就很快适应了新环境，有的学生却没有那么快。这期间孙老师作为福利学校的学校代表，利用出差的机会经常走访成都附近各个大学，去看望学生们，给他们带去了他们所期盼的温暖和支持。孙老师到一所学校首先走访校领导及班主任，详细了解学生的学校生活情况，并以家长的身份向校方表达感激之情及拜托之意，然后孙老师会请附近能赶来的所有学生吃饭聊天，一则为他们提供一个团聚交流的机会，二是可以集中解答他们心中的诸多疑惑。本来分散的学生每个人都以为自己所遇到的问题是自己所独有的，别人都过得好好的，这样一交流，才发现大家的情况都差不多，心中的自卑感马上就消失了。孙老师向他们保证，不管遇到任何问题，都可以联系她，她一定会及时帮他们解决困难。学生们感受到了学校对他们无条件的支持，感受到了学校是他们强大的后盾，永远的家，他们可以踏踏实实地读大学，不必有任何后顾之忧，这一点令他们感到无比幸福！

孙老师负责工程项目的施工管理，这是一份相当琐碎而辛苦的工作。不少包工头和工人都想少干活多拿钱，工程原料以次充好，工程质量表面上过得去就行，如果没有人监督就干半天玩半天，月底结算却一分钱都不想少拿。为了杜绝种种弊端，孙老师自己跑市场买材料，施工过程中，亲自在工地坐镇监督，要求工程上不能有半点疏忽，否则孙老师扣起钱来绝不含糊，坚持原则办事。一名女老师，在又脏又乱的工地上，可以从早到晚一直坚守，而且镇定自若，不露出倦容，这需要怎样的毅力和责任心！

内地来的老师待上几年后，普遍气血虚，体内寒气重，很多藏族老乡风湿很严重，孙老师为此开始自学中医，后来又拜名师深入学习，学成后自己掏钱配了很多中药，为老乡们配制专治风湿的药酒。有一次，一位老师不慎从马上摔下来，伤到了腰腿，孙老师每天耐心地为他做按摩，每天两个多小时，直到完全康复。这位老师非常感动，伤好后也开始志愿为他人做按摩。按道理孙老师自己每天那么辛苦，身体最疲倦，她才最需要做按摩，可她总想着为别人服务。

大学毕业后，一部分学生自愿留在福利学校工作，孙老师对他们非常关心。周末，孙老师会自己掏钱并亲自下厨给他们做一顿丰盛的美味，让他们改善一下伙食，放松一下，也借此机会跟大学生们好好沟通交流，了解他们的真实想法，并把自己的实际工作经验介绍给他们。孙老师的关心令学生们感到温暖踏实，也坚定了他们献身慈善事业的决心，如今，这些学生都在各自的岗位上干得非常出色。

由于长时间高强度的工作，操劳过度，孙老师的视力急剧下降，不得不停止工作外出治疗。我们衷心祝愿孙老师早日康复！

教学感悟

我刚到福利学校的时候，被安排教初一、二的语文和物理。我遇到的第一个问题是记学生的名字。藏族人的名字，以四个字为多，这些名字在我听来都差不多，有时候一不小心就叫错了。学生们很有礼貌地告诉我他（她）的名字是什么，没有一点不高兴的样子，可我却感到很难堪，身为一名教师，每天都在要求学生们背公式背诗词等，自己却连学生的名字都记不住。于是我仔细观察了每个学生的外貌和行为特点，再跟他们的名字联系起来，强化记忆，名字不熟悉的学生我就在课堂上多抽问题。一般来说名字不熟悉的学生都是课堂上不爱发言的，课外不愿跟老师多交流的学生，课堂上多抽问这些学生，对他们来说也是一个锻炼的机会，可以让他们变得开朗、大方起来。这些话说起来简单，没想到在操作起来却遇到了一些问题。

有一个叫拉姆（化名）的女生，每次抽她起来回答问题，她都扭捏半天，不得已站起来，满脸不高兴的样子，甚至还带着怒容。站在那儿就是不说话，怎么引导都没用，反正就是不开口。我于是不耐烦了，说了她几句就让她坐下了。但有言在先，下次还要抽她，请她做好准备。没想到接下来接连几次都是这样，而且我感到她的抵触情绪一次比一次强。

我开始反思：到底什么地方出了问题？是我的方法不对吗？我说话的语气不温和吗？还是她的心里有障碍？我于是利用饭后散步的时间向科代表和班长了解情况，他们告诉我说，拉姆在班上一直不合群，也不爱说话，只有一两个朋友，但她和朋友在一起时还是有说有笑的。另外，她的成绩不好，有自卑感。我又向胡忠校长了解情况，胡老师对我说，拉姆的身世很不幸，刚到学校时，她有很强的恐惧感和自卫心理，怕跟别的孩子接触。有时候说不了几句话，她就会动手，弄得其他孩子感到很委屈。她刚来时听不懂汉话，汉族老师没法跟她交流，大家就用拥抱的方式来化解她内心的恐惧，犯错了也不责备她，又让生活妈妈在晚上睡前讲故事时把她抱在怀里，等她睡着了再把她抱到床上去。这样慢慢地过了一段时间，她才适应了学校的环境和生活，防卫心理也放松了许多。但她仍然不愿意与人多说话，她现在这个样子已经好了很多了，除了内向外，其他方面基本正常。胡老师建议我找机会跟她多聊天。我听了胡老师的介绍后，内心对拉姆生起了深深的同情！我下决心，一定要跟她交朋友，让她有什么话敢于向我敞开说。

在课堂上，我不再经常抽学生起来回答问题，而是采用分组讨论的方式，让学生自由讨论，并特意把拉姆和她的好朋友安排在课代表那一组，悄悄要求汇报讨论结果时多说拉姆发表的意见。我在教室里踱步时，走过拉姆身边，会不经意地拍拍她的肩膀，或低头看看她写的字，微笑着点点头，也不多说什么。

这样过了一段时间后，我发现拉姆脸上有了光彩，见到我时虽然也不好意思说话，但脸上会露出羞怯的笑容！我感到我跟她的距离拉近了一点。

周末是学生们做个人卫生的时间。有一次我听到拉姆边洗衣服边哼歌，很有韵味。正好语文课本里有一首诗，被谱成了流行歌曲，我于是从网上下载了这首歌教全班同学唱。再让男女生分开唱，再分小组唱，最后请唱得最好的同学起来唱。当我问谁唱得最好时，全班同学一起喊“拉姆！”“拉姆！”我看到拉姆特别兴奋，脸庞红得发亮。虽然她因为太害羞了，并没有站起来唱给大家听，但我看得出来，她的内心很快乐，很满足！

接下来每个班要为新年联欢准备节目，我们班的节目是全班跳锅庄。排练的时候，我就跟学生一起跳，同时观察他们每个人的动作特点，上课时就把我看到的他们每个人的舞姿描述给他们听。描述男生们的时候就打趣他们一下，描述女生的时候则全用美妙、优雅、轻灵等词汇，这其中当然也包括拉姆。跟着全班同学一起受表扬，她更容易接受，也更容易产生认同感。

渐渐地，跟着我一起散步的人群里有了拉姆的身影。有时学生提的问题很古怪，我也尽量用幽默的方式回答，学生们爆发出一阵又一阵的笑声，拉姆也跟着一起笑，笑声一次比一次开朗。有时候她也跟着提两个问题。

我觉得找拉姆单独谈话的时机已经成熟。于是午饭后，我约她跟我坐在操场一角的草地上，问她学习上是否有什么困难。这次她很自然地跟我讲了她学习上遇到的全部困难。她对我说，她其实很想学好，对学习也很有兴趣，但由于她平常和老师同学交流得少，所以她的汉语不过关，口语和听力都比其他同学差。在上课时老师的语速只要稍微快一点，她就听不懂了，学习进度也就跟不上了。下课后她从来不敢问老师任何问题，尤其是男老师。我问她我讲得快吗？拉姆说，我每堂课讲的内容倒不算多，但我说话语速较快，这对于她来说很难听得懂。我听了之后心中就暗暗惭愧，我居然从来没有注意过自己上课还有这样的问题！拉姆继续说道，她在课堂上不说话并不是因为存心顶撞我，而是真的不会回答，而且她觉得自己汉语说得不好，开口后怕老师和同学笑话她。她当时心里很慌，根本不知道怎么办才好，巴不得老师让她早点坐下！我于是跟拉姆说，第一，以后我上课语速一定放慢，如果我说快了，就请她提醒我。第二，以后不管遇到什么问题都可以来问我，我保证耐心解答。第三，为了提高她的汉语水平，以后要多跟老师交流，课堂上多朗读课文，多发言。当然，我不会强迫她，她觉得能回答时就举手。拉姆同意了，我顿时觉得轻松起来。

在接下来的日子里，拉姆十分配合，课堂上很认真。下课后有什么问题都会来办公室问我，她会把每天遇到的不会读或读不准的字都记下来，饭后散步请我教她读。一开始还避开其他同学，后来我故意拿这些生字来考大家，结果发现其他有的同学也读错了，她看到这种情形后心里的顾虑就解除了，大大方方地跟着我边走边读，课堂上也会偶尔举手发言。渐渐地，拉姆的性情变得越来越开朗，越来越阳光，她不再像从前那么怕老师，跟同学的关系也融洽了。我可以经常听到她跟其他同学说笑的声音，这种声音令我感到无比的欣慰。

其实，有类似情况的学生不止拉姆一人。课堂上，有些女生及个别男生回答不出老师提的问题时，都是脸一板，然后半天不说话。给人的感觉就是在跟老师故意闹别扭一样。我想起拉姆说的那句话：我其实不是故意顶撞老师，我只是不知道该怎么办。其实，藏族孩子一方面淳朴善良，热情勤劳；另一方面，他们感性、直接、不会转弯、遇到事情不知道该怎么办时，就会硬撑硬顶。这表现在生活上，也表现在学习上。

有的学生经常说谎，不管什么事，只要问到他面前，他下意识的第一反应就是“不是我”。一次上课时有一个学生偷看漫画书，不好好听课，我在他旁边站了一会他才发觉。我把他的书没收了，让他站起来时他却说：“我没看，我只是拿在手里!”他明明知道这样说了老师也不会相信，但他的第一反应还是会说“我没看”，我觉得这和前面提到的那件事看起来是两回事，但其实是一回事。那就是他们不懂得如何面对错误，面对未知。我觉得有必要让学生认识到这一点，并教会他们如何处理这样的问题。

我花了一个晚自习来讲解这个问题。首先，我告诉学生们我们今天只是一起做一次探讨，不作任何批评，所以请大家放松下来，看看老师说的是否属实。接下来我就把我观察到的每个学生答不出问题时的表现及犯错被发现时的反应一一描述给他们听。听完后所有的学生都笑了！我问他们：“是不是这样?”他们说：

“是!”再问他们:“是不是不知所措?”他们回答说:“是。”我于是问他们,有没有想过还有另一种方式来处理这样的问题,而且很简单,既不用紧张也不用说谎?请大家想想看。学生们的答案五花八门。我接着说,其实很简单,就直截了当地承认!比如说,课堂上老师抽你起来回答问题,你如果不知道答案,就可以说:“对不起老师,我没搞懂。”如果老师说:“没关系,怎么想就怎么说,错了也没关系。”那你就大胆地说,不必害怕。为什么呢,因为老师抽问的目的就是要弄清楚学生是否掌握了,还存在哪些问题。学生本来就处在学习的过程当中,有任何不懂的问题都是正常的。而老师的责任就是要教会学生,为他们答疑解惑。如果我们不能发现,并面对自己的问题,我们就永远也无法解决自己的问题。再比如说犯错,我们为什么要说谎呢?那是因为我们觉得犯错是不可饶恕的,是要被惩罚的。所以我们坚决不能承认。但这样做会让我们内心不安,会让我们一次又一次地说谎。如果我们老老实实地承认了错误,结果会怎样呢?第一,我们的内心会感到坦然而不是不安;第二,如果是小错,老师批评几句就完了;如果后果严重,老师惩罚了你,比如让你扫半个月的餐厅等,那你扫完了,这件事就结了,谁也不会再去追究。人非圣贤孰能无过。能承认错误需要莫大的勇气,而这正是人格高尚的表现!将来走进社会,你会发现,说谎会受人鄙视,勇于承认错误,不推卸责任会受到他人的尊重!

听完我的话,学生们展开了热烈的讨论。后来,他们开始实践这样的做法,刚开始有点不自然,慢慢地就习惯了。有时候还是会听到某个学生说“不是我”,但接着他自己都会笑起来。思维方式的转变和习惯的养成需要长时间的训练和熏陶。

在学习上,学生们的这种思维特点表现得尤为明显。我两年以后改教英语。英语试卷中有很多选择题,我发现学生考试时,一碰到不会做的题就心虚,然后乱选一个答案。评讲时我说A错了,C是对的,他们就把A划掉,选择C。很少有人探究原因,所以下次遇到了照样错。这种下意识掩饰错误的行为与他们犯错时的第一反应如出一辙。显然,这严重影响到了他们的学习。在我们的共同努力下,学生们终于走出了这一思维误区。

我一开始只想记住他们每个孩子的名字,没想到经由这些名字走进了他们的内心世界。如今这些美丽的藏族名字已深深地印在了我的脑海里。

我亲历的几件小事

陈　福*

2007年冬天，我接到一位朋友的电话，说康定县塔公乡西康福利学校缺员工，问我想不想去那边工作。对于我来说，藏区很神秘，是我一直向往探寻的地方，所以从来没有出过远门的我决定国庆节放假去看看。

我到学校后，因为高原反应很难受。接待我们的孙老师特意吩咐厨房做了碗面条。用完餐，校长胡忠老师为我安排房间休息。高原海拔高空气稀薄，紫外线强，半年左右是冻土期。像我这样从内地来的人，要适应这种自然环境就是一件很辛苦的事。

站在学校操场上仰望天空，天那么近，那么蓝，纯洁得没有一点瑕疵。十月的塔公美丽纯净，清晨的薄雾萦绕在群山之间，远处传来寺庙诵经的声音，宁静而庄严，一条清澈明亮的河流流向远方……一切的困难好像都变得无关紧要了。

一大早，天还没亮就听到了窗外孩子们朗朗的读书声，我还以为自己起晚了，一看时间刚五点半。后来才知道他们正常的早读时间是六点半，有些刻苦用功的同学四五点就起床背书了，真是了不起。

学校安排我负责学校的水电安装与维修。这里气候恶劣，经常停电，学校仅有的一台发电机只能供教室上早晚自习照明用。冬天的风特别大，大风刮过，围墙外面的高压线发出“呜呜”的吼声，阳光棚顶上的铁皮“哗啦啦”地响。学生们早已换上了厚厚的棉衣，小脸和手还是冻得通红。晚上宿舍的温度很低，呼吸冒白汽，早晨洗脸毛巾都结冰了，热水也没有办法烧。

有一天停电，实在太冷，胡校长叫我与供电所联系。供电所说风太大，故障

* 陈福:汉族,四川攀枝花人,2007年10月来校,任水电工;现离校。

正在查。我借了一辆摩托车穿上军大衣，配合供电所一起查线。并不是所有的电线杆都在路边，有些摩托车到不了的地方只有跋山涉水。

那天吃过早饭就出去查，快到中午了也没有查出问题。前面的线路摩托车到不了，只好徒步。可走了没多久，突然狂风大作乌云密布，开始飘落大片的雪花。只好返回停摩托车的地方，冬天天气干燥吹起沙土，眼睛都快睁不开了。雪越下越大，到摩托车跟前已经冷得瑟瑟发抖。

返回学校还有几公里的土路，风大雪大不一会儿路上就铺满了厚厚的一层，风雪打在脸上、身上，我很快就变成了一个雪人。最麻烦的是摩托车轮胎打滑，厚厚的雪裹在轮胎上会将轮胎卡死，好不容易上了公路想开快一点，没多远又滑进了公路旁的排水沟里。摩托车在沟里，人在公路上也不知道滚了几圈，衣服裤子烂了好几个洞，脸上蹭掉一小块皮。稍作休息，这时雪稍微小点了。

看见远处一位老乡小心翼翼地骑着摩托车离我越来越近，看见我问是哪里来的，我说我是福利学校的。老乡马上热情起来，可能听说是福利学校老师就特别尊重吧，我不懂藏语，他也不太会说汉语。简单地打过招呼，我俩费力地一起把摩托车从沟里抬出来。摩托车将就还能骑，我连声对老乡说谢谢，骑着摩托车慢慢地回校了。

回到学校，学生正在上课，阳光棚没人。我进了老师宿舍楼，门厅有个大大的穿衣镜，一照已经鼻青脸肿了，加上破衣烂衫，自己都忍不住笑起来了，活像一个乞丐，一笑脸上还痛。

回到房间换了衣服，这时候早就过了吃饭时间，出门想到食堂找点吃的，正巧遇到胡校长。他看见我惊讶地问我怎么了，我把刚才的经历简单给他讲了一遍，说还没有吃饭，准备到厨房找点吃的。胡校长忙说：你先到办公室烤火喝点开水，就在办公室休息，我马上给你煮碗面条。过了一会儿，一大碗鸡蛋面就端到了我面前。我大口大口地吃着，胡校长又到医务室给我找了药。我心里感觉暖暖的。

还有一次男生厕所下水道堵了，胡校长派了几个高班的大男生协助我通厕所。厕所位于男生宿舍尽头浴室顶上，让我感到吃惊的是，几位大男生不用我安排都知道该做什么，有的找梯子，有的拿桶打水。一切准备工作就绪，我站在高高的楼梯上开始检查管道。

维修过程中我一不小心把管道打破了，瞬间管道中的粪水流出来，几个学生还站在下面，躲闪已经来不及了，水溅到了他们的衣服裤子上面。当时我有点尴尬，感到十分抱歉。让我惊讶的是，他们若无其事地跟我说没关系。维修完毕几位同学收拾工具打扫卫生，一切都在有条不紊中进行着。后来了解到在福利学校的每一位学生都很懂事，在我没来福利学校之前，所有的脏活累活都是胡校长带着大同学在做，他们已经习惯了，且不光干活，还要照顾其他小的弟弟妹妹。

时间就这样一年又一年地过去了，一批又一批的学生考上了大学，走向了社会，在社会不同的岗位上贡献着自己的力量，也有读完大学回到福利学校接班的学生。塔公依然美丽，福利学校还在继续。我相信福利学校会越办越好！

走出迷惘，我们都曾青春敏感

付荟文*

同一片天空中，是同一个月亮，照耀着广袤的雪域高原。在这清澈而璀璨的月光下，我们的梦是那样的纯粹。说起塔公西康福利学校，我似乎也记不清她原先的模样，只有一些记忆的碎片经我在故纸堆中重拾，那些曾经厚重的往事浮现眼前，经岁月洗涤之后，许多难忘的故事似乎有了一条天然的线索，这线索打结之处，记载着当时对于教学的探索和我们共同成长的心事。

“也许孩子们还是有上进心的？我不该骂他们！”当看见美朵拉姆（化名）写的纸条时，我迟疑了。纸条是这么写的，“这次的期末考试我已尽力，但就是没考好。我躲在学校操场上伤心了好久。是啊，老天爷好不公平，有人从没努力，上课不听讲，可别人排名在前，而我费了那么大的力，就是上不去……刘丹听了很生气，对我说你真是个懦夫，笨，就更需要努力！”

---

* 付荟文：汉族，广东江门人，2008 年 8 月来校，任高中思想政治教师，兼任高中信息技术教师和高中物理教师；2013 年 7 月调到康定市木雅多饶嘎目九年一贯制学校任初三语文教师，工作至今。

我走出校园，想去街上逛逛。我正心事重重地思忖着，迎面走来一个瘦弱的藏族妇女，穿着一件土黄色的藏装，上面布满了灰尘，干涸的脸挤满了皱纹，用力冲我微笑……她原本坐在出校门不远的土路旁沟槽中，见我后突然站起来，好像是从泥土里猛然长出来的一样。经过几句寒暄，我知道了她是美朵拉姆的姨妈，当她得知我正是美朵拉姆的老师时，眼神中突然闪出了光。于是她随我一路走着，问我拉姆的近况……走不远，她就指着山坡边的一个小土坯房说，那就是她家，家里没有钱，央求我要好好关照拉姆：“拉姆能考上大学就好了，拉姆不听话你就打，卡卓!”卡卓是藏语“求求你”的意思。我坚决地回答：“我不打孩子，更不会打福利校的学生。”……由于语言不太通，我们的对话断断续续，不久，她就告辞了。我想她的年龄应该与我相仿，可是她的脸和手满是褶皱，同样充满褶皱而注定不平坦的还有她的寄望——与她交谈时我的内心一直很纠结，因为我也不知道该怎么办。怎么关照这里的孩子？怎样提高这里学生的成绩？此刻，望着她单薄飘忽的背影，我再也忍不住压抑许久的泪水，任它模糊了视线。

我喜欢小孩子，但我不知道怎样去爱；我想当这里孩子的老师，但我又不知道怎样去维护与这些特殊学生的良好关系。

突然间，塔公下雪了。雪花软绵绵的，有的轻轻地依在我肩膀，有的在我眼前打转，显得非常迷乱，我一伸手，它便融化在了掌心……有时候，我觉得这就像我与学生的关系。一群特殊的孩子，他们从小失去父母，变得非常敏感!

他们并不软弱，就像高原的大雪，任性地下起来威力无比，可将一切热情冰封雪藏。再加上青春叛逆，随时会与老师进行各种对抗。他们非常敏感，就像掌心的雪花，一瞬间便会化作一撮弱水，从你指缝间溜走。平日里，无需言语，一个眼神、一下手势、一抹嘴角的表情都可能重重地伤害到他们。

他们对自己的身世很在乎，故意的漫不经心，是不希望有人提及。只有一回，一位开朗的同学正在愉快地思考人生，写下“夏之星只是让我明白她很善良，其实她最大的优点就是她从来不会隐瞒她的本来面目。欧雅若越要隐瞒自己的身世，就越暴露，一直生活在不安中，从来不曾有过真正的快乐。”不小心被我瞥见，我想她也是在面对现实进而勇敢地进行选择吧。

这里的孩子也有很多优点，有时会出奇的成熟，敢于直面人生难题；有时会猛然坚韧，演绎百折不挠。在物质丰富的现代社会中，他们拥有更坚韧的精神、更执着的精神追求。

所以，目前，我应该尽量控制好自己的情感。任何时候不要和孩子们进入互相伤害的模式，因为伤不起！非理性互动在封闭的环境里，在学生与家长式的老师之间，会愈演愈烈，直到难以收拾。想到孩子的身世，老师终会良心不安。再说，孩子们即将高考，前途问题迫在眉睫，老师的种种情绪还须放在一边，这是一名老师兼家长应具备的最起码的姿态。

校长要我们既做父母又做老师。都说父母或者老师的爱，就像春蚕吐丝一样，不显山，不露水，一点点付出……也许今生都不会得到孩子们的回报甚至回应，要有这样的心理准备。在福利学校，师者，父母心！我想，这也是一种单纯至善的境界吧。

我还找到了一封信，只是当年我收到它的时候，并没有真正读懂它。书信中写满着星空璀璨下的手牵手、篝火、锅庄，以及撒满阳光的教学楼。多年后，迎着高原的旭日，在庄严的国旗下，我宣誓：在成为教育界的成员之后，我会凭自己的良知和脚踏实地去教育学生，以提高学生的文化修养；超越种族、民族、宗教、社会地位去施教，平等地对待学生；并且发誓对学生只会履行我的义务，将爱限制在制度的范围内；站在家长的角度，以更负责任的态度，培养学生长期的良好的做人和学习习惯；就算受到利诱，绝对不会利用我的职业，去做违反师德的事；对志愿者精神的坚守，令我不论受到任何威胁，在任何灾难面前都不会退缩。希望这段誓言，会散落在这片土地，甚至在太阳照耀着的这个世界上，一直被遵守着。

除了这段誓言，在这封信里，还有我的迷茫、孤独和不安，也有我的欢笑、炽热和梦想，在那些无声的岁月里，建构成章。

这封信，原是那个从成都辞职——在塔公草原上挥汗如雨的志愿者——曾经青春的自己写给现在的我的。往昔静默溜走，此刻我还是要对那个曾经迷惘而又充满勇气的自己轻轻地道一声：谢谢你……再见！

真的非常对不起！福利校的孩子们，老师当年对高原教育心理准备不足，更没有什么特殊教育的经验。在康定当了这么多年的教师之后，履历中都是遗憾和教训，如今，带着这点儿迟到的经验和成熟，我真想时光倒流，让我们回到那些阳光灿烂的日子，重回那个我们共同成长的家园。

凭窗瞭望，春雪势如千军，忽然纷至沓来，好像十年前塔公街头的那场大雪啊！只是现在，我不再迷惘。这阳春白雪，有的义无反顾地落下，有的在风中飞舞，像是在举行隆重的庆祝仪式……观赏雪花飘落的种种姿态，我总觉得这雪是热爱这块土地的。

青山原不老，为雪白头。很快，在海拔四千米的高处，在圣地多饶嘎目，雪又装点出一个银白圣洁的殿堂。而在稍低的山谷，片片雪花，落入色彩斑驳的雪域，有的从此难见踪迹。将这向死而生的生命，委身于更广阔的高原大地，这或许就是这些雪花的宿命。我爱看雪，其中最爱看的，还是你在进入我人生的短暂机会里，无论升腾、漂浮或者坠落，都是轻轻的、轻松的，虽然你知道，一落地，你就不再是你，而是一滩春水，匆匆东去，奔赴另一个前程。漫天的雪花啊，虽然往事难留，毕竟你也曾滋润过这片草原上的那些花儿。

风停了，雪，鹅毛一般，棉絮一般，静谧地落下。这雪令我平静，让我想重回那个温暖的家。不，我一直都在这个温暖的家，这个家每年都有新成员加入，我可以重来，也早已开始重来了。未来，再不会有迷惘。

师路的起步

林经武*

时至今日，仍然觉得不可思议：我曾经在西康福利学校度过那么一段此生难忘的时光。清晰地记得，接到这个消息，是在成都。毫无理由的，没有一丝犹豫地答应去一个叫塔公的陌生地方，到藏区给一群孩子们上课。

到了学校，是魏老师接的我，亲切和蔼的前辈。她说，之前一位老师来了，第一天就高原反应，连续几日愈发严重，最后不得不回去，不知道我能否适应。很庆幸，我没有一丝感觉，除了跑起来喘得厉害，其余似乎一切如常。

---

* 林经武：汉族，福建福州人，2010年3月来校，时为西南大学数学与应用数学专业大三学生，教高二、高三数学，2010年6月离校；现任教于福州四中桔园洲中学。

第二天，我便在魏老师带领下，走进了高三的教室。初出茅庐的我，还未毕业，就直接给这些再过不久即将高考的孩子上课，难免心中紧张。我也不记得是怎么开始讲的课，当看着22位同学坐在下面那专注的眼神，整个心就平静了。只知道他们这高三的最后冲刺，我要尽全力与他们共同进步。上课，讲题，日复一日，从最开始的陌生，到后来的一起散步、打球。

当时学校只有四个班，从初三到高三，一个年级一个班。大家同吃同住，都在那栋大房子里。看着这些孩子，看着他们眼神里的清澈与单纯，我觉得，当老师是件幸福的事情。尽管大家的数学成绩不是很理想，但是都有一种积极向上的态度。那种态度，即便我现在从教第六年了，也很少见到，让人感动。

一天胡忠老师问我，可否帮忙上高二的课，他们已经一个多月没上数学了。我心里说，没有可不可以上，只有我能不能上得好。于是，就开始了至今无法打破的一周算上晚自习36节课的纪录，但这个课时，却还不是最多的：一位英语老师，甚至一周上了40多节课。心里只有钦佩，相比于学校里的其他老师，我做的还是不够多。他们的付出，他们的用心，真的让我看到了“为师”二字。

记得一个晚上，一群孩子拿着作业来办公室问问题，一个接一个，没有停止。后来才知道，原来他们是受到胡老师的激励。这不禁让我反思，自己教学中存在的问题，以及讲解的方式该如何适应他们。在孩子们的感染下，当时我没有一丝的疲惫和懈怠，原因只有一个，我要对得起高二高三的四十多位同学。哪怕我没有教过高二高三，哪怕我当时才大三没有毕业，我也要努力对得起他们叫我的一声“老师”。

五月下旬，学校通知我回去论文答辩，幸好有另一位老师前来接班。准备离开的前一晚，好多学生在办公室外等我，跟我道别。看到他们献上的哈达，一瞬间我觉得受宠若惊。我更该谢谢他们，让我的心得到了净化，让我对“教师”二字，有了更深刻的认识。

或许，我只是你们生命中匆匆的过客，但是，你们确是我教师之路的“奠基石”。每当迷茫之时，想起你们，就会想起“为师”的本心，坚定地走自己的路。

一日·改变

梁山红*

一　日

啊，又下雪了。

人生无时无刻不充满着意外。尽管已是四月，一夜之间，也会不引人注意地铺起过踝的白雪。早上五点五十，天依旧黑着，这个季节，大约要到六点四十，天才大亮。踉跄走了几步，一股湿寒便沁入脚心。春雪跟冬雪毕竟不同，因为普遍气温高些，雪便容易融化，湿脚反而是经常的。

今天是星期天，可这一周，老师们和孩子们每天下午都在劳动，功课耽误了不少，孩子们应该觉得累，但对于我补课的安排，却也没什么怨言。大概是能体谅老师的辛苦和用心吧。

发卷，发糖……不一会儿，男孩女孩们个个嘴里含着巧克力豆，开始了每个周末清晨六点到八点的日常学习之旅。孩子们的心开始静下来了，渐渐伏案沉思，沉浸在知识海洋中。我也翻开了前几天孩子们写的作文，批阅着他们的“成长记录”……

“老师，加央有些不舒服。”加央的同桌志玛在我耳边轻声说道。“怎么了?”忽地我有点紧张。前几年，加央一次生病，生活老师陪着他到康定县城检查，发现只有一个肾。究竟是怎么回事，小孩子说不清楚。难怪他上课时总是易倦，常常架不住瞌睡，听着听着就阖上了眼皮。老师们都心痛他，舍不得过多苛责。“昨天劳动，他可能是碰了冷水……”“他怎么也劳动了？唉，不说了，赶快找医

* 梁山红，汉族，四川成都人，2010年5月来校，任高三数学教师，2012年7月调到康定市木雅多饶嘎目九年一贯制学校工作至今，任教务副校长、初二语文教师。

生。”劳动时我有另外的任务，没有照看他们班。加央虽然体弱，但学习、做事从不甘人后。

我赶紧交代了课堂纪律，一路小跑去敲另一个志愿者老万的门。老万来自华西医院，这是西南地区乃至全国最好的医院。在高原，气候恶劣，任何东西都特别容易损坏。人似乎也是这样，右手指头会因用粉笔造成皮肤龟裂，渐渐拉成小口，一个冬天都很难愈合，讲课板书钻心地疼，捏着粉笔的指头挤压出的血竟会夸张地将粉笔染成红色。所以，倘若得了什么大一点的病，也较平原更难痊愈。在这高原村落，医生比老师更为不可或缺。

老万耐心听完我上气不接下气的叙述，急忙抓了件大衣，跟着我跑回教室。给加央摸了脉，测了体温和血压，给他披上大衣，让个子高大的呷塔帮着把他背到了医务室。

孩子们有点骚动。“好了好了，孩子们，静下来，加央有万老师照顾，她会处理好的。”我敲了敲讲桌，提醒孩子们回到课堂。不一会儿，教室又恢复了原先的宁静。还差几分钟下课，教室里的灯闪了几下，终于还是灭了。又是一阵骚动。

“老师，我们早餐吃什么?”这个时间停电，食堂的生活妈妈应该把馒头、鸡蛋蒸好了的，稀饭也早就煮上了吧。若停电再早些，食堂来不及做，那就是用柴火煮奶茶就着糌粑做早餐了。我心里想着。这两年还好，不像早些年动不动就停一个多月的电，那种日子，一下子会把人拉回原始社会，捡柴烧火化雪水，志愿者们个个都训练成了野外求生的能手。

“跟平时一样。”我宣布着，忽觉得胃又开始犯老毛病了。这是老毛病，一旦胃空了，就会隐隐作痛。这毛病是来学校的第二年染上的。那是寒冬的中午，我一边吃着饭，一边挨个儿听学生背书。二十多天下来，有一天，我的胃开始了我毕生以来从未有过的抗争，一种隐隐的、无法言说的痛弥漫开来。不大一会儿，我就如同废人般四肢无力，瘫坐在原地，冷汗直冒。这时摸着胃部的皮肤，像冰块一般。后来慢慢掌握了规律，发作在我身上的各种病，大多是由高寒气候造成的。戴口罩、围巾，捂帽子，吃热饭喝热水，都是简单可行的预防措施。

怎么胃又不争气了？不愿在孩子面前展露自己的病态，我强作镇静，可脸上再也挤不出笑容，只能勉强收齐试卷，之后便夺门而出。赶紧回寝室在杯子里倒上过了夜不温的开水，冻僵的手颤巍巍地撕开暖宝宝的外包装，撩开上衣，一巴掌贴在胃部。等着暖宝宝热起来，喝了热水就会舒服些了。

加央，加央现在怎么样了？也是寒到了吗？捂着缓慢释放热能的暖宝宝，我推开了医务室的门。医务室很简陋。一个铁皮柜，整齐地摆放着常见药。铁柜前的铁桌子面上，零星散着几小瓶药。黯淡的电炉旁围着几张布椅，那还是老万用破旧的校服缝补好的。老万是个很克己的城里人，十多年前离了职，来了这里，走在塔公街上，许多老乡都认识她，她对朋友和孩子们却很大方。

“加央呢，怎么样了？”“现在好些了。那儿，躺着的。”老万一边拖扫着一滩黄黄的液体一边示意我往里屋看。里屋很暗，没有电，黑糊糊的。只见下铺鼓着一个小人影。近前看，摸了摸加央的额头，不烧。掖掖被子，已经盖了三床。

“加央，加央，怎么样啊？想吃什么？老师给你弄。”一时间又忘了停电，很难做点什么吃的。“……”加央咕哝着什么，声音细得像蚊子。我把耳朵凑到他嘴边。“我……想……妈妈。”一股热流瞬时涌入眼眶，我背过身去，快速抹干眼泪，生怕无用的同情引发他更多的悲伤。他的妈妈，只能永远存在于他模糊的回忆中。“想吃稀饭吗？喝点热的，会舒服些。哪里不舒服？老师给你贴暖宝宝。”我从口袋里掏出万用武器。“我想吐，头很晕，天好像在转。万老师给我吃了药。”

这个症状我遇到过，那是来塔公的头两年，我常常晕。后来也是总结经验，我应该是后脑勺和脖子受寒，气血不通脑部缺血所致。之后，注意了颈部和头部保暖，这两年没再晕了。后来一见到小孩子裸着脖子，我会条件反射地把他们的校衣锁链拉到最高，再给他们扣上帽子，围上围巾。可有些孩子好动，嫌这样不利索。这不，又是寒气进去了。摸了摸加央的脖子，果然没有围巾。学校发过，孩子不懂事，不知丢哪里了？我赶紧将自己的围巾解下来，抬着他的头，给他围上，再给他胃部贴上暖宝宝。

“来，老师给你按摩按摩。”有次我在成都发病，遇到一位针灸按摩师，用正骨手法几下把我搞定，几分钟前委靡不振，几分钟后眼睛就有神了。天地也不转了，只是觉得人有些虚，应该是饿了几顿的缘故吧。再躺个半天，人就恢复了。我的先生也晕过，我用这三脚猫的“功夫”居然也能缓解他的症状。照葫芦画瓢，还记得几个招式，我给加央这儿揉揉，那儿掰掰，弄了十来分钟。“老师，别太辛苦了，我舒服点了。”加央大概是缓过来了。

“来，加央，喝点姜糖水吧……”老万不知什么时候进来了，捧着热气腾腾的茶杯。吃过早餐的同学们一下子把医务室塞满了，七嘴八舌地问着加央的情况。我和老万把他们都赶了出去，让加央好好休息。不一会儿，来电了。看看加央没大碍，我也回了寝室。

吃什么呢？早餐时间已过，屋里只有昨晚剩的白米饭。来个开水煮米饭做成汤饭，撒点盐，就着昨天早上剩的泡菜。吃完了，我居然很满足。“电”竟会让人如此幸福，一下子又从原始社会跨越时空把我们带到现代社会——感恩祖国，感恩社会的进步。已经十点过了，心脏有些不适，躺会儿吧，恢复一下一周的疲累，午餐赶不上就算了……很快，我进入梦乡。

咚咚……“报告，报告，老师，您在吗？”门外传来了汪扎的声音，清晰明亮。这是来自阿坝州加绒藏族的小男孩，高原上居然还这样白净，黑黑的自然卷发，眼睛不大却像能说话，亮晶晶的，忽闪忽闪的。“哦，哦，来了来了——”怕他等久，我立马披了件外套，开了门，探出头。“老师，您看我的头发，太长了。”孩子挑起前额的一缕头发，眼睛低垂着，有点羞涩。“要剪短，是吗？”“嗯！”“好，等等，五分钟后，一楼办公室见。”

一听剪发，我来了精神。来做志愿者前，不知听谁说过，孩子们的头发是老师们来剪。我买了整套剪子、电推子、理发专用梳子，甚至连理发专用围裙也准备上了。先是给家人修剪，从宽容的母亲开始，剪短发。处女作完成，妈妈照着镜子，很是满意。只有我才看得到母亲耳后的发被剪缺了。第二个是侄子，那时他才十二三岁，用电推理一个学生平头还是比较容易的，顺着他浑圆的脑袋推一圈就行了。后来再是父亲，我先生，再就是我自己……

我看着凌乱遮眼的长发被自己理成精神抖擞的短发，觉得很是愉悦。孩子们和同事们感谢我，说辛苦了，我常不以为然。就像一个爱好绘画的画家，完成一幅作品时，是经历了一场美妙的创作过程，怎么会觉得累呢？

……

用母亲传承给我的毛刷，掸去了汪扎脖子上残余的毛发，递给他小圆镜，我退后两步，欣赏起我的作品来……“呃，等等，这个地方还需要修一下。”“老师，老师，我想剪个波波头。”白玛卓嘎蹦蹦跳跳凑了过来。男生的发型简单，女生发型则就多变了。如果女生剪小男生头，我还是有把握的。可是，波波头是个什么样子？尽管对剪发有热情，但我的水平还是停留在小男生头上。但不能在孩子面前露馅儿。在他们眼里，老师几乎是万能的。我的“万能”，不能在这时破功。“你在哪里看到的？你怎么知道波波头的？”“上个星期周末，王老师给全校放的电视里看到的。”王老师非常严谨，为了挑选适合孩子的健康影片，她每周都是绞尽脑汁；每次审片，她总是神情肃穆，眼睛都很难眨几下，生怕漏掉关键的少儿不宜的镜头。这时的王老师，更像是检察官或是纪委重案小组成员，正气凛然，一丝不苟。“呃——女孩子还是留长辫子最好看。”我赶紧收拾着工具，落荒而逃，生怕卓嘎紧揪着波波头不放。

一看时间，剪一个头发用了四十多分钟，我，不算是高产的理发师。“梁老师啊，可以帮我理个发吗？明天一早我就要去教育局开会，时间来不及，我这头发，怕是丢学校的脸。”胡老师穿着他那永远的灰色外套，胡子拉碴地在楼梯口拦住了我。花白的发，服服帖帖地贴着脑门儿——确实有点儿长了。

老师们的日常作息一切以孩子们为圆心，平日里几乎不出学校。况且，这荒郊野岭，理发师跟医生一样，可遇而不可求。让别人欢喜，自己就欢喜。对于胡老师的头发，我还是有把握的。再说，他要求不高，我已经为他服务多次了。

……

“谢谢，谢谢，辛苦了哈。来来来，这是老家带的土特产，别嫌弃，拿着拿着——”剪完发、剃完须的胡老师立马精神起来，似乎年轻了十岁，隐约可以看出青年时，也曾英姿飒爽过。只是高原待久了，操心劳累太多，过早地花白了发。不过，算下来，也近五十了。咱们这些六零后七零后，总把自己当年轻人。或许总是跟孩子们在一起，时间久了，也觉得比孩子们大不了多少吧；或许是，没有时间仔细端详镜中的我们，已经青春不再了吧。

……

下午，总算补了三小时瞌睡，跟孩子们一样，做了个人卫生，洗了衣服，端着盆子到操场旁的栏杆上晒衣服。此时日光不再刺眼，斜斜地映在我们的脸上。操场边挺立着高大的白桦树，树叶反射着明亮的光。只有在高原纯净的空气中，也只有在高原这样的阳光下，才会有如此的景象。我常常迷醉在这亦真亦幻的光与影中，有种对生命的感动……

天渐渐暗下来，此时，又变了色彩，变成了国画中的青灰色，有种我极为欣赏的雅致。铃声又响起，晚自习即将开始。老师们和孩子们加快了脚步，准备投入新一轮的学习中……

改　变

三十七岁以前，我的人生很“正常”。都市里，读书、上大学、工作、结婚……一切有条不紊，一切顺理成章。日子按部就班地重复着……

直到某一天，遇到一些人，唤醒了尘封已久的记忆。隐约之中，觉得后半生是可以换个活法的，对于自己，对于他人，算是一个不错的交代。唯一心痛的，可能是父母的不理解而造成对他们的伤害。

瞒着父母，办理了调动手续，我开始了新的人生旅途，走进了塔公，来到了西康福利学校。俗话说，人往高处走，水往低处流。是的，我走进了高原，却不是人们心中的“高处”。在一般人看来，我的选择也许不太“正常”，是逆水行舟，是自讨苦吃；在我自己看来，幸福是不一定建立在物质丰富的基础之上的，如果一个人的生命，能够对他人真正有所助益，成为他人成长过程中的伙伴，也不枉此生了。

没想到，我收获的，却远比我付出的更多……

来到塔公，一待已八年。期间，有朋友问道，是否存在不适应的状况？是否身在他乡而倍感孤单？仔细想来，大概是因为一开始，我便同学校的孩子们一样，把这里当作自己的家，孩子们也都如同亲人一般。即使有分歧、有摩擦，都不会触及底线。就算来自不同民族、不同地域、不同背景，可人心最柔软的部分是相通的。真正的沟通一定是基于发自心底的共情，一种努力合而为一的尝试。藏族，汉族，又有什么区分呢？也许上辈子，我就是藏族。

有趣的是，一个自认为在帮助他人的人，却一直被他人治愈着。那么多年，我一直扮演着一个再正常不过的角色，却从未看清过自己。亦或许，是不敢看清吧。

在福利学校这个大家庭里，我笨拙地学着前辈的模样，用心地关照孩子们的学习、成长，被迫地开放“可怜巴巴”的自我空间。在这个365天都形影不离的大家庭里，是没办法指望有太多私人空间的。这就意味着，即使下班休息了，也会因为某个孩子的突发状况而立即起身处理。就这样，我的私人时间、空间被一点点地消磨、吞噬。慢慢地，我学会了倒头即睡；学会了在短暂的不期而至的空闲中安下心来，享受当下的那一刻；学会了突破原先设定的种种框架；学会了拿起，学会了放手与放下……我那多年不被觉察的心，开始松动，变得越来越敞开，也越来越清晰了。

在这里，我的每一天都比我的前半生来得忙碌、充实、富足。只要愿意，随时随地都可以找到让自己爱的光芒温暖的对象。于是，“自我”开始慢慢消融。倘是某人突然介绍我的过去，恍如隔世，大抵就是我此时的心情吧。一个似曾相识的自己，被堆砌在一类背景、头衔下，是那么的遥远、那么的模糊、那么的不真实，这是我吗？而此刻的我，又能有多真实呢？寒假回蓉，遇到大学好友，合影一张，颇为惊讶。照片中的我，除了日照丰沛的肤色外，更为显著的是带着牧区老乡般质朴的神情。难怪母亲说我这两年神态动作极似藏族，原来我早在不知不觉中改变。过去难以面对的情何以堪，难以面对的自私自利，难以触及的灵魂深处的悲伤，都在高原赤裸无遮的炽热阳光照耀下，在孩子们知恩图报的笑容里，如云般，慢慢散逝在万里晴空中。

新的校园，蜷伏在神山脚下，每当雪花纷飞后，山便披上了洁白的盛装。寥廓青天下，雅姆神山白得耀眼，怀抱着孩子们和我们，轻柔地驶向梦中的乐土。一个人，过着截然不同的两种人生，若是怀着对人类无尽的爱，走到哪里，都是光明大道。

若有来生，愿做神山怀里一朵莲。

记忆中的故事

王　玲*

2003 年得知在甘孜州康定县塔公乡有所学校叫西康福利学校，得知他们将在每年的春节轮流过不同民族年的创意想法。那时我在四川电视台妇女儿童频道任副主任，管理着一个维护弱势群体的品牌栏目《社会·家庭·女人》，得知消息后，我决定采访这所学校，记录下他们不同的民族年，于是在 2003 年底走进了这所学校。

不曾想，我与学校的缘分一直延续到了今天。其间，记录下很多他们的故事，第一次去做的纪录片《过年》（汉族年），即获得中国少数民族题材“骏马奖”；第二年又去记录了他们的“藏历新年”；次年受到中央电视台的邀请，我带着泽仁英措和马海清两个孩子去央视《民歌中国》栏目接受了采访，央视播出了《塔公草原我的家》的专题节目。

---

* 王玲：汉族，四川成都人，2003 年底来校采访，时任四川电视台妇女儿童频道副主任；现为四川传媒学院教授。

在连续四年的采访报道、十四年不曾间断的接触了解中，我见证了这所学校的成长历程，经历了很多故事，这里略举一二。

不化缘

西康福利学校是一所规模不小的学校，而且是封闭式寄宿学校，有上百名的孤儿、特困生、教师以及管理人员，再加上地处贫瘠的高原地区，生活条件差、不方便，其开销之大是显而易见的。

采访多吉扎西活佛时，我问他："你有很多钱吗？"

活佛："我一分钱都没有。"

我："那建校的经费从何而来？"

活佛："随缘。"

我："你会去化缘，找人捐钱吗？"

活佛："我从不化缘……"

我很惊讶！

我："这么大一个学校怎么能够维持正常的生活和学习？……"

活佛说："大部分的钱都是爱心人士主动捐赠的。尤其是一些企业家，因为他们信任我，所以每年会从自己企业的利润里抽出一点捐给学校，别看他们只拿出百分之一点点，那也是一个不小的数目呀。"

后来我得知，其实活佛自己的经费，类似信徒给予的供养，自己在国内外讲学的费用以及自己在政府任职的工资等全部无保留地用到了学校里，花在了孩子们的身上。

即使是学校再需要钱，活佛对钱仍有着自己的原则。活佛告诉我："来路不明的钱、不干净的钱绝对不收！"事后我从里面的工作人员处得知，他们见证过，来给活佛送别墅或者其他房子的他没收，把车开进来送给他的，他也没要。也许这就是他所说的"来路不明"吧……

阿　克

身为州政协副主席的活佛时时公务在身，非常忙碌；然而，学校的孩子们还需要他事事操心处处惦记……

在草原长大的孩子见识少，他便亲自带孩子们出去见识外面的世界，给他们钱，让他们去买自己喜欢的东西……随着孩子年龄越来越大，他会告诉女孩子们要学会把自己打扮得漂漂亮亮的……对优秀的学生，他会带他们去北京参观清华、北大，让他们树立更高的目标……高考结束，他会把孩子们送去歌厅让他们K歌放松，虽然他不会进入这种场所。

孩子们到了谈婚论嫁的年龄，他又会亲自为他们把关，选择合适的爱人，亲自操办婚礼，为他们祝福！让他们娶进来，或者把她们嫁出去……当年他从社会上把这些孩子们带回来，最终他又把这些长大成人的孩子还给了社会……

平日里孩子们习惯称呼他“阿克”，藏语叔叔的意思。我问：“为何叫‘叔叔’?”孩子给我解释说：“因为他出家人的身份不便叫‘爸爸’，其实在我们心里，他就是我们的爸爸!”

一届孩子走了，又来一届……

现在，故事还在进行着……

附小诗一首：献给“妈妈”的祝福

2003年，我第一次遇见西康福利学校，了解了这个学校的来历、追求和办学模式，深为感动。是年三八妇女节，有感于西康福利学校就是一位伟大的妈妈，情动难抑，以娃娃的视角，特意写下这首小诗，感恩妈妈、祝福妈妈。

我们家在美丽的塔公草原
我们家在美丽的雅拉神山下
妈妈们教我一加一等于二
妈妈们教我们 I love you China

今天是妈妈的节日
我想对妈妈说几句话
亲爱的妈妈
感谢您带给我生命

亲爱的妈妈们
感谢你们培养我们长大
我要对我远去的妈妈说一声
希望妈妈一路走好

我要对我身边的妈妈们说一声
孩儿长大
自会报答
今天是个好日子

希望妈妈幸福快乐
今天是个好日子
请妈妈们放心
我们一定会做个乖孩子

为孩子的成长尽绵薄之力

王晗光*

西康福利学校的管理者们想方设法引进内地的教学资源，提高教学水平，为孩子们的学习创造更好的条件。我非常幸运，也很欢喜能有机会在这方面为学校做一些力所能及之事。

一是为师资队伍建设出力。塔公地处高原，教师待遇较差，条件艰苦，师资

---

* 王晗光：汉族，四川雅安人，2007年国庆到校看望师生，此后做外围支助；现工作于四川农业大学。

队伍不稳定、师资缺乏是一个比较严重的问题。2007年以来，我多次与学校孙老师一起联系招聘老师，想方设法引进良好的师资和稳定师资队伍。2009年，学校地理老师顾老师想到成都来进修一段时间，提高教学水平。我得知后，即与我的高中班主任联系，通过他联系了一所成都的中学，让顾老师进修了一段时间。因为亟需数学老师，我还亲自上门与退休教师郑老师面谈，邀请他到学校代课。

二是引进内地的教学资源，提高学校教学水平。学校因交通不便，信息闭塞，与外面交流少，而学校的发展需要内地教学质量较好学校的初中和高中的月考、期中、期末考题等，通过学习交流来提高教学质量。于是，我积极与同学、朋友、亲戚联系，介绍福利学校的特殊情况，希望更多人来关心和支持学校的发展，如川师附中、雅安中学、新津中学、汉源一中等，让他们把试卷分享给学校。为让学校的学生能及时得到试卷，我通过传真、快递、物流等方式，尽可能在学校使用之前将试题送达，让老师学习，学生受益，发现差距，及时采取措施，提高教学质量。

三是关爱学生，尽己所能。有时候我会给学校的孩子们买一些参考书和学习用具；有时候还利用假期到福利学校看孩子，给学生补化学等；有时候到大学看望在读的孩子，如江彬飞、唐子昕等。

现在，西康福利学校第一批招收的所有学生都走出校园，服务社会了。我很欢喜，为他们的成长、成才尽绵薄之力，也希望更多的善心人士来关心学校学生的成长。

奉献中的人生价值

布单真*

世界上最宽最广的是海洋，最高最远的是天空，最博大最美好的是仁爱。乐

---

* 布单真:藏族,康定市塔公人,塔公教办主任,现退休。

善好施、扶危济困是中华民族的传统美德，也是促进社会和谐稳定的重要因素。

“幸福的家庭都是相似的，不幸的家庭各有各的不幸。”孤儿是社会上最弱小、最困难的群体，关注这一弱势群体是全社会共同的责任，也是构建和谐社会的重要组成部分。

在西康福利学校，就有这样一群不幸的孩子，他们没有属于自己的家，没有疼爱自己的爸爸妈妈，他们缺少了如山的父爱，缺少了如水的母爱。他们的童年，他们的心灵世界，是否会缺少欢乐的笑声，是否会缺少和煦的阳光，是否会缺少斑斓的色彩？答案是否定的。因为他们遇到了仁慈的多吉扎西仁波切，仁波切用他那博大的爱，改变了100多个孩子的命运，改变了100多个家庭。扶贫先扶智，“百年大计，教育为本”，仁波切用他的方式最根本最直接地惠泽当地百姓。

西康福利学校是一所为孤儿和特困生建立的全免费、寄宿制的民办福利学校。多吉扎西仁波切本着“一切为了孩子的健康成长”的理念，为了让这些不幸的孩子有机会和其他孩子一样，有读书的机会，为了不让这些孩子输在起跑线上，为了民族的教育事业，在万难之中创建了这样一所学校。

走进西康福利学校，看到阳光下孩子们展露的一张张纯真的笑脸，看到了既当老师也当父母、扮演着双重角色的教师，我感到了人心的伟大，为孩子们感到一种别样的幸福。一张张纯真的笑脸就是对爱心人士付出的最好回答，这说明这里的孩子是幸福的，他们与其他的孩子一样的幸福。虽然先天的不幸让这些可爱的天使折断了翅膀，但在爱的呵护下，在爱的照耀下，孩子们的翅膀在慢慢地愈合。

通过与孩子们的接触，我感觉在西康福利学校快乐不是属于某个人，而是属于所有人，因为他们已经融为一家了。家人与家人在一起，就会有一种归属感与幸福感。

我们的人生中会遇到许许多多需要帮助的人，我想我们都应该在力所能及的范围内，伸出关爱之手。给别人多一份关爱，带去阳光，也就给了自己一份快乐，正所谓“赠人玫瑰，手有余香”。

修德至善

黄德善*

首先，感谢我敬爱的恩师曾逸老师，是他把我带到了美丽的塔公草原与尊敬的多吉扎西仁波切和可爱的孩子们结上了缘。

2017年8月12日的这一天尤为难忘，那天我和大师兄周鸣烈校长，在曾逸师父和师娘的带领下驱车约10小时来到了美丽的塔公草原。走进西康福利学校已是晚上。我们放下行李后，在晚餐时见到了这些可爱的孩子们，他们给我最深的印象就是每张脸蛋上都印着鸡蛋大的高原红，从他们眼神中透露出朴实和善良。餐后我在大厅转了一下，看到孩子们认真地在进行晚自习。面对这样的学习热情和氛围，我心里有很多感触。他们朗读时都用藏语，虽然我一句也听不懂，但从这些孩子身上我已感受到他们端正的态度，就凭这点“认真劲”，我相信他们能把武术和书法学好。

我们的教学时间共三天：早上书法，下午武术。在短短的三天时间里，给我印象最深的就是孩子们对学习的这股认真劲——特别是在学武术时的激情。在藏区学习武术的机会是很少的，大多只能通过电视和武侠小说简单地了解而已。

几天时间下来，孩子们都熟练地掌握了连环拳一路，而在汉地一般需要两个月的课程才能熟练掌握，这可能就是因为学习态度不同吧！这几天，孩子们都尊称我为黄师父，我感到非常欣慰，同时也发现了一大批武术的好苗子。唐迦文是给我印象较深的，我感觉他组织能力和悟性都不错，于是把他提到了前排当小领队。他带领小伙伴们的精神和责任感，让我对自己的眼光坚信不疑。

---

* 黄德善：汉族，四川成都人，成都市新都区武术协会主席，学校书法和武术校外辅导员。

几天的教学成果得到了仁波切的肯定，仁波切给每一位优秀学员都给予了鼓励。

次年，再来到学校就感觉孩子们已经把我当成亲人了。特别是听孩子们高兴地叫道“黄师父又回来了”，我心里的喜悦和亲切感无法形容。

离开时听魏老师说：“唐迦文想给您一个惊喜。”然而因早上走得匆忙没能告诉小领队唐迦文。听说得知我已离开的消息后，他哭得很伤心。其实我想告诉他和孩子们：“我也很不舍，我会常回来看大家的，并会一直坚持教下去。希望大家都能好好的。”

西康福利学校是一个大家庭，仁波切就是这个大家庭的家长、慈父。看到仁波切每晚的接待都到凌晨一两点，还要处理和化解各种繁琐的事情和问题，我希望他身体健康，不要太劳累。仁波切的慈祥与大爱永远刻在我内心深处，指引我朝着修德至善的方向走下去……

与爱同行

周鸣烈*

与仁波切结缘是因为曾逸老师。曾老师教我太极、书法已有十年。自从年过不惑，就想有一份沉静，世间功利纷扰渐远，想更从容闲适。恰巧遇见曾老师从西康福利学校带学生来到新都，我激动愉悦不已，感到这是老有所寄的幸福。

最初对西康福利学校不是很了解，与塔公草原上的木雅金塔倒是有 20 年以上的缘分。以前爱旅游，多次到塔公草原骑马、照相、转经。康巴汉子英俊潇洒，雅拉神山神秘典雅。雪纷纷肌骨寒冷心暖，夜深深星斗满天地远。多次从康定、

---

* 周鸣烈：汉族，四川成都人，成都市特级校长，现在成都市新都区教研培训中心，学校书法校外辅导员。

木格措去塔公，或从塔公到康定，西康福利学校从无到有，成就今天的盛况，我见证了它的成长。而真正走进去，是在前年，随曾老师和几个师兄弟去参加学校的庆祝活动，第一次与多吉扎西仁波切认识。

当时心里有非常神秘的仰望之情，对仁波切、雪域圣地、福利学校，对学校的老师、学生，我都带着一份好奇而又小心翼翼的敬畏。

第二次去给学生上了三天课，近距离和仁波切聊天，与不同年级的孩子一起练写字，练青年拳。教学情谊深，教学乐在兹。

离开当天早晨，本不愿打搅仁波切，悄悄开车上公路了，才听说仁波切已经跑出大门来给我们送行。当金黄的哈达被多吉扎西仁波切亲自披上我们的肩头，我对仁波切多了一种亲切感，也由衷地感叹西康福利学校的孩子多么幸福，多么幸运！

我毫不迟疑地随曾老师第三次去学校，和孩子们在一起学习、生活了五天，还是教书法、打拳。将来任何时候，只要学校需要，我都会义无反顾。

西康福利学校成立20周年，需要我写点什么东西的时候，不由得想起我在评成都市特级校长答辩的时候，专家问我最自信的是什么，我答最自信的是我的学校学生毕业后，没有人以撕书烧书来发泄，而是怀着感恩之心离校。这自信就来自我善待老师和从不放弃任何一名学生。

仁波切创建西康福利学校也是这样的情怀，这样的大爱。我愿与这份爱同行。

书写生命之甘霖

王晓智*

这篇文章写在一个非常特殊的时间段：年过七旬的父亲病危，随时可能出现

* 王晓智：汉族，四川成都人，2011年6月来校看望胡忠老师；美资咨询公司J. D. Power中国区团队负责人，客户代表，国家级心理咨询师，上海高级口译证书持有者。

生命危险。我们一家人陪着父亲在病房与病魔连续争斗厮杀了数日之后，病魔才终于退去，父亲进入了恢复的阶段。父亲脱离危险期后，我做的第一件事是先踏踏实实睡了一觉，第二件事就是写这篇文章。不为别的，只为感念师恩。

幸遇明师

古人有人生四喜之说，即：久旱逢甘霖，他乡遇故知，洞房花烛夜，金榜题名时。而对于一个孩子来讲，最幸运的莫过于在人生成长的道路上遇到好的老师，授予知识，教会你做人做事所需的品德和道理。某种意义上来讲，树立良好的品德，培养健康正面的人生观价值观，不仅能帮助孩子茁壮成长，还能帮助孩子在今后的人生道路上遇到各种挫折、挑战以及诱惑时坚忍不拔，走上正道，这比知识、能力更为重要。回顾这些年，一个人在上海打拼了十多年，多少坎坷，多少挫折，如果没有当年老师的播下这方面的种子，真的很难想象如何能抵抗得了这许多的风风雨雨。

而我就是那个最幸运的孩子之一。二十多年前，我在成都第十中学初中部担任少先队大队长，胡忠老师在学校担任团队工作的辅导老师。就这样，我人生的轨迹得以改写：记不清多少个午后，胡老师就在学校那棵小树下教我和其他几个孩子人生的道理，教给我们中华的传统美德，教我们要孝顺父母，尊师重道。团队工作遇到问题了，第一个找的就是胡老师；学习过程中有时候遇到问题想不通了，第一个想到的也是找胡老师帮忙。而胡老师根本不会在意那是不是他的本职工作，只要有问题，他总是面含微笑，细致周到地替我们解决。青春期的孩子最敏感，而老师充分照顾到每一个孩子那颗敏感脆弱的心，解决问题的同时还给予大家正能量。

也因为有胡老师，我们这帮做团队工作的孩子们真的很幸福：老师不仅帮我们一起策划和组织少先队丰富多彩的活动，还时不时地带我们一起搞团队建设：春天到了，一起去植物园踏踏青，亲近自然，再顺便谈谈理想，谈谈人生。

在我心目中，胡老师的形象几乎是完美的。我们有问题就找胡老师，学习遇到困难了找胡老师，跟同学闹别扭了找胡老师，有心事了，还是找胡老师。除了帮助我们这些小不点儿排忧解难，胡老师还常给我们讲笑话，唱歌。后来也记不清是什么时候，胡老师手上多了把民谣吉他，于是一边弹吉他，一边唱歌。想想那时候，真是幸福！因为胡老师的悉心栽培，年级在评市三好学生的时候，200多人仅两人得中，而我就有幸成为其中之一。高中的时候我免考保送了本校的重点班，并逐渐升任校团委副主席，继续担任团队工作。

正是因为遇到了胡老师，我的性格发生了很大的转变。小时候我非常内向，几乎不与同学老师交流，活在自己一个人的世界里。可进入大学之后，我整个人几乎都变了，变得热情阳光，开始喜欢主动关心别人，不仅参加了学校多个社团组织，更担任了学校数学建模协会的会长，学院广播站的记者、编辑、主持人，以及系学生会的工作。在担任记者期间，从学校培植花草的园丁到学院的院长，无一没有做过我采访的对象。

为了特殊的孩子

对胡老师做出到西康福利学校任教，并最终留在那里陪伴藏地孩子们的决定，我一点也不感到意外。因为胡老师的人格里面就有很深的乐于助人的根，更何况后来有了贤内助谢晓君老师——一位菩萨般的老师，两人更是夫唱妇随，给藏区缺少父母关爱的孩子们带去了温暖和阳光。他们走到哪里，哪里的孩子就有福。

英文有句话叫“Love is all”，爱是全部。恨一个人是容易的，但恨只能让人的心越来越狭隘，越来越冷。而人的心是需要温度的，需要光和热，需要爱。普通的孩子在父母关爱下健康快乐地成长，缺乏父母关爱的孩子多多少少存在这样那样的心理问题。西康福利学校的孩子绝大部分从小就缺乏父母的关爱，严重缺乏安全感，因为如此，他们的心比普通的孩子更加敏感，更加脆弱，要照顾好他们就更加不容易。何况老师他们刚到藏地的时候还不会藏语，对于藏文化也了解得很少。孩子不像大人，懂得控制自己的情绪，懂得如何去配合大人。他们高兴了就笑，难过了就哭，有些缺乏安全感的孩子极度内向，有些因为缺乏信任故意与老师捣乱……如果我们看到老师今日挂在脸上的是笑容，谁又想到，当年老师是如何一步步捱过来的呢?

孩子们共同的生日

师恩难忘。离开老师虽然很多年了，可老师当年的教诲总时时在耳。想起老师当年的恩德，总忍不住泪流。一别数载，终于找到时间联系到了老师，马上千里飞奔到学校去看望老师，一生的恩人。

第一次来到学校，这时候的福利学校不论师资还是硬件都比创办之初的条件好了不知多少。一大清早我还在睡，老师和孩子们已经在操场上做早操，迎接新的一天到来。开始上课了，孩子们整齐地起立，向老师问好，还带着高原人独有的那种热情和笑意。跟了两堂课，课堂最直接的感受是，无论孩子的参与度还是对知识的渴求程度，都比内地好多温室里长大的孩子要好很多。大概他们幼小的心灵里能够感受到，今天的生活和学习的机会，是多么的来之不易，所以倍加珍惜。孩子们虽然从小经历了同龄孩子所不会经历的痛苦——失去自己的父母，可这些素昧平生的老师们对自己比亲生父母还要好、还要温暖，在当初的绝望之后又重遇了今天的希望，这不就是我们平日所谓的久旱逢甘霖嘛。

去看胡老师的时候碰上意外的惊喜：正好赶上六一节，孩子们的集体生日。生日这天，孩子和老师们都显得比平日还要高兴。老师们一大早去镇上最好的一家蛋糕店订做了好多生日蛋糕。这天传说中的活佛也出现了，不管再忙再累，孩子们的生日他是一定会出现的。这一天也不例外，他带着点倦容但是神采奕奕地出现在了我们的视野。孩子们有些直接管他叫“阿克”，一看到阿克来了，那种兴高采烈的劲儿真是无法用言语表达。

这天的安排很丰富，一大清早几位老师和几个学生代表就把阳光棚装点得热闹隆重，一根根彩色的绸带悬在顶上，在阳光的照耀下，映照出五彩的光芒。这一天，各年级的孩子们精心准备了自己的节目，厨房的叔叔阿姨也特别给大家加菜。致辞之后，活佛给大家讲话。这一年活佛生日讲的话题是“情绪与缘分”，大意是人与人相遇都是因为很难得特殊的缘分，这样的缘分非常值得珍惜。而我们每个人又都有这样那样的性格特点，有自己的情绪和脾气。有时候稍微有点不对付，脾气就上来了，两个人很好的感情就这样被破坏掉了。世间很多夫妻不和甚至离异大多都是因为这样的原因，而同学之间闹别扭也是因为这个原因。活佛微笑着跟孩子们讲：“我们要好好珍惜在自己生命中出现的每一个人，把他们当成自己最亲的人来尊敬与疼爱，而不是跟他们发脾气，这样好的缘分才能长久……”讲话时间不长，但是到今天都还恍如昨日。几句话讲出了人与人之间的关系，以及相处的诀窍，也给我的人生带来了启迪。现代都市生活的人，尤其是大都市工作的人们，绝大多数都有丰富的知识和文化，可是遇到工作、生活以及与人交往的压力时往往不知所措。多少大都市的人都有这样或那样的心理问题，如果他们从小就能得到像活佛讲授的这种“软性的知识”，这对于他们的人生与成长会是多珍贵。

六一庆祝的时候还有另一拨“特殊的客人”——他们是从这里毕业出去的孩子，因为想念老师，想念自己成长和学习的家，每年生日的时候就回家来看看自己最爱的老师，老爸老妈们。毕业孩子代表们发言，有些一开始微笑地说着话，鼓励着学弟学妹们努力学习，互敬互爱，尊师重道，说着说着就流下了眼泪。看到一手栽培自己的老师，他们有些会狂奔到老师身边，与老师紧紧相拥；有些给老师献上一条条洁白的哈达。

电影《阿甘正传》中说“人生就像一盒巧克力，你永远不知道你将得到的是什么”。于我而言，真的没想过会遇上胡老师这样的大恩人，可老师偏偏就出现了，从此改变了我的命运。对于孩子们而言，他们是不幸的，因为从小缺失了父母的关爱，可是他们又比普通的孩子更加幸运，因为他们收获的是活佛和老师们比父母更多的爱，更重要的是对于自己智慧灵魂的熏陶与启迪，让自己的心灵找回力量，充满阳光地去关爱与帮助身边的每一个人，并且将这种精神代代相传下去。毕竟，我们生活的世界已够冷漠，我们需要这样的爱与关怀。我想这是我于老爸病中书写此文的初心。

下卷

桃李芬芳满天下，将爱传递

卷首语：塔公，『菩萨喜欢的地方』

1998年秋天，这个高原小镇拥抱了来自康巴高原深处各个角落的一百多个孩子。自古以来的吉祥圣地，成为孩子们生命中最重要的一个驿站；走进坐落在塔公街口的西康福利学校，成为他们命运的转折点。

这群羸弱甚至多病、孤苦的孩子，这群从小与牛羊为伴、懵懂无知甚至顽劣的孩子，从此走进了美好的校园，拥有了家庭的温暖，享有了世界上最广最深、最纯洁无私的爱，接受了最优良的教育。

12年、13年……他们在这所由政府到民间无数爱心汇聚而成的家庭式学校里，快乐地生活，健康地成长：不仅从身体到心灵，得到无微不至的关心与照顾，也从礼仪到行为、从学习到劳动，受到了比一般学校和家庭更为严格的要求与锻炼；在学完国家规定的全部中小学课程之余，他们还接受汉、藏优秀传统文化的滋养，形成了西康福利学校学生特有的形象——正直善良、知书达礼、质朴踏实、阳光向上。

20年后，桃李芬芳。除继续攻读硕士研究生的孩子外，他们已全部走出校园，走进社会，运用所学，建设着家乡，回馈着社会，在广袤的雪域大地绽放青春。

无论从教、从医、做公务员，或做独立摄影师、创业、经商，他们都善良、诚实、努力，无不良嗜好，遵纪守法，做着好公民；他们更都积极进取，乐于助人……

他们有的已为人父为人母，幸福地抚育着下一代，自信地创造着美好生活。

他们更有十多位志愿回到学校，继承师业，辛勤培育下一代。

20 年后的今日，他们中的大多数，提起了笔，回忆过往的点点滴滴，采撷记忆中的闪光片段，倾诉对母校的感恩与眷恋，抒发对人间大爱的赞美，书写他们用爱回报爱的信念与誓言。

愿以寸草心，报答三春晖。

福利学校给了我第二次生命

吉　祥*

三岁那年我和妹妹成了孤儿，我们体会到了太多的孤寂和无助，甚至曾挣扎在死亡边缘……1998年的一天，幸运之神悄悄地来到了我的身边，我来到了西康福利学校。自从我走进了西康福利学校后，一切苦难结束了。我和妹妹重新回到了爱的大家庭。我的生命里充满着温暖的爱。

记得一天下午，我去倒垃圾回来，觉得自己脚痛，没法走路了。当时也没有太在意，以为是自己走多了，有点累，休息休息就好了。哪知道第二天更痛了，走一步都疼。撩起裤子一看，腿上有一些红红的血斑。过了几天，全身都长满了这种红色的斑点，看上去很吓人。

学校把我送到了康定县州医院，医生确诊为过敏性紫癜。我后来才知道，这种病很严重，甚至会危及生命。医院下了病危通知书，我即刻被安排住进医院，开始治疗。

在医院一住就是半年。当时的我只有七八岁，心里很害怕，也不知道自己得啥病了，浑身没有力气，好羡慕别的孩子可以玩耍，可以打球，可以跑步。而我，得天天躺在床上，不能动弹。学校里安排了一位生活妈妈，是周阿妈，天天照顾我。有阿妈陪伴，好多了。可是我的心里还是害怕。虽然害怕，却有股莫名的力量支撑着我。

现在想想，这力量是这半年里上师**每天都会来看我，和我聊天，为我诵经。每天晚上，不管多晚，我都能见到他。记得一次，上师说会开一天的会。会议结

* 吉祥，藏族，1998年来校，2006年离校；现在成都某民营企业规划部工作。

** 上师，意为喇嘛，此书中指学校创办人多吉扎西仁波切。

束，天色晚了，他顾不得吃饭，就到医院看我。还有一次，下着鹅毛大雪，冷得要命。晚上，上师依旧照常到医院看望我。一进门，他浑身全是白白的雪，像一个雪人似的。上师和我聊天，告诉我不用害怕，他永远不会放弃我，只要我坚持治疗，相信一定会好起来。那天也发生了最让我难忘的事，上师取出个挂坠，轻轻地挂在了我脖子上，说这是护身符，他告诉我："你看到它，就像看到我一样，我会永远守护在你身边。"当时心中的温暖，无法用言语表达。从此，我有护身符了！护身符上凝聚着上师的温暖和爱，是最好地祝福和陪伴，从此面对疾病我不再像以前那么畏惧了。

在医院住院的半年，我看见其他的孩子都有爸爸妈妈陪着，可以吃抄手。我好羡慕，心想有家人陪着多好，能吃抄手多好。上师知道了，就对照顾我的周阿妈说，其他小孩吃什么，就给他买什么；其他孩子有什么，只要能买到，就给他买。这些点点滴滴，都在我的记忆深处留存着，那是一个孩子被爱着的温暖。小时候一直不明白为什么自己没有爸爸妈妈，为什么爸爸妈妈丢下我和妹妹离开了。遇到了上师后，我才明白自己原来也是幸福的，自己和妹妹也是有亲人的。

时间一天天过去了，我一直住在医院，恢复得很慢，病情不太稳定。有一次病情加重，半夜三更发作，上师知道后，马上赶来我身边，念经加持。病重时只能早上一勺白开水，中午一勺白开水，晚上一勺白开水。后来医生说估计不行了，把我送进了急救室。上师一直握着我的手，告诉我，千万别放弃。当时我感觉自己很平静，前面黑黢黢的，但是心中不再恐惧。也许是上师的坚持和加持，也许是我的运气，死神最终没有把我带走。

从医院回到学校后，大家都知道我身体不好，专门给了我一间单独的房间，老师们也都来看我，给我补课，给我带好吃的。身体慢慢恢复的我，逐渐也有了体力，可是也就到了叛逆的时候。上师有一次和我聊天后，告诉老师要好好管教我。记得我有一次犯错，黄老师严厉地教育了我后，想了个办法。黄老师送了我一个本子，让我每做一件好事，就画一个圈；如果做了一件错事，就画个叉。虽然我调皮，但是我很诚实。圈圈和叉叉，我记录得很真实。看着本子上那么多的叉叉，自己心里也怪怪的。慢慢地，叉叉少了，圈圈多了。真的，我看着这些多起来的圈圈的时候，心里好开心。为了能画上这些圈圈，我想了很多办法，如与同学们一起捡垃圾、打扫公共区域等。每做一件好事，我就画上一个圈圈，慢慢地，圈圈多起来了。一个个黄色的圈圈成了我心里最美丽圆满的图案。这些圈圈是我的改变，也是我的喜悦。在上师和福利学校老师的教导下，我真的慢慢长大了。

现在的我很幸福，我很满意自己活成现在的模样。这一切都源自于西康福利学校，我的家，我的家长。希望在今后的路上，我能像康定雪山上的一棵小草，坚忍不拔，哪怕石头也挡不住它的成长。有爱的地方，顽石也无法挡道，这生命是来自大地的爱的礼赞。

亲爱的阿妈、老师，亲爱的小伙伴，亲爱的仁波切，我有好多的爱想对你们讲，谢谢你们把我从生命的低谷托起，谢谢你们把我从死亡的边缘救回来，谢谢你们给了我这么开心的时光，谢谢你们给了我和妹妹一个完整的大家庭，爱的大家庭！谢谢你们给了我信心、力量和爱！

仰望天空，但求心安

邓先俊*

每一次，只要回到壮丽的康定、回到无垠的塔公草原、回到我一辈子都会魂牵梦绕的西康福利学校，我都会迫不及待地仰望天空。这是一片被仁爱撑起的天。这里的天空能令我欣然平静，这里的天空会深深涤荡我的灵魂。

重新给我温暖和希望的家

八岁那一年，父母相继离世，我的天从此坍塌了。我不再愿意抬头看天。

---

* 邓先俊，汉族，1998年9月来校，2001年离校到成都市新都二中读中学，2007年于龙泉中学复读高三，2008年9月考上四川中医院高等专科学校临床医学系；现任职于四川省革命伤残军人医院创伤骨科显微外科。

1998 年的一个下午，一个意外的消息改变了我的一生：康定县塔公乡一位活佛创办的一所福利学校，面向全甘孜州十八个县招生，只要是没有父母、年龄在十二岁以下的孩子都可以到学校免费就读。十岁的我，刚好满足招收的条件。就这样，懵懵懂懂的我经过了许多辗转之后，与几十个身世相同的孩子进入了我们的新家——甘孜州西康福利学校。

几十个孩子中，大的十几岁，小的只有几岁，从不同的地方来到了这里，成为了兄弟姐妹，开始了我们的新生活。

对于我们这些曾经的放牛娃、放羊娃来说，什么生活习惯、卫生习惯都是一张白纸。我们从未刷过牙，很多天不洗脸，很久没有洗过澡。而这里的生活老师们从来没有嫌弃过我们，帮我们洗澡，耐心地一点点教我们刷牙、洗衣服，将不爱干净的我们变得干干净净。

我们的父亲多吉扎西仁波切为了能让我们感受到家的温暖，放弃了在加利福尼亚大学讲学的机会，在家陪伴我们。他陪我们打球，陪我们跳舞，陪我们聊天，了解我们的过去，用爱温暖我们，开导我们，引领我们走出曾经的阴影；了解我们的想法，解决我们的困难……

记得一天晚上，师生们围在一起为一个孩子庆祝生日时，有一个 5 岁的小同学却独自躲在床上哭。老师问他原因，他说他也想过生日，但他不记得自己的生日了。当上师知道这件事以后，便做出了让全校学生都在六一儿童节集体过生日的决定。从此，无论我们记不记得自己的生日，我们都拥有了一个共同的生日——“六一儿童节”。从此，每年的这一天，上师无论在哪里，都会尽量回到我们身边，陪我们一起过生日。全校师生围坐在一起，许愿、吃生日蛋糕、唱歌跳舞，无比温暖、无比幸福。

为了让我们有更好的生活条件，上师不断改善着学校的硬件设施。高原的冬天特别的冷，为了能让我们安然入睡，他给我们的宿舍装上了暖气；为了能让我们在冬天有活动的地方，他修建了阳光棚。阳光棚内四季如春，无论外面狂风暴雨还是鹅毛大雪，我们都可以在阳光棚里安然地看书、画画，愉快地玩耍。

上师非常重视我们的学习和品德。他题写了我们的校训：“爱国　敬师　笃学　求真”，给学校老师和学生提出各自的行为要求。

学校的老师，大多来自于内地大城市。他们在繁华都市都有着自己满意的工作、家庭，然而只为了奉献自己的爱，他们放弃了美好生活，离开了自己的父母、亲人，来到了条件恶劣的高原，成为志愿者，默默地奉献着。他们与我们同吃同住，朝夕相处，传授我们知识，教会我们如何生活、如何做人。

在这里人人平等，我们不再被歧视，也不再担心吃不饱、穿不暖。我们不再孤单。在上师和老师爱的温暖下，我逐渐走出了心里的阴霾。我感觉爱时刻在我身旁，被爱不再是遥不可及的奢望。我从一个懵懂无知的放羊娃，逐渐变成了一个有理想的少年。不再迷茫，不再自卑，我开始变得自信，变得爱读书。不知不觉中我又开始喜欢仰望天空了。

带着爱我走向远方

在西康福利学校度过三年我此生最快乐和美好的童年时光后，我与学校其他六个孩子一起去了新都二中上中学。记得离开的那天清晨，虽然天气很冷，但学校的老师和兄弟姐妹们都离开了温暖的被窝，来到操场为我们送行。老师们的教诲与叮咛，兄弟姐妹的祝福，让我们热泪盈眶，让我们忘记了寒冷，感受到的只有温暖、爱和不舍。与老师们拥抱后，我们向兄弟姐妹们挥手告别，含泪离去。而到学校大门时，守门的阿妈拦下了车子，年迈的她迈着蹒跚的步子一个一个为我们献上了洁白的哈达，握着我们的手，一番叮嘱，让我那还未干的眼睛再次湿润。就这样在家人们的不舍、叮嘱中，我们离开了家，踏上了去成都求学的路……

刚到新都二中时，由于我们的特殊背景，别人给我们的是异样的眼光，甚至有人嫌弃我们是孤儿。但在我们的心中，我们并不是孤儿，我们有温暖的家。我们选择了奋发向上，通过努力来证明我们自己。刚入校时，我的成绩在全班里倒数，后来通过自己的努力，我跃进了全班前几名。在一次全校演讲比赛中，我的演讲让全场观众和评委流泪，荣获了特等奖。在学校的演出中，能歌善舞的我们每每让全场观众沸腾。是家里满满的爱让我们放光。

2007 年 6 月我迎来了我的第一次高考，但成绩并不理想。在老师的启发下，我选择了复读。2008 年第二次高考依然不理想。那个暑假的我无比煎熬。一天和上师谈话，我告诉他：我不读书了，去学技术吧；学校里缺什么人，我就去学什么。然而上师的话却让我放弃了辍学的念头。他说：“我知道你读书很用功的，成绩一直也不错，只是发挥不好，运气差了点吧。所以无论如何，我都会想法让你去读书的。”最终，我被四川省中医药高等专科学校临床医学系录取。

现在我是一名创伤骨科显微外科医生。在救治每一位患者时，我都提醒自己，我是一名医生。记得那是2013年3月的一个下午，我接诊一位外伤患者。经过一台好几个小时的手术之后，成功地保住了患者的手。当我下了手术台，精疲力尽地走出手术室，看见孩子父亲，一个堂堂的七尺男儿含着眼泪给我深深地鞠躬说“谢谢医生”时，所有的疲惫都烟消云散了。几个小时的辛苦能够挽救患者的手，让我感到欣慰。那年回家，我在和上师聊天时，他问了我一句：“你这个医生做得心安吗?”我希望我随时都能回答一句“我心安”。

如今的我也有了自己的家庭，已为人夫、为人父，有一份安定的工作。我今天能拥有这一切，都只因为我进入了西康福利学校这个特殊的大家庭。我也明白上师和老师们给予我们这一切并不求物质的回报，他们只希望我们以自己的能力回报社会。未来无论多苦多累，多么的困难，我都将秉着医者仁心，秉着一颗为他人消除痛苦的心，努力从事我的工作。

这个家让我梦想成真

卡旭翁姆*

梦想开始的地方

这个家是我们永远的家——西康福利学校，一个充满温暖和感动的家。这里，是我梦想开始的地方。

来福利学校之前我很恋家，从小没有离开母亲远行过一次，不知道哪里还会比家更温馨。到了西康福利学校，当我大声地哭喊闹着要回家时，一双温暖的手

* 卡旭翁姆，藏族，1998年来校，2010年6月高中毕业离校，就读于西南民族大学藏汉双语行政管理专业；现任职于中央人民广播电台西藏中心成都节目制作室。

捧住了我的脸。我看到的是白发的“生活妈妈”真诚的微笑。她温和地和我说着话，小伙伴们也伸出一双双充满友谊的小手抚慰着我。就这样，大手牵着小手，小学生活走进了我童年的时光。

虽然学校是封闭式教学，但是，这里有着宽敞明亮的教室，有很好的学习生活环境，有充满爱心的老师和妈妈。我们不仅可以安心学习，还可以和一群可爱的小伙伴们尽情玩耍。白天我们都忙着去上课，到了晚上，生活妈妈就带着一家的孩子们聚在一起，讲故事做游戏，耐心地听着我们分享。有时几户人家聚在一起，共同分享白天学习的乐趣和体会，相互了解，相互帮助，互相鼓励，共同进步。

在老师和生活妈妈的悉心指导下，我们慢慢习惯了集体生活方式，培养锻炼着学习能力和生活自理能力，并且越来越感受到，我们就是一个大家庭，这里有着真正的家的温暖。就这样我逐渐融入到这个温暖的大家庭里。

无私的老师

让我们倍感温暖的是那群任劳任怨，无私奉献，并且深爱着我们的老师们。这些老师大多都是志愿者，为了我们这些特殊家庭孩子的学习和成长，自愿从内地很好的学校来到高原教书。他们不是亲人却胜似亲人般地照顾着我们的学习和生活。

当时，我的成绩在班里不算很好。我最怕的就是考试“失败”。记得有一次，英语考试不及格，一看到考试结果，我就从教室一路哭到操场。我对自己很失望。英语老师为了开导我，陪我围着学校的操场走了好几圈，循循善诱，告诉我不要怕失败，要学会在失败中总结经验教训。在老师的安慰和鼓励下，我不再想哭了，只想立刻回到教室，重新学习那些没掌握的知识。

我在语文课上最不喜欢回答问题，觉得害怕，但一件事消除了我的恐惧。在一次汉语文课上，魏老师带着我们，几乎整堂课都在讨论课后练习题。每个问题，我都以最快的速度思考，并得出自己的答案，可就是不敢举手回答。魏老师一直鼓励同学们自己主动站起来，有些同学回答偏了，有的同学没有回答上，还有的同学站起来却说不出话。可是魏老师没有生气，也没有立即给出正确答案，而是继续鼓励我们在课堂上大胆发言，说出自己的想法。她强调，无论对错都要表达自己的看法。当我意识到老师的良苦用心时，主动表述了自己的看法。魏老师冲我开心地笑了。魏老师真诚的微笑、鼓励的眼神，给予了我莫大的勇气。这对我来说，是一次挑战，更是一次突破，我体会到，其实让我们在课堂上回答问题，就是为了培养我们的自主学习能力和健康的心态。从此，我不再怕答错问题被老师批评，也不再怕在同学们面前丢脸而受嘲笑。每当老师在课堂上提问，和大家讨论问题的时候，我都会积极参与，大胆回答，抓住机会表达自己。时至今日，面对任何难题，我都会把它当作完善自己的机会，积极应战，不轻易失掉任何机遇，这是魏老师带给我的最重要的领悟。

做我们的老师非常不容易，不仅要教我们书本知识，还要照顾我们的生活起居，更像父母一般照顾我们的心理成长，告诉我们做人的道理。他们会在生活中言传身教，以身作则。“做人第一，学习第二”这种教育理念，不同程度地影响了我们这个大家庭里的每一个孩子——无论我们知识学得怎样，人要做好。

美好的梦想

在我的成长道路上，对我影响较大的除了汉语文课的魏老师外，还有一位教授藏文课、负责学校舞蹈文艺方面工作的阿布老师。他对我兴趣爱好的培养，产生了很深的影响。从小我就喜欢表演和主持。学校有个播音室，下了晚自习，同学们都回去洗漱的时候，我会在播音室里面，通过小喇叭给大家讲故事，陪伴大家直至入睡。而我自己也陶醉其中。我很喜欢上台主持的感觉，只要有机会，我就会积极参与各种文艺活动。阿布老师特别肯定我在台上的表现，每次学校有什么文艺活动，都会给我机会锻炼，让我当主持人，并要求我脱稿上场。学校组织了一次全校范围内的小小主持人选拔大赛，我得了第一名。从此，学校里的文艺活动，都由我当藏语主持人。

为了培养我的主持能力，阿布老师还带领我写串词并进行汉藏翻译。到后来，他让我自己边看着汉文稿子，边翻译成藏文。就这样，参加的活动次数多了，我几乎成了这方面的能手，主持能力得到极大锻炼和提升。这为我日后的工作打下了坚实的基础。大学毕业后我有机会到四川广播电视台民族频率学习播音主持，也在康巴卫视新闻部做过汉藏新闻翻译。后来我经过报名、考试以及层层选拔和培训，成为中央人民广播电台西藏中心成都节目制作室一名新闻工作者。

播音主持是我儿时的梦想，也是与老师、与学校共同编织的梦想。现在，我的梦想成真了。

虽然离开西康福利学校已很久了，可在学校度过的时光毕生难忘。而经历的那些事，走进我生活的那些人，成为我成长道路上最珍贵的一段记忆。无论走到哪里，我都会想起那些曾经的我们的故事。那份情，那份爱，那个家，成为我梦想开始的起点，也会是我梦想归宿的落脚点。

西康福利学校拯救了我的人生

佳华旺钦*

若没有当年在福利学校的读书机会，不敢想象当年的一百多个孤儿现在是什么样子！福利学校给予我们了太多太多，福利学校的每个孩子都在学校的帮助下，找到了属于自己的人生，对于我们来讲是对我们人生的拯救！

拯　救

到今天我仍然不太愿意回忆童年的冰冷时光：我刚满周岁，母亲就离开了这个世界，留下我们姐弟三人外加一个郁郁寡欢的父亲。从此“妈妈”这个让人温暖的称谓对于我不过是一个钻心的痛。

我六七岁时，父亲也由于心脏病而离开了我们，我的童年世界不再鲜花烂漫，不再莺歌燕舞。在不健康心理状态的作用下，那些原本美好的东西都不再美好。由于从小缺少管教，我天天逃学，还时不时地拿街上小贩们的东西。没有一

* 佳华旺钦（江彬飞），藏族，1998年来校，2001年离校去成都市新都二中读中学，2007年6月高中毕业考上四川师范大学对外汉语专业；现任教于康定市西康福利学校。

个城里的亲人愿意收留我，最后的结局是，我跟着大姐回到了乡下。

到了乡下，我的恶习变本加厉，根本不学习，天天逃课。大姐实在无奈，最后让我辍学放羊。我的人生照这样发展下去，应该就是与牛羊为伍，碌碌无为、稀里糊涂地耗掉一生。

有一天，我放羊归来，大姐家里来了个亲戚。他说在康定有所孤儿学校，包吃住，能学习文化知识。让我印象极为深刻的是，他说学校会发牙膏、鞋子等，这些对我比学习知识有更直接的吸引力，所以我欣然去了学校。

二十年后的今天，我们都庆幸，是这所学校拯救了我，拯救了我的人生！

改 变

刚到福利学校的那段日子无疑是痛苦的。一是对家乡对亲人无尽地思念，二是自由散漫的我与学校各种管理制度不断冲突。刚进学校的我，在队列集合时，不知规矩，用餐时大声吵闹且随意浪费粮食，晚上就寝总是不能安静入睡，诸如此类的问题让自己在学校过得并不快乐。我想要回到放羊时的无拘无束、自由自在，可是愈想自由愈是与校规条例不能相容，于是总为不能成为一个老师们心中的乖乖孩子而伤神。

我来自大山，没有任何良好的生活习惯，不知道如何刷牙，不知道如何洗脸，更不会洗澡。到校第一天大同学带我去澡堂洗澡，回来生活老师检查竟发现我满身还是泡沫。我的生活老师是一位老阿妈，她什么也没说，默默地帮我重新洗了一遍。后来我换由另一位生活老师负责，即使我们调皮捣蛋，她也总是和颜悦色地教育我们。她会和我们聊天，告诉我们好多好多新奇的事情。在她一年多悉心教育监督下，我们的生活习惯有了长足的进步，我们会自己整理好自己的床铺，科学地刷牙洗漱，这些看似不起眼的生活小细节，却对我们今后的人生产生了深远的影响，让我们受益至今。

在校初期，我经常满口脏话，想要在学校里得到老师的认可，就必须要有所改变，甚至是蜕变，脱离过去的自己，重新塑造自我，这一过程是痛苦而又幸福的。有一天，老师找到了我，对我说：“一个对自己有要求的人绝对不会允许脏话从自己口中说出。假如你对自己有要求，这个毛病必须得改。”那时的我想要变好，从此要求自己说一次脏话就给自己一个耳光，渐渐地这个陋习改掉了。

由于来自不同的地方，同学们之间最初总是不能很好地相处，打架时有发生，学校虽有相应的惩罚措施，但效果甚微。一次，我在篮球场上与同学发生摩擦，很快升级为打架，同学们把我们交到了老师那里。我想应该免不了一顿教训了。但是大大出乎我的意料，老师没有训斥我们，而是让我和那个同学坐在她的身旁，与我们聊天。她眼里含泪，严肃又不失慈祥地对我们说：“你们都是没有父母的孩子，都是没有父母庇护的花朵，本就遭受了上天无情的捉弄，本就是可怜之人，为何还要彼此去伤害？”从此我在心里默默地要求自己不打架、不吵架，善以待人。

在学校的日子，我们就是这样在改变着，从不会到会，从糟糕到优良。不知有多少缺点与不足就在老师们的谆谆教诲下得以改正。

与此对照的是初三毕业回老家时的一件事。当时在家乡小镇广场遇到儿时玩伴的妈妈。当这个阿姨得知我将被送到成都读高中时，她哭了，说她的儿子小学没有毕业就到处混，有一年在酒吧跟人打架，一只手残疾，现在整日喝酒不务正业。她羡慕地用手拍着我们姐弟的肩膀：“你们真幸运，有个那么好的活佛。你在学校一定要听话哦！”这个阿姨的话此后一直萦绕在我的耳畔。作为孤儿，我很不幸，可是我又是多么幸运地遇到了福利学校，遇到了至爱的阿克和老师们！

现在，时常有人问我，我也自问：“福利学校给予你的什么是最重要的？”我认真思考后的答案是：“若是没有福利学校，我将很难走上人生正道，并在这条正确的人生道路上不断前进。”

恩　泽

有人说孤苦的孩子由于过早地感受了世间的冷酷，他们的心不再温柔，如冬日的石子，坚硬而又冷酷。但是，现在我们的内心更多的是柔软，是善良，这全都得益于当年福利学校每一位老师尤其是阿克的悉心帮助。

刚到学校，我的自我保护意识太强，考虑一切问题都从自己的角度出发，因此，在学校过得并不开心，与周围人的关系也不够好。那时，阿克总是找我们聊天，他用慈爱的笑容化解了我们之间的陌生感，用他温柔的语气告诉我们他的想法，鼓励我们说出心里的苦楚，然后很巧妙地帮我们解开内心的种种疙瘩纠结。

时至今日，我仍然忘记不了小时候与老人家那些温暖的瞬间，而让我最难以忘怀的是这样一件事情。记得一节语文课，老师走进教室，眼角含着泪，感慨地说道："孩子们，我真羡慕你们有个这么好的父亲！"同学们一脸愕然。老师继续说："听说前几天有个老板想要资助我们，不过要求我们让几个同学代表去他们公司举办的晚会上端着募捐箱募捐。你们阿克说，我是这些孩子的父亲，我有一口糌粑，他们就有一口吃的，我只要还有一件袈裟披，他们就会有衣服穿。父母健在会让孩子出去乞讨吗？我绝对不会让类似的事情发生。"每次想到这些，我就感觉自己身后有一座稳稳当当的大山，不论以前的自己多么悲惨，现在都是绝对的幸福与安全。

阿克要求我们做到的，他一定会首先做到。他要求我们要讲卫生，我们总是看到他每时每刻的干净庄严；他希望我们能尊老爱幼，我们看到了他在自己老师面前，毕恭毕敬，老师上楼梯他就恭谨地扶着自己的老师，老师讲话，他俯首敬听；他让我们热爱劳动，学校铺地砖时，他就与我们一起劳动；他要求我们刻苦学习，他自己在工作空隙经常认真地学习。

他告诉我们要爱国爱党，他说："国家好了，民族才会好，民族好了，个人才会好。"他自己就是这么践行的。现在，我们都发自内心地渴望用实际行动回报国家，回报党，回报社会，在和平安康的国度实现自己的人生价值，用自己的力量帮助他人。"学高为师，身正为范。"阿克用几十年如一日的言行影响着我们，教育着我们，感化着我们。他如春雨，悄无声息地滋润了我们干涸的心灵；他如海边那耀眼的灯塔，为我们黑暗的童年照亮了前进的路！

阿克的恩泽还惠及了我的家人。2001 年，我去新都读初中前，一次阿克问我家里还有哪些亲人，我说有外公、有姐姐，姐姐在打工。阿克又问为什么姐姐不去读书，我说以前她考上了康巴卫校，但家里没钱，没让她去读。阿克就让我给家里打电话问她想不想读，想的话他就想办法把她送到学校去。不久姐姐就进了康巴卫校。我后来听说是阿克想办法请人帮忙，才破例恢复了姐姐的学籍，还资助了她的全部学习和生活费用。姐姐很争气，三年毕业回到家乡，考取了医生资格；后来成为乡卫生院院长，又考调到县卫生局工作；现在结婚有了孩子，生活很幸福。感恩阿克，是他改变了姐姐的命运！

传　承

福利学校的创建、发展、壮大，每一步都离不开党和国家的大力扶持，离不开阿克和老师们多年辛劳的付出，离不开许多善心人士长期的支持与帮助。二十年，我们从懵懵懂懂的小孩长大成人。我们想知恩图报，可是像我这般吃百家饭穿百家衣长大的孩子，如何去报答呢？

起初，我很困惑、很迷茫，觉得自己压力山大。刚大学毕业那会儿，对于自己的未来规划茫然不知所措，我想回报他们曾经对我的扶持，可无从着手。后来我想，我一切的改变都是从福利学校开始的。若是没有这个学校，没有这个家，没有这个平台，我现在所拥有和获得的一切都是绝无可能的。于是，我回到了西康福利学校任教。

我希望能像曾经默默付出的爱心人士那样，力所能及地为他人铺建通往幸福的大道。我希望能像西康福利学校的老师们那样，让学生感受到世界的温暖，让每一个孤苦的孩子被温柔以待。我希望有一天也能像阿克那样，帮助那些需要帮助的孩子，把他们教育成爱党爱国、对社会有用的栋梁之才。我有责任让这个家继续发展下去，让学校在未来的日子里有机会帮助更多孤苦无依的孩子，让这种无私的奉献精神继续传承下去，让福利学校这种特殊的爱在高原、在祖国大地遍地开花。

爱的教育薪火相传

益喜翁姆*

2017年9月，又一批西康福利学校的孩子正式被招录。看着孩子们一双双天真和欣喜的眼睛，我真是说不出的感动，数次忍不住流泪了，仿佛我又回到了二十年前自己刚进入西康福利学校的时候。

---

* 益喜翁姆，藏族，1998年来校，2011年6月高中毕业离校，就读于西南民族大学藏汉双语行政管理专业；现任教于西康福利学校，同时学习翻译。

幸福来得很突然

我记不清父亲离开人世的时候我有几岁，只知道还不会说话，不会叫爸爸妈妈，不会走路。因为妈妈要照顾弟弟，所以把我交给外公外婆带。大概我六岁的时候，妈妈也去世了，弟弟也来到了外公外婆家。外公外婆家当家的是我小姨。那时小姨已经有了她的第一个孩子。虽然我也很小，但已经开始帮家里做活儿了：跟着小姨去牧场放牛，喂十几头小牛犊，照顾襁褓中的小妹妹，生火烧茶，打扫牛圈，等等。还记得自己一个人翻几座山去寻找牦牛的时候，静悄悄的山林，偶尔吹来一阵风，窸窸窣窣的草木声总把我吓得心脏咚咚直跳。小小的我，在偌大的山谷里常常惊慌失措，又不得不硬着头皮前行。没有小伙伴，没有玩具，孤独的童年里，我像个小小的大人，是小姨得力的助手。外公和舅舅决定送我去福利学校上学的时候，外公说："我们这代人已经够苦够累的了，没有知识文化是多么可怕。我们既然已经吃过了这种苦头，就不要再让孩子去经历了。孩子很听话很乖巧，是可以帮我们分担很多家务，但是我们不能为此耽误孩子的前程。现在多吉扎西活佛在塔公专门为孤儿和穷苦人家的孩子创办了西康福利学校，这是多么好的机会！"于是几天后舅舅就把我和弟弟送进了我们后来的家——西康福利学校。

走进学校是我梦寐以求却不敢奢望的事情。记得小时候经常羡慕地去翻邻居小姐姐的书。我认不了字，但被书中的插画深深吸引了。我恳求小姐姐教我识字，于是学会了写几个阿拉伯数字。我没有笔，也没有纸，就捡来一些电池取出里面的芯子，在石头上认真地写着、画着。有时候我背上喂马的皮口袋，假装是书包，幻想着和一群小朋友快乐地走进教室。没有想到，在1998年那个庄稼丰收的季节，我的梦竟然实现了！

我走进了五星红旗高高飘扬的学校，这里有好多和我一样的小伙伴。刚来的我们，衣衫有些褴褛，小脸脏兮兮，但眼睛很清澈。家长们把我们交给了一些笑容可掬的阿姨，她们就是我们的生活老师。我们七八个人就有一个生活老师，我们管她们叫妈妈。"妈妈"，世界上最动听最美妙的称呼，多久没有叫过这个美丽的称谓了，曾经羡慕别的小朋友用银铃般的声音呼唤自己的妈妈，终于我也可以叫了！虽然我已记不清我生母的样子，但看着眼前这位慈爱地抚摸着我，笑容甜蜜得像春天的阿姨，我想妈妈就是这样的，我放心地把自己交给了她。我听不懂她说的汉语，她帮我洗了澡，剪了发，换上了崭新的校服，我开心极了，完全没有留意到舅舅什么时候已经离开了。

最难忘的是发书包的那天晚上。像往常一样洗漱完毕后，我乖乖钻进被窝准备睡觉，生活妈妈进来了，手里抱着一摞书包，然后一个一个递给了我们，并且告诉我们每个书包里夹的小卡片上写有我们每个人的名字。好漂亮的书包！黑色打底，边沿和顶部为红色，上面还有个可爱的米老鼠。我一遍遍地抚摸着自己的名字，四个小方块字，有些复杂，看样子怎么都画不出来，什么时候我才可以学会写自己的名字呢？怀着激动和渴望的心情，那晚上我抱着属于自己的人生中第一个书包很久才入睡。

后来我们开始上课了。我被分配到了学前班，因为暂时还没有教科书，老师就教我们最基本的汉语口语。虽然书包是空的，但是无论是上课还是下课，或是操场上游戏的时候，我都从来没有放下过心爱的书包。我看到其他小朋友也总是背着空书包蹦蹦跳跳开心得不得了。

第一次走出大山

转眼小学就要毕业了。在小学阶段我学习不断进步，成为了少先队员，还当过小队长。毕业那年我更加努力，毕业时取得了第一名的成绩。我和另外四位同学，被学校奖励外出参观旅游学习。

那是我人生中第一次走出大山，在老师的带领下我们去了康定、成都、北京、上海、苏州、杭州等很多城市，参观了四川大学、清华大学、北京大学、苏州大学、浙江大学、复旦大学等有名的学府，还游历了长城、故宫、十三陵、颐和园、黄帝陵、西湖、杜甫草堂等很多名胜古迹。在中国科技馆和上海科技馆，我们体验了现代科学的各种高新技术。在参观旅游的整个过程中，老师一直是我们耐心的解说员，我们也每天都写日记，记录自己当天学到的东西，然后老师再给我们批改。那次走出大山，我才知道房子原来可以那么高大，世界原来那么精彩。我深深地体会到了中华民族历史文化的源远流长，博大精深，感受到了祖国大好河山的辽阔壮丽，领略了现代科技日新月异的发展，特别是走进那些名校的时候，我小小的心里又有好多的梦想开始发芽了。我立志一定努力学习，考上一所好大学。

中学时光

上了中学后，学校也发展得越来越好了：操场翻新了，漂亮的足球场建成了，阳光棚盖上了，阳光棚里的地砖光滑干净得可以映出人影。我们的图书馆越来越大了，实验室、电脑室都齐全了。在建设美丽校园的过程中，我们在多吉扎西活佛和老师们的带领下也做了很多事情，修剪草坪、种树、铺地砖、打扫卫生、下货、挖地基，等等。活佛教育我们要做一个爱学习又爱劳动的孩子，不能娇生惯养，要勤快，要坚强，要能吃苦。除了学习课本上的基础文化知识，活佛和老师们还经常教育我们做人的道理，他们说我们拥有这么好的学习环境和学习条件，都是因为有了党和政府及社会各界善心人士的支持、帮助和关心，我们要心存感恩，抱着感恩的心好好学习，好好做人，将来把这份爱回报给社会，回报给像我们自己一样需要帮助的人；要做一个自信、阳光、积极向上的孩子。他们的教育像阳光，像雨露，滋润着我们稚嫩的心灵，让我们渐渐成熟。

如今翻阅过去的日记本、作文本，我很欣慰自己一直都是怀着感恩的心在记录成长的点点滴滴。

随着我们逐渐长大，活佛和老师们更加重视我们心灵的成长，经常找我们单独聊天，解决心里的各种疑难。还记得那些放学后的傍晚，我和魏老师一圈圈地绕着足球场，把自己遇到的成长过程中的烦恼全部向她倾诉，老师耐心地听着，然后告诉我这些都是成长路上必定要经历的过程，应该怎么去面对，怎么去解决。有了老师的帮助，我豁然开朗。高中是我压力最大的时候，学习很紧张，我对自己的要求也挺高。活佛和老师们除了严格要求我们的学习，也常常轮流来给我们疏导思想，缓解压力。他们告诉我们成绩固然重要，但德智体美全面发展更重要，心灵的健康更重要。在活佛和老师们耐心的帮助下，2011 年 6 月我和我们班的同学们顺利毕业了，都如愿考上了大学。我考上了西南民族大学的本科。

大学抉择

考上大学的消息在我们家乡传开了，我的亲人们欣喜若狂，乡亲们对我也是赞不绝口。是的，我是我们村里的第一个大学生。当时我和亲人们是多么自豪啊。曾经那个不起眼、灰不溜秋的放牛黄毛丫头转眼变成了一个堂堂的大学生！

那年的9月，怀着愉悦、激动和有些忐忑的心，我离开生活了13年的家园，去读大学。车窗外，老师和同学们向我们挥手道别。

在大学里，我与老师和同学们相处得非常好。我们班主任说他总以为孤儿心理上多多少少会有些缺陷，所以找上一届从我们学校出来的哥哥姐姐聊过几次天，结果发现他们心态非常好，心理非常健康，所以他也就不担心我们了。在大学期间我除了认真上课，还参加了几个社团。我积极参加唱歌跳舞等娱乐活动，参加作文大赛，还有和国际友人交流的社交活动等。因为自己认真努力的态度和开朗大方的性格，我深受老师和同学们的喜爱，交到了各民族的好朋友。我们班的同学们都亲切地叫我开心包，因为我每次一开口就逗得他们哈哈大笑。在学习成绩上，我也名列前茅，还得到过学院的奖学金。这些都得归功于母校老师们给我们打的基础扎实。

在大学毕业后，我毅然回到了母校，成为了一名光荣的教育工作者。虽然大都市里有我喜欢和眷恋的华丽和舒适，但是故乡的发展和进步更需要我。回到西康福利学校，回到我成长的家园，做一名志愿者老师，把毕生的时间和精力奉献给教育事业，成了我的人生目标和动力，更准确地讲，它成了我的一种信念。整整十七年的时间我都是在党和政府及社会各界善心人士，还有活佛和老师们的关爱下成长起来的，现在是时候把自己这么多年学到的东西回馈给社会了。西康福利学校将生生不息，爱的教育将薪火相传。

人生有奇迹

泽仁曲章*

收到校庆征稿启事，我却不知如何下笔。那儿曾发生的一切对我来说都值得

---

* 泽仁曲章，藏族，1999年来校，2011年6月高中毕业离校，就读于四川民族学院藏汉翻译专业；现任教于甘孜州高级中学。

收藏，都值得记忆，正是那无数的小事，构成了我在那里的生活，勾勒出了独属于我的青春。

人生有痛苦

“没有痛苦的人生是不完美的人生”。这句话听起来好像能给人一种力量，让人误以为有了痛，你的人生就会完美。但对一个孩子来说，当他真正感到痛的时候，只会有一种认知，那就是这个世界是恐怖的、阴暗的、冷漠的。这就是我十岁失去父母时对这个世界的认知。

也许老天怜我，也许我的祈祷灵验，我的人生没朝着我姐姐哥哥的人生方向走，它出现奇迹了！

人生有奇迹

我一生重要的转折发生在1999年。我11岁时，哥哥把我送到了西康福利学校。我来的第一天就被带去洗澡，换衣服，老师还给我发了很多东西，有洗漱用品，有换洗衣物，有床上用品。自从父母去世，我就没再穿过新衣服了，所以当我拿到这些的时候爱不释手，激动得都忘了去送哥哥。

到校的第二天我犯错了。从小就没人教过我吃饭时不能说话，不能剩饭，所以我把没吃完的饭倒进了泔水桶，被生活老师发现，受到了惩罚。从那以后我就再没浪费过粮食。

慢慢我的很多坏习惯也改掉了。我学会了爱干净、不随便动别人的东西，学会了自己写作业。最开始我不会做数学作业，为了不挨骂就开始抄同学的，可是老师总能知道我不是自己写的。老师会让我们一个一个上台讲思路及解题步骤，那时就会穿帮。所以数学课上我会高度集中精神，生怕自己学不会，作业也全靠自己，决不去看其他同学的。这样成绩慢慢提升起来，也养成了爱思考、爱挑战难题、不轻易放弃、诚实做人的好习惯，而这对我以后的求学路起到了很大的作用。

虽然学校的条件很好，同学之间也很友善，但孩子不成熟的心理导致心情像天气一样变幻莫测，也会有灰蒙蒙的时候，每当这时候我喜欢写日记。写的内容没有任何价值，但我的语文老师却会极其认真地替我批改，还会写上很多鼓励我开导我的话。当我开始泄气时，当我得意忘形时，她总是会出现。在那需要被爱的时间里，我很庆幸自己遇到了这位和蔼的语文老师。

我们学校虽然是封闭式，但学校不仅教授我们文化知识，同时也培养我们其他方面的能力，比如自己洗衣服，自己打扫卫生，培养我们的自理能力；进行文艺表演，培养我们的才华；举办演讲比赛，培养我们的语言组织能力和表达能力。除了这些，学校还会举行军训活动，从小就磨砺我们的意志，所以现在不管在怎样的环境里生活，我都能过好，有颗平常心，不会去抱怨，不会去逃避。

感激学校提供的一切和老师的严格要求。学校不是把我们培养成读书的工具，而是让我们在接受知识的过程中，学会爱生活，爱自己，以此来爱这个社会。

人生需陪伴

陪伴是最长情的告白。感激陪我一起长大的兄弟姐妹们，是他们的关心、帮助和陪伴让这个集体更温暖。我进校比较晚，因而对学校的很多方面都不熟悉，所以每当上课下课、吃饭、做操和劳动时都有一双胖乎乎的小手牵着我，带我尽快习惯一天的作息。有人知道我刚来没有拖鞋，就把自己最干净的一双送给了我。还有人帮我洗澡、换衣服，教我如何做个干净的女孩……这一切我到现在都记得。

那时候家里没电话，写信寄回家也需要几个月，所以很多心事都只能跟同学说。也许都有相似的经历吧，我们彼此鼓励，彼此依靠，彼此开导，彼此分享。现在梦里也会经常出现同学的身影。

人生有感动

有段时间，我们学校有个不成文的制度，就是每个月每个学生要和上师聊天，聊学习，聊生活，聊自己最近的烦心事。上师也会从老师那里了解孩子们的近况。如果知道你没好好学习，没听老师的话，他就会很严肃地教育你，让你又怕又紧张，下次就不敢再犯错了。一个人一个小时以上，从来都不是走形式，我们可以从中得到教训，学会道理，更会得到满满的爱。他在努力地做个好家长，为我们的健康成长付出了他能付出的一切，可他和我们一点血缘关系都没有，我们还有何颜面去挥霍自己的时光，浪费自己的生命？

我和上师谈过很多次话。女孩子都比较感性，总是会有很多烦恼。我不太喜欢哭，也不轻易哭，可我总是喜欢在上师面前掉眼泪。现在我也会找上师聊天，这些谈话让我真实地体会到了父爱，让我相信虽然我们已经离开学校了，但他对我们的爱却并未消失。只要我们展现出自己最真实的一面，不把自己伪装起来，就会在他帮助下找到所有解决之道，很多想不通的问题也会突然想得非常透彻。虽然我们很多人已找到工作，但是工作中会遇到很多难题，别人可以找父母解决，我们就只能靠自己。一次上师看出了我的心思，他说："别觉得自己是一个人，别觉得自己没人可以靠，你可以安安心心地靠我，你可以活得很开心，因为你有我这个父亲。"

从上师那里我们也学到了很多做人做事的方法——做事要认真严谨，不能半途而废；要学会战胜困难，别轻易就喊累，要吃得了苦。他让我们学会了很多一般人学不到的东西。

人生有感激

我们能够无后顾之忧地生活和读书，除了因为有学校创办人和老师们的无私付出之外，还因为有国家和政府的支持、有很多好心人在帮助我们。

我们首先感激我们的祖国，感谢它为我们提供了一个和平安全的生存环境，也感谢它养育了那么多好心人，让他们来帮助我们。我们也要感恩那些一直默默为我们付出，不求回报，不计较代价地陪我们成长的老师们。在多数人为钱拼命忙碌的世界里，他们却在围着我们转，每个月就拿三百元的工资，有的老师还拿这微薄的收入给我们买零食。他们不在乎有没有钱，在乎的是我们有没有学会知识，有没有学会做人，健不健康。

我现在从事教师一职，更加懂得了老师的不易，因而更对我的老师们充满敬佩，由衷地感激。每个班里总有那么几个不听话让你头疼的孩子，我想过放弃，想过不管。但想到了我的老师们，想到了他们从未放弃过我。我刚进校时，成绩全班倒数第一，汉语拼音不会，数学和藏语更不用说。老师们就下课后给我补课，从一年级的知识开始教起，当时我已三年级了，要补的是两年的内容，可以想象这任务的艰巨性。老师们还有其他事要做呢，但他们却很用心地给我讲完了所有我没学过的内容。如今再看看我自己对学生的态度时，我真的很羞愧，于是我开始尽自己最大的努力去工作，没放弃任何学生，一视同仁。

春暖花开

上师说我们会越来越好，一切都会朝着好的方向发展。现在的我活得很幸福，很快乐，很知足。人生不可能只有黑暗，也会有阳光照耀的一天。我懂得了要好好地活在当下，把每一天都珍惜好，好好爱身边的人和物。

世界上还有很多不幸的人，还有很多不快乐的人，希望大家都能多去关心、爱护、帮助那些不幸之人。他们已受过伤，对世界失去了希望，甚至想要放弃自己的生命。所以请善待他们，用你我的爱去抚慰他们那受伤的心，尽我们所能让世界充满爱！

从坏男孩到摄影师

格桑嘉措*

此刻我在32层高的楼上，站在落地窗前，望着下面万家灯火，我很开心，因为下午刚刚和朋友谈完我的下一部片子……

我现在是一位独立纪录片的摄影师，我还记得有个朋友鼓励我："在上师、老师、善心人士的摇篮里，有你最甜蜜的梦；在高原、山河、人们的眼里，有你最渴求的信念；在梦想、追求、坚韧里，有你无法回避的自由。我希望能在你的

---

* 格桑嘉措，藏族，1999年进校，2012年高中毕业离校，就读于四川民族学院法学系；现为一名独立纪录片的摄影师。

镜头里看见世界的美好和众生的笑容。”是的，我想把我所认知的世界和我在学校所学习到的善良和勇敢通过我的镜头表达给外面的世界！

从小我就没有了父亲，是个单亲家庭的孩子。七岁那年来到西康福利学校，从此我的命运改变了，我拥有了一个家，我的人生真正开始了。

我听过一句让我感触很深的话：“家就是你犯了再大的错误也可以躲避的地方。”是的，在这个家里，小时候调皮的我给老师、给同学制造过很多的麻烦，但这个家总是包容原谅我的一次又一次无知！是无尽的爱，是严格又包容的教育，打造了今天的我。

刘老师的历史课开始了。刘老师博览群书，爱思考，有自己的见解，再加上我自己比较喜欢历史，所以对刘老师的敬仰又加几分。那节课讲的是《甲午中日海战》。老师在上面讲着，我的内心却在怒吼：小日本你为什么要犯我中华？这心中的呐喊好像老师能听到一样，刘老师解答我的困惑说：“爱国情操是要有的，对日本所做所为的痛恨作为一个华夏子孙无可厚非，但先人的前车之鉴不是让你失去理智地去咒骂，而是用血的教训告诉我们知耻而后勇，落后就要挨打。所以希望你们用功读书，以历史为镜，完善自己，只有少年强中国才会强。”这句话提醒了我。我告诉自己要用知识和文化武装自己，要努力学习才能变得强大，更好地为民族、为国家做出贡献。从此后，我开始要求自己阅读，并渐渐喜欢上阅读。

后来，我喜欢上了画画。我喜欢照着《三国演义》连环画学习画将军，每天画，每天看，非常享受画画的过程，最后我竟能画出与连环画非常相似的人物。再后来，我开始画一些自己想画的人物。在不影响课堂学习的同时，画画的爱好为我今天的工作打下了良好的基础。

老师们教我们儒家文化精髓的同时，也鼓励我们保持自己民族的优秀传统，做一个善良、勇敢、热情、大方的孩子。这些谆谆教诲直接影响了我长大以后的工作与生活。

2017 年 7 月，我和一位央视的摄影师去理塘拍《中国影像方志》甘孜篇中的理塘，地方宣传部门接待我们。刚好同一天澳大利亚悉尼电视台一行人也到理塘。因为接待人员不太懂外国人的习惯，也比较紧张，整个酒店大厅的气氛特别严肃……而那几天正是世界最高城理塘最美的季节，我刚刚结束北京一年的工作回到高原，心情格外开朗，吃饭时就提议大家一起唱歌。我主动站起来唱了起源于理塘的歌曲《洁白的仙鹤》。严肃尴尬的气氛被打破了，大家的激情被点燃，一个个轮流唱歌，旁边坐着的外国媒体也纷纷加入我们的行列，大厅里一时充满了欢声笑语。饭后悉尼电视台台长亲自过来跟我握手拥抱，激动地说：“谢谢你让我们体会到了真正的青藏高原!”

我从一个调皮捣蛋的坏男孩变成了一名摄影师。一路艰辛，一路欢乐，一路感恩。最想感谢我那些如父如母的老师，十几年如一日地陪伴我长大，教我们知识，教我们做人。

带着你们的爱，我憧憬未来。未来我想导演自己的片子，成为一个优秀的导演，把世间的真善美传遍人间。

长大后我终于成了你

曲央卓玛*

我出生在甘孜州白玉县，很小的时候爸爸妈妈相继离世，留下了我和哥哥相依为命，每天过得都是那么害怕、无助、彷徨。

还记得那一天，一辆白色大巴把我们带到了西康福利学校，我命运的转折点，我永远的家。

我的启蒙老师

我的启蒙老师是皮老师，到现在我也记得她的样子。那时的我刚满七岁，背着学校刚发的新书包一蹦一跳地进了教室，坐在了自己的座位上。上课铃声响

---

* 曲央卓玛，藏族，1999年9月来校，2011年6月高中毕业离校，就读于眉山职业技术学院学前教育专业；现任教于康定市木雅多饶嘎目九年一贯制学校。

了，只见一位女老师走进教室走向讲台。当她转向我们的那一刻，我惊呆了。好漂亮呀！高高的个子，可亲的面容，得体的衣着。她脸上露出的笑容深深地烙印在了我的内心。我人生的第一堂课就这样开始了。

那时我们什么都不会，一切都需要从零开始。然而皮老师不怕困难，耐心教导。是她教会了我们许许多多的知识，也是她让我们养成良好的学习习惯。清楚记得皮老师握着我的小手一笔一划地教我写字、一遍又一遍地教我们练习拼音的情景。

一次皮老师帮我削铅笔，一不小心刀片划破了她的手指，只见鲜血一下涌了出来染红了小刀，一滴一滴地滴在了地上。我被吓哭了，老师反而来安慰我，对我说："大人是不会痛的。"

不过，皮老师也不总是护着我的。一次在做游戏的时候，我不小心摔倒了，手上的皮都擦破了。我哇哇大哭起来，可是皮老师却没来扶我，也不让其他同学来扶我。我只能自己站起来，心里委屈极了。老师却对我说："不要哭！从哪里跌倒，就要从哪里站起来！"当时我确实被老师严肃的表情吓住了。现在想想，老师真的是用心良苦啊！

皮老师也是我们的音乐老师，那时还不知道她是幼教毕业的，只觉得老师风琴弹得特别好听，舞姿也十分美。看着她那在琴键上跳动的细长手指，真的十分好奇这些美妙的音符是怎么弹奏出来的。也就从那时开始，在我幼小的心里不知不觉中种下了一颗种子：我要成为一名像皮老师那样的老师！

这就是我的启蒙老师——皮老师。她不仅让我体会到了母爱的温暖，而且让我树立了人生目标。

像皮老师一样的老师，在我们的福利学校还有许许多多。盈明丽老师被评为"2006 年四川省三八红旗手"和 2005 年度"四川省十大女性人物"。胡忠老师、谢晓君老师被评为"感动中国 2011 十大年度人物"。德吉拥忠老师被评选为康定市优秀校长。他们都是我们老师中的突出代表。在我们眼中，不管他们名气大小，他们永远都是我们心中最伟大、最无私、最可敬的老师。

我终于成了你

在学校的培养下，我顺利考入了梦寐以求的大学。

在大学里，我决定发奋读书。于是，我经常泡在图书馆里，阅读有关专业书籍，看名著、做摘抄。在周末，我又一个人去琴房练习钢琴，一遍又一遍，从不觉得枯燥和乏味，反而觉得这是一种享受。每当成功地弹奏出一首钢琴曲时，心中那澎湃的欢乐无法言表。在节假日我去练功房练习舞蹈，虽然在炎热的天气里，汗水会顺着脸颊滴滴滑落，练习的动作也都是最基本的，然而我却很满足。

充实的生活，让我觉得人生充满希望：与书相伴，与琴为友，与舞同乐。这些辛苦也有了很好的回报。在校的几年学习生活中，我多次获得了优秀学员称号，成绩也一直名列前茅。

大学毕业后，我顺利考上甘孜州幼儿公办教师，成为一名正式的幼儿教师——我心目中的“皮老师”。而且我很幸运，被分配到了木雅多饶嘎目学校。2014年9月，我终于走上了从小就渴望的那个神圣的三尺讲台，开始了我的教师生涯。

如今我已在这个岗位上工作了四年，四年的时间不算太长却也不短。回顾这四年的工作，我可以负责任地说，我没有给我的老师们丢脸，我做到了我的承诺。也许我做得不是最好，但我一直在努力，努力将老师们的精神发扬光大。

在2014年“11·22”康定地震中，我的班级共撤离52名孩子，在那样的紧急时刻、那样的混乱情势下，没有一人受伤。震后的第一个夜晚，温度已下降至零下10摄氏度左右，全校师生都在自己搭建的帐篷里休息。我带的班级是年龄最小的，我更不能让孩子们再受到任何其他伤害。在其他老师的帮助下，我把每个孩子身上盖得暖暖和和，被子整理得整整齐齐。当夜深人静，我坐在帐篷的中央，环视四周，看着孩子们一个个都进入了甜美的梦乡，我觉得我没有辜负我的老师们的期望。

作为班主任，我要像我的老师那样，用自己的耐心和爱心去教育每个孩子，对家境特殊的孩子给予特殊的照顾。每到节日我都会给孩子们买礼物。即使到了周末，由于担心孩子们的安全，为了排遣幼小孩子思家的情绪，我也会牺牲自己为数不多的休息时间陪孩子们玩耍。如果发现他们没有生活用品，没有学习用品，我会自己掏钱给他们买。在这四年的工作中，我做到了不迟到、不早退、不缺旷、不无故请假，努力做到了一个好老师的要求。

四年的努力也取得了较好的教学效果，孩子们的生活习惯有了很大转变，学习成绩有了显著提升。我个人荣获“康定市优秀个人先进教师”“优秀班主任”“优秀教师”等奖项，得到了领导同事的认可和好评以及家长的赞同和支持。

我将不辜负家长和学校的信任，在我所热爱的教育事业中，努力前行。

心怀希望终能成长

彭措旺登*

人生的根基

我到西康福利学校时，不会做家务，在生活上完全没有自理能力，因而在学校一切都要从头学起。我要学会叠被子，而且要像军队里一样，把被子叠成豆腐块形状；我要学会早起后在规定的时间里完成个人卫生、寝室卫生；我要学会每周周末洗干净自己的衣物，彻底打扫自己寝室的卫生。

学校一直奉行先做人再学习的理念，在一些小事上，老师会对我们提出严格的要求。有一次，我因为贪玩没洗干净自己的裤子，周一穿上校服后，我校裤上那条本该是白色的边线还是褐色的。老师让我把自己的裤子洗干净再上课。我以为这是一件很简单的事，很快就能完成再回到课堂。但我洗了很多遍，始终都不能将裤子的“褐色”边线洗回原来的颜色。我想趁老师没注意时溜回课堂，但老师没有放任我的侥幸心理，我只好继续洗那条裤子，感觉难似登天。傍晚，我端着盆子，里面是洗过无数次没能洗干净的裤子，沮丧地站在门口等待老师的检查。这时老师蹲下身子，拿起我的裤子，将没洗干净的裤子边线摊在手上，教我怎么抹肥皂，教我用左手托住要洗的位置，右手使劲搓洗。就这样我一直洗到太阳完全落山，夜幕降临，我那条裤子的“褐色边线”才恢复了原来该有的白色。

---

* 彭措旺登，藏族，1999 年 12 月来校，2010 年 6 月高中毕业离校，就读于内江师范学院汉语言文学专业；现任教于道孚县甲宗乡甲宗片区寄宿制学校。

折腾了一天，我终于学会了人生很重要的一课。

老师会要求我们每周背诵经典古文。随着自己慢慢成长，有了一定的人生阅历后，在面对人生困惑时，心头会不知不觉涌现这些曾经背诵过的金句，给我的人生以启迪。在遇到不顺时，老子的“福兮祸所伏，祸兮福所倚”会在关键时候安慰我。在待人接物时，我常常会要求自己“己所不欲，勿施于人”。在人多时，常以“斗闹场，绝勿近；邪僻事，绝勿问”来提醒自己。总之，这些先贤圣言会在不自觉中提醒我应该去寻找心中的“道”，并一以贯之。

学校里有个图书馆，里面有大量的书籍，可以提供给我们进行课外阅读，在我的心中有重要的位置。记得我的课外阅读是从两本厚厚的连环画《中华上下五千年》开始的，我从此爱上了我们国家的历史。男同学常常相互传阅着《说唐》《说岳》《杨家将》等忠义的小说，把杀敌报国的英雄豪杰作为心中的偶像。我在学校养成了爱好阅读的好习惯。

学校也是我们的家，不仅教会我们知识和学业，更教会了我们如何生活，如何面对人生。每年暑假我们要参加各种劳动，一是为了强健我们的体魄，二是培养我们吃苦耐劳的精神。记得小学毕业那年，我们全校在学校的草坪上拔草；初中毕业那年，我们班在金塔挥锄挖地基。包括大学期间的每个假期，我几乎都是在学校各种建设中度过的。顶烈日，迎风雪，从不退缩。现在的我常常因为这些劳动而感到自豪。的的确确，这些劳动强健了我们的体魄，培养了吃苦精神，让我们有能力应对各种困难。

传承师道

我们学校的老师们大多是来自内地的志愿者，在他们正值青春时，舍弃了世俗的繁华，来到了遥远的异地，领着微薄的薪水，教导一群陌生的孩子，付出了一生的心血，从来没有要求过多的物质回报。我们今天所拥有的一切源自老师的无私付出和全心全意的培育。早上他们起床跑步，白天给我们上课传播知识，陪我们吃每一顿饭，饭后陪我们散步，晚上检查我们洗漱，临睡前还给我们讲故事。他们的大爱我无法用任何文字来表达。直到现在我甚至都不能完全理解是怎样的精神让他们坚持了下来。但也是这种精神让我选择了当老师这条路。

大学毕业后，我也成了一名老师。我将秉承母校给我倾注的浓浓的爱，把学校的办学和教学方法融入到我的实际工作中，尽力上好每节课，教好每个学生，帮助每个需要帮助的人，以实际行动回报母校。

在乡下当老师，没有固定的科目，什么科目缺老师就上什么课，我们常常会接到一些自己根本就不熟悉的学科。但因为有小时候老师打下的基础，每次被学校分配到非本专业的学科，我都能较为轻松地接手。想来是因为以前学校总是利用寒暑假给我们开一些兴趣班，又让我们看各种各样的课外书。有些没有包括在教学大纲中的内容，我也略有所知，因而能在乡下给我身边的学生进行简单的入门教育。在学校我偶尔也会给学生们教一教书法的基本笔法，那是我以前在书法兴趣班中学到的知识。

我还记得我们小时候生活中水果等比较稀缺，自然课老师为了让我们认识很多陌生的水果，特意从外地买来各种水果让我们观察形状颜色、尝尝味道来认识这些水果，而在对待我的学生时我也常常用到我的老师小时候教我的方法。

当我对成绩差的学生失去信心、想要放弃时，我常常会想到当年我读书时，老师经常会为了让我掌握一天所学的知识而陪我到深夜，老师还给我们看《士兵突击》，教我们不抛弃、不放弃。这样的种子在我心里生了根，当我对学生失去信心时，我总是告诉自己应该多一点耐心，再加把劲，不要放弃，要像自己的老师当年那样。

在小时候，老师常常给我们讲一些基本的做人道理，教我们怎样讲礼仪，懂道德。在我的教学中，当我看到学生不知礼时，读书时背诵的《弟子规》就会脱口而出。道理往往会很枯燥，而学生的成长总是那么缓慢，很多时候道理需要重复很多遍，学生听了后会觉得厌倦。当看到学生们很不耐烦时，我常常怀疑自己替代了学生家长的义务是不是有价值，觉得自己上好课就行了，也许应该放弃那些“费力不讨好”的教育。但我又想起自己读书时，老师也常常对我们苦口婆心地讲述这些道理，而那时的我和自己现在的学生一样，对老师所讲的内容没有丝毫的兴趣，但这些道理最终留在了我的记忆中。老师说过的这样一句话牢牢地扎根在了我心里：“哪怕只有一个学生在听，也要不厌其烦地说。”想到这句话，我明白了教育学生要永远心怀着希望，要对每一个未知的可能注入百分之百的信心与耐心。这样学生也许会在一个你不经意的重复中有所悟有所得，才会因为你的不放弃而在未来成长。

多饶嘎目：缘分的天空

降　措*

光阴似箭，转眼间我从一个身世不幸、懵懂无知的少年，成为一名扎根雪域高原的基层人民教师。夜深人静的时候，我的脑海里常会浮现出当年在西康福利学校生活的点滴，那些快乐无忧的日子。假如时光可以倒流，我真想重回那一段我人生中最快乐的时光。

童　年

我母亲在一次车祸中去世，父亲从此开始酗酒，不管我和弟弟。伯父无奈之下把我和弟弟寄养在不同的亲戚家，每个月父亲会给点生活费。寄人篱下的日子不好过，甚至是惶惶不可终日。那一段的童年记忆是灰色的。伯父不忍心看着我兄弟两人一辈子就这样，把我和弟弟送进了福利学校。而我的命运就从那一刻起改变了。

初进学校，和我年龄相仿的伙伴们每个人脸上洋溢着幸福的笑容。现在回想，那是因为学校就是我们避风的港和永恒的家。

记得一次我生病了，不能起床自己去吃饭。空荡荡的寝室里只剩下了我一个人，我一个人偷偷地在被窝里抹眼泪。一会儿，一双被冻得通红的手揭开了被子，一碗热气腾腾的稀饭端到了我的面前。是我的生活妈妈！妈妈把我扶起来用被子垫着我的后背，然后说：“不要被一点点病痛吓倒，你看妈妈已经病了一个

---

* 降措，藏族，1999年来校，2009年离校，就读于四川民族学院汉藏语言文学教育专业；现任教于康定市木雅多饶嘎目九年一贯制学校。

多月了还不是在坚持。”听到这句话，我顿时有了战胜病痛的信心。看着妈妈把一勺一勺吹凉的稀饭喂进我嘴里，我的眼角湿润了。现在回想起来还是那样的温馨。从小失去家人呵护的我在福利学校里找到了家人的爱。

我在班里数学成绩很差。数学老师盈老师是我的班主任，每次周末会把我和几个数学成绩差的同学留下补课。盈老师会把这一个星期课本中出现的重要公式和习题从头到尾给我们几个再讲一遍。因为我最差，所以盈老师会不厌其烦地给我讲题。有时候我会抱怨自己太笨了，其他同学老师讲一两道就会了，我还是一脸的茫然。这时盈老师会说：“降措呀，你不懂就要问，问老师和同学。当天知识要当天消化，不要拖。就是因为你不问不学，你的数学成绩才会差。”在盈老师的教育下，渐渐地，我的数学成绩有了明显的提高。

成 长

在成长过程中有两件事至今让我记忆犹新。

第一件事和一本书有关，那是对我人生启发最大的一本书——台湾作家赖东进先生的作品《乞丐囝仔》。每晚就寝后，寝室里的小广播就会传出魏老师那亲切的声音，全寝室的室友会顿时安静下来，静静地聆听魏老师讲的《乞丐囝仔》的故事。这时的我会抛开一切杂念，心无旁骛地去听。每次听着听着，我的眼角都会一次又一次湿润。故事里的主人公对命运永不屈服的精神深深地感染了我。我要向赖东进先生学习，不抱怨命运的不公，努力改变自己的命运。

我经历的最难忘的新年，是2004年的汉历年。因为我们学校有四个民族：藏族、汉族、彝族和羌族，学校的创办人多吉扎西仁波切为了让我们了解各民族的民风民俗、传统文化，也为了让我们更好地继承和弘扬自己民族的传统文化，决定一年过一个民族的新年。

全校汉族老师先给我们普及了汉历春节的相关习俗，了解汉民族传统文化的博大精深，让我们产生兴趣，然后把阳光棚点缀得漂漂亮亮。阳光棚中央的支架上挂着喜庆的红灯笼，阳光棚餐区的顶棚上悬着农作物挂饰，有土豆、红薯和玉米等，我觉得应该是象征五谷丰登吧。阳光棚中心的支架上串着五彩缤纷的宽幅绸带，还挂着象征吉祥的中国结。整个阳光棚看上去美丽又喜庆，充满了节日的气氛。时不时地，还能看见谢晓君老师正在给一群女同学排练腰鼓舞蹈。女生们都在认真地排练，准备把自己最好的舞姿展现在家里的春节联欢晚会舞台上。

汉历新年中最有趣的莫过于庙会，学校中的汉族老师有的扮演摊贩，有的负责庙会中游戏规则的监督。同学们可以根据自己的强项，去完成游戏从而获得相应的奖券，再用奖券去换取相应的学习用品和玩具等，还可以去吃小吃。庙会游戏有猜灯谜、盲人摸鼻、油里夹弹珠、抢板凳等。我完全沉浸其中，享受着庙会带来的喜悦，现在回想起来仍津津有味。

离　别

中考填志愿的时候，我可以上高中，但当时自己放弃了。我想去外面的世界看看，于是报考了中职。短暂的暑假过后，我要走了，依依不舍的是在学校里朝夕相处了十年的老师与同学们。我和同学们在福利学校的快乐时光，在脑海里挥之不去，我的笔墨无法表达出那种别离的伤痛。好怀念过去快乐的时光。

我离开了生活十年的母校，回到阔别了十年的家乡，家里的长辈不同意我读中专，我听从了家里的安排，去藏文中学读高中。高一新入学，那时的我听不懂几句藏话，懵懵懂懂的我像是进入了一个陌生的世界。那一段时光我孤独而又无助。但很快我就振作起来，从头开始认真地学习本民族的语言和文字。功夫不负有心人，渐渐地我可以和同学们进行日常的交流了，也开始能明白教材里的内容了。于是我慢慢地适应这里的老师和同学，渐渐融入了这个集体。

回　归

高考后我被四川民族学院藏文系的藏汉语言文学教育专业录取。2015 年我又考上了甘孜州初中紧缺的双语教师。一切都是缘分，我选择了由上师与政府联办的第二所学校——多饶嘎目九年一贯制学校，回到了那片养育了我十年的土地。今天的多饶嘎目已不是当初只有几户人家的荒僻小村庄，而是拥有两所学校的多饶嘎目文化园区。作为一名扎根雪域高原的基层人民教师，我会秉承福利学校老师们的优良品德，不忘初心，踏踏实实做一名教书育人的好老师。

我现在看见多饶嘎目九年一贯制学校办学颇有成效，看见和我小时候一样的学生，内心不禁对上师和老师以及曾经帮助过我的善心人士充满了感激之情。我无以为报，只能通过努力工作，来回报国家和社会各界善心人士对我多年的培养，为民族地区的教育事业尽一份自己的力量。

从梦想到现实

洛松曲珍*

西康福利学校，一个温馨又甜蜜的称呼，你不但陪我度过了十二年的中小学时光，还将伴我度过我的教师生涯。

重拾父爱

父亲，这个词对过去的我来说十分陌生。我一出生就是个没有父亲的孩子。我曾经伤心地问过母亲："妈妈，为什么别的伙伴都有爸爸而我没有？我也想要爸爸。"那时母亲告诉我父亲去了很远的地方，如果我听话父亲就会回来。我天真地信了母亲的话。每次母亲安排我干家务活，我都会努力做好，然后望着远处的路，希望看到父亲回来的身影。可是我并没等到父亲回来，母亲也因病离开了我。

不幸中的万幸是我来到了西康福利学校。我终于感受到了从未感受过的父爱。

记得一次我因为生病，要到康定去看病。学校安排周阿妈陪我去。到了医院经过一系列检查后，医生要求我必须住院。周阿妈把我安顿好后，就去她亲戚家借锅碗了。

---

* 洛松曲珍，藏族，1998 年入校，2010 年 6 月离校，广安职业技术学院语文教育专业毕业，后自考进入西华师范大学汉语言文学专业；现任职于康定市西康福利学校。

我一个人躺在冰冷的病床上，空气中带着刺鼻的消毒水味，伴随而来的是一股阴冷的风，无端的恐惧侵蚀着我。我抬起头看看输液瓶，又看看门口，多么希望周阿妈能出现在门口呀。可是……我等啊等啊，慢慢地睡着了。

不知过了多久，突然有个人把我摇醒了。睁眼一看：天呐，是阿克！我们共同的爸爸。阿克心疼地问：“好点没有呀？现在还有哪些地方不舒服？医生来检查没有？怎么说？……”一口气问了好多，我都不知道该先回答哪个。我望着阿克，心里有一种说不出的激动。

他看见我的点滴放得有些快，就一边调慢一边对我说：“输液放快了对心脏不好，下次不要放快了。慢慢输液，有什么不舒服的地方，一定要马上告诉医生。”阿克还带来了很多吃的，问我想不想吃，我只是摇摇头。时间过得好快，阿克要去开会了。我目送阿克走出病房，走到门口，阿克突然回过头来对我说：“开完会我马上过来看你。”我拼命地点头。

阿克走了没多久周阿妈回来了。夜幕降临，我一直望着门口盼着阿克的出现。可是等到了很晚也不见阿克。我有些伤心难过，周阿妈安慰我说：“阿克肯定还没有忙完，我们先休息好不好？明天阿克一定会来看你的。”我看着肿得像面包的手说：“不，阿克说了来看我，一定会来。我要等。”没过多久阿克真的来了。可把我高兴坏了！

阿克一进门就问周阿妈我的情况，又向医生询问。突然阿克问我想不想去他住的地方，我没有思考就使劲点头，因为我害怕在医院里过夜。阿克马上征求医生的意见。医生最终同意了。我高兴得真想跳起来。

阿克牵着我的手慢慢回到了他住的地方。进了房间我就躺在床上，阿克看见我红肿的手，就用热毛巾给我敷，还不停地问我痛不痛。

那晚我躲在被窝里哭了好久，自从父母都走了以后再也没有人这样照顾过我。原来我一直寻找的父爱是这样的无微不至，这样的细腻，这样的温暖。

被嘲笑的梦想

来西康福利学校之前，我在家乡读过一段时间书。那时的我在班上默默无闻，平时不要说和老师交流，跟同学都很少说话。记得一天老师让我们每个人都说一说自己的梦想，我既高兴又有些紧张。因为我的梦想从来没有对谁说过。轮到我了，我紧张得手心里全是汗水。我鼓足勇气站起来用发抖的声音告诉大家：“我的梦想是当一名老师。”话音刚落整个教室就炸开了锅：“她想当老师？”“哈哈哈……”我多么希望老师能阻止大家，于是用祈求的眼睛望着老师。老师看见了我的眼神，但也跟着笑了，还笑着对我摇了摇头，什么都没说。

那天的我又害羞又伤心。渐渐地，我开始害怕去学校读书，害怕见到老师和同学。之后便开始逃课了，老师也就根本不管我了。没过多久我干脆不去读书了，不管家里人怎么说，就是不去。

到西康福利学校后，有一天，我们在学习“梦想”这个词时，老师要我们好好想想自己的梦想，然后向大家说说。我又有些紧张了，悄悄地告诉同桌：“我好害怕。”她不解地看着我：“害怕什么？”我说不出，但手心里全是汗。老师用了整整一节课的时间让同学们畅谈自己的梦想，每个站起来回答的同学都是那样的自信，那样底气十足。老师不断地点头表示肯定，偶尔还会点评一两句进行鼓励。该我了，我慢慢地站起来，鼓足勇气用发颤的声音说：我的梦想是当一名老师。这时耳畔响起的不再是全班的嘲笑声，而是掌声。我有些懵，突然又听到老师对我说：“希望在不久的将来，我们能成为同事。我等着那一天的到来。”泪水冲出眼眶，我的世界被一束光照亮了。

后来的校园生活中老师开始有意锻炼我的组织能力、表达能力、管理能力，让我加入学生会，让我当寝室室长，在班上担任各种职务。不管什么工作，我都努力去做，从中学到了很多东西。

终于大学毕业了。寝室里的同学开始谈论到哪里实习。我一边听，一边思考着自己的路。其实也没有什么特别需要思考的，我心里早已有了明确的目标：回到我的母校——西康福利学校，回到我温暖的家中，去实现自己的梦想。

启 航

刚回来时，我选择的是顶岗实习，这意味着我要独自带领一个班。在周一的第三节课就是汉语文课，这是我教师生涯中第一次重要的讲课。

一个周末我都在查阅资料、熟悉课文、认真地备课，备好课后又向老教师请教，这样心里才踏实自信些了。备课如此充分，知识点也仔细到位了，第一节课应该问题不大。

可是在周一早上我却始料未及地紧张，总担心有些小知识点会有遗忘，所以一直熟记备课本，在脑海中模拟着上课时的情景，就这样在不安中等待着上课铃声响起。

终于，预备铃叮铃铃地响了。我心里咯噔一下，怀抱课本，走进了教室。走上讲台，轻轻放下课本，抬起头看到台下那么多学生，每个学生的眼睛都充满好奇和渴望，心中顿时紧张万分，事先准备好的开场白只是简简单单的几句介绍就代替了。

开始讲课了，我却突然不知道该如何开始了。心中不仅紧张还很着急，一时手足无措，额头上冒出了豆大的汗珠。仓皇中望向指导老师，等待她的救场。老师向我投来鼓励的眼神，似乎在说：“不怕，相信你行！”同学们应该也知道我是第一次讲课，所以都安安静静地坐在位置上友好地望着我，等我开讲。我深吸一口气，平复了一下自己的心绪，在心里回顾知识点，终于开口了。说也奇怪，开口之后，所有的知识点开始一一清晰出现在了脑海中。我越讲越自信，也渐渐自如了。

下课后回到办公室，老师们给我提出了宝贵的意见。我就这样迈出了教学第一步。

随着时间的流逝和自己的努力，慢慢地，我在教学方面有了一些经验，也取得了一定的成绩。

一学期的实习生涯结束后，我留在学校当代课老师。经过实习期间师生的努力，我班学生的语文平均分在同年级中居第一，但与其他班差距不大，我和学生对这个成绩都不是非常满意。在又共同努力了一年半后，我们班的期末平均分比其他班高出了很多。就在我和班上学生一起计划以后的学习方向时，学校要求我去带六年级的语文。

我有些担心，因为那个班学生中最差的才考零点几分，班级的整体排名也是倒数一二，我一时有些不知所措，不知道从哪里下手为好，只能硬着头皮开始了。经过一个月左右的磨合，师生终于有了默契，学生开始信任我了。于是我们共同为小升初而努力。有时我会特意带学生走出课堂，走进大自然的怀抱，好好感受大自然的各种美并写到作文中，这样一来学生慢慢克服了怕写作文的心理。最后毕业考我们班从年级倒数变成了年级第一！

在这过程中我和学生一起面对过各种各样的困难，我们一起克服了它们，最后获得了小小的成功。我很高兴很激动，更加明确了自己想要的是什么。

歌声献给我的家

马海清*

走进家园

1998 年夏天我第一次看见了高原湛蓝的天空、辽阔的草原，第一次看见了高原圣洁的雪山、庄严的寺庙，第一次来到了菩萨喜欢的地方——塔公，第一次见到了我们的校长也是我们的大家长多吉扎西仁波切。是他创建了我们温暖的大家庭——西康福利学校，是他给了我们重生的希望，是他指引着我们走向正确的人生道路，是他牵引我们从黑夜走向黎明，是他让我在自己的心里种下了一颗爱的种子！西康福利学校是我们一百多个孤儿和特困生的共同家园。我们在这里再一次找到了家庭温暖，再一次走进了美好的校园。

刚到学校时，我的汉语也就会一点四川话，跟老师沟通很困难，根本听不懂老师们讲的普通话，跟同学之间的交流也很困难。大多数同学都是藏族，他们的汉语也和我差不多，所以我们的交流方式只有用微笑来代替了。老师们教我们也很困难，一个字、一个词、一句话，耐心地日复一日年复一年地教。不过，虽然语言沟通有障碍，但我们的心是相通的。

学校是个大家庭，在这个大家庭中还分有许多个小家庭，我们几个大一点的比较调皮的同学调到了吴泽凤阿妈家里。她是成都人，大学毕业的时候在报纸上看到了我们这个特殊学校的招聘启事，就应聘来到了我们身边。她教会了我们很

* 马海清，彝族，1998 年来校，2001 年离校去成都市新都二中就读。现在康定市当酒吧歌手。

多东西，包括做事做人学习生活等各方面。记忆犹新的是吴阿妈教我们背《三字经》《大学》，还有最期盼每个周末到她寝室里开家庭会，有瓜子、花生和糖果，有我们兄弟姐妹的欢声笑语，也少不了我的歌声。吴阿妈最喜欢听我唱《想妈妈》。前不久远在山东的她打电话给我，在电话里她唱了二十年前我用彝语教她的《想妈妈》，顿时我的眼眶湿润了。她说至今她都很喜欢这首歌，特别是在想我们的时候就情不自禁地哼起来。

慢慢地学校里很多老师都知道我在家庭会里唱歌的事，在学校第一个“六一”儿童节，皮晓萍老师给我安排了一个节目，我登台唱了一首《彝人》。那天台下坐着我们敬爱的多吉扎西活佛，还有关心关爱我们的各界人士。我从来没上过舞台，很紧张，稀里糊涂地唱完就下台了。过了几天吴晓群老师对我说：“你要好好唱歌，四川教育学院姚文忠教授那天听了你的歌很感动，说你的声音很特别。”从那时候起我就渐渐喜欢上了音乐，也注定了我要和音乐有不解之缘。在那段时间我写了人生中第一首歌词《一样的月光》。

特殊的高班

在西康福利学校读到三年级时，由我们七个学习成绩比较好的同学组成了一个特殊班——“高班”。高班的同学有来自新龙的尼玛泽仁（我们的“舞蹈家”，曾荣获全国青少年舞蹈大赛二等奖），来自白玉县的索朗刘麦（简称老牛，我们的“武术家”，他最崇拜李小龙，平时最爱看动画片），有来自康定城里的张小龙（我们当中年龄最小的一个，人小脑袋很灵活，我们叫他小巧玲珑），有来自九龙的邓先俊（简称老邓，我俩是老乡，他住在乡政府，我家住在山上，之前不认识，到了福利学校才相互认识的），有来自九龙的江彬飞（简称老江，我们的“朗诵艺术家”，有一回北京电视台来学校拍了个纪录片，他朗诵了我写的那首歌词《一样的月光》），有来自九龙的胡长寿（简称老胡，我们的“政治家”，他是我们班班长，校学生会主席）。

我们这个班确实很特殊，在一年的时间里我们把三、四、五、六年级的课程全部学完。这一年付出了很多，得到的也不少，起早贪黑地奋斗，最后我们七位都顺利考上了初中。当然，这成绩不仅仅是靠我们个人努力得来的，还有学校领导的大力支持，也有各科任老师的辛勤付出。

感恩的歌声

2001 年 9 月我们七兄弟来到了成都市新都二中，开始学习初中文化知识。初中三年匆匆而过，三年中我收获最大的就是在初三的时候，到录音棚里去录了西康福利学校校歌《妈妈格桑拉》，这首歌由刘琳作词，胡晓海作曲。

还记得那一天，你把我带回家
你那温暖的手，擦干我眼中的泪花
依偎在你怀里，让我再没有害怕
依稀仿佛中又看到久别的妈妈
天上的雪花儿啊，轻轻轻轻地落下
枕着你的歌声，我甜甜地睡着啦
哦，妈妈格桑拉，哦，妈妈格桑拉
你在我的心里永远是童话
有一天我长大，我要去走天涯
涉水千里万里，把爱的种子播撒
也许有风和雨，但我不会害怕
因为在我身后有我永远的家
窗外的风儿啊，轻轻轻轻地吹吧
让我唱出心中的歌，献上洁白的哈达
哦，妈妈格桑拉，哦，妈妈格桑拉
你在我的心里永远是童话

这首歌我特想献给一直以来关心关爱我们的党和政府，还有社会各界好心人。相信我们吧！相信我们在你们的关怀下已茁壮成长，正如歌中所唱，我们会把爱的种子播撒在这片美丽但仍不富裕的康巴高原，乃至世界各地。我们将会把学到的知识传递给更多需要帮助的人。

2005 年的元旦是个特别的节日，多吉扎西活佛——我们的校长、我们的家长，从康定赶到成都来看望我们七兄弟，和我们一起过元旦佳节。很清楚地记得那个夜晚新繁东湖森林广场上空飘起了雪花，我想象着这是我的阿克和老师，还有一百多个弟弟妹妹从雪域高原给我带来的最贵重的礼物。在广场中央的舞台上我非常动情地唱了一首《敬你一碗青稞酒》。看见主席台上慈祥的阿克微笑着聆听我的歌声，我感觉那一刻我是全天下最幸福的人。

就在高考临近的时候，有一种莫名伤感在我内心深处蔓延，那是离别的惆怅，那是回望来时路的感叹，那是互道珍重的感慨。于是我写下了一首《离别歌谣》：

当离别的钟声敲响
我们各自奔向天涯
寻找那份最初的梦想
当离别的歌声唱响
你我心中太多话语
诉着曾经那些忧伤

亲爱的兄弟请不要伤悲
你的行囊里有我的期待
亲爱的姑娘我为你祈祷
我会为你唱首最初的歌

亲爱的兄弟请不要哭泣
岁月轮回里会有你的歌
亲爱的姑娘我为你祝福
你的纯洁里有我的美梦

我要把这首歌献给那些无忧无虑的岁月，献给那些朦朦胧胧的爱情，献给一起欢笑过一起哭泣过的兄弟们。

真正的幸福是给予

格智巴（泽巴）*

来到西康福利学校，我告别了以前的小家，却融入到了一个温馨而幸福的大家庭里。我们一百多个孩子，四个民族，拥有一个父亲和好多家长。我们是相亲相爱的一家人。

我们的父亲

我们有一位伟大而慈祥的父亲。他是一位德高望重且热爱教育的活佛，我们都亲切地称他为“阿克”。我们的阿克是一位深受党和政府及群众信赖的政协委员，更是一位一心想为国、为民做实事的实干家。

记得刚来学校的时候，我们大部分孩子由于特殊的家庭环境和成长经历，内心充满着担忧和不安，对生活和学习都感到不自信。于是，阿克请来了几位精通藏族传统戏剧的专业教师为我们教授藏戏《格萨尔王》。格萨尔王一生戎马，南征北战，降妖伏魔，是藏族人民引以为豪的旷世英雄。阿克亲自参与了《格萨尔王》排练的全部过程，并为我们定制了装饰着银饰的绚丽耀眼的演出服。他要求我们熟读格萨尔王的传记，表演时的每一个动作、每一个眼神、每一句台词都要如同格萨尔王一般勇毅果敢。在无数次的练习之后，随着气势磅礴的音乐，舞台上终于出现了一群小小的、勇敢的、自信的格萨尔传人。这台演出赢得了观众的赞美与惊叹，我们也绽放出骄傲的笑靥。

---

* 格智巴（泽巴），藏族，1999 年来校，2010 年离校；四川电子科技大学学前教育专业自考，现任职于多饶嘎目艺术中心图书馆。

阿克通过很多这样独特的活动与安排，让我们重拾自信。阿克还给我们许许多多的教诲，在我们步入社会后也从未忘记这些教诲。我们成长的每一步都离不开他的支持和教导。他是给我们依靠的父亲。

阿克也同时扮演着母亲的角色。虽然阿克很忙碌，但是每次回来时都会给我们带好吃的糖果、很漂亮的衣服鞋子，这份甜蜜与愉悦让我们曾经苦涩的童年变得幸福亮丽起来。他时常教育我们要爱国爱党、感恩政府。他还告诫我们要远离垃圾食品，大大小小的事情，他都会一一提醒。2016年的夏天，阿克亲自为家里的三对新人举办了婚礼。从婚礼的流程到婚宴的准备，每一个细节他都仔细过问。他甚至亲自联系了康定最好的三家酒店借盘子，并要求借最好的。这个时候的阿克就是一位替儿女操心的老母亲。

我们这一群人，或许生来是不幸的，但是我们也是最幸运的，因为我们拥有这样一位如父如母的阿克。

我们的老师

我们的老师也是我们的家长，是我们幸福的引路人，是我们成长的守护者。

来学校之前，我笃信失去是痛苦的，得到就会幸福。但是来到学校后，看到我的老师们所做所行，我的观点动摇了。他们放弃了城市优越的生活条件，放弃了陪伴父母孩子的时光，放弃了自己的工作，来到寒冷孤寂的高原，从风华正茂一路陪伴我们走到了双鬓斑白。但是，他们一直很快乐、很幸福。我们背下一首古诗，他们高兴；我们学会一种解题技巧，他们高兴；我们学会洗衣做饭，他们高兴；我们练好一段舞蹈，他们高兴；甚至我们因为不听话而认错道歉后，他们也会开心地一笑。当时，我真不明白他们为什么这样选择，更不明白他们为什么总是这么开心。

当我离开学校在外工作一段时间后，我逐渐解开了这个谜团。这段时间里，我身边有些同事基本没有独立生活能力，闹出把茄子按在水里煮的笑话，而我由于学校的培养，能够熟练地做出一桌像样的饭菜。看到大家愉快地享用我做的饭菜时，我感觉很幸福。当遇到老乡因语言不通而着急，我能流畅地使用藏汉双语帮忙翻译时，我感觉很幸福。当我用一手漂亮的汉字为别人写出一份证明时，我感觉很幸福。当我圆满完成上级交予的任务时，我感觉很幸福。当我能为街边的乞丐递上一张纸币时，我感觉很幸福。当我用自己的工资给家中老人买一份礼物时，我感觉很幸福。我终于明白，真正的幸福不是得到而是给予，是愿意且有能力为他人付出。我似乎明白了老师们为什么总是这么幸福，原来他们在不断地付出！

我的老师们是幸福的，但也是很辛苦的。我依然清晰地记得老师们如何手把手教我们写字，如何教我们自信地与人沟通，教我们如何洗衣服、拖地，如何穿衣吃饭。他们既当我们的老师，也当我们的父母。他们深知我们无法像其他孩子一样处处都被照顾，只有自己学会独立生活的技能，才能拥有自力更生的能力和美好的人生。他们总是认真教导我们每一个细节，即使是拖地、擦玻璃这样简单的事情，他们都会亲身示范，直到我们能够耐心地将一点一滴的小事都做好时才肯罢休。他们付出的时间和精力远非常人能比。他们是平凡的，也是伟大的。

社会的爱

西康福利学校创办至今，除了党和政府的关心关怀、阿克和老师们的辛勤付出，还离不开一群社会善心人士的扶持。

我们至今不知他们的姓名，不清楚他们所捐的款项和物品，但他们所有的付出我们都不曾忘记：是他们用一颗颗温暖的心托起了我们一张张灿烂的笑脸。虽然时过境迁，但感动不会变；岁月会流逝，但爱永不消逝。

不管我们今天是否取得了瞩目的成绩，当年那群接受过他们帮助的孩子都长大了，会时时怀揣一颗真诚的心，向不知名的他们默默地致意和感恩，也在用自己小小的能力向社会奉献着自己的爱心。

我的梦想

阿克曾经说过："牧区的未来取决于教育，只有大力发展教育，才能断除高原牧区贫困的根。身为政协委员，在党和政府的领导下，在社会善心人士的支持下，能和内地的教育工作者一道，为振兴牧区的教育而奋斗，这是我的荣幸和骄傲！也是我一生不悔的梦想！"阿克就是我的榜样。

我现在是图书管理员，我的梦想就是为高原牧区的教育贡献一点自己的力量。给别人带来知识、带来信心、带来快乐、带来幸福是我的心愿。西康福利学校的校训是：“爱国　敬师　笃学　求真”。虽然我能力有限，但我从未忘记校训，也在用自己的行动实践它。

一天，我无意中看到当年我们西康福利学校的全家福：阿克抱着我们最小的妹妹，大家开心地围绕在阿克身边，每个人的脸上都洋溢着幸福的微笑。我顿时热泪盈眶，仿佛又回到了那个纯真幸福的年代，我还是当年的小捣蛋。虽然时间过去了这么久，照片也变得有些模糊，但我还是能一一指出当年的每一位同学。我想建立一个电子资料库，将西康福利学校建校以来的所有图片、视频资料收集起来。这里面有我们过六一儿童节、集体过生日的幸福瞬间；有跟老师们过教师节、全家一起过春节的温暖瞬间；有一次次文艺演出、一次次耍坝子的快乐瞬间；也有第一次当生活老师、第一次远足完毕的骄傲瞬间……这些珍贵的资料是我们家庭的历史，是我们温暖的回忆，是我们不老的青春，更是我们现在和将来奋斗的动力——这个世界上我们从不孤独。不管我们将来身处世界的哪个角落，不管我们年轻还是年老，只要想起，就可以看看照片，看看西康福利学校——我们由爱凝聚和铸造的大家庭，回味我们一起走过的每一段时光，让美好与温暖在心头弥漫。

誓　言

回首在西康福利学校这个大家庭度过的时光，我不仅收获了学业，更收获了友谊和亲情！回顾那青春燃烧的岁月，是那么的美好、那么的亲切！同桌的笑声记忆犹新，老师的教诲至今难忘！

如今的我们，可能已为人夫，为人妻，为人父，为人母，每个人都在努力证明着自身的存在和价值，而美好的记忆永远在逝去的时光中熠熠生辉。当年，我们因不同的遭遇从不同的地方来到了同一个大家庭，正因为你们，我亲爱的兄弟姐妹们，我从未感觉孤单。在这个温暖的大家庭，我们学会了感恩，学会了做人的道理，也学到了知识，拥有了帮助他人的信念和能力。文字太轻，回忆太重。走远的只是时间，留下的是我们珍贵的缘分。

一切为了孩子的健康成长

多　吉*

在色达县泥朵镇小学教师会议上，我把养育了我十多年的母校西康福利学校的口号——“一切为了孩子的健康成长”定为泥朵镇小学的教育宗旨。母校的养育和培养，让我有机会在现在的工作岗位上贡献力量。母校让我明白了自己的人生价值，让我懂得感恩、回馈和梦想。

在我三岁时，母亲被歹人所害。而我的父亲酗酒成性，不管我和哥哥的生活。我和哥哥分别被寄养在了两个孃孃处。寄养生活真如噩梦。我抱怨过这个世界的不公平，埋怨过命运的作弄，甚至想过要结束自己的生命。

1998 年的一天，幸运之神突然降临。伯父把我和哥哥送到西康福利学校。我终于可以念书了！学校里有一百多个学生，过着集体生活，恰如一家人。那时一般都是大一点的同学带小一点的，包括洗衣服、打扫卫生等。至今我还记得阿姐曲珍帮我们洗衣服，给我们洗澡。我们的老师来自五湖四海，作为志愿者，他们牺牲了自己，养育了我们。他们在课堂上是我们的老师，在生活中是我们的爸爸、妈妈，需要关注我们的心理，手把手地教我们正确的生活习惯。

初中时，我产生了厌学情绪，一心想逃离学习。我经常打架斗殴，惹是生非，多次逃学，但每次都被伯父送回学校。记得有一次，我不好好学习，老师请来了伯父。伯父狠狠地教训了我。现在想起来，伯父在那时肯定对我异常的失望，恨铁不成钢!

到了高三，比我高一年级的兄弟姐妹都去读大学了，我终于醒悟：我该努力

* 多吉，藏族，1998 年 9 月来校，2011 年 6 月离校；就读于成都师范学院语文教育专业，现任色达县泥朵镇小学校长。

了。那一年我拼命地学习，力争第一个到教室，最后一个离开。坚持了一年，我考上了成都师范学院。我明白，背后和我一起坚持的是我的老师们，他们在我最不懂事的时候，没有放弃我。他们呕心沥血，殚精竭虑，如父如母地为我们这些孩子倾注了大量的心血。老师啊，是你们的爱和责任撑起了我的天，造就了现在的我！

2011年6月，我结束了13年的西康福利学校集体生活，带着阿克的资助和嘱托，满怀感恩与抱负，踏上了大学的求学之路。第一次走出大山，去适应了解都市生活。那时的我是懵懂的，经常感到迷茫。但我是那么的幸运，阿克一直在我身后，为我指点迷津。每次放假我就回到多饶嘎目，回到家里，回到阿克的身旁，与儿时的兄弟姐妹在一起，与如父如母般的老师在一起，归属感油然而生。

2014年9月，我来到甘孜州色达县泥朵镇小学工作。这是一所偏远的牧区小学，学生与我们刚入福利学校时的情况差不多，生活习惯差、行为习惯差。在我面对他们的时候，在纠正他们的生活习惯和行为的过程中，我总想起我的老师们，他们的一言一行就是我的榜样。那时我刚大学毕业不久，满怀着激情，想大展宏图。可是不久我就发现，理想与现实有很大差距。我在大学学的是语文教育，我想把自己学到的教学技巧运用到课堂上，可是学生的基础太差了，可以说一点汉语表达能力都没有，汉语对他们来说完全是一门外语。

我努力摸索适合孩子们的教学方式。我发现，学生在成长过程中存在很多漏洞，主要是家庭养成教育和行为教育比较欠缺，大部分家长只是为了完成九年义务教育，把惠民政策当成了一种任务而已，也不去关心自己的孩子，把学校当成寄养处。这导致家庭教育几乎空白，社会教育由于当地居民认识的落后，也无从谈起，只剩下学校教育。我记得西康福利学校墙上写着“教育要面向现代化，面向世界，面向未来”。我认为教育先要教学生做一个合格的人，合格的人才能面向世界；其次要教学生学习各种生存技能、文化知识，这样才能在高速发展的现代化社会中立足；最后要引导学生不断充实自我，由内而外，以发展的眼光和思想，去迎接未来。我在后来的教育中融入了感恩教育——教孩子们先从感恩土地（爱国）开始，其次感恩文明，最后感恩父母和老师等。现在，我站在学校管理发展的角度，以“一切为了孩子的健康成长”为核心，以“以人为本”为宗旨，以“科学管理，积极营造健康氛围，努力改变当地牧区教育”为工作目标。

我特别喜欢一句话：校长不是官员，也不只是干部，应该成为学校的领导。“领”就是带领、引领：一身正气，做到有品位，有德行，有见识，有能力，能够担当起领导教师不断向上向善的责任。“导”就是指导、引导：关注教师的成长，在做人做事方面给予教师最实际的帮助。为办好学校，当好校长，我将努力扛起肩上的责任，积极引领学校健康发展，用最好的实际行动，回报阿克、回报老师、回报社会。

带着爱开创生活

向秋卓玛*

我小时候，父母就离婚了。后来父亲去世，母亲再婚，我便与外婆住在一起。外婆在她五个孩子家轮流住，我也就只能跟着过居无定所的日子。我小时候几乎没怎么吃饱过，特别瘦小，但每天都要干很多农活。外婆总说：“一定要做，不然就会饿死！”长大后，我时常想起这句话，多么有哲理啊！人这一生，如果不努力，那就是在毫无价值地活着！有一次在舅舅家，因为吃饭的事，我被他打得很惨，外婆就让我留在她身边疗伤，后来我就辍学了。

1998年8月，七岁的我来到西康福利学校，从此以后，我的命运改变了。刚到学校时，我很想念外婆，差不多连续一个星期，每天晚上我都哭着入睡。但快要开学时，我知道自己又有机会读书了，心里觉得好高兴。小学时候的自己是最开心的，那时的我无忧无虑，成绩也一直都不错。盈老师是我们的班主任。有一次我因为生病，几乎一个星期都躺在寝室里。她每天都会来看我，还安排同学给我打饭。有一次盈老师又来看我。她问我想不想出门。我说我很想出门，但是不

---

* 向秋卓玛，藏族，1998年来校，2010年6月高中毕业离校，就读于泸州职业技术学院语文教育专业；现在塔公自主创业经营康巴咖啡。

能走太多路。盈老师便帮我穿上衣服，把我从寝室背到了操场上，然后一起在旗台上坐下。坐在老师身边，看着同学们打篮球、跳绳，我好开心，很有安全感。我想这就是有妈妈的感觉吧。

一次，学校排练一个合唱节目，音乐老师要选领唱。很多同学都上去了，却都没有被选中，这时我听见后面传来“卓玛你去，卓玛你去”的声音。我往后一看，是盈老师在叫我，她知道我喜欢唱歌。在盈老师的鼓励下，我到音乐老师那里试音，结果被选中了。我当时真的好激动，觉得是母亲在不停地鼓励自己！后来，我胆子变得大了许多，不再害怕在大家面前唱歌了。

初中时，我开始对班上有的男孩产生了好感，很多时候上课就不专心了，开始出现偏科的现象。有一次数学考试，我考了全班倒数第一，盈老师把我叫到她的办公室。看到盈老师为了我连饭都没有吃，我心里十分内疚，于是下定决心要好好学数学。由于之前落后了很多，虽然我尽了很大的努力，效果也并不是很如意，我也会有畏难情绪，但只要想起盈老师的教导，我就会鼓励自己坚持下去。

高中时，我很担心我的外婆。我觉得自己已经长大，可以挣钱照顾外婆，便把这个想法告诉了当时的班主任魏老师。魏老师听了后，告诉我放弃学业的后果。她建议我写信回家了解外婆的情况，这样我便可以更安心地在校园里生活、学习。魏老师一直十分认真地带领着我们，给我们最好的教育和陪伴。高三那年，她几乎每天24小时地陪伴我们。在我自己当了母亲后，更知道陪伴对一个孩子来说是件多么重要的事。魏老师认真负责、乐观向上、善良坚强等美德对我产生了很大的影响。

让我特别感恩的还有我们的校长胡老师。他在我印象中是睡得最晚、起得最早的人。他为我们操碎了心，想得特别周到。他甚至还经常亲自给我们做宵夜吃。在我情绪低落的时候，他会不厌其烦地鼓励我，像父亲对女儿一样，充满慈爱和温暖。记得他时常说，成绩固然重要，但最重要的是学会如何做人。他给我们播放过一部电视剧《大长今》，我从中学到了如何做人、如何爱人、如何为人处世、如何自我反省、如何向他人学习等很多人生道理。

当然，对我最重要的、改变我人生的人，是我们学校的创办人——多吉扎西仁波切。他创办了这所学校，请来了最好的老师，让我们接受良好的教育，让我们学会做对社会有用的人，这改变了多少人的命运啊！他是一位伟大的活佛，更是我们慈爱的父亲，我们永远爱戴他、感恩他！

从我进入学校到现在转眼已是二十年了。二十年来我虽然有烦恼和困扰，也有痛苦和悲伤，但我更多地体会到了人间的爱、幸福和光明。2015 年，为了让自己成长得更快一些、更全面一些，我和先生开始创业。刚开始我们没有任何经验，从整理店面、打扫卫生，到学习经营、与顾客沟通、提供高品质的服务，我们边学边干，渐渐学会了如何去面对困难，而不是逃避困难，真正学会了老师们几乎每天在耳旁说的——要学会独立！此外，现在的我也能尽量去看别人的优点，更能站在他人的角度思考问题。

虽然我们刚创业不久，经济还不宽裕，但我们知道金钱不是人生中最重要的东西，让自己的精神富足才是最重要的，这一点是我从仁波切和老师们那里学到的。我和我先生乐观努力、积极向上，尽力帮助一些孤寡老人和家庭条件比较困难的学生，做我们力所能及的善事，不求回报，继承和发扬西康福利学校的精神。未来正向我们招手，带着西康福利学校的爱，我们诚实善良，我们勇往直前！

我也能拥抱精彩的世界

泽仁英措*

不幸中的万幸

我的爸爸本是塔公镇上的一名警察，妈妈是一名普通的农民。我们一家三口曾经过得很幸福。但在我 7 岁那年，爸爸突然离我们而去，在我 9 岁那年妈妈也走了，我成了世界上最不幸的人。我到现在还记得那时的我有多痛苦、多无助、多可怜。幸运的是，我 11 岁那年，姑姑把我送到西康福利学校，我的命运改

* 泽仁英措，藏族，2004 年 9 月入校，2012 年 6 月高中毕业离校，就读于西南民族大学藏汉双语行政管理专业；现为西南民族大学在读研究生。

变了。

姑姑先带我去见了活佛。我记得那天天气特别好，活佛打着一顶红色的伞满脸慈爱地向我走来，他摸着我的头说，“你就是泽仁英措吧，多好的一个孩子呀。以后就在这边学校上学，里面有很多哥哥姐姐弟弟妹妹呢。”那一刻我觉得特别温暖，似乎又感受到了久违的父爱。就这样，我顺顺利利、开开心心地进了西康福利学校。

进校那天是周末，学校里很热闹，听守门的奶奶讲周末是全校师生做个人卫生的日子。我们一进阳光棚，校长和几个姐姐就笑着朝我走来，欢迎我来到学校。姐姐们挨个做了自我介绍，我也腼腆地介绍了自己。接着校长带着我见了好几位任课老师，老师们都很温柔，问了一些我的情况，给我办了入学手续，然后让姑姑放心地离开了。

姑姑离开后不久，我就哭惨了。同学们变着法子逗我乐，一会儿拿个洋娃娃，一会儿讲个笑话，我终于好了。校长带我去了宿舍，床已经给我收拾好了，床上放着一套叠得整整齐齐的校服，床底一双新鞋，跟其他同学的一模一样。我可高兴了，赶紧换上。其他的生活用品也都给我摆放好了。有个姐姐还把她自己心爱的布娃娃给了我，给我放在枕边，说晚上可以抱着睡觉。因为老师们的关爱、同学们的照顾，我有了一种家的感觉，再也不觉得自己是不幸的，也再没有感到孤单过。

我在家乡完成了小学四年的学业，到西康福利学校就直接读了五年级。我当时的基础差到乘法和除法都不懂，也不知道什么叫日记。校长让我们每人写一篇日记，我是同桌跟我讲了意思后才写出来的，到现在还记得写了什么。第一行是：“2004年9月1号，天气晴”。第二行是：“今天我来到了西康福利学校，我很开心。”校长给我评了一句：“欢迎你来到西康福利学校。”就这样，我在西康福利学校的学习生活开始了。

虽然我学习特别吃力，但老师还是没让我降班，而是在我身上花了比其他同学更多的心思。比如一道数学题，老师讲一两遍其他同学们都会了，但我还是不懂，老师就会再给我讲，一遍一遍，直到我完全弄懂为止，特别有耐心。我也没让老师失望过，这次弄懂的，下次遇到了就一定不会错。在老师的用心教导下，我的学习有了很大的进步。

在学校里，活佛就像我们的父亲一样，无时无刻不在为我们操着心。为了我们的全面发展，他要求我们除了课堂学习之外，还要参加学校安排的各种课外活动。老师们根据学校的要求和我们的不同兴趣，为我们开设了不同的课外学习项目：经典学习、各种体育运动、舞蹈、唱歌、下棋、课外阅读等等。我比较活泼，各种活动都积极参加，尤其喜欢唱歌，活佛、老师和同学们也都爱听我唱歌，说我唱歌好听。每逢过年过节，学校举办联欢晚会，我都要演唱，有时一首，有时几首。这不仅使我更加自信，而且，我对生活对学习都有了更加积极阳光的心态。

世界很大很精彩

来学校的第二年，我和一个彝族哥哥有幸被学校选为学生代表去央视唱歌。我俩都是第一次走出大山看外面的世界，当时的心情既激动又害怕。对我来说这个机会来之不易，也算是个挑战，我想好好把握它。从学校出发那天，活佛带着全校师生欢送我们，活佛牵着我和哥哥的手在内圈，老师和同学们在外圈，我们一起跳了一支吉祥锅庄。活佛分别给我和哥哥献了洁白的哈达，还把我俩搂在怀里，轻轻地亲吻我们的额头并说道："这个机会来之不易，好好珍惜，好好发挥。听老师和阿姨他们的话哦，我会打电话给老师找你们俩的，放心去吧，我们在家等你们回来。"

因为是第一次出门，没坐过那么久的车，我一路上都在晕车，把老师和阿姨折腾得够呛，也完全没心情看窗外的风景。那次也是我第一次坐飞机，因为阿姨的照顾，到机场的时候我好多了，心情又激动起来了。刚开始状态还挺好的，但是后来又开始晕机了。到了北京一身疲惫，没吃饭直接就睡了。这之后我的状态就好多了，我们的表演很成功，没辜负活佛和老师们的期望。我也跟活佛通了电话，听到活佛声音的那一刻真的超级激动，很兴奋地告诉他演出和采访都很成功。然后活佛就请老师和阿姨带我和哥哥看看北京的各个景点，放松和学习。因为我在语文课本中学习过关于长城和天安门广场的文章，一直以来都无比向往，所以就跟阿姨讲了。于是我的愿望实现了。除了去天安门和长城，我们还去了动物园，看到了各种在高原上见不到的动物，拍了很多的照片。我们真真切切地感受到了祖国之伟大。总的感受就是太不可思议了，原来外面的世界那么大，那么精彩！

初中三年，我们学校陆陆续续来了很多老师，都是活佛从内地请来的。我对一切充满了兴趣，尤其是英语，不管是口语还是笔试都有了进步。

上了高中后，我明显感觉学习任务重了，课本内容深奥了，老师们也越来越严格了。但不管怎样，我对学习的热情一点也没有减少。虽然有时候我也会感到失落，会难过，会气馁，但在活佛和老师们的谆谆教导下，我总能很快战胜这些不好的情绪。

高二那年，特别幸运的是活佛又亲自带我和另外一个哥哥洛松土登和魏老师一起去了北京。这一趟去北京，我学到了很多。比如，去故宫和颐和园了解了很多历史。我们还和活佛去了北京大学，印象特别深刻。大学校园真的好美，好大。这氛围让我很羡慕、很向往。我们也认识了很多人，其中有不少成功人士。我从他们身上学到了很多，如勇气、努力、坚持。我认识到自己还需要下更多的功夫才能有所收获。

高考记忆

回校后就高三了，就要考大学了。考上理想的大学既能给自己一个交代也能让活佛和老师们欣慰，所以我特别努力。终于到了高考那一天。考场在康定中学。考试那几天，活佛安排我们住进了一家舒服又安静的酒店，然后每天早上亲自送我们到考场门口，一一加持鼓励后方才离开。考完出来老师总会在校门口等我们，就像其他孩子的家长一样。不会问考得怎么样，让我们放下已经考完的，准备下一科。回到酒店，活佛早已经点好饭菜等着我们。就这样，三天很快过去了。考试结束后，活佛带我们去泡温泉放松，还一一给了钱让我们上街去买自己喜欢的东西。

之后的日子过得很慢，因为每天都在期盼早点出成绩。但是当那一天真正到来的时候，我们又紧张得不得了，心情特别复杂：想给活佛和老师们递上一份满意的答卷，想考上理想的大学，想每位同学都考好。从小和同学之间不是没有竞争，有竞争，但是那种竞争是希望彼此都好的竞争。成绩出来的那天晚上，老师一直在电脑前等着，老师甚至比我们更加着急。我因为特别紧张，就把自己关在房间里，没出去。但没过一会儿，就听到门外几个朋友在喊我。我打开门的那一瞬间，朋友握着我的手说：“英子，你考了第一名！你好厉害！”我不敢相信，朝老师的办公室跑去。老师给我看了成绩以后我才信了，高兴得眼泪都要出来了。

我的第一个念头是感恩，感恩活佛，感恩老师，感恩我的同学们！

我进入的西南民族大学是我最想去的大学。去读书之前，我拥有了我的第一部手机，活佛在我手机里存了他的号码，我又去要了所有老师的号码，还存了所有同学的号码。出发去学校之前活佛跟我交代了很多："在外面要注意安全，跟同学处好关系，自觉学习。大学可不比我们福利学校，学校学生很多，老师们是没办法像咱们学校的老师一样照顾到每位同学的。"然后他把学费和生活费都打到了我的卡里，还打了买衣服的钱。活佛说："女孩子衣服要穿得漂漂亮亮，大大方方的；饭要吃好，生活要过好，然后好好学习。"我好幸福，一直都好幸福。

大学四年里，我遇到了很多人，班上的同学都很友好、很有上进心，老师们都很博识。我最想念的还是我的"父亲"，我的老师们，是他们的谆谆教导，让我能在和同学朋友相处时，宁愿吃亏也不斤斤计较，面对挑战时不会退缩，面对失败时不会气馁，尊重老师，尊重朋友，积极进取。这些教导深深地烙在我心里，走到哪里都能起到作用。

现在未来

大学四年里，我把该拿到的证都拿下了，最想的是毕业后回我们福利学校当老师，像我的老师一样去教书育人，去帮助像自己一样的孤儿。可是我们康定县没招老师，我很是失落。除了当老师，其他的职业我都没有特别的兴趣，所以跟活佛说了考研的想法。活佛特别支持我，鼓励我考研。于是我就努力看书，顺利考上了西南民族大学的研究生，选了我心仪已久的专业——宗教学。我现在正在读研一，学习压力挺大的，要看的书很多，觉得自己还欠缺很多，正在不断学习和努力中。希望在研究生三年学习中能取得进步，成为更优秀的自己。希望将来有一天，我能为更多像我一样的孩子创造读书学习的机会，继续把这份爱的教育传承下去。

播撒爱与奉献的种子

孔庆南*

初到学校

2007年，我跟着支教的母亲从攀枝花市来到西康福利学校。我仍然记得自己刚到时的情景。整座学校被围墙保护着，自西向东，呈长方形矗立在塔公河旁。校园里有一个青草浓密的足球场，外边是一圈沥青跑道。学校正中是旗台，高高的五星红旗在空中飘扬。旗台前是一个标准的篮球场，有些同学正在打篮球。学校有个很大的阳光棚，阳光棚内有完备的设施：学生和教师宿舍，图书室，教学楼，办公室，物理和化学实验室等。仿佛除了海拔，这里的一切与内地学校并无不同。

开始时，语言的差异、环境的不适应，让我找不到归属感，觉得无聊和不安。但慢慢地，这里的老师和这里的同学无形中感染了我，让我觉得这里才是家，才是我想要的生活。

对老师的理解

很长时间我无法理解这里的老师。他们大多是来自内地城市的志愿者，放下了舒适便捷的城市生活，放下了自家的安逸温暖，放下了高薪的工作，毅然来到海拔3800米的高原，拿着每月300元微薄的工资，面对一百多个特殊孩子，又当老师，又当父母，十几年如一日。他们就像是父母一般照顾着这里的学生，除了上课时间外。每顿饭老师们都和学生们坐在一起，饭后还会和学生们一起散步，耐心地回答

* 孔庆南，汉族，2007年来校，2013年6月高中毕业离校，就读于四川中医药高等专科学校；现学习翻译。

学生们的问题，开导和疏通他们的情绪。当季节交替、气候变换的时候，会提醒每个学生注意防寒保暖。每天晚上会来宿舍查夜，看学生们是否踢掉了被子。在学习上任何学生只要有问题，可以在任何时候向老师请教。而每个寒暑假老师们都会牺牲自己的休息时间，留在学校里陪着学生们，精心安排假期的课外活动和学习计划。

是什么让他们长年坚守在这里？仅仅只是爱心和善良吗？当然这点毋庸置疑，他们的爱像广阔的大海。他们将自己的青春奉献给了学校，奉献给了每一位学生。他们默默付出，哪怕是生病，也坚持着上课。他们深夜为我们批卷，白天为我们讲题，课余陪伴我们成长，不忍让我们留下一点点遗憾。他们奉献了所有，而所求回报只是让我们好好做人。这是怎样的爱心与善良！

后来，我发现老师们也是快乐的、幸福的，老师们脸上始终洋溢着灿烂的微笑，仿佛能融化我们的心，让我们感到如此温馨。我慢慢理解这一切源自“奉献”。我的老师们都有着崇高的理想和信念，并愿意为此奉献自己的一生。而我理解奉献不仅是一种高尚的情怀，同时奉献也是快乐的，更是幸福的，是一种超越物质的精神快乐。这就是我们的老师，我为他们感动，为他们骄傲，也为他们由衷高兴。

对生命的尊重

在福利学校，所有的同学都有一个特点，那就是不杀生，这是对生命的尊重。记得每当雨过，校园内的操场总会形成许多小水洼，水洼中有着许多挣扎的小身影，远看的时候似乎层层的水纹，走近细瞅才知道那是落水的虫子。这时便会有许多同学或拿树叶，或用草茎，有的干脆直接用手去救助它们。

最开始看到这种现象，我内心并没有什么触动，只是认为那出于一种风俗。在没来到福利学校之前我并没有那样的经历，所以在看到他们这样做之后，我也只是想单纯地模仿。于是我随手拔了一株草后便来到了水洼旁，水洼中有两只不知名的黑色小甲虫不停地挣扎着，但却无法移动哪怕一丝的距离。我将草茎伸到了其中一只的旁边，它立即抓住了那救命的稻草，快速地爬了上来。我的指尖传来了一阵一阵的力度，那是生命的律动！在那一刻我突然感受到了生命。虽然在我的眼里它是如此的弱小，但它爬上草茎的那一刻，我感受到了它对生命的渴望。从指尖上传来的急切与力度让我突然明白，那个在我眼里如此弱小的存在也和我们一样，有着面临死亡的恐惧和对生命的渴望。

从此，我慢慢理解了为什么在同学们的眼中，世间万物都需要尊重。无论是地上跑的鸡、鹅、狗，天上飞的海鸥、燕子、天鹅，水里游的蝌蚪、小鱼，都是有生命的。无论它们多么平凡和不起眼，但它们和我们密不可分地生活在一起。它们有自己的喜怒哀乐，自己的情感世界。这正是所谓“一花一世界，一叶一菩提”“万物皆有灵，不可妄欺生”。从此我觉得自己对世界的看法不同了，也更珍惜自己的存在了。

我的现在

我现在选择了翻译作为我人生的奋斗目标。做好翻译是我的理想，我要像我的老师那样把青春毫无保留地奉献给这庄严的选择，在平凡的岗位上奉献自己的光和热。从小事做起，从现在做起，是实现理想和自身价值的基础。我将认认真真，本本分分，一步一个脚印地做好自己的分内之事，不断努力，持续学习。学得好，学得快，学得精，把学习培养成自己一种自觉的习惯。未来希望学有所成，成为一个对社会有用的人，在平凡的岗位上，继续播撒爱与奉献的种子，回报老师，回报学校。

做顶天立地的康巴人

白玛拥措*

西康福利学校，一所特殊的学校，我心中永远的家。这里是给我第二次生命

* 白玛拥措，藏族，1998年来校，2011年6月高中毕业离校，就读于泸州职业技术学院秘书专业，现在职就读于成都师范学院教育专业；在甘孜州公路管理局色达公路分局工作。

的地方，我在这里学习、生活、成长。感恩您，我的母校，我的家！

那是小学三年级的时候。记得一次我不知怎么的没有写作业的铅笔，看见邻桌一个小朋友的文具盒打开放在桌子上，里面有几支铅笔，于是顺手拿了一支写起了作业。然后有没有还回去就记不得了。

大概过了一年多，有一天，班主任盈老师很严肃地进了教室，叫我们每个人拿出一张纸，在上面写上不经别人同意就随意拿别人东西的事。我就把之前拿小朋友铅笔的事写了上去。

盈老师在看过所有同学的“自白”后语重心长地告诉我们：不经过别人同意就随便拿别人东西的行为是偷。她还给我们讲了“小时偷针、长大偷金”的故事，告诉我们小时候不注意改正自己的不良行为，长大后就很难改过来，甚至滑向犯罪的深渊……

听了老师的话，我特别后悔自己之前随便拿了别人的笔，从此再也不随便拿别人的东西了。这件事并不大，但让我很受教育，也特别庆幸在自己刚刚有这坏行为时，老师就将它消灭在了萌芽状态，让我清晰地记住了不该做的事无论如何都是不能做的。

在福利学校十多年，阿克在两件小事上的教导让我受益一生。

第一件事是一个暑假学校组织爬很高的一座山，我们要爬到山顶，从老师手里拿到证明后再下山去领奖品。上山虽然很辛苦，但我并不怎么落后，到达山顶时，我后边还有二十多人。可下山时我的腿软软的，特别不舒服，必须一步步慢慢地走。等我到达终点时，我成了倒数第几了。阿克边给我们解渴的水和奖品，边告诉我们：作为康巴人，最不该怕的就是爬山这样的事，因为我们生活的环境就是这样的。本应是我们自己最该擅长的却做不好，那么就得去找出现问题的根源并加以解决。

第二件事是另一个暑假学校组织我们在塔公草原上搭帐篷露营，休息一个星期。很开心地玩耍了五天后，第六天早上，我从梦中醒来时，感觉有点怪怪的，总觉得哪里不对，于是起身准备穿衣服。我的天！这才发现，由于前晚上突降大雪，帐篷边的排水沟挖得不够深，雪化的水都淹进了帐篷里，衣物和被褥都被弄潮了。这时女生们逐渐醒了过来，看见帐篷都成这样了，外面还刮着大风，都在纠结潮湿的衣服怎么穿。但最后没办法，由于衣服都带得不多，大家还是穿上了潮湿的外套去吃早餐。吃着吃着，阿克突然来了，他看我们一个个缩成一团在吃饭，就问我们怎么了。了解情况后，他先是教育我们当初搭帐篷时就要用心想想会不会遇到这种事，水沟也要好好挖。之后他又告诉我们，作为康巴人，不应该那么怕冷，而应该打起精神来。很多牧场上的孩子下雪天衣服鞋子都打湿了，还是要去放牛，比起他们来，我们这点又算什么？不要遇到一点小困难，就缩头缩脑找不到方法解决。于是我们大家都动起来，有人负责扫雪，有人负责洗碗，有人整理帐篷把里面潮湿的被子和衣物拿出来晾，大家没人再说冷了。过了不到一个小时，太阳也出来了……

这么多年过去了，我总是记得这两件小事。当我觉得学习特别难想放弃时，当我觉得单位事情太烦人想推卸责任时，当我没有自信没有毅力时，我就会想起阿克说过的那句“你是康巴人”。是的，我是康巴人，顶天立地的康巴人，没有什么事是我坚持再坚持，努力再努力后不能做到的。阿克的这句话一直鼓励着我，无论何时，它都像一剂强心针，总能让我充满能量做好自己应该做的事。

要把学校的爱传递

德仁卓玛*

母亲把我送到西康福利学校时，我只有六岁。一位慈祥的阿克牵着我的手进了学校。从那刻开始，那个如师如父的人改变了我的一生，那只有力的大手温暖我至今，那个学校就是我的家！

---

* 德仁卓玛，藏族，2000年来校，2012年6月高中毕业离校，就读于西南民族大学藏汉双语行政管理专业；现任职于理塘法院。

一家亲

学校有很多和我一样的孩子。我们来自甘孜州不同的县，来自不同的民族，说着不一样的语言，可是我们却相聚在西康福利学校，有着一样的老师，有一位亦师亦父的大家长。在学校里，我们的一切费用全免，什么都不用担心，只须沉浸在知识的海洋中。我们一起成长，一起生活，一起学习，彼此都把对方当作亲生的兄弟姐妹，互相帮助，一起进步。哥哥姐姐们教我们写作业，还教我们很多生活技能。毕业工作以后，我们这种不是兄弟姐妹却胜似亲兄弟姐妹的感情一直在延续。不论在哪里，只要有我们西康福利学校的同学，大家也会相互扶持；即使再忙，大家也会挤出时间聚一聚；哪个同学结婚或者生病，或者有什么大事，大家都会相约前去，献上祝福或者给予安慰。在彼此心中，我们已经成为不离不弃的家人。

在学校，我们特别看中两个特殊的节日，一是教师节，一是“六一”儿童节。教师节，我们尤其重视，因为我们知道，如果没有这些可敬的老师，我们就不会走出“山重水复疑无路”的困境，迎来“柳暗花明又一村”的艳阳天！他们像一束阳光穿透了阴冷的黑暗，带给我们光明和温暖。他们来自天南地北，把我们当孩子一样对待，不仅给予我们丰富的知识，还教导我们做人的道理，做一个感恩社会的正直的人。在教师节那天，我们会自己排练歌舞、相声、小品、诗词朗诵等节目，载歌载舞，让老师们明白我们深切的感恩之心。由于学生多，老师不够，所以一位老师一般都教授几门学科，再加上老师们都认真负责，他们可谓是殚精竭虑，为我们操碎了心，连正常的休息时间都得不到保障。教师节这一天，他们可以放下繁重的工作，好好欣赏一下他们最爱的孩子们为他们专门献上的节目。所以我们特别喜欢教师节，一是能向敬爱的老师们表达我们的感恩；二是我们可爱的老师们终于有一天不用那么操劳，终于有一天是我们让他们开心了！

精神收获

在学校里，我有一种说不出的勇气和信心，对各方面的忧愁减少了。我可以安心地在教室里看书，我更有勇气去请教老师各种问题。身边有很多关心和关注我们的老师，他们是热情的，乐于和我们交流，和我们谈心。我自己也很努力，只想努力取得更优异的成绩，不辜负阿克、老师、国家和党对我的期望。回想在学校里的那些岁月，阿克和老师教会了我们许多。其中最令我印象深刻的是这几点。

一是要有一颗感恩的心。感谢我的父母亲人，因为你们我才得以来到这丰富多彩的世界。感谢我的老师学长们，因为你们的开导和解惑照亮了我前进的方向。感谢我亲爱的朋友们，在我疲惫的时候给我力量，在我难过的时候给我安慰。感谢所有帮助过我的好心人，因为你们我更加相信生活是如此美好。

二是不要停止学习。俗话说：逆水行舟，不进则退。一个人不进取就会被淘汰。学习的习惯不能丢，学习的精神不能丢。

三是勇于承担责任。

爱的传递

高中毕业后，我考上了西南民族大学，学习藏汉翻译。在大学里，由于成绩突出，经常会获得各种奖学金和助学金。我把每次获得的奖励都看作一份浓浓的爱心，一种精神的鼓励。在福利学校的时候，作为一名受助者，我深深感受到了社会给予的温暖，体验到获得帮助之后的那份喜悦，明白那份帮助给我生活的巨大影响。我也要尽我的能力来帮助那些需要帮助的人。为此，在学习之余，我经常去医院里做一些义务的翻译工作，帮助那些从高原来的病人们在医院进行及时良好的沟通。

大学毕业后，我进入了理塘法院工作。理塘县平均海拔4133米，被誉为“世界高城”。作为一名法院藏汉翻译工作人员，特别是一线员工，我深切感受到自己肩负的重任。我热爱这份工作，把它作为我事业的起点。我每天都以饱满的热情，用心服务，真诚服务，以自己积极的工作态度赢得基层群众的信任。我要求自己做到：一是掌握过硬的业务本领、时刻不放松业务学习；二是保持良好的职业操守，遵守国家的法律、法规；三是培养和谐的人际关系，与同事和睦相处；四是清醒地认识自我，胜不骄、败不馁。我要将我在母校所学所得用于现在的工作岗位，不辜负学校老师对我的培育和期望。

美好的时光，美好的回忆

楚吴巴登*

校园生活像一部电影，成为我们记忆中最美丽的篇章！

不同的学校

我在西康福利学校待了四年，这是改变我一生的四年。进西康福利学校是2005年。之前对这所学校毫不了解，只是听说过这里的学生大部分是孤儿，这里的老师大部分是从内地来的。我满怀好奇，走进了学校。

刚进校门，我看见一片很大的操场。和其他学校不一样的是，这操场不是塑胶的，而是一片真正的草坪。正中有一座很大的阳光棚建筑，门口有很多学生在那里报名。老师们面带微笑，和送学生的家长们打着招呼，学生们忙着交假期作业。报名的时候，老师问我姓名，我说我叫巴登。老师说：这里已经有一个叫巴登了，你小一点，在学校我们就叫你小巴登吧。从此，不光是学校里的老师同学，连学校外面的朋友、家人都叫我小巴登了。

每天早上6点起床，到操场跑步，然后吃早饭、上早读。上下午四节课，晚自习两节。中午吃完饭可以去操场转一转。开饭前全体学生都要在阳光棚中间集合，值周老师还要讲话，我对这一幕很是奇怪，因为以前从来没见过。讲完话，排着整齐的队伍打饭。我在学校的生活就这样开始了。

---

* 楚吴巴登，藏族，2005年入校，2009年离校，就读于四川师范大学汉语言文学专业；现为甘孜州广播电视台记者。

好好做人

到西康福利学校之前，我觉得对学生来说，最重要的是学习成绩，我也一直在朝这个方向努力，其他方面就没有太在乎，比如说我喜欢打架，喜欢和同学去外面上网，喜欢骗人、恶作剧……但是到了这所学校，我发现这里的老师们不只在乎学生的成绩，更要求学生学习好的同时也要好好做人。我因以前的坏习惯被老师教训了很多次，不敢再满口谎言，天天打架，想干什么就干什么了。我开始学着诚实守信，老老实实做人，一丝不苟做事，不轻言放弃。这也是我在西康福利学校四年所学会的最重要最受益终身的东西。

我很感谢这里的老师们，在他们的鼓励下，我从以前那个爱说谎、爱打架、不诚实、不守信的小男孩变成了一个诚实、不轻言放弃的小伙子。在成绩上，我也进步了很多，从刚到学校时中等偏下到后来稳居全班第一，老师教给我的不只是知识，更多的是学习的方法……后来的我带着这些方法去学习和接受其他新的知识也非常受用！原本以为在这所学校的生活会很枯燥，但认真、风趣的老师和热情、活泼的同学，让我在这里开心地度过了一段愉快的学习时光。

我们的阿克

我感谢这里的老师、这里的同学，更感谢我们的大家长——多吉扎西活佛。西康福利学校是一个集藏、汉、彝、羌四个民族于一体的福利性质的学校，一直努力继承和弘扬各民族的传统文化。在西康福利学校，我们最坚强的支柱就是我们的大家长，我们都称呼他“阿克”。一张和蔼可亲的面庞，总是那么慈祥；从那眼睛中射出的目光，总是那么炯炯有神，那么和善。他的教导丰富了我们的心灵，为我们点燃了希望的光芒。他是那么的无私，那么的善良。他以慈善为怀，祈福于民。

他是一位出家人，在藏区很受老百姓的爱戴。按理说，他可以很安心很自在地过着修行人的生活，但是他通过自己的努力，一直为藏区的教育事业贡献着自己的一切。我们学校里的100多个学生大多是来自不同地方的孤儿，因为有了我们这位大家长，才有了上学的机会。如果没有这样的机会，我们很可能在家乡过着贫穷劳累的生活。因为有了阿克，我们才有机会怀揣对未来的好奇、对未知世界的憧憬，踏上了求学之路，拥有了不一样的人生。

不辜负你们的期望

先成人、再成才，是学校一直以来对我们的要求。值得欣慰的是我们没有让大家长、老师们和社会各界的爱心人士们失望，中考高考都取得了很好的成绩。大学毕业后，很多同学在各个岗位上，也表现出很好的工作态度，积极地为建设家乡贡献着自己的力量。我在西康福利学校初中毕业就离开了，去外地读高中。这一离开就是八年多。常常怀念那段时光，怀念那里的一草一木，那里的老师和同学们。离开后的时间，我在学习上、做人上、处事上，都是按照以前老师教我的去做。在学习上遇到困难了，决不会轻言放弃，而是去努力克服这些困难，所以高中阶段成绩一直在班上名列前茅。做人上也如此。后来读大学、参加工作，都是一样，没有让培养我的老师们失望，更没有让一直希望我们成才的大家长失望。在未来的人生路上，我会一直保持那颗初心，为自己的梦想，为家乡的发展，贡献出自己的一份力量。

老师的责任

沙马尺哈*

每当回想起，走过您窗前的岁月，窗里的您为了我们日复一日年复一年辛勤工作的样子，总是那么清晰地浮现在眼前。

---

* 沙马尺哈(马赤哈)，彝族，1999 年 9 月来校，2008 年离校，毕业于四川省凉山民族师范学校；现任教于甘孜州新龙县大盖镇片区寄宿制学校。

记得一天晚自习下课铃声响了，其他班的同学们都回寝室打水洗漱准备睡觉了，我们的语文老师要我们班继续再上一节课。她向我们解释说："以前你们还小，所读的年级也低，但是现在不一样了，你们读高一了，都长大了，应该和其他年级的不一样，所以从今天开始我们班要上三节晚自习。"第三节晚自习课结束后，老师示意我们可以回去休息了。同学们匆匆把自己的书本收拾好放进抽屉，各自奔向寝室，很快进入了梦乡中。

不知过了多久，睡梦中的我突然被一阵阵轰隆隆的雷声惊醒。我内心充满了恐惧。这时我把头从被窝里探出望向窗外，突然发现办公室的灯还亮着。远远望去，窗户上还有个人影，揉了揉睡意朦胧的眼睛后，我认出是语文老师的身影。是的，她还在工作。虽然我没有看清她在做什么，但我知道她是在为了我们而忙碌。也许在批改作业，也许在备课写教案，也许在忙学校的其他事情。但不管怎么样，都为了我们，为了我们的学习，为了我们的生活，为了我们的将来。

还记得有一次，我和一位同学玩孙悟空捉妖精的游戏。没想到这位同学玩不起生气了，捡起地上的石块就朝着我丢了过来，打在了我的胳膊上。当时有点痛，什么也没有多想，跑过去抓住他直接就是一顿狠揍。结果他跑到老师那里告状，说我打了他。我心想，这下完蛋了。我就跑回教室躲起来。

没过一会儿，一位女同学来到教室说："马赤哈，老师请你到办公室去。"

没办法，我只好去了老师办公室。老师问了我事情的前因后果，我不敢隐瞒，全部如实告知。老师就像包青天，很公正地给了我们两个相应的惩罚。随后老师又给我讲了很多道理，让我知道了确实不该打人。

另外一件事，更让我刻骨铭心。当时在学校我们学生是不准出校门的，更不用说私自翻墙出去到街上买东西了。一天清晨，有个同学私自翻墙跑到街上买了些吃的回来，他从外面翻进来时正好被我看到，手里还提着吃的东西。他见到我时脸都红了，生怕我会向老师告状，连忙从口袋里拿出东西给我吃。那时候我是学生自治会主席，但是那天不知怎么回事，没有把持住自己的原则，竟然还接受了他给的东西，并且同意他不告知老师。

可世上没有不透风的墙，我们两个的事不知道怎么终于传到了老师那里。下午我还心安理得地在球场上和同学们打球，完全忘记了曾经犯过错。突然有同学通知我，老师要我到办公室去。当我进入办公室后看到老师的脸色，我内心开始忐忑起来，双脚也有些颤抖，心里也逐渐明白老师为什么要叫自己来办公室了。

突然老师严厉地问道：“哈哈，你自己说说今天做了什么错事?”我想都没有想就答道：“我没有做什么错事。”这下老师更生气了，让我去跑了十圈。

回到办公室，老师说我作为学生会主席不以身作则，还不诚实，包庇同学，同流合污。我认识到了自己的错误，也深知是自己的行为不对。老师教育我，做人一定要诚实，一定要讲原则，要实在，不能虚伪，要我下来后反省、悔改自己做错的事。离开办公室我想了很多，也明白了做人的很多道理。老师的谆谆教导让我刻骨铭心，深深刻在了我的脑海深处。

现在当我也成了老师，站在三尺讲台上，我更加明白您对我们的用心。未来，我会像您对待我们那样对待我的每一个学生，认真、真诚、负责地教他们知识，教导他们做人的道理，培育他们成才，以此作为我对母校和老师们的回报。

有爱相伴

友　珍*

求学历程

1998 年一个秋天的早晨，我和小姐姐离开了可爱的故乡，离开了至亲至爱的家人，在西康福利学校开始了人生新的历程——求学之路。

渐渐地，陌生的环境变得熟悉而又充满着浓浓爱意。这里不仅为我们提供着各种文化的硬件设施，还让我们感受到像家一样的温暖，这里承载着我十多年的求学岁月的点点滴滴。

刚进校时，因为年纪小，没有汉语方面的基础，学校让我重复读了学前班。头几年上课时我认真听讲，放学后跟小伙伴们无忧无虑地玩耍，每一天都过得飞

* 友珍，藏族，1998 年来校，2012 年 7 月高中毕业离校，就读于四川民族学院藏汉翻译专业；现继续学习翻译。

快，每一天都过得很开心。2004 年到了该上四年级时，我的身体开始出现不适的症状，断断续续地读完四年级后，五年级选择了回家静养。到 2006 年六年级时，再一次回到学校，重回原先的班级里参加小学毕业考试。

之后的初中三年，我有大半的日子是在家里度过的。2009 年离 7 月份的中考只有几个月的时间，家里人希望我可以像其他同学一样参加中考。我开始在家里发奋读书，每周的星期三和星期天背着书包去学校找老师补习。

高中阶段是每位学子求学历程中最重要的一段，也是最艰辛的一段，对我来说也不例外。很多学子是到了高三才感觉到学习的压力，可对于我这个从小学到初中没有完整经历过的人来说，进入高一后的第一个月考，我就感受到了巨大压力——我的成绩从排名前几直线下滑到让老师同学诧异的地步。这不是因为我不努力，而是从小学到初中所学的基础知识的不牢固和欠缺造成的。我努力想要改变这一事实，但不是轻易就能改变的。我为此努力过、付出过，但一切都不容乐观。在这漫长的高中三年里，老师和同学们给予了我许许多多的帮助。老师私下找我谈话勉励我，为我加油打气；朋友为我耐心地讲解着每一道题的来龙去脉，甚至是到了夜深人静的时候，只要我不说休息，哪怕是要打着电筒，她都会陪我熬到最后一刻。就这样我像一只小乌龟慢慢地爬行着，努力地向前爬行着……

2012 年 9 月，我被四川民族学院录取了，专业是中国少数民族语言文化藏汉翻译。在大学校园里，我重新找回了对自己的信心，努力去参加自考本科考试，去结交更多的朋友，认识更多有文化内涵的老师。在大学里的课程，更多弥补了当年在母校时没有精心学习的藏文知识，这是我在大学里收获的最无价的财富。

难忘师恩

在我人生旅途上碰见的第一个老师是我刚进校时的生活老师，我们亲切地称她为“孙妈妈”。因为跟我一起学习成长的同学们，都是孤儿或者是失去单亲的特困生，孙妈妈就像我们的亲生母亲一样，让我们养成良好的生活习惯，小到每个人的清洁卫生，从刷牙到洗脸、梳头、洗脚、洗袜子，养成全套的爱干净讲卫生的生活习惯，大到寝室内务到学校校园卫生，从扫地、捡垃圾到把每一块瓷砖都拖得干干净净。每一次的检查都不会有半点儿的马虎，认真严格地履行自己的责任。

除了生活老师，还有一些在后勤为我们辛勤付出的老师：厨房里的老师，专为我们洗衣服的老师，为我们的安全做保障的老师，为我们输液、打针、配药的医生。他们通过自己的工作，默默地支持着这份充满爱的神圣事业。

我们的任课老师中除了几位教藏语文的老师，其他都是来自内地的汉族老师。他们舍弃了在大都市优越的工作条件，来到海拔3800多米的高原，为这里偏远地区的教育事业奉献自己的青春。

他们不仅肩负着教书育人的责任，还扮演着父母的角色。当有学生心理受到了创伤，老师会为他开导，帮他重寻人生的意义，鼓励他积极乐观地面对学习生活中出现的一切问题；当有学生生病，老师会陪他一起去看病找药，并督促他每天按时吃药，鼓励他勇敢地面对病魔的挑战；当有学生成绩出现下滑现象时，老师会为他分析，帮助他在最短时间里找到原因，并及时制定弥补的措施。当学生开心时，老师脸上洋溢出的笑容比学生自己还要甜美；当学生取得进步时，老师看在眼里放在心上，替学生欢喜着；当学生健健康康时，老师比谁都睡得放心，过得安心。

我们的老师默默耕耘，不求回报，不为金钱名利而活；我们的老师对每一个学生都是严格要求，对任何学生都不偏不倚，尤其不会歧视学习成绩差的学生，更不会放弃。

一群人数不多的教师队伍把刚进校时的一百多个孩子分批从小学、初中到高中一步步地带大，最后几乎都送进了大学校园。

自己在偏僻的高原能遇上这么有责任心、愿意付出的教师，是一生的幸运。感恩遇见。老师是春蚕，为我们吐尽知识的丝缕；老师是蜡烛，为我们点燃智慧的火焰；老师是明灯，为我们指引前进的方向；老师是阶梯，为我们搭建成功的路。

多彩生活

我们的校园生活，没有因为在偏远的山村而显得无趣，也没有因为学校规模小而显得单调，更没有因为封闭式教学而显得乏味。从当初建校到最后把我们一批批学生送进大学，校园生活犹如万花筒，展示出了一个五彩缤纷的世界，让我们每个学习生活成长于其中的人，尽情享受着给予我们的一切。

学校安排让我们从小参加军训，是为了培养和磨炼我们勇敢、顽强、坚韧不拔的优良意志品质。第二课堂涉及面广、内容丰富，能开阔我们的视野，提高我们的综合能力，能给我们一个展示自己爱好、特长的机会，更有利于培养我们的兴趣与特长。所以，我们学校曾先后增设了古筝、国际象棋、围棋、书法、绘画、写作、篮球、足球、排球、乒乓球等文艺和体育方面的第二课堂活动。我们每个学生根据自己的兴趣爱好，选择了与自己相适应的课堂。

儿童节、教师节是我们学校历来最重要的节日。“六一”儿童节，对我们每个在西康福利学校成长的同学来说都是意义非凡的。因为这一天是我们所有兄弟姐妹的生日。以前在校时，每年都会由学校的老师为我们准备生日蛋糕，我们一起唱歌跳舞，庆祝自己的生日。教师节，是我们学校的第二大节日。我们不像外地的孩子，可以拿自己的压岁钱去买那些自己觉得漂亮的礼物送给老师；我们也没有父母为我们准备教师节时送给老师的礼物；我们只有通过自己的双手制作自认为满意、完美的节日贺卡，用笨拙的线条、稚嫩的词语，勾勒出对老师们无限的敬意和无尽的谢意。这一天，我们还会将自己准备的一台小小的歌舞演出送给在校的每一位老师，感恩老师们平日里忘我的付出。

有爱相伴

西康福利学校，我的母校，我的家。校园中的每一片树叶都记载着我们的成长；校园中的每一朵格桑花，都记录着我们的欢声笑语；校园中的每一粒尘土，都沉淀着我们不一般的情谊。

西康福利学校，不仅是一座教书育人的殿堂，更是一个充满爱和幸福，集藏、汉、彝、羌四个民族为一家的大家庭。在这里，学校的创办者和老师们一直以“一切为了孩子的健康成长”为原则而努力付出着。在这里承载着一百多个孤儿及特困生的青春岁月。

二十年前，在这片广袤无垠青草覆盖的草原上，在深邃的蓝天下成功地诞生了甘孜藏族自治州十八个县中第一所全免费、全封闭式的实施二类模式教学的学校；二十年间，老师们昼夜不分地工作着，默默耕耘、孜孜不倦地培养祖国的栋梁、民族的希望；同学们为了改变自己的命运和家乡落后的生活现状，在知识的海洋里畅游，在爱的家园里吮吸着甘露；二十年后，学校的创办者和老师们不计回报，为了让更多的藏区孩子受益而继续奉献着；第一批毕业的同学们则有了自已喜欢的职业，以不同的工作方式播撒着爱的种子。

感恩缘分，来日可期

洋　葱*

那时候我还是个野孩子，无法感知亲人离去的悲伤，不知道“永远”意味着什么，脑子里空空如也，不分四季，不知冷暖，偶尔找找存在感。学校是个跟我毫不相关的地方，读书是件我未曾幻想过的事情。直到1998年的秋天，我终于坐上了一辆驶向希望的大巴车，来到了西康福利学校，开始了我新的人生旅程。

读书与锻炼

初来乍到，陌生的一切让我不知所措，但也让我觉得新奇。学校的热闹让我忘了想家，这里的老师就像亲人，她们教我们洗脸刷牙、穿衣叠被、打扫卫生等基本的生活技能，让我们养成了良好的卫生习惯。在那段还认不全字、读不准音的少儿时期，我的老师们还教我们读背《唐诗三百首》《弟子规》《大学》《论语》《中庸》《老子》等传统文化经典，虽然当时的我完全不能理解意思，但那些语句却深深地烙印进了我的心底。

童年的日子无忧无虑，童年的校园生活纯真无邪，那时的我对知识充满渴求，对未来充满幻想。总是异想天开，梦想着当科学家、舞蹈家、音乐家，幻想着快点毕业，走入大学校园。是清华、北大还是复旦？在无声的岁月中，我们描绘了一幅幅精彩的人生蓝图。

走入校园、走进课堂、读书认字，让我从野孩子蜕变为好学生，我尽情地在

* 洋葱，藏族，1998年来校，2011年6月高中毕业离校，就读于西南民族大学藏汉双语行政管理专业；现在康定市扎西寺管理委员会工作。

书本中翱翔。小学六年读得最多的是童话故事，《格林童话》《安徒生童话》等。我的心情与故事的情节一起悲欢。三年级的时候我读了名著《汤姆·索亚历险记》，记得是盈老师推荐给我的，这是我第一次尝试读没有拼音的书。故事里那个天真活泼、敢于探险的汤姆，有着温暖善良的心，在枯燥乏味的生活中追求自由，让我很长一段时间都有着出去冒险走一走的幻想。

初中三年是我书读得最多的三年。那时候对童话书已经不感兴趣了，我逐渐关注世界名著、希腊神话等作品。那时候，每天晚上八点，魏老师都会在广播里给我们读故事，意大利作家亚米契斯的《爱的教育》、中国台湾杰出青年赖东进的自传体小说《乞丐囝仔》、苏联教育家苏霍姆林斯基的《致女儿的信》等。那些美好的语言、感人肺腑的故事，通过老师温柔的声音流进我的心里，温暖了我的每一个夜梦，影响了我每一段成长之路。

高中阶段由于课业压力较大，读课外书也就少了些。记得高二的时候读了路遥的《平凡的世界》，主人公面对困境艰苦奋斗的精神，至今仍然深深地感动着我。

阿克经常说：你们是康巴汉子、康巴姑娘，不要怕吃苦。为此，学校组织了很多课外活动。有每年一度的军训，在野外“安营扎寨”，进行各种训练。有舞蹈训练，期间每天早上我们要进行基本功训练，压腿、下腰、劈叉，学各种舞蹈，这让我和我的小伙伴们都想当舞蹈家。学校还开设有第二课堂。第一年我报了古筝班，老师教得好，我们学得也快，虽然现在忘了怎么弹古筝，但当时确实起到了陶冶情操的效果。第二年我报了篮球，这可学得不怎么样，单单跑步就让我累觉不爱，传球的时候连自己队友都找不到。那时候我是个极度不自信的人，每月的演讲比赛很好地锻炼了我的胆量。记得有一次演讲还受到了表扬，这让我信心大增。

师恩难忘

我的老师可能是全世界最特殊的一群教师。他们放弃了都市里优渥的生活条件，因为一个信念便不辞辛劳来到了学校，一待就是二十年。人生能有多少个二十年？他们把大好的青春时光奉献给了一份特殊的教育事业，从青丝到白发，从青春到中年，和我们朝夕相处。这样的呵护就算是父母也难做到，可他们就做到了。他们时刻把毫无血缘关系的我们放在心中最重要的位置，把我们当成自己的孩子，教我们如何为人处世，教我们文化知识。用“呕心沥血”形容我的老师们非常贴切、毫不夸张，他们的行为就是菩萨的行为。我从老师们身上看到了世界上最伟大的两种品格——牺牲、奉献，也从他们身上学到了善良正直、勤俭节约、谦和谨慎等美好的品格。现在我身上任何一点被大家认可的品质，都要归功于老师们当年教导有方，也是他们优秀人格在我身上的体现。于我而言，他们既为恩师，又是父母。

生身父母亲，养身父母重。虽然我的生身父母都离开了，但那个养我长大，教我做人，给我最好的成长环境的养身父母，却一直在背后默默地付出，他在我心中是至高无上的存在，是佛菩萨的化身，他就是我们所有孩子的父亲——亲爱的阿克。我找不到任何词语来形容他的恩德，是他为我们创建了一个爱的家园。从陌生到熟悉，从崇拜到敬畏，我们的父亲一直都是我们家里的顶梁柱，他的谆谆教诲至今时常萦绕耳畔，也时时感动着我们。记得他说过他曾经是个不怕危险的人，从没有把自己的生命放在多么重要的位置，是我们的出现，让他意识到自己要多注意安全，因为他还要保护我们。

阿克本是至高无上的活佛，本可以远离凡尘俗世，要么在僻静悠远的山中潜心修行，要么在梵音缭绕的庙宇里讲经说法，但是为了我们这群孩子，他甘愿投身到最艰难的教育工作中，帮助社会弱势群体，为国家、民族培养人才。俗话说“十年树木，百年树人”，树人是一件难事，但阿克做到了。

永远忘不了和我们一起劳动的阿克，陪我们每一届同学参加中考、高考的阿克，他的恩情，是我们谁也无法回报的，也是无法计量的。“时光时光慢些吧，不要再让你变老了，我愿用我一生换你岁月长留，一生要强的爸爸，我能为您做些什么，微不足道的关心收下吧……”，这首《父亲》表达了我们所有人对阿克的感恩。

人生还有多少十三年我不知道，但是在母校的十三年是我此生最难忘的记忆。感恩学校改变了我的命运，感恩学校改变了我们的人生，感恩阿克养育我们长大，感恩老师辛苦付出了毕生精力，感恩同学相知相伴，感恩命运让我在一生中遇到那么多有缘的贵人。

说不尽的感恩，道不完的故事，福利学校的故事还在继续，愿我们不忘初心，愿来日可期。

永远忘不了的家

甲塔泽仁*

展开一张叫情感的纸，提起一支叫感激的笔，写给授我知识的老师，写给赠我友谊的同学，写我一颗热忱、感恩的心。

校园生活

8岁那年我的家庭遭到了变故，那一年，我的生活中只有悲观失望，只有忧愁叹息。上天给我关上了一扇门，却给我开启了另外一扇窗，我与西康福利学校结下了一生的缘。2001年的夏天，我来到了西康福利学校，记得见到的第一位老师是魏宏老师。

我一个人在操场待了很长一段时间，望着家的方向，彷徨了很久，直到下午吃饭时才走回寝室。随着时间的流逝，我与周围人的关系也越来越好。课后，操场上总有我们的笑声。

时间如白驹过隙，转眼间就到了2007年，我读到了初中。学校修了阳光棚，我们生活在阳光棚里，风霜雨雪被挡在了外面。我们成长了不少，从身高到心灵。阳光棚变成了我们的综合活动室，我们不光可以在里面看书，还可以打羽毛球，练习舞蹈，用投影仪播放影片。学校要求老师和学生一同用餐、散步，这一时间我们可以相互交流，老师不光可以教我们生活常识和生活习惯，还可以了解同学们青春期的一些烦恼并有效地解决。

---

* 甲塔泽仁，藏族，2001年来校，2013年6月高中毕业离校，就读于四川民族学院藏汉翻译专业；现在色达县克果乡人民政府工作。

到了高中，老师要求我们在学习上有一个明确的定位，要奋斗，要求我们在学习和生活上自律。临近高考，老师们更是使出浑身解数，把知识和答题技巧传授给我们。老师们要我们面对问题和困难时，不自暴自弃；面对进步和成绩时，也不得意忘形。就因为老师们无微不至的付出和照顾，几乎所有人都考上了理想的大学。

2013 年离校的那一天，我久久站立在校门口，回首过去的点点滴滴，内心满是感激。感恩母校！办公室里的展板上有这么一句话："我们都是一家人。"离校后多年里，每当回忆母校，眼前总是会浮现这行字。每当遇到困难时，想到这句话，总有一股动力涌出，觉得有这么多家人在我的身后，我一定能行，事情总能迎刃而解。

老师和同学

在校 12 年里，有许多难忘的事，有的关于老师，有的关于同学。感谢我的老师们，给了我绚丽多彩的人生。记得在读小学六年级的一天，我与某位女同学发生了争执，互相撕了对方的语文书。这件事很快被班主任谢晓君老师知道了，她把我们叫到了办公室。她很严厉地说："作为一名学生，首先要爱惜书本，尊重文字，做不到这些，谈何学习！"随后罚我俩抄了整本语文书，加一份检讨书。现在想起来真的很感谢那次的教诲，让我从此养成了爱惜书本的良好习惯。在这一习惯上，妈妈也总会让弟弟向我学习。

温馨画面有许多。二年级时，胡忠老师是我们班的班主任，也管理我们生活上的一切，尤其是对男生。每到星期天的晚上，他都会到我们寝室讲故事，教我们生活常识，同时会有曲奇饼干吃。虽然每人只够分到几块，但那种味道一辈子都忘不了。到现在每当我在超市看到曲奇饼干都还会买几盒，除了我还有些同学也有这一习惯。很多人都觉得现在商店里卖的曲奇饼干没有学校的曲奇饼干好吃。我想这是因为我们那时吃的是一种亲情、幸福，是我们忘不了的一种美好。

学校有个综合活动室，那就是阳光棚。提到阳光棚钢架不得不提陈少雄老师，他有时踩着超长钢筋梯子爬上去换灯泡，有时行走在钢架上检查线路。记得有一年他从钢架上摔了下来，在医院里躺了很长一段时间，过年时都没能回来。有很多同学都哭了，那时同学们常说的一句话就是："陈老师好久回来？我们好想他。"

高二暑假，我们班集体参与了学校的搬迁。学生只有我们，加上老师也就二十多人。称重旧书本，整理每个寝室的衣物，搬运桌子等，累了坐下来吃个饼干喝瓶饮料再继续。在老师们的指挥和携手下，我们用了一个星期的时间完成了学校的搬迁。坐车离校时，望着教学楼、阳光棚、操场、校门口的树，越来越远直到看不见，心里有一种说不出的滋味。突然要离开生活了12年的地方，脑海里全是回忆，老师们在办公室里批改试卷的身影，同学们在教室里学习的样子，操场上的嬉闹声和寝室里的交流……

高三在多饶嘎目。学习上主要由魏老师带领并监督。课余时间里，魏老师会督促我们抓紧时间，不浪费每一分每一秒，她自己则会每晚都待到最后一位同学回寝室休息了才离开办公室。我的自控能力稍弱，老师帮助了我太多。高考能取得较好的成绩，要归功于老师们的付出，尤其是魏老师。

记得在小学二年级的某个周末，我们十几个小男生聚在一起，拿着木头枪玩枪战游戏。一个不小心，我的右脚掉进了一条水沟里，整个身子向右倾斜，脑袋撞到了一块水泥棱，开了个口子，血流不止。当时我吓蒙了，有几位同学也被吓傻了，手足无措。这时索达同学跑了过来，背起我就往医务室跑。血染红了他的衣服。医生帮我止血，包扎了伤口。他那时的果敢相助至今在我的脑海里记忆犹新。

记得初三那年学校组织全校师生到雅拉神山宿营，中间徒步十几公里。个稍大的男同学们帮着老师和小女生们背上行李快速到达目的地，又折回来接落队的同学。那时的同学情真美，美在身边，幸福也就在身边。

幸福的节日

学校里有三大节日：生日、教师节、春节。六一儿童节是全校同学的生日。每到六一儿童节，学校就会购买又大又精致且好吃的蛋糕，点上蜡烛。按照惯例，主持人魏老师会说：“闭上眼睛，双手合十，以我们一颗诚敬的心，向所有关心、帮助过我们的，我们见过面和没有见过面的，所有应该感谢的人，表示我们由衷的谢意；并愿天下所有善心的人们，幸福、平安……”感恩学校赐予的每一个生日，它让我们逐渐告别了过去的伤痛，变得开朗、快乐。

学校的第二大节日是教师节。在我们的人生路上是老师教给了我们知识，陪伴了我们的成长。他们付出了一切。所以每年教师节，我们向老师献上洁白的哈达，送上准备好的舞蹈和歌曲。在人生旅途中，老师们的一片爱心浇灌，丰富了我们的心灵，为我们点燃了希望的光芒，给我们插上了理想的翅膀，更引领我们做“好人”。是老师们教会了我如何去爱。

感恩一切

我能有现在的健康成长，是因为我遇到了上师、老师们和帮助我们成长的善心人士。上师看到了藏区偏远地区教育的落后现状，需要有人站出来进行改变，于是在 1997 年修建了西康福利学校。他既是学校的创办者，也是我们的家长和老师，扮演着多个角色。没有上师，现在我可能还在家里放着牦牛，以文盲的身份过着日复一日的单调生活，是上师改变了我的命运，让我学习文化，成为对社会有用之人。上师给了我们最好的学习条件和生活条件，只要是对学习和健康有帮助的想法或者要求，我们都可以提。品德上则要求我们积极向上，有一颗善良、感恩的心。如果我是一只雏鹰，我现在能遨游于天空，是因为您当初给了我一双翅膀。感恩上师！

很多年来，很多人来了这里，但又走了，因为“虽然这里美丽，但这里贫穷；虽然这里广阔，但这里孤寂”。很多人来了这里，也有人留下了，“因为虽然这里贫穷，但这里美丽；虽然这里孤寂，但这里广阔”。感谢留下的你们，感谢你们的付出！留下的老师们在各自的城市都有着优越的生活条件和工作，可他们觉得高原的孩子更需要他们。有的一待就是二十年，只有一个目的就是把我们教出来，成为对社会有用的人。老师们承诺我们是他们心中最重要的，他们真的兑现了这句话，以志愿者的身份领着 300 元的工资，坚持了二十年，这些我们都记得。在高原上这么多年，支撑他们的只有爱心。我们的老师胡忠、谢晓君夫妇入选央视“感动中国 2011 十大年度人物”。记得胡忠老师是 2001 年来到学校，2003 年谢晓君老师也来到了学校，他们把自己身心的所有能量，都一点一滴地化作了关爱，传递给了我们。他们用自己人生中最美好的年华，在塔公草原陪伴着我们长大成人。感谢所有为我们付出的老师们，是你们教会了我们飞翔！

上师说过：“虽然说我创办了这所学校，如果没有党和政府的大力支持，没有海内外善心人士和众多佛门弟子的热心帮助，尤其是这些志愿者们的无私奉献，就不可能有今天的西康福利学校。”所以我在这里要真诚地向那些见过面和没有见过面的帮助过我们的善心人士说声“谢谢”！是你们的爱，让我们的世界变得更加美好和温暖。

在未来的生活中，我会心存感恩，做一名有善心，有责任心，对社会有用的人。

把爱和梦想种植于孩子内心

白玛多吉*

入校记忆

在我五岁那年的一天，我来到了西康福利学校。这是我这一生最难忘的一天，也是我人生最重要的转折点。

入校后，我们的生活由学校安排的生活妈妈来照顾。我记得我们的生活妈妈总爱戴一副大大的耳坠，中等的个子，穿着很得体，面容很慈爱，她总爱对着我们眯眯地笑。虽然当时我并不知道她为什么笑，但是我很喜欢她笑的样子，至今仍忘不了那抹灿烂给予我幼小心灵的温暖。

我是这个家庭中最小的一个孩子，生活妈妈和哥哥姐姐们都对我很照顾。一次，我生病了，头疼得厉害，浑身无力，忽然呕吐了自己一身。哥哥姐姐们见状，慌忙叫来妈妈。妈妈赶紧换掉了我的衣服，取来热水小心翼翼地喂给我药吃。当时她那着急和心疼的表情我至今记忆犹新。还有一次，生活妈妈教我们写汉语拼音，我照着她的要求认真地完成后赶紧交给她看，她给我打了一个大大的一百分，我开心极了。其他哥哥姐姐看到我的作业得了一百分，都朝我竖起了大拇指。

---

* 白玛多吉，藏族，1998年来校，2013年6月高中毕业离校，就读于四川民族学院藏汉翻译专业；现任教于康定市沙德镇俄巴绒二村村小幼儿园。

军训感受

等到我们长大一些后，学校为了锻炼我们的体魄、毅力和生活能力，每年都要军训。第一年军训大概为期十来天，教官是我们的上师请来的武警叔叔们。教官们教会了我们如何以最快的速度起床洗漱打扫卫生，教会了我们如何整理床铺，如何整理衣物，最重要的是教会了我们要有集体和团结的精神，要坚强勇敢，不怕吃苦，“流血流汗不流泪，掉皮掉肉不掉队”。

人生也是一场军训，面对艰难险阻，我们需要有一颗积极向上、不屈不挠、坚强勇敢的心。

共同生日

每年的六月一日是我们所有兄弟姐妹的生日。还记得有一年，在六月一日的前一天，学校给我们每个人分发了上师为我们买的生日礼物——一双新鞋子！那天晚上，我抱着那双鞋子期待着快一些天亮。等啊等啊，终于等到天亮了，我迫不及待地和所有同学一样穿上了崭新的衣服和鞋子。这一天，校园里张灯结彩，充满了节日的气息。到了晚上，我们排着队手拉着手走进了宽敞明亮的餐厅，中央桌子上摆放了五六个精美的蛋糕，还有好多好多的糖果和饮料。不一会儿，随着热烈的掌声，上师和十几位客人也走进了餐厅。那天是上师去内地办事，但为了给我们过生日，还是匆忙赶回来了。等到大家都到齐了以后，上师开始发言祝福我们生日快乐，健康成长，学习进步。讲完话后，他还唱了一首祝福歌，接着音响里也响起了生日歌。老师们为我们点上了生日蜡烛，我们闭上了眼睛，双手合十许下了各自美好的愿望。然后，老师们和上师开始切蛋糕，再一块一块分发给我们，边发边笑容满面地说：“孩子们生日快乐！”大家有说有笑，沉浸在其乐融融的家的温暖里。

如今我们已经离开了我们曾经的家，也很少有机会再相聚在上师的身边庆祝我们的生日，但是无论我们在哪里，都不会忘记为自己买上一个小小的蛋糕，约上能约到的兄弟姐妹，点上生日烛火，默默地祈愿上师健康长寿，祈愿自己不断进步，祈愿我们的家——西康福利学校越办越好。当然，这一天我们也一定会收到上师的生日祝福。每当我捧起切好的蛋糕，在嘴里慢慢品味的时候，想起在西康福利学校里度过的那些岁月，想起上师严肃、担忧、慈祥、怜爱的不同面容，常常一不小心泪水就模糊了视线。多少年，我们品尝到的不仅仅是蛋糕的美味，更是父爱的温暖啊！

学业成就

刚来到西康福利学校时我不会说汉语，读了两年学前班才进入一年级。从最基础的口语，从语文的a、o、e……到数学的1、2、3、4……在老师们辛勤的付出下，我渐渐成长。我不是一个聪明的孩子，也不是一个特别努力的孩子，但是老师们从未放弃过我。即使我的成绩再不理想，他们也总是鼓励我、鞭策我，课后还常常利用休息时间给我补习功课。为了教育我们，他们真的呕心沥血，倾注了大量的精力。

因为老师们的辛勤付出和我们自己的不断努力，2013年的那年夏天，我们顺利地高中毕业了，像往届的哥哥姐姐们一样都考上了大学。当我拿到大学录取通知书的那一刻，激动极了，欣喜若狂地挥舞着通知书跑到班上大叫着：“我考上四川民族学院啦！”除了激动，我心里更充满了感动，感恩母校十四年的养育和教育之恩，感恩胜似亲人的上师和敬爱的老师们，感恩党和政府，还有社会各界爱心人士给予我们的所有关心、帮助、支持。因为有了你们，我们才得以健康成长，才得以圆了象牙塔的梦。

毕业前夕，面临就业，大家都认真地选择着自己的人生方向。我没有考虑，没有犹豫，很肯定，我要当一名人民教师，这是我从小的梦想。这个梦想是西康福利学校的老师们给予我的，我想变成他们，变成像他们一样奉献教育事业，把爱和梦想种植于孩子内心的可爱天使。

爱的传递

大学毕业后，我成为甘孜州康定市沙德乡的一名幼教老师。看到山区孩子们一双双清澈的眼睛，一张张绽放的笑脸，我仿佛看到了刚进入西康福利学校的自己。

我感恩从小得到的所有爱，党和政府的爱，上师的爱，老师和同学们的爱，善心人士们的爱。因为你们的爱，我的心里也充满了爱。还记得我们西康福利学校的校歌："有一天我长大，我要去走天涯，涉水千里万里，把爱的种子播撒……"是的，我要用我全部的爱帮助孩子们养成良好的生活习惯，教给他们知识和做人的道理，呵护他们身心的健康。我的老师们永远是我前进的目标和学习的榜样。

不忘初心

扎西拥忠*

厌学的童年

我的家乡就在塔公，我不是孤儿，可是我的父母一直在外面，一年都不回来一次。在无数次的争吵后他们离婚了，我和我的姐姐、弟弟成为了单亲家庭的孩子。因为妈妈没有收入，所以姐姐不得不辍学在家照顾弟弟。那时，我最讨厌的事情就是去学校，因为我是我们班唯一一个来自单亲家庭的孩子。班上的老师和同学都用异样的眼神看看我。我当时很自卑，对老师、对学校都充满了厌恶。

直到有一天，我一个舅舅到我家里来，说我可以去活佛创办的福利学校念书。从此，我的人生有了重大的改变。在这里我得到了世上最温暖的父爱，遇到了最敬爱的老师和亲如手足的兄弟姐妹。

大爱的老师

到了福利学校后，我们必须说普通话。当时我只会一点点汉语，但是无论我

---

* 扎西拥忠，藏族，1998 年来校，2012 年 6 月高中毕业离校，就读于眉山职业技术学院初等教育专业；现供职于中国电信股份有限公司理塘分公司。

说错了，还是闹了什么笑话，老师同学都不会笑话我。老师还不断地帮我纠正，教我正确的发音。六个同学一间寝室，不管是床上的被子、枕头，还是洗脸盆、牙刷、牙膏、杯子都整齐地摆放着，吃饭的时候每个人拿着自己的碗去排队打饭……这些无数个第一次让我无比的兴奋。我发现这里的老师和同学和我想象的不一样，第一次我对学校、老师、同学充满了好感！

我们的老师是最伟大、最敬业、最好的老师，他们几乎一天24小时都在为我们付出：早上，他们是我们的闹钟，他们必须比我们先起来，然后叫我们起来，督促我们做好个人卫生和寝室内务卫生；等安排妥当了，又要带我们去跑早操，然后就是上早自习；下了早自习，又到了早餐时间，老师们等我们排队打好饭，自己才去吃早饭，吃饭都会和我们一起坐……几乎一天下来，我们都在一起，老师们没有给自己留一点点的时间和空间。他们把作为老师的爱，作为父母的爱，作为长辈的爱都给了我们，原因只有一个：“一切为了孩子的健康成长。”

刚去学校的时候，我得了传染病，医生把我隔离在了医务室的一个小房间里。我不能去教室，不能回寝室，不能和同学一起吃饭，也不能和同学一起玩耍。当时我真的不知道该怎么办，每天都从门缝里看到其他同学玩耍真的好羡慕。有一天我的生活老师进来和我聊天。她和蔼地告诉我，我不能回课堂、不能和同学一起玩耍并不是因为他们不喜欢我，而是因为我得了传染病。如果我不注意，和他们去玩耍了，那其他小朋友就会和我一样生病，所以老师让我好好治病，好好听医生的话，这样我就可以早点回去上学了。第二天我又闷闷不乐地坐着的时候，老师又来了，给我带了几本儿童读物，还教我认字。我问老师不怕被我传染吗？老师说她是大人不怕，所以就来陪我了。我当时好开心，在最无助的时候有了点盼头。我觉得她像我的妈妈一样给我带来了温暖。

老师在我们心里的地位是无人能比的，我不知道用什么样的语言来形容他们，他们一直在用他们的行动感动着我们。2012年，我们的胡忠、谢晓君老师被评为中央电视台“感动中国2011年度十大人物”。他们的当选，让我们无比的自豪。胡忠老师很早就来到我们学校，几年后他不但没回去，还把自己的妻子和孩子一起接到学校和我们一起生活。高三的时候胡忠老师是我的班主任老师，也是我们全能的生活“爸爸”。他不仅要给我们上课，每天早上还要去烧锅炉，好让早起的我们有热水洗脸；等我们上完早自习，他又要去厨房帮忙，改善我们的伙食；他的办公桌就放在我们教室门口，因为他说他坐在那里，其他班上课下课经过时不会影响我们。海拔 3750 米的塔公真的很冷，我们坐在有暖气的教室都觉得冷，更不要说坐在教室外面的老师了。而我们的胡忠老师每次都只有一件衣服搭在他的腿上。所以不管每天早上多早，每天晚上多晚，天气多么的恶劣，经过教室门口的时候我们都觉得很温暖。

我们的语文老师魏老师，小小的身影，却包含着大大的爱。她是学校元老级老师，建校的时候她就在了。她放弃了成都的生活和工作，来到了气候恶劣、交通不便的高原和我们一群孤儿生活。我们学校老师很少，所以一个老师要带几个班的课。读高中的我们，本来课程、作业就多，魏老师为了把每天的作业改完，常常熬夜工作。我们在很多次去上早读课的时候，看见魏老师趴在办公桌上睡着了。当时心里真的是刺痛，我们都明白，老师又一个通宵改作业没休息。白天，魏老师不仅要给我们上课，课间、午休时间还会给我们补课，所以老师只能晚上少休息了。

除了胡忠老师、魏老师，我们的数学老师盈老师也让我无比的感动。她也是学校的第一批老师，她和她的先生刘老师一起选择来我们学校当志愿者。我不喜欢数学课，我认为我和数字很不来电，但是盈老师上课很有趣，课上总是爱提问让同学回答，然后回答问题的同学她都会表扬一番。遇到不会的题，盈老师总是很细心地一遍一遍地教你，直到你完全学会。当你独立完成的时候，她就会在全班同学面前表扬你。每次我都会好好完成数学作业，因为我觉得一定不能让老师失望。

现在的我

在西康福利学校，我愉快地度过了人生中最幸福的十三年。在这十三年里，我不仅学会了课本上的知识，更学会了做人。我们知道，我们是在很幸运的情况下来到了西康福利学校接受教育，可是不管在我们的家乡还是其他地方，都还有一些和我们一样的孩子，所以，我希望自己也能成为和我的老师一样爱帮助别人、对社会有用的人。

2001 年我高中毕业考上了眉山职业技术学院，学习初等教育专业，2014 年我顺利毕业，坚信自己会成为一名教师，会成为一个像我在西康福利学校遇到的老师那样的老师。可是在那年的教师公招中，我没有考上，我当时很灰心，我不知道自己还能去做什么。2015 年我阴差阳错地考进了中国电信股份有限公司理塘分公司。刚开始我并不热爱我的这份工作，因为我觉得我一定要实现我成为老师的梦想，可是后来我转变了想法：虽然我没能实现小时候的梦想成为一名人民教师，有点遗憾，但是我觉得不管做什么事情，只要不危害社会，做什么工作都是一样的。所以我去了海拔4000多米的世界高城理塘。

现在我渐渐热爱上了自己的工作，虽然上班很累，但真的很有成就感。我觉得实现梦想的方法有很多种，帮助别人的方法也有很多种，首先我要做一个对社会有用的人，对得起我读的十多年书，我才有资格说去帮助别人什么的。我们一定不会忘记我们的初心，一定会做个对社会、对民族有用的人。

与西康福利学校解不开的缘

康　峰*

不幸的童年

我来自甘孜州九龙县的一个彝族小乡村，一间破旧的用石片盖成的泥巴房就是我的家。在我还不到一岁时，母亲因为病痛的折磨离开了这个世界。由于家里比较困难，还没断奶的我，靠远房的大姑偶尔寄些白糖冲着喝。后来，爸爸娶了一位阿姨。六岁那年过年却成了我们的诀别。

在全村人的帮助下，我们埋葬了遭遇了车祸的爸爸和后妈。村里长辈也对我们兄弟姐妹做了安排：大哥继续读书，二哥当家回家干活照顾我和姐姐，姐姐在家帮二哥，我去上学。

没去读书前我充满了幻想，每天都在盼望我什么时候能去上学。到了学校后才发现和自己想象完全不同，成绩是一团糟。我放纵了自己，经常逃学在外面混。

---

* 康峰，彝族，1998年入校，2010年6月高中毕业离校，就读于四川财经职业学院；现在多饶嘎目文化旅游接待中心做接待工作，兼任康定市西康福利学校体育教师。

也许是老天还不想放弃一个可怜的孩子，我的三叔从一张废弃的报纸中得知福利学校面向全甘孜州招生。虽然村里人意见不一致，但最后三叔拿了主意，把我送到了福利学校。

温暖的妈妈

来到西康福利学校，第一个迎接我们的是学校里的生活妈妈。我的生活妈妈叫吴泽凤，刚进福利学校她就把我领走，给我洗澡，换上干净的校服。“还记得那一天，你把我带回家，你那温暖的手擦干我眼中的泪花”，我们福利学校校歌的第一句，是我们刚到福利学校的真实写照。

刚来的前几个月没有上课，由生活妈妈全权负责我们的一切。学习整理内务，被子怎么叠，牙怎么刷，牙膏牙刷怎么摆放，脸怎么洗，衣服怎么洗，内务该怎么打扫，进别人房间怎么敲门，见了老师该怎么打招呼，出去该怎么跟生活妈妈打招呼，回家了该怎么说。她还自己钉做书架，买书给我们阅读，我的汉语启蒙老师就是生活妈妈。生活妈妈为我们以后的学习打下了关键的基础。生活妈妈也为我们营造了一个小家庭的温馨。生活妈妈教育我们，家里的大哥哥要爱护弟弟妹妹，兄弟姐妹之间要团结友爱。自己家里的兄弟姐妹闹矛盾就向妈妈告状，让她给我们做主，妈妈都能做到公平对待每个孩子。二十年过去了，我和我的生活妈妈仍然保持着密切的联系。

幸福的生日

有天晚上生活妈妈让我们全部集合，我们整齐地排着队去平时我们搞活动的活动室。等我们安静地坐好后，生活妈妈给我们每人发了个粉红色的小盒子，盒子还系有带子打成蝴蝶结。让我们先不准打开，每人又发了根很细的蜡烛点上，然后才让我们打开盒子，里面是颜色很好看的蛋糕。老师和生活妈妈教我们把蜡烛插在蛋糕上许愿，唱生日歌，然后上师告诉我们今天是过生日，以后每年的今天就是大家共同的生日。虽然当时我并没有搞清楚到底发生了什么，但那晚的蛋糕是我长这么大吃到的最美味的东西了。后来才知道那天是六月一日，那就是我们全校一百多个兄弟姐妹的生日。

后来我们去外地上大学，毕业出来工作了，到了六月一日，我们还会就近相互约着过生日，上师和老师们的祝福则永不缺席。

坚持的学业

西康福利学校的办学宗旨不仅是要把我们这些孤儿养大，更重要的是把我们培养成能服务社会、报效祖国的人。为此学校付出了二十年的心血。我们是双语教学。我们的汉语老师都是来自大城市的优秀老师，他们放弃城市优厚的条件来到高原。他们来到福利学校一个月拿的工资是三百元，外面一个小工挣的都比他们多。但他们却拿着这么点工资在海拔近四千米的高原待了下来，而且一待就是二十年。这样的举动用惊天地泣鬼神来形容都毫不夸张。所以才能在这么小的一个地方产生了感动中国的胡忠老师和谢晓君老师夫妇，他们是代表，能感动中国的不止他们，还有其他很多老师。今天我特别介绍的这位老师是我们每届毕业班的班主任魏宏老师。

当年生活妈妈走后，魏老师就接任了生活老师的职务，同时她还要给我们上课。我记得那时候我们洗衣服洗不太干净，魏老师会一件件检查，合格了才行。每个班到高中毕业时都是魏老师当班主任，因为高三学生的任务重，容易发生许多状况。班主任的压力也很大，魏老师每天早上陪我们早早起床，晚上比我们睡得晚。

由于各种原因，我的高考惨败。本来老师们觉得我考个二本是问题不大的，结果只去读了个大专学了会计。刚开始总感觉这不是我要的结果，也想过复读一年。但是慢慢地觉得学历只是一部分，我相信最后靠的还是能力。所以，虽然并不太喜欢自己的专业，但我还是不打折扣地完成了学业顺利毕业。

毕业后想自己创业，于是我选择去学厨艺。刚开始自己病急乱投医，后来在上师的建议下我去成都新东方学了一年川菜。一年后我回到上师身边做接待工作，虽然不敢和那些大厨比，但是在上师身边，可以尽自己一份力了。我在学习厨艺的同时，自学考过了教师资格证，并参加了2017年的教师考试，考了全州第三名。但是当年康定没有招老师，如果我去当老师就得离开上师，离开这个慈善机构。我决定留在上师身边尽自己的一份力。未来还有梦，我会不断前行，但我永远不会离开慈善，更不会离开上师。

灯塔指引我前行

旦珠青措*

我和姐姐不同的境遇

我来自一个贫困家庭。母亲卧病在床且毫无经济收入来源。1998 年秋季，一道曙光降临：家里的一个小孩可以到全免费的西康福利学校就读。最终姐姐和哥哥留了下来，我与西康福利学校这个“家”相遇了。此后十二年，我生活、学习在这个家中，西康福利学校成为我一辈子心灵的归宿。

我的高考有两次。第一次高考后，收到的是一所大专的录取通知书。报到后，我对这个学校并不满意，便办理了退学手续。经过一年的复读，我考上了西藏民族大学，就读公共事业管理（文化产业管理方向）专业。

我的姐姐也曾想进入大学校园，但是读大学对她这样一个家里毫无经济收入且双亲卧病在床的孩子而言真的是天方夜谭。而我却因为西康福利学校进入梦寐以求的大学校园，拥有了难以忘怀的大学生活。

大学生活不忘家的教导

在大学，我是班里仅有的藏族学生。不过，因为有母校老师们的教导，我自信满满，没有一丝丝的自卑感。大一时，我就用全宿舍第一的成绩证明了自己的实力。这个成绩不仅仅是一个分数、一个排名，更是母校老师们十二年来对我教

---

* 旦珠青措，藏族，1998 年 10 月来校，2011 年 7 月考上西藏民族大学管理学院公共事业管理（文化产业管理方向）专业；现任职于中国农业银行股份有限公司德格县支行。

导的一次展现。我知道走出校门后的每一个举动都代表着我的家教，而我决不允许自己辜负了我的家、我的家教。

大二，学校里举办三语演讲比赛，我报名参加了。从拟稿到训练，全靠自己回忆母校组织的那一次次演讲比赛，回忆校长和魏老师的每句评论，反复斟酌最终定稿。同学们惊讶于我的表现，评委老师们也都给了高分，最终我获得演讲比赛的一等奖。但我知道这奖并不属于我，而是属于在我脑海里一直与我并肩作战的我可亲的老师们。

大四上学期结束前我参加了两场考试，一是四川省的公务员考试，二是中国农业银行的招聘考试。两场考试都进入了面试。在学期结束前，我与中国农业银行签订了就业协议书，成为我们那一届最早确定工作的毕业生。

工作岗位继续前行

2015年7月，我走进了中国农业银行股份有限公司德格县支行的大门，成为一名农行人。经过近一个月的系统培训和跟班学习后，我正式在大堂经理的职位上开始了独立工作。我会想尽一切办法学习新业务，尽可能让客户在我这儿能解决所有问题。也正是这种积极学习的态度，让我在坐柜的八个多月里业务能力和综合分析能力都有了很大的提升，以低差错率和无风险事故给同事和领导留下了好印象。

入行第二年，我便被调到了支行运营财会部，任运营监管经理。在新的岗位上，我认真履行职责，爱岗敬业，扎实工作，不怕困难，刻苦学习业务技能，本着严谨细致的工作态度，发扬甘于吃苦乐于奉献的精神，对待各项工作都任劳任怨尽职尽责，以高度的责任心、客户至上的服务理念，将优质服务工作落到实处，将规范经营落到实处。在领导的关心和帮助下，我业务技术不断增强，工作能力也有了很大的提高，对于柜员的各种业务操作已是轻车熟路。为了不断提升自身的业务素质，我还在工作之余学习各种会计业务知识和保险代理业务知识，获得了初级经济助理师证和运营主管岗位合格证。认真负责是十二年来在老师们的言传身教中学会的，已融于血脉之中。

记得任支行团支部书记后，第一次组织活动时，身边没有人指导，但凭着在学校时校长对老师们所要求的印象要求自己：作为负责人，一定要将所有人都考虑到位，并对细节进行反复斟酌。想象着如果是校长或是老师看到这方案会有什么建议，反复修改、商定，最终我圆满完成了自己的首秀。

在西康福利学校的十二年是我一生都会珍藏的、并将受益终生的记忆。离校已有八年，但从未忘记那个校园、那群兄弟姐妹。每到迷茫时，校长和老师们就是灯塔，总能给我指引正确的航道。是他们让我们这一百多人带着正确的人生观、价值观和世界观成为实现中国梦的实践者。

即便是只蜗牛，也要向前奔跑

仁真卓玛*

因为被父母遗弃，我变得浑浑噩噩，学会了抽烟、偷东西、逃学，从未觉得自己会有未来，也从未想过好好学习。直到我遇见了那个家，那个改写命运我的家。如果没有这个家，我不敢想象自己的人生。

我来到西康福利学校时应该有 11 岁了。我因为以往在塔公学校读过四年级，所以直接被安排到了学校当时最高的年级——二年级。一个学期下来，在老师和同学的影响下，那个不爱学习的自己，也慢慢从书的世界里找到了一片不一样的天地。书中各种伟人给了我很好的榜样，所以我不再像来校前那样经常逃课，也不偷东西，每一天都告诉自己，一定要比昨天的自己更有进步。

学校为了磨炼我们的意志，在我们读小学期间，几乎每年都要组织一次军训。我从小体质偏差，军训期间的每一项训练于我都需要拼尽全力。不过这样的经历对我来说却是非常宝贵的，因为它磨炼了我的毅力，让我在进入社会后，面对种种磨难不会轻易妥协，面对各种折腾，都有很强的承受能力。

---

* 仁真卓玛，藏族，1999 年来校，2010 年 6 月高中毕业离校，就读于四川中医药高等专科学校临床医学系；现任职于康定友好医院。

老师们不仅要求我们广泛阅读，还要求我们熟读并背诵《大学》《中庸》《论语》《孟子》等经典和《弟子规》。记得那时候感觉自己似乎很笨，背书显得格外艰难，别人都背下来了，我却还有好多记不住。但有老师和同学的鼓励，还是会努力坚持。就这样，日积月累，也总算背了下来。在这过程中，自己的记忆力也被慢慢训练了出来。里面的内容到现在仍是记忆犹新，时时处处、点点滴滴融入到了我平时的工作、学习、生活中。“泛爱众，而亲仁，有余力，则学文”告诉我在学校与同学和睦相处，然后努力学习，在做好人的基础上，努力学习新的知识，新的技术。

进入初中以后，学习任务开始变得繁重，课余时间变得很少，生活的重心慢慢转向了学业。记得有一年暑假，学校邀请了许多留学回国的优秀学生和我们交流。交流的内容很广泛，有学习，有生活。给我印象最深的是一位大姐姐林宁，她在美国的一所女子大学就读，成绩优异。她告诉我应该努力让自己成长，发扬长处，弥补短处；学习和生活可以两不误，关键是自己要学会统筹时间。她介绍了很多制定学习计划的方法和统筹时间的方法。我慢慢练习使用这些方法，从中获得了许多好处，对现在的工作与学习都有很多帮助。

初中的学习比起小学，内容要丰富了许多，难度也增加了许多，再加上我感觉自己脑子不好使，学习变得有些吃力。比如数学，总不得要领，好像不知道该怎么学，无论做多少练习题，成绩仍然是那么糟糕。直到有一次，班主任魏老师在班会上提起阿甘精神，于是猛然想起在小学毕业后老师让我们看过的《阿甘正传》。这时，才开始重新思考一些问题。人生来禀赋有异，有人生下来痴痴傻傻，但是，如果他一直不放弃，一直努力，就像小小的蜗牛，不管爬行的速度有多慢，可它一直往上爬，一直往上爬，它也会爬上高高的金字塔顶。我该像阿甘那样，只管付出更多的努力，永不停止前进。我相信自己总有一天会像向日葵那样，追随太阳盛开。

刚进入初中时，我完全不懂老师在说什么，简直像在听天书。然而，我一直记着，我即使是蜗牛，也不要停下来。一篇短文别人只花30分钟能够背下来，那我就花上1小时、2小时或者更长时间，无论怎样，我终究可以背下来的。于是，我这只蜗牛，也走到了高三。

高三真是一段难忘的记忆。有时会因为自己的成绩迟迟不能提升而默默流泪好几个夜晚，有时又会因为自己有了小小的进步而开心好长一段时间，仿佛走路脚下都能掀起一股龙卷风。所有的喜怒哀乐，其实都源于对自己未来的担忧。因为我们一直都知道，自己属于一个特殊的群体，我们的每一步成长都被许许多多的爱心人士关注着，我们的未来更寄托着老师们的期待。如果不努力，不知道人们会有多难过，自己更会愧疚终生。最终我考入四川中医药高等专科学校学习临床医学，毕业以后一直从事医疗行业。

在学校的日子里所学所经历的一切，在我的生活与工作中发挥了巨大的作用。我这只小小的蜗牛，依然在向前移动，也许终有一天，我会爬到最高的向日葵上，向着阳光，向着太阳。

沉甸甸的回忆，沉甸甸的爱

牧　裔*

1998 年在塔公镇，仁波切创建了西康福利学校。这给许多无家可归、生活条件艰苦的孩子带来了一个可以改变自己命运的机会。我就是其中一个幸运儿。

我真庆幸自己拥有了这样一所充满人情味的学校。在我们的心里它早已不只是学校，还是我们的家。学习的时候会有老师的指导和鼓励，同学间的相互支持；玩耍的时候，到处是师生的欢声笑语；生病的时候会有老师的问候，同学的关心和陪伴。有这样的学校，这样的家，我们很满足。

在母校，老师们既当老师又要扮演家长的角色。他们不仅教我们书本知识，也教育我们怎么做人。学校从小让我们背诵并尽量理解《三字经》《弟子规》《大学》《中庸》《论语》《孟子》等传统经典，这既是文化的传承，也是对我们人格的要求。母校还有一个特殊的安排：吃饭时老师和同学要同桌进餐，饭后还要一

* 牧裔（麦拉让布），藏族，1998 年来校，2011 年 6 月高中毕业离校，就读于四川民族学院藏汉翻译专业；现学习翻译。

起散步。这除了培养我们一些最基本的礼仪外，也进一步加深了我们师生之间的感情，促进了师生之间的交流。因为在课堂上我们严谨认真，不敢稍许懈怠，而在餐桌上、散步中我们就比较放松，没有约束感。

学校也积极培养我们爱劳动的习惯。做自己力所能及的事，是学校对我们教育中的必修课。母校希望我们自力更生，用自己的双手建造自己的梦想乐园。学校的足球场是全校师生在假期里一起运土填洞、铲地撒种，共同建设的。跑道边的野松和杉树，是我们在五一的时候种的，我们给它们浇水、除杂草，像呵护自己的孩子一样照顾它们。当看着自己亲手种下的树成活并在茁壮成长，那种自豪与喜悦无以言表。学校的每一个角落几乎都留下了我们的足迹和汗水。在这方面，仁波切和老师们从来都是身先士卒，带头劳动，给我们做榜样，他们的言行举止潜移默化地影响了我们。

如今学校的第一批同学已经走上了不同的工作岗位。一些同学选择了当老师，因为小时候老师在我们的心中是无所不能的超级英雄，我们想成为他们。一些同学选择了当公务员，因为他们想回报祖国，更好地为人民服务。当然，也有当医生的，也有进银行的，去企业的，他们都想通过自己的工作，真心回报社会。

我则选择了做一名翻译人员。因为我觉得作为藏族人，我有继承和发扬自己民族文化的责任，同时我也非常喜欢内地传统文化，而我做翻译可以更好促进两个民族之间文化的交流与借鉴，可以为中华民族文化的发展贡献一份自己的力量。此外，仁波切常说母校能有今天的成绩，很大程度上离不开那些我们知道名字的或不知名的善心人的支持。他们对学校的帮助非常重要，而他们当中许多人应该都是很喜爱藏民族的独特文化的，我若做了翻译，便可更好地将藏族文化介绍给他们，让他们能更好更深入地了解。现在我觉得自己无比幸运，既能做自己喜欢的事情，又能回报我们的恩人们，这是多么值得庆贺的幸福的事。

校歌唱出我心声

晏易强*

母校二十周岁了，这让我回忆起如校歌所唱的生活过往。

“还记得那一天，你把我带回家”

1998 年 8 月，我从丹巴的一个小山村来到了改变我一生的第二故乡，菩萨喜欢的地方——塔公。

我 4 岁的时候，父母因煤气中毒同时离开了我，我失去了家。直到认识活佛，来到西康福利学校，我才又有了一个家，一个温暖我一生的家。

记得那年的 8 月还飘着雪花，我们第一批孩子从车上下来的那一刻，周围都是老师。老师们带我们去吃了饭，领我们找到寝室后，我们就和亲人告别了。只记得那晚我睡得很香、很沉。

“依偎在你怀里，让我再没有害怕”

在学校的十多年里，我从没有因为是个孤儿而担惊受怕过，因为我依偎的是活佛和老师温暖而坚实的怀抱。

那时的我们都年少无知，特别是我，调皮且喜欢大哭大闹，脾气非常糟糕。盈老师那时候是我的班主任，她没少教育我；而我就是个犟脾气，总惹她生气，可老师没有放弃过对我的教育，一次又一次地帮我改掉坏脾气。

---

* 晏易强，藏族，1998 年 9 月来校，2012 年 6 月高中毕业离校，后就读于四川民族学院藏汉翻译专业；现在甘孜州色达县公安局工作。

最严重的一次是在我读初二的那年。我因为早上集合吃饭的事情和盈老师发了脾气，老师叫我站到一旁。可我那时正血气方刚，再加上青春期的叛逆更使我不管不顾，和老师吵了一架。后来经过学校的处理，叫我去找老师道歉。我想盈老师可能不会原谅我了，但她大度地原谅了我，还告诉我不管怎样老师都会原谅我的，只要我认识到自己的错误，知错就改。那一刻我感觉到的不只是师德，更深切的感受是那种如父母般的温暖。害怕的心从那一刻消失了，更多的是感动和愧疚。

“依稀仿佛中，又看到久别的妈妈”

从进校的那一刻起，我们就有了生活妈妈，老师们在我们的眼里也像妈妈爸爸一样。老师走了又来，来了又走，然而始终坚守在学校为我们付出一切的胡老师、魏老师、盈老师、陈老师，还有一直守门的周阿妈、为我们做饭的仁青老师和扫地洗衣的扎西曲珠老师，他们默默耕耘、孜孜不倦地辛苦工作了十多年，无怨无悔地付出，从来没有一句怨言。在我心中，他们不是亲人却胜似亲人，就是我的再生父母。

2008 年汶川发生了8.0 级地震，我们那里震感明显。学校为了我们的安全就让我们在操场上课，晚上还是睡在寝室里。记得有一天夜里发生了余震，我在床上迷迷糊糊地被老师叫了起来，带上被子到球场上去睡觉。半夜里我醒了，看到魏老师在给我们盖被子。她看到我醒了，只说了一句：“你继续睡。”我感谢的话还没有说，她就转身去照顾下一位同学了。那一刻我看到的就是妈妈的背影。

高二那年，老师对我们管得严、要求高。我的叛逆劲又来了，和老师对着干，和同学打架，眼里只有自己。有一天历史课，老师把我叫到讲台上，说了我的情况，叫我把心思用在学习上。下课后，他又叫我一起去操场上散步。他搂住我的肩膀，告诉我老师开会时点名批评了我，我现在是学校的“重点照顾对象”，叫我好好改正自己的错误，认清自己，努力学习。他陪着我走了一圈，搂着的手一直没有放下，那一刻他就像一位父亲搂着自己的孩子那样，语重心长又关爱有加。从那以后我认识到了自己的错误，改掉了坏脾气，心思也放在了学习上。

“有一天我长大，我要去走天涯”

2012 年 6 月我高中毕业，结束了在校的 14 年学习生活，考上了四川民族学院藏文系。毕业后在多饶嘎目待了半年后就去参加了公务员考试，在社会上摸索着，打工了半年，于 2017 年下半年进入公安系统。

我出来读书和工作后更深切地感受到学校老师的伟大和无私，才知道了学校老师的不易。感恩老师，感恩你们所做的一切!

“涉水千里万里，把爱的种子播撒”

在学校里，上师就告诉我们“善有善报，恶有恶报”的东方传统观念。我们从小是在政府、上师、老师和各界善心人士的关怀和帮助下长大的。滴水之恩，当涌泉相报。何况我们受惠的岂止一滴！我们的老师把高原当成了家，把我们当成了自己的孩子，无怨无悔地为我们付出一切。

现在的我是身穿警服、头顶国徽的人民公安。我更有责任去传递正能量，传递爱，为社会付出自己的青春，为人民群众贡献自己的力量。

“也许有风和雨，但我不会害怕”

生命总是在经历雨打风吹后才绽放得更加绚丽。现在的我们都有各自的工作和事业，在今后的生活和工作中也许会遇到各种各样的困难，但不管怎样我们都不能退缩。像创立学校的上师，在创办和发展福利学校的过程中，再困难他都没有退缩。像我们的老师，不远千里地来到海拔 3800 米的塔公草原，再困难他们都没有放弃。我们背后有一个家，一个可以给我们巨大力量的家。因此我们不会害怕，会坚持自己的初心，在各自的岗位上奉献自己。

让感恩之花璀璨绽放

泽仁措*

西康福利学校给了我们这些失去父母的孤儿们一个温暖的家，一份浓浓的爱。二十年里，留下了我们一起走过的生命故事。我们见证学校的发展，我们完成了艰辛又幸福的成长。

记得那一年，我的母亲和父亲相继患重病离世，家里只剩下我们兄妹七人相依为命。家庭的贫困、年纪的幼小、生活的无依无靠、心灵的无比脆弱，让我们陷入了无限的痛苦之中。当时，我的家乡还是十分贫穷落后，乡亲们的生活也不算宽裕，而对于孤儿的我们来说，就更是如此。我们只能眼巴巴地等待命运的安排。就在那时，我很幸运地被西康福利学校招收。让我印象极为深刻的就是胡忠校长说过的一句话。他说：“如果你们其中的一个人和我的女儿同时落入水中，我会毫不犹豫地选择救你们中的一员。”当我听到这句话时，不仅仅是感动，更多的是一种震撼。因为单从这句话，我就深刻地感受到了胡忠校长对我们这些孤儿的赤诚仁爱之心。

我刚刚来到学校的时候，由于年龄小，生活还不能自理，语言也不通，学校给我安排的生活老师是一位藏族阿妈。她性格温和、总是一脸微笑地跟我说话，不但耐心地照顾我，还细心地带领我一步一步走向自立。在这位老师的关怀与帮助下，我感受到了一种被爱的温暖。我也开始慢慢地学会了汉语，生活能够自理，学习也慢慢有了进步。

当年的我，是一个特别爱玩、又很调皮的小姑娘，对待学习也是心不在焉。

* 泽仁措，藏族，1998年9月来校，2011年6月高中毕业离校，后毕业于中国工程物理研究院职工工学院旅游与酒店管理专业；现在康定市西康福利学校工作。

不过，老师对我的态度却是极为耐心。他们不但没有一味地指责我，还给予我很多的鼓励。班主任知道我的性格活泼开朗，就将班级里的一些宣传性的工作交给我处理。他对我说：“泽仁措，我相信你一定有能力胜任这份工作，老师为你加油！”在老师的眼睛里，我看到的是无限的信任，那一刻我的心里有一种说不出的喜悦感。在老师的帮助与鼓励下，我的宣传工作做得很出色，在一个月后还受到了校长的嘉奖。这项工作使我感受到了自身的价值，更重要的是让我收获了满满的自信心。我知道这都是老师教学智慧的彰显，更是他们对我的一片良苦用心。在老师那里，我感觉到自己是被接纳的、被爱的。渐渐地，我也开始变得喜欢学习、开始追求上进。我想这都是老师对我不离不弃的爱激励和鼓舞了我。

让我记忆犹新的是，我初一时被查出感染了结核。当时，学校老师将我送到州医院进行隔离治疗。我一个人在医院感到了一种莫名的孤独与寂寞，晚上常常会悄悄抹眼泪。就在我刚刚感到有所好转的时候，我偷偷溜回了学校，连出院手续都没有办。老师们得知我是没有经过医院批准溜回来的时候，就又把我送回了医院。后来我康复出院了，就像出笼的小鸟一样，欢快地飞回了塔公。让我非常感动的是，学校给我安排了单独的宿舍，还给我准备了营养餐。班主任胡忠老师经常带着营养品看望我，还每天通过日记的形式和我交流思想，鼓励我，让我打消了因功课耽误太多而产生的辍学念头。老师们还主动找到我，给我补习功课。这让我感受到了来自老师们的浓浓的关爱之情。从那时起，我就觉得自己是幸运的，更是幸福的。

后来，我考上了大学，我在大学里的表现得到了导师们的肯定，他们都说是西康福利学校培养出了这么优秀的学生。我要感谢老师们，如果不是他们的关怀与鼓励，教育与引导，我想我就会在“苦难孤儿”的道路上没有任何出路。我永远忘不了老师们和蔼可亲的笑容和充满力量的鼓励话语。老师们以他们崇高的师德风尚改变了我的一生，他们的无私大爱将是我生命中一股永不枯竭的清清甘泉。

因为我是西康福利学校的孩子，我愿意将自己奉献给西康福利学校的教育事业，所以我现在回到了福利学校工作。我要做一个知恩感恩报恩的人，并将感恩之道传递给我的学生，从而让感恩之花璀璨绽放。在我成为这个大家庭中的一名老师的时候，我就立志要成为孩子们心灵的守望者。一直记得我当年的班主任老师说过这样一句话：“孩子们是一张洁白无瑕的白纸，我定要在其间描绘一幅绚丽多彩的画作。”

这里地理条件恶劣，交通工具不便、通讯不便，但这里有一群渴望学习、热爱生活的孩子。看着孩子们那一双双充满渴求的双眼，我下定决心要在这里扎根。

幸福生活从福利学校开始

泽扎西*

艰　辛

最近读了夏洛蒂·勃朗特写的名著《简·爱》。读完这本书后，我感同身受，不禁回想起了儿时的自己。

那时我还很小，父亲刚去世，姐姐又嫁至外地，我和母亲相依为命。母亲每天以泪洗面。为了早点将我抚养长大，母亲早出晚归地忙着农活。每次我放学回家后，总不见母亲，便到田里找她。发现母亲做完活儿后，蹲坐在田里一个人偷偷地哭泣，甚至在悲伤中忘记了回家。

幸　运

在上师的慈悲关怀下，我幸运地来到西康福利学校。记得第一次来学校的时候，母亲、舅舅和我一路上搭东风车、拖拉机和走路，这样赶了三天的路，才到了温暖的大家庭——西康福利学校。

我很清楚地记得，那是高原的秋后，天气逐渐变冷，我穿着破旧单薄的衣衫，套着宽大的羊皮袄，穿着一双舅舅为我买的白色胶鞋……我以为这里很冷，

* 泽扎西，藏族，1999年5月入校，2005年9月离校；现工作于甘孜州新龙县麻日乡政府。

我以为这里很孤独，我以为这里的小朋友都和我一样脸上苍白无光。当我走进教室里，我看到了同学们脸上幸福的笑容，我看到了老师慈爱的面庞，我看到了感动人心的温暖。

晚上我们在一位好心的老师家借宿。高原秋后的深夜，都是零下十几摄氏度，但我心里那个夜晚，有从未感受过的温暖。我久久不能入睡，脑海里浮现的全是第二天和小朋友一起上课、一起吃饭、一起玩耍的画面。第二天早晨，母亲说昨晚我在睡梦中还发出咯咯的笑声，这是父亲走后第一次听到我在熟睡时发出的笑声。

温　暖

从此，我开始了在西康福利学校八年的生活。那时我还不到七周岁，老师安排我在学前班就读。老师常说，我是一个沉默寡言的小朋友，要我坐在同学中间，多与同学互动交流。这种方式让我变得比较活泼。

半夜有些同学不敢独自睡觉，便哇哇大哭。班主任老师常常陪着同学们，有时小声讲故事给我们听。听到精彩的部分，童稚的笑声回荡在寝室里。等同学们都睡着了，老师才悄悄回宿舍睡觉。儿时的我们，和其他小孩一样，睡前都喜欢等待老师的故事。只有在老师精彩的故事里，童稚的心灵才得以安然入睡，就像卖火柴的小女孩看见手中火柴的余光才觉得温暖幸福一般。

由于我在原来的家乡读过半学期的一年级，因此，在学前班里待的一学期中成为班里的佼佼者。第二学期，老师破格让我升级——这在众多小朋友中是值得自豪的荣誉。

每天天还没亮，值周老师就到广播室播放一支悠扬的乐曲，我们在乐声中醒来。快速洗漱后，在一声口哨的召唤下，到操场集合，然后在熹微的晨光中跑步，拉开紧张一天的序幕。晨跑后到教室早读。琅琅的读书声很快回荡在空旷的校园。

七点半，早饭哨声响起，同学们说说笑笑冲出教室，排队等候在餐厅的门外。在值周老师点评寝室卫生情况后，按照顺序陆续进入。早饭有家的味道——对很多同学而言，家里从没吃过这么丰盛热腾的早餐。课余时间，老师会教我们演唱藏歌。印象最深的是阿布老师教的藏文三十字母歌，清脆悦耳，婉转动听。

每逢节假日或家中有客的晚上，在学校的操场上，老师同学们会点燃篝火，手拉手围着大圈跳起锅庄，像极了家乡耍坝子的情景。

感　恩

上师和老师们就像是我们的父亲和母亲。上师一人肩抗学校所有重大事务，不仅包括我们的吃穿住行，还有老师们的工资住宿，包括学校的生存。我们的每个老师都是志愿到学校里支教，他们放弃了外面舒适的工作环境、放弃了高薪，到我们这个偏远山区的福利学校。这里的每个老师都是伟大的，都是巍峨的雪山，更是孩子们温暖的港湾。

这里的每个小孩都是孤儿和特困生，但这里没有以前的嘲笑，也没有打斗，更没有自卑，我们都是互爱互助的一家人……

如今，当年几岁的我们，很多已结婚生子，像上师和老师们精心呵护我们一样，照顾着自己的家庭和孩子。当年稚气的我们，已在各行各业不同的岗位上，按照上师和老师们的谆谆教诲，努力地工作，为家乡的建设奉献着自己的力量。在此，向所有曾经和现在为西康福利学校和学校的孩子们默默付出的好心人致以诚挚谢意，并祝愿天下的好心人：福慧长存，扎西德勒！

西康福利学校给我的精神财富

巴　登*

时光荏苒，转眼间我离开母校已经整整7年了。7年里，我完成了高等教育，

* 巴登，藏族，1998年来校，2011年6月高中毕业离校，就读于中国工程物理研究院职工工学院旅游与酒店管理专业；现在甘孜州理塘县高城镇人民政府工作。

走上了工作岗位，成为一名基层公务员。7 年里，我经常做梦，梦回西康福利学校，又坐到了宽敞明亮的教室里，旁边是我的那些伙伴，还有那些可敬的老师。是西康福利学校培养了我，成就了我。

强健体魄

在体育老师来之前，我们也有体育课，但课上只是做些自由活动，脑海里也没有体育的概念。直到陈老师来到我们学校，这一切才发生了改变。在第一节体育课上，陈老师教我们打篮球，他告诉我们："篮球是一项团队运动，要想打好篮球，不仅需要扎实的基本功，最重要的是要懂得团队合作。"他的这些话在我们听来是十分陌生的，但是随着后来的运动与学习，我们渐渐学到了团队运动的精髓。他给我们带来了专业的体育知识，教我们跑步、打篮球、踢足球、打排球等各项体育运动，让我们感受到了体育的魅力，也增强了我们的体魄。

陈老师告诉我们："适当的跑步锻炼能够让人的大脑得到休息，能够让我们头脑更加清晰，保持更好的学习状态和工作状态。"也正是在那个时候，我养成了跑步的习惯，一直坚持到了今天，带给我无穷的益处。跑步能让我保持足够的精力，保持清醒的头脑，更好地为人民群众解决疑难问题，提高工作效率。同事们都感叹我能有如此良好的工作状态，我回答他们说："这要感谢我的母校，感谢我的老师，让我不仅能够学习到丰富的知识，为现在的工作打好基础，更让我能在学习工作中保持一个良好的状态。"

人格培养

我们在接受良好的教育、吸收科学文化知识的同时，老师们也教导我们做人的道理，让我们坚强地面对生活，坚定地战胜自我。

老师们经常说的一句话是"不要气馁"。有一次，我在学习中碰到了一个难题，我用了很长时间仍然找不到解题的办法。于是，我就这个问题向老师请教。老师并没有直接给我答案，而是给我讲了一些基本思路与方法，并鼓励我自己去解决问题，老师对我说："不要害怕难题，要学会用方法去战胜它。"在老师的鼓舞下，我终于战胜了难题，得到了老师的夸奖。

当我走上工作岗位后，这句话成了我工作的座右铭。作为基层人民政府的一名普通工作人员，我谨记为人民服务的宗旨，在工作中勤勤恳恳，努力让人民群众满意。每当在工作中遇到很大的困难时，我就想起老师们的教导，他们的话总会让我鼓足干劲，勇往直前。

团结精神

母校一直强调我们要团结，要发扬团结精神。我们生活在一个大集体中，有着一百多名来自各地的同学、伙伴，还有来自五湖四海的老师，我们为了更加美好的明天而共同奋斗。在母校的日子里，我感受到了集体生活的温暖，也感受到了集体力量的强大。所谓“一只筷子易折，十只筷子难断”，母校教会我们的正是这个道理，只有团结才能进步。

在离开学校的日子里，我不断地用学校里学到的知识充实自己、鞭策自己，在母校所明白的团结精神，在遇到困难时可以让我更加的从容、沉着、冷静，更好地找出解决困难的方法。未来，我将继续秉承母校的谆谆教导，通过自身的不断努力，力争做一个全心全意为人民服务的基层公务人员，不辜负母校的教导。

让爱永流传

巴　姆*

九岁是我人生的一个转折点，懵懵懂懂的年纪就失去双亲，不幸中的万幸

---

* 巴姆，藏族，1998年入校，2011年6月高中毕业离校，就读于中国工程物理研究院职工工学院旅游与酒店管理专业；现在康定市西康福利学校工作。

是来到我们温暖的家——西康福利学校。跟我一起有幸来到这里的，还有一百多个兄弟姐妹。我们有了遮风挡雨的家，可以免受颠沛流离之苦。西康福利学校里的老师家长，如同天下所有真心爱护孩子的父母一样，给我们撑起一片从不缺乏关爱的湛蓝天空。从此，我不再觉得自己比普通孩子少了什么，甚至感受到了更多的关爱。我的笑容开始浮现。还有什么比拥有一个温暖的家更让我觉得安心的呢！

我们是西康福利学校接收的第一批孩子。我们一起生活，一起学习，一起长大，十几年的感情，使我们之间形成了亲密的伙伴关系，我的童年、少年生活虽然没有亲生的父母，学校里却不缺少关爱我们的长辈。生活、学习都有老师们悉心照料。在这里生活久了，觉得跟普通人一样，是有家庭的，老师是父母，同学是兄弟姐妹，我们拥有比普通人更多的爱和包容。进入到大学后，我可以很快适应集体生活，总会积极主动地为他人服务。同学们都感叹于我的生活智慧，羡慕我的状态。身边的朋友也很喜欢和我相处，觉得我很温暖。

拯救一个人的灵魂比养育他的身体更重要。我们西康福利学校，将培养对社会有用人才作为终极的奋斗目标，每一个孩子不仅身体健壮还要思想健康。学校还将感恩教育作为学生们思想品德课的重要课题。这种感恩教育影响着我们，很多人上完大学后再次回归，变成新一代小朋友的良师益友。“爱心恒久远，代代永流传”。这种历久弥新的美德，就在我们西康福利学校里传播。

一个孩子的成长之路，除了生活上需要殷殷呵护，最离不开的是老师的言传身教。我们学校没有充裕的资金去外聘老师，但我们并不缺少师资，无数的支教老师前赴后继来到这里。三尺讲台，一方简室，老师将自己所长尽情挥洒，换来的是我们精神上的富足和心态的安宁。大学毕业后，虽然有更多更好的机会，但我也毫不犹豫地选择回到了学校。

西康福利学校里将上下一心，继续为孩子们构建一座安乐无忧的避风港！

感恩与回报

仁钦达吉*

我很小的时候，爸爸妈妈不幸离开了我们，只剩下姐姐和我跟着奶奶相依为命。来到了福利学校，我的命运发生了根本的改变。

那是1998年的一个上午，下着大雪。我们一到学校，就有生活妈妈把冻得瑟瑟发抖的我们接回各自的小家，然后给我们洗澡，换上干净的新校服。晚上我们围在火炉边，各自做了自我介绍。新家的日子就这样开始了。

塔公的冬天特别冷，晚上睡觉要盖特别厚的被子。我那时还特小，盖上厚被子就被压得翻不了身，于是生活妈妈吴老师就让我每天到她暖暖的床铺上和她一起睡。冬天很多同学手上脚上都会长冻疮，生活妈妈和老师们就想尽办法为我们治冻疮。在生活妈妈和老师们的悉心照顾和关爱下，我们很快融入了这个家。

生活妈妈教我们各种好的生活习惯，也教我们读书识字。在学校没有正式开学前，生活妈妈还带我们一起读诵《唐诗三百首》等。那时学的我们都能倒背如流。后来又有一些同学们陆续来到学校，我们也开始了正式的学习生活。

小学时最喜欢的就是吕美校长和魏老师的语文课了，课上不光学习了课本知识，老师还给我们讲很多故事，丰富了我们课余生活。那时学习最困难的就是藏文了，老师上课时我总是听得云里雾里的，老师讲的重点也记不住。课后还会有很多背诵任务，这对我来说是更大的难题，可是老师们总是不管多晚多累都会守着我们完成每天的学习任务。

学校对我们的教育从来都是要求德智体美劳全面发展的。除学习课本上的知

---

* 仁钦达吉，藏族，1998年8月来校，2012年6月高中毕业离校，就读于四川文化产业学院新闻采编与制作专业；现任职于多饶嘎目旅游文化有限公司。

识外，我们会有很多劳动任务。春天时全校师生一起去操场运泥土种草，学校盖新阳光棚时我们一起挖地基，“五一”劳动节时全校师生会一起在校园里种树。在老师的带领下，同学们互相鼓劲，不管劳动有多辛苦，我们都不觉得累，晚上回到寝室沉沉地睡上一觉，一天的疲劳随之烟消云散。

学校刚建不久，许多政府部门和社会善心人士来学校看望我们，给我们捐衣捐物。学校的创建者多吉扎西仁波切和老师们就经常教育我们要懂得感恩，我们都是靠着社会各界的关爱才成长起来的，没有他们的帮助，不会有我们的今天。潜移默化中我也多了一种社会责任感，回报社会、扶贫助弱等思想很早就在我的脑海里扎下深根。

我们这个大家庭，孩子们来自藏、汉、彝、羌四个民族，老师来自四面八方，每年的新年我们会按照四个民族的习俗轮流过。过汉族年时，学校组织办庙会，同学们自己参加各种小游戏，换取可以兑换零食和玩具等的票，去买自己喜欢的东西。过藏族新年时，会有射箭、砸核桃和跳锅庄等有趣的活动。过彝族新年时，大家则会围在一起手牵手地跳达体舞。过羌族新年时，大家会互相请客吃饭。

除了过年，学校最重大的节日就是“六一”儿童节和教师节。“六一”儿童节不仅是全世界孩子的节日，也是我们福利学校一百多兄弟姐妹共同的生日。教师节是我们感谢老师们辛苦付出的时候，我们会提前很久各自准备好送给老师们的礼物。受条件所限，我们的礼物很是简单，但不管是一张写满祝福的纸条，还是自己创作的画，老师们都会开心地收下。

感恩、想念、祝福我的每一位老师，是你们改变了我的命运，是你们培育我成长，是你们让我明白做人的方向。你们付出青春，你们付出心血，你们不求回报，你们瘦了，你们老了。时间可以冲淡一切，而师恩永难忘，时间只会让这种感激之情与日增长。一个“谢”字太轻，让我们以实际行动报效社会，传递你们的大爱精神，作为对你们的回报！

传承的责任

罗朝海*

1998年的夏天，那时的我是个小小放羊娃，父母早逝，虽然在读书，但是学习成绩特别差。后来来到了西康福利学校，我开始了崭新的生活。

岁月流逝，在学校我和我的兄弟姐妹一同成长着。小学我们在一起读书，一起玩耍，一起见证彼此的成长。上了初中后，课程突然增加，学习的内容也复杂了许多，小小的脑袋难以适应。初一期末考试当然也不理想。那时我们的班主任魏老师就把我叫到办公室里，问我：“怎么了？学习成绩怎么这么差?”我很委屈地告诉她，学不进去，不想学。魏老师给我分析了学不进去的原因。一个是难度提升了，另外就是我的懒惰与害怕，导致产生厌学情绪。她又给我举了几个同学的例子，我们学的知识都是一样的，他们怎么就能学进去，而且成绩那么好。听了老师的一番教导，我再没有产生那种厌学情绪。

高三下学期我选择了走体育这条路，这要感谢我的班主任魏老师。学校以前没有同学报考过体育院校，所以都不知道体考要考些什么。魏老师专门带我去新都桥藏文中学报名，咨询了报考的内容。回学校后，她每个星期六和星期天都会督促我进行训练。

铅球和三级跳是最困难的，根本就不知道怎么去做动作。魏老师专门去网上看投掷铅球的动作和三级跳的动作，然后带我练习。她还带我看网上的教学动作，一边观看，一边和我进行探讨，然后她又领我去操场练习。每次我动作做得不规范时，她都会让我停下来，然后和我一起模仿标准动作。她专门为我买的标

* 罗朝海，藏族，1998年8月到校，2010年6月高中毕业离校，就读于西昌学院体育学院体育教育专业；现任教于甘孜州色达县县城小学。

准铅球，都在一次次反反复复的练习中摔破了。在那段时间，她真的特别累，又要教我们文化知识，还要督促我训练。虽然她不是专业的体育教练，但在我心里她是我遇到过的最敬业、最认真、最专注的教练。后来我们班去成都名师堂学习，她又专门托老同学帮我找到一所中学的田径教练，请他带我练习。在那段训练时间里，我的体育成绩提高很快。

在 4 月份的体考中，我顺利过了本科线。最终在 6 月份的高考中，我顺利考上了西昌学院本科。这一切都归功于魏老师的辛勤付出，如果没有她的激励与引导，我不会取得那样的好成绩。

在读了四年大学后，我现在色达县县城小学当体育老师。每天上完课都感觉很累，想想以前我们老师的付出，就感觉很羞愧。我们的老师很多都是从内地进来的，很多在塔公待了十多年，身体多多少少都有些病，但他们十几年如一日，兢兢业业，为我们更好地成长操碎了心，累垮了身体。他们自始至终没有一句怨言，从来没想过放弃哪个同学。我要努力秉承上师和老师对我们的教诲，尽自己的能力帮助我能帮助的每一个人，用心关爱每一个学生。“爱国　敬师　笃学　求真”，这是引领我一生的理念。

生命的阳光，温暖的家

陈贵华*

回忆母校过去二十年带给我的所有一切，心里充盈着满满的感激和感恩。真心感谢我的校长、我的老师同学们，还有那些未曾见面的好心人的关心与帮助。

那年我九岁，一个没有人管的野孩子，过着浑浑噩噩的日子，似乎感觉这个

* 陈贵华，藏族，1998 年来校，2007 年 9 月去康定中学读高中，2010 年 6 月考上四川职业技术学院数学教育专业；现任教于四川色达县克戈乡小学。

世界没有什么值得让我欢喜和留恋，能活多久是多久。我早已习惯这样的生活，却也羡慕着从我面前走过的每个有妈妈的孩子。

在亲戚的帮助下，我来到西康福利学校。当时一无所知的我被一位温柔可亲的阿姨接进了大门。阿姨告诉我：“我姓魏，你可以叫我魏老师。”之后魏老师把我带到另一位阿姨那里。

那个阿姨很高兴地问我叫什么名字，还告诉我以后可以叫她张老师或者妈妈。当我听到“妈妈”这个词的时候，多少年所向往的称呼，却无论怎么都叫不出口。

后来我知道了这里原来是一所学校，学校的名字叫西康福利学校。虽说它是学校，而在我看来它更像是一个家，一个充满爱心与呵护的大家庭。

我已经不记得我什么时候开始管张阿姨叫妈妈。当初那么难出口的两个字，竟真的叫了出来。记得非常清楚，我叫“妈妈”时的感动与温暖。来到这里，学校的老师像妈妈一样地关心我们，照顾我们，对我们无微不至地呵护着。

因为调皮，我在上课的时候不认真听讲，总讲话。有一次，老师很生气。下课后，老师把我叫到办公室，我以为老师要骂我，心里害怕得不得了。到了办公室，没想到老师微笑着看着我说：“上课要认真听讲，有什么事随时都可以来找老师。”

回到房间，我看到妈妈在生气，不跟我说话。我很担心妈妈会不会不要我了，那我该怎么办？我悄悄回到房间，躺在床上。不知过了多久，吃饭的时候，妈妈来叫我吃饭，看到我躺在床上，没精神的样子，就问我：“陈贵华，你怎么了，是不是生病了?”我看到妈妈焦急的神色，心里更难过了，心想再也不惹她们生气了。

到了三年级，我成绩很差，语文书背不了，数学题不会算，藏语又完全听不懂。那时候，我已经有了想放弃读书的想法。一个晚上，我和两个同学逃学了。刚出学校的时候，我感觉还很高兴。谁曾想到，痛苦就在离开学校的几小时之后降临了。我们开始又冷又饿又困，晚上走在路上，只有我们三个人，心里无限的恐惧。实在走不动了，就在路边上，三个人依偎在一起睡觉。睡着睡着冻醒了，又走一会儿，又依偎在一起睡觉。就这样折腾了一晚上。第二天早上，学校的老师终于找到我们把我们带回了学校。回到学校以后，听说我的班主任很着急，都流泪了。我很内疚，也很自责。自此以后，我把心思全都放在了学习上。

如今的我，已经大学毕业，也成为了一名老师。在工作中，也经常碰到困难。学生不听讲，不认真写作业，时不时，教材又弄丢了，或者晚上有学生突然跑了，如此等等。每当这些时候，我总会想起我的老师，想起老师对我的教导：要好好做人，要懂得知恩图报；学习就是为了做对社会有用的人，为了好好报效祖国。做人就是要对得起自己的良心；你向社会付出一分，社会便给你一分。老师的榜样力量帮我克服了工作中的很多困难。

西康福利学校，永远的家

达仁拉姆*

在我还没有记忆时，父亲就离开了我，母亲也在我很小的时候离开了人世。我七岁时来到西康福利学校，开始了我的新生涯。

学校为我们安排了“生活妈妈”。这个“妈妈”一叫就到现在。生活细节上她从来就没有怠慢过我们，行为习惯上我们做得不好的地方更会坚持教育我们，直到把我们的坏习惯纠正过来为止。十二年时间生活妈妈的身影深深刻在了心里，刻在了一生的记忆深处，我也从来都没觉得缺少过爱。

在福利学校我不仅学到了课本上的知识，还学到了怎么做人，怎样做个真、善、美的人。因为老师们正确的教育方式，每一个从福利学校出来的孩子心灵都是健康的。福利学校培养的近百名学生，现在几乎都已大学毕业，在不同的岗位从事着不同的事业，没有任何人是依靠他人来维持生活的。

上大学后，我的室友们知道我是孤儿，对我说话做事都十分谨慎，可我从不因自己是孤儿而自卑，不觉得自己与其他有父母的同学有什么不同。我比他们更

---

* 达仁拉姆，藏族，1998 年入校，2012 年 6 月高中毕业离校，就读于四川民族学院藏汉翻译专业；现在康定市西康福利学校工作。

加努力，努力让自己更加优秀。

因为认同西康福利学校的教育理念，2016年大学本科毕业后我毅然选择回到圣地多绕嘎目，回到培养我的福利学校担任了生活老师，也就是我小时候"生活妈妈"的角色。很多外面的朋友都不理解我为什么在大学毕业后，会选择回到高原。他们不知道，这里有改变我命运的阿克，这里有为培养我们成才付出心血的生活妈妈，这里是我永远的家，我的根在这里！

在这里，我就像当年照顾我们长大的生活妈妈们一样，全身心地为每一个孩子的健康成长付出自己所有的精力，为他们建造一个温馨而又快乐的新家，抚慰他们的心灵，让他们快乐地长大。希望真心相待可以影响他们一生，长大后他们能传承福利学校的优良传统，去帮助更多需要帮助的人，成为又一批建设家乡的新人才。

永远的美好时光

甲　初*

六岁那年，我来到了西康福利学校。在这里，我与来自甘孜州各个地方的一百多个兄弟姐妹，组成了一个大家。在这里，我度过了美好的童年，完成了从小学到高中的学习生涯。

我刚来学校的时候，一句汉语也不会说，对这里的一切都很陌生，也不认识身边的小伙伴，但是这里的老师像家长一样无微不至地关心我们。时间一长，同学之间相互认识了，也建立了友谊，也会说汉语了，同时也慢慢开始学习文化知识。

---

* 甲初，藏族，1998年来校，2012年6月高中毕业离校，就读于四川民族学院藏汉翻译专业；现在康定贡嘎山旅游开发管理有限公司工作。

在游戏玩耍中，很快就进入了中学生活。进入初中以后，慢慢感觉到读书是需要认真对待的，要努力学习，但难免也会有厌学的情绪。最让我头疼的是英语，小的时候没有好好学，没打好基础，后来学习就很困难。不过带着对未来的憧憬，我开始暗暗地较劲，把大量的时间都投入到学习中。

在经历了初中三年的磨砺后，步入高中的我在各方面渐入佳境。回想高一开学，我担任劳动委员这个职务，班级里与劳动有关的事情我在负责，周末的大扫除和安排都是我在做。这让我学会了挑战困难，永不放弃，也学会了承担职责。高二时，我觉得自己变得能沉住气了，没有了以前的浮躁。高三是我突破自我、挑战自我的时期。有段时间我觉得上大学没有什么希望了，可心中还是很憧憬。在老师的鼓励下，在自己的努力下，我终于克服了心里的困扰。在辛苦的学习和付出的过程中，我体会了永不言弃、用心向上的人生态度，这种态度激励我不畏困难，不断进步。最后，我顺利考上了四川民族学院。

福利学校带给我了快乐的童年时光，成就了我今天的生活。那里的老师、同学、伙伴，我永远都不会忘记。好想将来有一天，与你们重温学生时代的生活，让我们再一次回到过去，再一次去品尝那美好的时光。

怀念母校，感恩母校

德嘎拉姆*

人生中至幸是我能够进入西康福利学校。

刚入校时，我印象最深的是语言问题。我们来自甘孜州十三个县，讲的方言相互不通，会说汉语的同学很少，而老师们大多来自内地，所以语言沟通成了我

* 德嘎拉姆，藏族，1998 年来校，2011 年 6 月高中毕业离校，就读于眉山职业技术学院初等教育专业。

们一大难题。在老师们不厌其烦一遍又一遍地教导下，我们这群特殊的孩子开始能说会读，最终都走上了属于我们自己的学业道路。

光阴似箭，日月如梭，不经意间我在福利学校度过了十二年。回忆往事，每一个欢笑，每一滴泪水，每一段故事，每一次感动，我都难以忘怀。

怀念那个集体，那间教室，那班同学！想当年，我们还都是不谙世事的孩子，一起上课，一起吃饭。我们的缘躲不开，我们的情割不断，愈久愈纯，愈久愈珍，愈久愈甜。往事如饱满深情的歌，悠远而绵长，多少次地出现在你我的梦里。

怀念我的同桌，那个从小学到初中到高中与我坐在一起的同桌。她话语不多，总是那么安静。她的数学很好，我经常请教她各种各样的数学问题，而她总是会为我耐心地解答。当然，她也经常会说些笑话，让我开心，让我笑。

想念在学校过的每一个新年。我个人最喜欢的是藏历年和汉历年。

藏历年新年从元月一日开始，到十五日结束，要持续十五天。印象最深的是一月初一。老师在每个宿舍里选了一个同学作为代表，凌晨时分起床，到河边冒着刺骨的寒风争挑第一桶水。据说，谁最先抢到这桶吉祥水，在新的一年里就能免去许多灾难。吃完早饭后，换上新的衣裳，我们这些做晚辈的开始向上师和老师恭贺新年，敬献哈达。

过汉历年时，老师带着我们在学校的各个门上都挂上灯笼，红彤彤的灯笼充满了节日的气息。学校按照汉族的传统习惯，在学校里举办了各种各样的活动，逛庙会、放鞭炮、猜字谜、吃汤圆……

那些年过得我永生难忘。

感恩我的老师们，感恩你们的不离不弃！你们默默地来到我们这群特殊的孩子身边，给了我们无尽的爱，教导我们知识，教会我们好好做人。因为你们，我们彻底改变了命运，我们有了读书的机会，有了幸福的童年和多彩的青春。

我更要感恩上师，我们学校的创办人。他老人家是我们的恩师，也是我们的慈父，更是这个大家庭的顶梁柱。他撑起这个家，让我们有了自己的精神归宿。他点燃了我们的梦想，培育了我们健康的人格，照亮了我们人生的光明前程。

感恩我的班主任盈老师。她高高的鼻梁上架着一副近视眼镜，一双慈祥和蔼的眼睛无时无刻不在向我们传送着坚强和自信，给了我无限的进步动力。盈老师对工作总是充满着热情，上课时会把每个题目给我们细细地讲解，遇到我们不懂的问题，会在黑板上写了又擦，擦了又写，从不泄气。盈老师对工作的热情和要求对我的人生产生了深远影响，她是我心目中永远的榜样。

学校教我学做人

仁真多杰*

我叫胡昌海，出生在四川省遂宁市大英县的一个小村庄里，出生后父母就不在了，一直与年迈而腿脚不便的奶奶生活在一起，生活一度艰苦到了极点。

1998 年，四叔把我送到了西康福利学校读书，我的命运发生了改变。我第一次看到多吉扎西仁波切校长是在一间充满藏香味的房间里。那时的他留有些许的胡子，盘腿端坐在藏毯上，气质高贵而庄严。我不觉有些紧张。但仁波切看到我朝我微笑的时候，却那么的和善，我的紧张瞬间消失了。当时仁波切给了我两个选择：一是在康定读书，他每个月给我 500 元生活费；二是去他的学校。我当时想都没想就直接说要跟着他去学校。现在回想，那时候的我竟然做出了我这一辈子最重要的一个选择，也是最正确的选择。

就这样我到了西康福利学校。学校的同学多数和我一样是没有父母的孩子。我们连生存的条件都很不好，哪有受教育的机会，不仅不会读书写字，更是染上了很多恶习，都是无法无天的顽童。为了培养我们良好的学习生活习惯，学校给我们安排了生活妈妈。这种安排不仅让我们重新拥有了类似于家庭的生活氛围，也让我们重新拥有了感情的寄托。我们身心的创伤就这样开始平复，同时我们也在这种集体生活中，很快学会了生活技能。

来校后不久我收到了一份特别的生日礼物，仁波切给我取了一个藏语名字：

* 仁真多杰（胡昌海），汉族，1998 年冬天来校，2007 年底离校；现在深圳市晶磊建材有限公司做导购。

仁真多杰。我在学校、在藏地的生活中都用这个名字，非常地喜欢。每当有人叫我“仁真多杰”，我都会想到仁波切，希望自己不要忘记他的恩德。

我们的学校与外面一般学校的教育不一样，我们不仅要学习国家要求的所有课程，还要学习藏语、学习传统文化。学校倡议我们学习圣贤之书，如《弟子规》《大学》《论语》《老子》和《中庸》等。老师带领我们一遍又一遍地朗读，直到熟读成诵。老师也会简单为我们讲解书中圣贤的智慧，要我们从这些圣贤的智慧中学习做人、做事、做学问。在我们很小的时候，老师就告诉我们，学问建立在学好做人做事基础上。学校的教育也一直强调：做人在前，学问在后。

老师们的付出是我在学校这个大家庭十年的生活里感受最深刻的。我离校之后就再也没有体会过这种发自内心的付出，一种超越亲情的付出。西康福利学校的老师基本都是来自全国各大都市的志愿者。他们本可以领着高薪，陪伴家人过着轻松安逸的生活。但我的老师们毅然抛弃了这一切，他们来到了生活条件极其艰苦、气候恶劣的高寒地区支教。他们自来到学校起就和我们一样地吃着大锅饭，我们吃什么，老师也跟着吃什么，没有丝毫特殊。老师领着低薪，一人身兼数职，每天课程从早排到晚。除了教学，从早上起床、早操、晨读、早餐、午餐、晚餐、就寝，再到平日里学生的一切大小事情，老师们都要管，就连寒暑假期间老师们都没有太多休息的时间。

老师恩重如山，用语言我无法述尽老师们恩德的万分之一。老师们的无私奉献就像电影里的焦裕禄、周总理那样的伟人一样。他们为了那一句“一切为了孩子的健康成长”，奉献了自己的一切。有的老师现在还在讲台上为我的学弟学妹们呕心沥血，倾尽所有。那么多年，他们每天为我们辛苦付出、任劳任怨，将我们这些无依无靠的孩子当成自己孩子一样。

就是因为有着这样的一群老师，福利学校的教学水平一直远远领先于州里其他学校。我的同学们不仅在全国作文大赛中获得一、二等奖，还在全国舞蹈大赛中获得银牌，也登上过央视的舞台在全国观众面前一展歌喉。最重要的是学校几乎所有的同学都考上了大学，我相信这是罕见的。

那时候我是一个很调皮的学生，经常犯错。正是老师们耐心而严格的教诲使我慢慢改掉了身上的毛病。我自己因为叛逆，高中时过早地离开了学校，结束了自己还未完成的学业，离开了温暖的大家庭，离开了衣食无忧的生活，一个人来到了遥远的大都市深圳，由于没有文凭我只能做着最底层的工作。身边没有亲人，我的日子过得非常的艰苦。这些年来，我去餐厅端过盘子，到工地当过小工，也摆过小摊被城管驱赶，尝尽了生活的心酸与艰辛。但这么多年我一直没有忘记老师教我的做人道理，我依旧记得小时候学校要求我们背诵的圣贤之书上古人说过的话：“穷则独善其身，达则兼济天下。”我没有混到社会的黑圈子里，也没有学会抽烟、骗人、偷、抢等恶习。即使在我身无分文饿着肚子过日子的时候，我也从没有想过要去做坏事。回顾往事，我深深地明白那一定是学校的教育在我身上起到了作用，那些做人的道理已经深埋在了我的内心。虽然在很长的时间里我不好意思说自己是西康福利学校走出来的孩子，但我内心依然为自己感到自豪。我坚守了学校教给我们的做人底线，不违背道德、不昧良心地做人。

现在的我在装饰公司做着销售，为客人的订单画图纸、做报价、谈工程，为他们做装修设计，我感觉自己慢慢变得对社会有用起来。工作中我始终铭记学校的教诲做事。在工作之余，我也在努力充实自己，报考了成人大学，很快我也可以拿到毕业证。

未来还很长，我不知道会发生什么。但首先我一定会安安分分做人，我将永远铭记西康福利学校教给我的做人准则，并付诸行动。前些年漂泊的时候，扪心自问我基本做到了独善其身，现在我有了创业的想法，我应该去挣钱，兼济天下了。仁波切就是我们最好的榜样，他一直都在用言传身教向我们传达这样一个道理：你的能力越大，你才能越好、越多地帮助其他人。不管是在高原或内地，还有很多需要我们帮助的人。我们必须在有能力之后才能伸出援手。这也是仁波切和老师们的愿望，火炬需要传递下去，爱的种子也需要播撒。

作为西康福利学校出来的孩子，我有责任将仁波切、老师们的精神发扬下去，利益他人，回报社会，报效祖国。

永远的归宿，永远的思念

四郎志玛*

自我出生起，我就在外婆家了。外婆经常会跟我讲起我的身世，妈妈在我出生后不久就永远地离开了我。妈妈在最后的日子里说：“你们看她那么可爱，那么小，我怎么能放得下?”这是我这辈子听到过最揪心却最温暖的话。关于我的爸爸是一个什么样的人，我一无所知。记得那是1998年的秋日，舅舅们说要把我送到一个很遥远的地方。在匆匆忙忙中，在懵懵懂懂中，我离开了家乡。只是那时我还不知道幸福来得很突然。

来到学校的时候，天下着蒙蒙的秋雨。老师们在校门口迎接我们，将我们从车上一一抱了下来，领我们去吃饭。吃过饭后，一位老师带我去洗澡，换了校服，后来知道这位老师叫孙逢英，我们都叫她孙妈妈。孙妈妈很温和，她让我们围坐在一起，大声地交流，开心地笑，还发糖给我们吃，很快大家就没有了陌生感，打成一片。宿舍里走廊里全是笑声。于是我开始了在这里的美好生活。

每天老师都让我们拿着小板凳去听故事。一位年轻的老师，吴老师，总会捧着故事书在一间空房间里等待我们。虽然一开始听不懂她在讲什么，但是那种感觉非常温暖人心。那时候学校专门有个放电视的教室，每到了晚上大家就挤在那个教室里，看得最多的是《海尔兄弟》《西游记》《葫芦娃》。直到今天我仍对《西游记》情有独钟，百看不厌，因为这是我童年最美好的回忆之一。

学校就是我们的家。每天中午，我们都会三三两两跟着老师，沿着足球场散

---

* 四郎志玛，藏族，1998年9月来校，2010年6月高中毕业离校，就读于泸州职业技术学院语文教育专业，在职自考西南民族大学汉语言文学专业；现在甘孜州石渠县瓦须乡中心小学任教。

步。晚饭后，我们会伴着晚霞，在夕阳的斜晖里，说说笑笑，偶尔也坐坐，说说心里话。每当过年过节时，老师们总是与我们在一起，无论我们是多么的顽皮。那样的日子里，老师们总会很温柔，会放我们喜欢的电影，家里的人很多，很是热闹，充满暖意。

夏天的塔公是最美的，偶尔下着小雨，雨后的彩虹会成为我们写作文的素材；秋天的夜晚，老师会陪着我们赏月，我们会想到那些月下吟诵的诗人，于是“为赋新词强说愁”。小学的时候学过一篇课文《日出》，老师就带着我们一大早站在学校操场上等待日出，我们拿着笔记本细细地记下，真是快乐无比。初中的时候班主任教我们叠纸船，把自己的愿望和理想写在纸船上，然后带我们到校外的小河边，轻轻地将纸船放入河中，看着它慢慢漂远，将我们的梦带向远方。皎洁的月光洒在河面上，波光粼粼，如梦似幻。在老师们的陪伴下，我们的童年和少年时光有了很多美好的记忆。

在这个幸福的港湾里最辛苦的莫过于老师们。学校里的老师都非常优秀，不仅学历高，还多才多艺。为了一种伟大的信念，他们来到这么高海拔的地方，做着无私的奉献。他们与我们同吃同住十几年，给了我们无尽的关怀。他们起早贪黑，努力工作。每天五点多就起床，而晚上经常要熬到一两点。冬天，很多内地来的老师手脸冻得通红，很多年以后脸上也都有了纯正的高原红。他们毫无保留地将知识传授给我们，在教学上一丝不苟。老师们的高尚品质深深影响了我们。

今天我也成为了一名教师。我所在的这个学校是石渠县最偏远的一个学校，从学校到县城需要三个小时，所以这里的一切都很闭塞。大多数家长都只是为了应付政策，将孩子送进学校，孩子们学习很被动。不过，我总会想起养育我的老师，一想到他们的付出、努力、教诲和智慧，我心中就充满了勇气。我一定要像他们一样，不放弃、不抛弃，尽自己的最大努力，把这些孩子教育好。

虽然我很普通，但是未来我会好好做自己，把爱献给学生，把情投进工作，不愧对每一个学生。我要以行动来回馈福利学校 20 年的培育，回馈全社会的关爱。

如山父爱助我成长

卢小云*

来西康福利学校是我第一次出远门。到学校后，我们被带到一个房子里，房间里有好多人，他们看着我都好像很开心的样子。从人群中走过来一位漂亮的阿姨，她牵住了我的手默默地看着我，那一瞬间我在她的眼里看见了慈爱、温和。周围的小伙伴让我喊她“妈妈”，当时我没能叫出口。她用手摸了摸我的头说：“以后这里就是你的家。”

家中有来自甘孜州13个县的藏、汉、彝、羌一百多名兄弟姐妹。我们的家长是我们的老师们，他们都是志愿者，来自全国各地，教我们学问，更教我们做人。他们既当老师又当父母，与我们同吃同住十几年。没有他们的付出，也就不可能有今天的我们。

“还记得那一天，你把我带回家。你那温暖的手，擦干我眼中的泪花。依偎在你怀里，让我再没有害怕。依稀仿佛中，又看到久别的阿妈……有一天我长大，我要去走天涯。涉水千里万里，把爱的种子播撒。也许有风和雨，但我不会害怕。因为在我身后，有我永远的家。”这是我们的校歌，唱的正是我们共同的家。

这个家里，我们有一位伟大的父亲，也就是这个学校的创办人——多吉扎西仁波切。他是一位大活佛，在佛学和世间方方面面都有突出的成就。我们心中，父亲那许许多多的光环中有一道最让我们感到温暖、感到幸福，那就是父爱。和所有其他父爱不大一样，我们的父亲除了如山一样高大，也似水一般温柔。他不

---

* 卢小云，藏族，1998年来校，2011年6高中毕业离校，就读于四川职业技术学院；现任教于康定市西康福利学校。

仅仅是我们的父亲，也是我们的母亲。他是我们坚强的后盾、温暖的避风港。感恩我们的父亲，您的父爱如山，温情如水，感恩您所有的付出和所有的努力。您永远是我们最慈祥、最伟岸、最可敬的父亲。

感恩我们的老师，感恩你们无私的奉献和无尽的关爱，是你们撑起了我们的天。

初中我很叛逆，做的坏事不少，打架、撒谎、逃课、不写作业、考试作弊、破坏公物……还好有老师们的严格管教，我的这些毛病都慢慢改过来了。高中的我终于开始学会真正地思考自己的人生了，也更加渴望学到更多的知识。

如今我也是一名教育一线上的老师了，有了报效社会、报效国家的机会。我要好好地把父亲和老师们的奉献精神传递下去，尽自己的最大能力回报社会、回报家乡、回报我们的恩人。

幸福的一家人

尼玛降参*

西康福利学校是个大家庭，虽然家长们来自五湖四海，孩子们来自甘孜州十三个县，但是我们的关系比有血缘关系的家庭还亲。这一切源自于一种特殊的缘分，是敬爱的校长多吉扎西仁波切的慈悲，让我们成为一群最幸福的人。

我到学校的时候才六七岁的样子。之前，我在甘孜州白玉县，家中只有母亲，家庭相当贫寒。是冥冥之中的缘分，让我非常幸运地进入这个大家庭。

我们学校是封闭式的，过年也在一起过。我们最盼望的也是过年。过年前我们会有新衣服新鞋子穿，过年前一天会激动得整夜睡不着。年三十晚上和我们的

* 尼玛降参，藏族，1998 年来校，2011 年 6 月高中毕业离校，就读于四川职业技术学院；现为多饶嘎目旅游文化公司职员。

父亲（校长）、长辈们（老师）、兄弟姐妹（同学）聚在一起吃年夜饭看晚会。有时我们的父亲在外忙碌实在不能回来的时候，他就会给我们写信传达他对我们的关怀和教导，老师会当着我们所有师生的面读他的信。之后几天有各种娱乐项目等我们去参加。

我们同学来自藏、汉、彝、羌四个民族，学校就安排每年按一个民族的风俗过年。记忆最深的是过汉族年，那天阳光棚里就像个闹市让人有点眼花缭乱、应接不暇。游园活动开始了，游戏规则是通过参加各种竞赛赢得游戏币，可以用游戏币换取自己喜欢的玩具、文具、零食等；还可以拿着游戏币去吃汤圆、火锅粉之类的，那是一对重庆来的教师夫妇做的，非常好吃，正宗的重庆味。整个过程就像是走进一家饭店点菜付钱吃饭。我们之前没体验过这样的生活，感觉很新鲜。那种过年的感觉，那种期待和心情，真是意犹未尽。

我们还有一个重大的节日，那就是我们大家的生日，我们一百多位同学的生日，那天是每年六月一日。那一天，我们有父亲和老师的陪伴关心，真是很开心很幸福。虽然现在我们都长大了，有的同学也知道了自己的出生日期，但是我们照样会在这一天过生日。有很多人会问我们：你们都这么大了还过儿童节啊？我们坚定地回答：“是!”

我们兄弟姐妹们是在长辈们的陪伴下成长起来的。他们都是志愿者，都是二十出头的年轻人，毅然放下城市舒适便捷的生活，放下家中的安逸温暖，放下高薪职业，带着对社会的责任，对教育的热爱与执着，对我们的关怀与希望，就这样来到我们的身边、陪伴我们左右。他们中有些是我们的生活妈妈，专门管理我们的生活，教我们打理个人卫生。我们的生活点滴他们都要负责。记得当时有很小的同学生活不能自理，生活妈妈们就要帮忙细心照顾。有的老师一待就是十几年甚至二十年，到现在还在西康福利学校任教。

我们的父亲、长辈经常教育我们，要做一个对国家、对社会、对他人有帮助的人，一个问心无愧的人；要学会感恩，感恩党和国家对我们大家庭的大力支持。他们的高尚品德和言传身教将影响我们一生。

现在我们兄弟姐妹都参加工作了，有的是公务员，有的是人民教师，一年在一起的时间不多，但有机会在一起，就会有说不完的话题，那些青春年少时所做过的种种错事和趣事，永远说不完也永远听不够。

与福利学校的缘分

尼玛拉姆*

我的家就在塔公小镇上。每当周末，新建的西康福利学校的学生会穿着一样的衣服，排着队手拉着手，从我们家院子旁经过去山上玩耍。我好羡慕。

有一天，舅舅和爸爸把我送进了这个学校的红色大门，我便开始了在这里的读书生活。以前从自家的窗户多少次望过这里的灯光，却从没想过有一天我也会在这里成长和生活，更没想到这里就成了我一生最眷念的家。上师、老师和同学，也从此成了我最亲的家人。

进了学校，我因为读过书就直接进了一年级。那时候学校有两个班，一个是学前班，一个是一年级。从一年级到三年级，开始时我们都有自己的生活妈妈，后来男女生分楼层居住，几位生活妈妈也变成了管理两个楼层的生活老师。

到了四年级，我们班语文老师换成了魏宏老师。每天最高兴、最期待的就是写完作业，在下午下课后到吃晚饭的这段时间，听魏老师给我们读《狮子爱尔莎》《马奇家的四姐妹》等好书。从那时开始，我爱上了阅读，每个星期最期待的就是周末去四楼图书室看自己喜欢的书。阳光照进宽大的玻璃窗，暖暖的，一切都是那么美好。

就这样，我们在爱和感恩中渐渐长大。

高一的时候，2008 年 5 月 12 日，汶川发生了大地震。那时我们晚饭后不再出去散步而是盯着电视屏幕，关注着新闻事态的发展，关心着灾区的人们。我们都为在地震中逝去的人而感到伤心和悲痛，也为随时被救出的生命而高兴地欢

---

* 尼玛拉姆，藏族，1999 年来校，2010 年 6 月高中毕业离校，就读于四川财经职业学院；现任职于康定市西康福利学校。

呼。我还把自己得到的二百六十元奖学金都捐了出去。也许我的钱不多，但这是我所能做的最多的了。我们受助于他人，所以当别人需要帮助的时候我们应该做一些力所能及的事，这也是上师和老师教我们的。

高三学业加紧了，教室里的气氛也紧张严肃起来。经历了三诊和无数紧张、奋斗的日夜，我们终于迎来高考。高考时，上师和魏老师跟我们一起到了康定。临进考场前，上师与我们一一碰头并安慰我们不要紧张。进了考区回头望去，上师和老师向我们笑着挥手，仿佛在说：“去吧！我们等你们。”我们顿时信心满满。我们班是第一届高三，后来的每一届高考都有上师和老师陪着，把考试的同学送进考场。

上师常说怕别人家的孩子有的他的孩子们没有，但我一直想说：“其实我们什么都拥有了，甚至比同龄的孩子拥有的多得多。您给了我们父爱母爱，您给了我们读书的机遇，您给了我们陪伴，您什么都给了我们。我们是一群幸福的孩子。”我特别想说声谢谢，谢谢您和老师们！但在您和老师们十几年如一日的付出面前，这声谢谢实在太轻。也谢谢所有陪我一同长大的兄弟姐妹，谢谢那些温暖了我们时光的所有好人，谢谢那些青涩而又奋斗着的美好岁月。

大学毕业后我如愿以偿当了老师。我很喜欢这些孩子们，也从头开始学习如何备课、如何上课。但站在三尺讲台上，我才深切地体会到当老师的不容易。因为觉得自己能力不够，教不好这些孩子们，我最终选择离开了讲台。

现在我在上师的学校里做了一名会计，因为我大学的专业就是会计。这样既发挥了我的专长，又能让我实现跟着上师做慈善的梦想。我目前的目标是考到高级会计师，让自己的专业水准快速提高，更好地为学校做一点自己力所能及的事情。能在上师伟大的慈善事业中发挥一个小螺丝钉的作用，我觉得很值得、很光荣。

面对未来，我不再感到迷茫。努力当好一名服务福利事业的会计，走好脚下的每一步路。

回忆老师

索旺娜姆*

2001 年来到西康福利学校，是我这一生幸运的开始。那是一个阳光明媚的中午，外公牵着我走进了校园。迎面走来一位汉族女老师和一位藏族老师，汉族老师微笑着问我叫什么，藏语老师在边上翻译，我大声地说“索旺娜姆”，老师看我声音洪亮，夸赞我说真乖。后来我知道这两个老师，一个是魏老师，一个是曲珠老师。一切就这样在期盼和懵懂中开始。

学校的每位老师在教育中都对我关怀备至。我想聊聊其中的几任语文老师。因为我的母语是藏语，所以在语言上的障碍自然是第一难题，由于这原因本来可以读一年级的我，只能在学前班进修一年的汉语。

第一任语文老师是皮老师。她从基础的 a、o、e 开始教我，她的风格是温柔善良。第一首唐诗《咏鹅》就在她温柔的朗读声中不知不觉地映入脑海，毫无抗拒之力。即使完全不懂是什么意思，也会陶醉在这优美的声调里，所以很快就能跟读背诵了。皮老师先是手把手教我写横、撇、竖、捺，然后要我自己写。写完作业后，我总是瞪大眼睛望着老师让她来看，期望得到她的赞许。她的一个鼓励的眼神就会让我鼓足精神，更加认真努力地学习。

第二任语文老师是谢老师。她的风格是从严治学，打牢基础。一次班上有一个调皮的男同学，没有完成作业，她以一丝不苟、说一不二、有错必惩的决心和态度，一下子在我们班树立了绝对的威信。

第三任语文老师是魏老师。她娇小的身躯里好像有着用不完的精力一样，温

---

* 索旺娜姆，藏族，2001 年入校，2008 年离校去康定中学就读；现为四川绵阳师范学院大四学生。

柔中不失严格，循循善诱，注重厚积薄发。魏老师不仅要求我们掌握书本上的知识，还要求我们大量阅读课外书籍，每周要交作文和周记练习。魏老师还要教其他高年级的课，改作业等工作量之大可想而知。我经常看到她工作到深夜，可第二天她又是起得最早的那个，真是让人又心痛又敬佩。

上苍赋予了我们这个民族可以融化世界的歌喉，而我的歌唱天赋是阿布老师发现的。他是我们的藏文老师兼舞蹈老师，是位多才多艺的人，学校的文艺演出通常都由他来编排。有一天中午，吃完饭大家都去散步了，我回到了教室看书。本来教室是不能大声喧哗的，可那天我不知怎么的，忍不住放声唱了一段，不想刚好被阿布老师撞见。我想这下糟了，心里做好受罚的准备，没想到阿布老师笑眯眯地说唱得挺好，同时也提醒我不要再大声喧哗了。

后来在一次节目编排时，阿布老师找到我：“上次那么简单放过你是有原因的，我看你嗓子挺好，这里有个歌唱的节目，歌名叫《祈祷》，无论是声线还是内容歌词都十分适合你唱，你去准备一下。”我跟电视里学几回，基本上也就会唱了。阿布老师很满意地点头赞许道：“不愧是有天赋的。”

几天后的彩排，我紧张激动地等待着魏老师主持报幕。我总是很享受魏老师每次的报幕，她对歌曲的剖析，对我歌唱能力的赞赏，会让我有更好的表演动力。第一次彩排很成功!

后来在成长的道路上，一次又一次的演出，一次又一次的歌唱，我渐渐喜欢上并离不开舞台了。除了唱歌之外，我在舞台上尝试着更多的事，比如跳舞、演讲、主持等，到最后我自己编排的作品也走上了舞台。这都多亏了我在福利学校打下的基础。

初三毕业后，我考进了康定中学。我当时有些犹豫和纠结，我的班主任老师就找我谈心，她说：“西康福利学校固然好，有你的兄弟姐妹，有对你无微不至负责的老师，还有如父亲一般的可敬的阿克。但是面对未来，你要试着去放下一些东西，放下并不意味着舍弃，而是带着西康福利学校给你的正确三观，带着你在这里学到的一切知识和老师对你的期望，去适应一个新的校园，接触一些新的老师和一些新的同学伙伴。”老师还叮嘱：“出去以后要多看、多听、多思考，有什么不能理解和无法想通的可以和老师交流。”

我终于鼓足勇气选择了去康中就读高中。就这样我在初中毕业后离开了西康福利学校。我按照老师的教导，带着西康福利学校教给我的正确三观，不被外部社会所迷惑，认真努力学习，力争德智体美劳均衡发展。我心里总想着我代表的不仅是我自己，而是整个西康福利学校。

生命的力量

普布扎西*

回顾我的成长历程，回首幼年、童年时期走过的时光，有快乐，有悲伤，有委屈，有挫折，有天真的幻想，有远大的志向，点点滴滴如跳动在琴键上的音符，谱写出我灿烂而多姿的生命。

我出生在一个普通的农村家庭，在模糊的记忆里父母早早地离开了我。六岁那年，我来到了西康福利学校，从此我拥有了一个大家庭，我有一位慈爱的上师，还有如家长般的老师以及一百多个兄弟姐妹，在这里我度过了美好的童年。

在生活上，学校会给我们无微不至的照顾。记得有次学校搞野外活动，有爬山比赛、跑步比赛、穿藏服比赛、摔跤比赛等。我记忆犹新的是摔跤比赛。当时老师让我们每个班选出一个代表参加比赛，而我很荣幸被选为我们班的代表。可就在比赛时，我一不小心被脚下的一块石头给绊倒了。我摔倒在地上，造成手骨脱臼，当时很痛。班主任和同学赶快把我抬到帐篷里，并很快叫来校医。好在并无大碍。之后，班主任把我带回学校养伤，她小心翼翼地扶我到床上休息，然后时不时地问我痛不痛。她还问我晚上想吃点啥，让厨房阿姨给做。到了晚上，班主任还帮我洗脸洗脚，直到我睡着了才离开。在那段时间里，她每次吃饭的时候

---

* 普布扎西，藏族，1999 年来校，2008 年离校；现在浙江经商。

都会把饭菜端到我的床边，对我说：“孩子吃饭了。今天好些没？还疼不疼？”看到老师这样从早到晚照顾我，我心里的感动真的无法用语言形容。我哭着对老师说：“谢谢老师的照顾。”老师抱着我，用手抚摸着我的头说：“傻孩子，你来学校就该把这里当成你的家，阿克和老师就是你的父母，我们会好好照顾你的。”在老师的照顾下，没过多久，我就恢复了。

在学习上，老师们会给我们耐心的教导。数学一直都是我最困难的科目。进入初中后，我的数学成绩很不好，虽然老师和同学都会很用心地给我补课，但不知是自己太笨，还是找不到好方法，效果总是不大，渐渐地我也就有了厌学的情绪。在初二的时候，冲动的我离开了学校。离开学校以后才知道自己根本没有什么能力，只能回到农村干一些农活。就这样在农村待了一年。那时候的我非常想念学校，非常后悔自己的冲动，我觉得自己犯了大错。

还好，后来我参加了国家的“9＋3”工程，即国家在9年义务教育的基础上，为藏区孩子提供3年的免费中职教育。我在自贡完成了三年学习后，到了长虹公司实习。后来，在成都认识了藏族青年歌手曲尔甲，他对我有非常好的印象，所以把我带到阿坝州和他一起做音乐。在音乐的道路上走了三四年后，我在拉萨偶然认识了一个浙江女孩，现在跟着她到浙江做生意。

未来，我将更加珍惜自己所拥有的条件和机遇，并付出最大努力，不断学习、不断探索，在实践中逐步提高完善自我，期望有一天会有所成就，以实际行动回报上师、老师和所有的善心人士。

爱与教育之路在延伸

唐子昕*

难解之缘

2006年夏天，我和弟弟随着支教的母亲从攀枝花来到了西康福利学校，从此与她结下了不解之缘。

踏进西康福利学校阳光棚的第一步，我惊喜——学校里竟然有个图书馆！没想到这里的学习条件比许多汉地学校条件还要好！后来才知道，学校的创办人承诺：“要给孩子们最好的。”于是有了宽敞明亮的教室，完善的教学设施，雄厚的师资。尽管规模较小，但样样都很棒。

母亲在塔公的福利学校教了一年书后被调到了多饶嘎目，弟弟也随她一起，于是我开始了真正意义上的独立生活。

福利学校是一所讲究公正平等的学校，只要加入到这个大家庭，你就成了家的一份了，而家人是没有贵贱之分的。母亲还在塔公的时候，我就跟同学们住在一起，从最初连被子都不会叠到后来能熟练叠出豆腐块形状；吃饭从想打多少就打多少到能吃多少打多少，每餐不能有剩饭。老师们在这些生活细节上管理十分严格，包含了多少苦心！在我读大学时，有的同学连被子都不会套，而我却能把生活上的所有事都料理得妥妥当当的，真是感到无比庆幸和感恩。

* 唐子昕，汉族，2006年来校，2013年6月高中毕业离校，就读于雅安职业技术学院汉语文教育专业；现任教于康定市西康福利学校。

难忘之事

初二那年，我感到极度自卑，觉得自己不被人需要，可有可无，内心一直处于一种紧绷的状态。直到某天，积累的压力被某件小事彻底引爆，心中的那根弦终于绷断，我在办公室哭得不能自已，甚至产生了轻生的念头。当时在办公的魏老师停下来，惊讶地问我怎么了。她是我们的语文老师。在听完我那抽抽噎噎自己都不知所云的陈述后，她更加吃惊了，说：“你怎么会这么想？要知道，我认为你在你们班语文是最棒的，你是语文学习最有潜力的一个孩子……”这番话无论是真的还是为了安慰我，它都拯救了我。那一刻，我感到身体一松，长久以来沉重的压力仿佛像开闸后的洪水从内心倾泄而出。长大以后再回首，那时仿佛不能承受的种种对于现在的自己来说好似已不值一提，但对于初二的那个我来说却是难以跨过的一个坎。老师的话恍若黑暗中的一道光，瞬间将我从颓丧的泥淖中拉了出来。

老师对一个学生成长的影响真是太大了！作为人生路上的引导者，老师的一句话就能成就一个孩子，也可能毁掉一个孩子。还在上学时我就想着：如若将来我做了老师，我一定要注重自己的一言一行，多关心学生的内心。现在我终成一名人民教师，而且就在福利学校工作。我一定要以魏老师为榜样，坚定自己当初的信念，要让福利学校这群特殊的孩子健康阳光地成长。

第二件令我难忘的事，也是发生在初中，那是一次徒步远行。有一天，上师要求我们每个同学自己背行李，从塔公走到多饶嘎目，路线自己选，不过一定不能借助任何交通工具，得靠自己。我有点激动，但又惶惶不安，毕竟塔公到多饶嘎目有十八公里呢。第二天，一大早就爬起来收拾行李，把铺盖垫褥卷好，放入蛇皮袋，再加上洗漱用品、换洗衣物等一些零零碎碎的东西，那口袋变得又大又重。背那么重的东西，我潜意识里就在拒绝。与两个同伴商量了一下，我们决定走山路，一是路程较近，二是自认为比较安全。大概七点半左右，学校里的所有同学都陆陆续续出发了，我们仨也开始了这段“征程”。

上午我们一路上还说说笑笑，并不感觉特别累，远行的兴奋和新奇感占了上风。然而，临近中午时分，就开始感到累和饥渴，再加上太阳很大，晒得人完全没了力气。好想躺下休息，望着没有尽头的山，再也没有了欣赏的心思，心中感到无比烦躁，究竟何时才能走出去啊？越到后面，感觉背包越加沉重，腿上像是绑了两块大石，每迈一步都觉吃力，唯有咬紧牙关继续前进。后来，我们约定以山路旁的电线杆为基准，每走到一根电线杆旁就可以休息一下。就这样走走停停，中间一度想放弃，但都最终走了下去。大概下午两三点钟，我们终于出了山！

看到山脚下的目的地，我心中爆发出无与伦比的喜悦，一种巨大的即将成功的成就感席卷了全身，我忍不住大声向同伴们嚷道："快过来看，我们马上到了！多饶嘎目就要到了！"前面的累与苦好似都抛在了脑后，只知道我们马上就可以成功了。到达目的地后的喜悦似乎比不过那时希望就在眼前的兴奋。

那次远行对我而言意义巨大。在一天之内，我切身体会到了在希望中努力以及历经坎坷后最终达成愿望的感受，那是一种不亲身体会无法言说的成就感，很甜。这一段路程，就如人生中某些时段的缩影，它告诉我：只要坚持不懈地努力，坚决不放弃，终将取得胜利。而在成功的那一刻，过去的种种艰难与波折，瞬间化为陪衬，你会觉得：值了。

展望未来

在西康福利学校，那些当年培育我们长大的老师们，授我知识，教我做人，引我前进，不是父母胜似父母，在奉献了十几年青春后，已被岁月浸染华发。在毕业那会儿，我好害怕，因为他们的老去，福利学校就这样消失了，这个特殊意义的家也就没了。

但真好，今天，学校又注入了新鲜血液。当年的孩子们也并未弃她而去。我们有了自己的一个家族群，每个人都愿意为这个家族长存而尽自己一份心力。我们的大家长，多吉扎西仁波切，就像一棵参天巨树，为我们撑起了一片广阔的天地，为我们遮风挡雨，让我们得以健康成长。他永远在我们身后，支持着我们。

考大学时我选择了师范专业，毕业以后，我决定回到福利学校教书，只想尽我绵薄之力，将西康福利学校的特殊火种传递下去。经过考试，我如愿留了下来。上师的要求依然严格："我们需要的老师不仅要会教书，更要对孩子们尽心尽力、负责到底。"在比其他学校更加严格的规章制度下，留下来的老师不多，能留下来的，都是负责的好老师。我教的是语文，接手了一年级和四年级的语文课。要做一个真正认真负责的老师，没有那么容易。除了认真备课，努力上课，尽心批改作业外，还要花大量精力投入到学生中，去赢得孩子们信任。

未来无人可测，但我坚信，西康福利学校的精神会薪火相传，爱与教育之路会一直延伸下去。

传递正能量

她姆卓玛*

自从父母去世后，我没有机会去学校念书，整天过着挖猪草养猪的日子。一个空气中充满阳光味的下午，姑妈告诉我：“丫头，你终于可以上学了!”第二天，我被送到了改变我一生的西康福利学校，一个充满爱与希望的特殊家庭。

在这里，一下子有那么多的玩伴，虽然当时我们还听不懂对方在说些什么，但我们仍然会一起聊天，各说各的，也很尽兴。有时我们会各说着自己的家乡话吵架，可是我们之间的感情却越来越深。来这个家后自己一直都很开心，很愿意与大家在一起，总之，我深深地爱上了这个家。

我们的老师大多数是来自内地的志愿者，他们本来有非常优越的生活条件，为了一种信念，他们硬是把自己打造成了高原人。学校实行的是家庭式教育，学生一年四季都在学校，老师们也没什么假期。他们几乎一整天都跟我们学生在一起，忙完教学上的事，又忙生活上的事，解决了这个同学的问题，又带着那个同学上医院看病，一天都没什么空闲的时间。好不容易熬到周日，又要带领我们做个人卫生、公共卫生，还要给个别同学补课，工作任务非常繁重，一年四季没有

* 她姆卓玛，藏族，1999年9月来校，2012年6月高中毕业离校，就读于四川民族学院藏汉翻译专业；现在康定创业开宾馆。

什么私人空间。可他们的工资却少得可怜，一个月仅 300 元。就这样，他们坚持了十多年，无怨无悔，任劳任怨。我不知道这世上是否还有比他们更有爱心的人。

记得有一次，感冒侵袭整个学校，许多同学都得了重感冒，好多老师也病了。生病的同学们都在床上躺着，而所有老师都忙着熬姜汤，取药，打饭菜，一一送到我们的床前。他们如父母般无微不至地关心着我们，为我们操碎了心。我们越长大，他们反而越辛苦，特别是当我们进入初中时，青春期的叛逆现象明显，出现了很多的问题，而他们总是无条件地爱着我们，不管我们多么不听话、多么糟糕，他们对我们始终充满希望，想尽办法去教导我们。

就这样，他们一直感动着我们，成了我们心中最大的骄傲。2012 年，他们当中的杰出代表，我们敬爱的胡忠老师和谢晓君老师当选为中央电视台“感动中国 2011 年度十大人物”。

在学校里，我们的老师不仅教给我们科学知识，也教会了我们怎样做人。从小老师就教育我们：只要自己努力了，成绩不好没事，但一定要做好人，只有做好人才能立足于社会。他们经常说：“千教万教教人求真，千学万学学做真人。”他们几乎每天都在强调要我们做个好人，可以没有多大本事，但绝对不能危害社会、损伤他人。老师们还总是教导我们：“做个有善心的人，相信善有善报，要有一颗感恩的心。”

老师们的言传身教，所有善心人士的善行，我们从小耳濡目染。生活在这样的一个环境里，我们也许没有多大的本事，但个个充满正能量。很多人说孤儿都很冷漠，心思重，不容易接触，但是从福利学校出来的我们，性格甚至比正常孩子还要开朗一些。我们很幸福，很幸运。

展望我的未来，我有两个梦想。

第一是希望能够拥有一份自己喜欢的工作。从小看到老师们为了我们而整天忙碌，很累很辛苦，却过得很开心，很充实，这让我很羡慕。干着辛苦的活，笑容却那么灿烂，因为他们很喜欢这份工作。所以找份自己喜欢的工作就成了我的理想，不管再苦再累，只要自己能够发自内心的高兴，一切也就值了。

第二是希望能够传承西康福利学校的爱。福利学校养育了我，给了我家的温暖。因为有了她，我不再自卑，不再害怕。未来我希望我有能力并尽自己的努力，为那些需要帮助的人遮风挡雨，送去温暖，送去关怀，把我们家的爱传播四方。

我相信我的梦想都会实现。

我爱我家

香秋翁姆*

在我身后有一个无论什么时候都能给予我幸福，给予我安全，给予我温暖的家。这个家，名字最美，叫作“西康福利学校”。

三岁半，我就来到了这个家。从此，我有了疼爱我的“阿克”，有了很多呵护我的“老师家长”，还有了一百多个哥哥姐姐。家里年龄最小的我，就这样在爱的蓝天下成长。

记得小时候最期盼的是周六，因为只有周六我们才可以在阳光棚里看电视。更重要的是有糖吃。长大后的我再也没尝过那样的甜了。后来才知道这些糖是胡忠老师拿着自己一个月仅有的三百元工资省下来给我们买的。这时心里的感觉可不只是甜呀。

当然，更期盼的是每年的“六一”，这一天是我们共同的生日。很大程度上，这个生日更突出了我们这个特殊的“家”的意义。现在我们虽然离开了福利学校，但每一年的这一天，我们都还会彼此祝福“生日快乐”。

学校的每一位老师，都是我学习的榜样。他们默默付出，不求回报。他们既当老师，又当家长。他们在我心中永远在最重要的地方。我为有这样的老师感到骄傲和自豪。

我们的校长是胡老师。我们小时候喜欢围在他身边听他讲各种故事。2012年胡老师评上了中央电视台“感动中国2011年度十大人物”的时候，我真替他感到开心。

---

* 香秋翁姆，汉族，1998年来校，2013年高中毕业离校，就读于西华师范大学汉语言文学专业；现在优家互联网信息服务有限公司工作。

我的数学老师是盈老师。她知道我数学不好，却从未放弃我，经常给我很多资料让我狂练习题。她担心我长不高，假期里还给我钙片吃，怕我冷，为我织了件很厚的白色毛衣，下雪天穿着可暖和了。

历史老师是刘老师。我当了高中三年的历史课代表，可是我的历史及格的次数寥寥可数。直到我的高考历史成绩出来后，兴高采烈地跑到刘老师面前炫耀时，盈老师才告诉我三年里刘老师的用心良苦，说是怕我骄傲，几乎每次都是故意不让我及格的。我很感谢刘老师。

语文老师是魏老师，是我最怕的老师，没有之一。青春期的我，难免叛逆，这时就会对老师撒谎。但每次撒谎都会轻而易举地被魏老师当场揭穿。每周的大扫除最怕魏老师值周，因为逃不过她认真负责的检查。但她也是我最喜欢最感恩的老师。

地理老师顾老师，是一位很温柔的老师，担心我们记不住地图，让我们画了各个国家的地图。问她问题，不管问几遍，她都是耐心满满。

政治老师付老师，是跟我说知心话最多的老师，也是我写认错书最多的老师。

英语老师张老师，我高一高二的班主任，很有古典气质，喜欢听轻音乐，懂得养生，在我们烦恼的时候总开导我们，帮助我们缓解压力。

守门的周阿玛，一位很年老的奶奶，为我们守了十几年的校门，认真负责。我周末最爱往她那里跑，去看她养的花，冬天去她那里烤火取暖。还有扎西曲珍老师，为我们洗校服洗了十几年，从未停歇，自己还有个很小的儿子要带，却一直在生活中默默地为我们付出着，她手上的老茧是对我们爱意的最好见证。还有厨房的阿拉仁青，在生活上保障着我们的健康。到现在，我还时常怀念她当初为我们做的一笼笼整齐排列的馒头，那是家的味道。

我们可能有着不幸的身世，可我们并不比有父母的孩子委屈，因为我们走进了这个温暖的大家庭。是这个家，给了我幸福的童年时光，充实的少年时光，让我完成了自己的学业。如今西康福利学校成立 20 周年了，我深深感恩，深深祝福，愿爱不断传递！

难忘第二个家

索郎达吉*

我出生在一个贫困的家庭，自从来到西康福利学校，我有了第二个家。

在福利学校的时候，每个新年总是在学校里过的。年三十，我们会有很多活动，吃年夜饭，看春节晚会。最快乐的当属大年初一那天。我们一早起来，穿上老师们发的新衣服，然后等待着给上师和老师们拜年。最难忘的是每年的“六一”，大家一起过生日。以前我从来不过生日，但是来到了这个大家庭之后，我也就有了自己的生日。最期待的是我们的生日晚会，大家一起吃蛋糕，吹蜡烛，看表演，热闹极了。

在学校里，我们的日常生活也有趣无比。每天课后我们都要参加各种体育活动。饭后我们跟着老师转操场，聊天、谈心，轻松愉快。

还有难忘的军训。学校为了让我们德、智、体、美全面发展，从小就让我们参加军训，在军训中锤炼自己的体魄和意志。军训很苦很累，烈日的曝晒会让皮肤变得黑黑的，但这是一种人生体验，是战胜自我、锻炼意志的最佳良机。

在这里，我们接受家庭式的教育，老师们扮演着双重角色：在课堂上，他们教给我们科学文化知识，是我们的老师；在课后，严格管理我们的生活，如同我们的爸爸妈妈。他们还教会了我们许多做人的道理，在我们失败时给我们鼓励，犯错时耐心细致地帮我们改正错误，骄傲时让我们保持清醒，成功时与我们分享成果。他们都有一颗热情善良的心，为人正直豁达，做事认真负责。在他们的教育影响和细心呵护下，我成长为一个正直善良、健康快乐的男孩。

---

* 索郎达吉，藏族，2004年入校，2013年6月高中毕业离校，就读于四川民族学院藏汉翻译专业；现在共青团理塘县委工作。

学校里的每位老师都给我留下了深刻的印象。班主任老师总会鼓励我，在我面对学习或考试产生紧张或消极心理时，帮我树立战胜困难的决心。数学老师总是耐心地指导我，教我许多的学习方法，让我能够端正自己的学习态度。胡忠老师的奉献精神一直鼓励着我，让我知道了一个人要学会付出，不要总想着让别人为自己付出。

老师们就像我的母亲一样，那么慈祥，那么亲切，千言万语也表达不尽我对他们的感激之情，我只能用实际行动，好好工作来报答老师们的辛勤培育之恩。

从大学毕业之后，我来到了共青团理塘县委工作。刚到工作岗位上时，可以说是一片迷茫，之后在自己努力之下，慢慢适应了工作环境。面对未来，我铭记母校的教诲："做人第一，学问第二"。我经常鞭策自己，在做人和做学问两个方面不断学习、完善、提高。第一，继续坚持天天阅读，读好书，多读书，把终身学习定为个人学习进步的目标，在书中与最伟大的心灵对话，从而使个人修养、精神境界不断提高。第二，生活中更多地做好自己，关心家人，帮助他人，从而保持快乐。第三，更多地学会在取与舍、得与失之间权衡，真正做到心静如水，心态平和，宽待他人，善待自己。第四，把握此刻，打理好今天，并快乐生活每一天。第五，完善人格，保持积极向上的人生观。我将努力做一个对社会有价值的人，建设家乡，报效国家，报答社会，不辜负上师和老师们的期望。

自律的生活

泽仁德庆*

刚入校的时候，很多同学身体不好，容易得病。从红眼病，到腮腺炎。很奇

* 泽仁德庆，藏族，1998 年入校，2010 年 6 月高中毕业离校，就读于成都航空职业技术学院；现任职于广州盈科网络技术有限公司。

怪的是，得病的我们身体是很难受，但在生活妈妈的照顾下心情却出奇的好。想起那段时间，脑海里出现的场面就是：我们围着一大锅热腾腾的草药，脸上涂着滑稽的药水。聊着聊着突然某个人看着一个人就笑起来，其他人未必知道他在笑什么，但是也莫名其妙跟着大笑起来。

建校第二年，学校请武警甘孜州支队的官兵对全校进行了十多天的军训，此后每年或者每隔一年，都会再安排一次同样的巩固训练。我们要在各个方面接受严格的训练，早上要出操，晚上随时有可能紧急集合，被褥及其他生活用品的摆放都要按照一定的顺序和规则。这帮助我们养成了整洁的卫生习惯和严格的纪律意识。

老师们当时的繁重教学任务是我现在也完全不敢想象的。小学的时候经常是四五个老师要负责四个班的教学，四个班的学习内容还不相同。老师们经常备课和批改作业到很晚，晚上某个同学醒来，都会发现老师们房间的灯光还在亮着。

虽然不断有志愿者老师陆陆续续地来到学校，师资队伍壮大了一些，但由于学生课业越来越复杂，再加上我们学校是双语教学，除了内地学校的内容，我们还要学习藏语文，分摊到老师身上的任务也并没有减轻，甚至还一年年在加重。特别是我们学校开设初中班之后，学习科目增加到原来的两倍，尽管我们得到了社会上很多援助，但是老师们熬夜的时间还是越来越长。高中课程的难度是呈倍数增加，老师们备课的时间越来越长，而且学生还面临着分文理科的选择。由于我们师资力量无法设立文理两个班，所以只好安排选择理科的同学到康定中学就读，我们学校只开了文科班。

小的时候虽然知道老师十分辛苦，但是并不能完全懂他们的感受。如今，我们已经长大，与那时部分老师来学校时的年龄相同，才逐渐明白老师们面对各种不同的挑战，在物质条件极度匮乏，个人空间被压缩到极限的情况下，能够坚持下来，是拥有多么高尚的情操、杰出的意志和巨大的勇气。

在党和政府的关怀下，我在福利学校完成了九年制义务教育，而且还通过高中学习，考上大学，学习会计专业。学校的军事化管理教会了我自律，老师们的教导教会了我诚信与专注，这都成为我人格中不可或缺的部分。

我的同学当中有的考上了公务员，为国家服务；有的考上了公办老师，教书育人；还有些同学，迈出跟我们福利学校老师一样艰苦但是坚定的步伐，回到多饶嘎目，做了志愿者老师。

我也会尽自己所能为社会做出贡献，在岗位上遵纪守法，绝不滥用职权；在生活中，不作恶，尽力为善，帮助一切我能帮助的人；向身边的人传递我曾经得到的温暖。

难忘母校十二年

桑登泽郎*

有人说，世间所有的遇见都是久别重逢。我和阿克的第一次相遇，源于一次上学迟到的途中。那是1998年一个秋日的下午，在去上课的路上，我只顾得在河边悠闲而漫无目的地玩耍，没有什么心情要去读书学习。一个村干部看到了我，把我叫去了。阿克就坐在他家客厅里，脸上慈善祥和，衣着端庄得体，肢体轻松自然，用一口标准的安多口音的藏语，问了我的身世和目前的家庭情况。他问我要不要到西康福利学校去读书，我很愉快地就答应了。时至今日，我都不知道当时的我为何会如此愉快地就答应来这个学校读书，也许这就是缘分吧。

由于入校手续还不齐全，我得在学校外面的旅社里多住几天。学校老师给我送来一日三餐。每次送饭的是位老人。她为人和善，总是面带微笑，走路轻盈，动作柔和而麻利。她每次过来总对我嘘寒问暖。后来我才知道，她就是学生们最热爱的生活老师——周阿妈。周阿妈从来没有读过书，但她最关心学生们的日常生活。周阿妈对我说：“你安心在这里住着，平日里我会把饭送过来，你放心哦。”

这样过了几天，我成功地进校了，这是我改变自己命运的开始。刚到学校时，我什么都不懂，也什么都不会做，只有一身的坏习气，如同山上的野牦牛，

* 桑登泽郎，藏族，1998年10月来校，2010年6月高中毕业离校，就读于西南民族大学藏汉双语行政管理专业；现在甘孜州石渠县色须寺管理委员会工作。

由着自己的喜好来做事。是老师们用柔软的慈悲和高山阔海般深厚的爱，慢慢地让我改变了这些坏习气。

在西康福利学校，我完成了小学、初中、高中的学业。在12年的时间里，老师们自始至终与我们一起生活学习，如同我们的父母，用他们的爱洒满这所学校，为我们传播知识，培育我们成长，在这里，我们收获了全世界孩子想得到的所有一切。

通常，我们早上6点钟起床，在生活老师的监督下，很快穿戴整洁，洗漱干净。内务是军事化管理，所有用具都需要保持整齐干净，连被子都要叠成标准的豆腐块形状。内务打扫要求短时间内完成。学校值周老师要打分，下周一要评名次，有奖惩。

之后，我们在体育老师的带领下在操场上集合，在足球场上完成晨跑。每个同学务必要强身健体，为一天的学习生活做最好的准备。

晨练结束到教室上早自习。小的时候背课文，还要背诵中国传统文化典籍。

7点半下来吃早餐，每六七人为一桌，与自己喜欢的老师一桌。在打饭过程中，需要文明排队；在用餐过程中，要坐姿端正，不准大声喧哗；一个很大的餐厅只听得到轻微的碗筷声。这些是老师教授我们的餐桌礼仪。

8点半，我们要上课了。这之前，要完成教室卫生及课前预习。

12点吃午饭。每一个孩子都不得挑食，学校食物是严格按照健康食谱做的，对我们的健康有足够的保障。

中午午休一个小时，任何人不准喧哗。

下午2点半上课，在教室里的坐姿要保持挺胸抬头，保持十足的精神。

下午5点多可以出去自由运动。多数同学在教室里上自习。我一般喜欢去打篮球、踢足球、打乒乓球……

6点钟吃晚饭。饭后散步，老师会与同学就一天的学习、生活、思想情况进行深入沟通，认真交流。

全校看新闻，了解今日国际国内重大事件。

晚上要晚自习，高年级上到11点左右。

这就是我在学校12年每天大致的生活。

忘不了福利学校的爱，忘不了师生相濡以沫的情。带着这样的情与爱，我可以面对任何的困难和挫折！

爱的教育

四郎吉志*

温暖的家

西康福利学校是个家。学校为了更好地照顾我们的生活，培养我们良好的生活习惯，为我们安排了生活老师，我们当时都亲切称呼她们为生活妈妈。每个生活妈妈照顾十来个孩子，成为一个小家。小家之外的生活老师，我们称为姨妈，按生活老师的年龄大小我们会称大姨妈、二姨妈、三姨妈、小姨妈。我的妈妈特别能干，对我们要求也特别严格，刷牙、洗脸、洗衣服，都有一套一套的规矩。正是在这样的严格要求下，我们养成了许多好的生活习惯，懂得讲卫生、讲文明。

当然，后来随着我们慢慢能干，生活上不用老师管，也就没有生活妈妈了，一个个小家也就不存在了，生活上只有一位老师管理。从小家到大家，我们始终是一家。

过年过节

像其他普通的家一样，在这个家里我们也总是盼望着过年过节。

过年，有新衣服、新鞋子穿、有好多好吃的糖，其中最难忘的还是那个小红包。每年初一的早晨，吃过早饭后，我们会整齐地排成一排站在寝室门口外的过道上，等候着我们最尊敬的上师的到来。他会给我们发压岁钱，小红包里有时有 5 元，有时有 10 元，有时有 20 元。当拿到小红包时，我们会无比的开心。

---

* 四郎吉志，藏族，1998 来校，2011 年 7 月离校；毕业于四川民族学院中国少数民族语言文学藏汉翻译专业；现任职于康定市木雅多饶嘎目九年一贯制学校。

过节，难忘“六一”儿童节，孩子们共同的生日。在这一天，上师不管有多忙都会记得来学校和我们一起庆祝生日，如果实在有事回不来，也一定会在生日那一天给学校发贺电，送上生日祝福。过生日时，学校会给我们每个人准备一块精美的生日蛋糕。当生日蜡烛点燃，我们会许下美好愿望。那画面实在令人难忘。

我的老师

我们的老师多数都是来自内地的志愿者，他们“捧着一颗心来，不带半根草去”，把青春奉献给了雪域高原的教育事业，用自己的生命提携了一群无依无靠的高原孩子的成长。

除了小时照顾我的生活妈妈外，给我留下印象最深刻的是我的班主任，也是我的数学老师。从小学到初中，我一直热爱数学，所以数学成绩还不错。我们班主任很严格，有一种无形的威严，所以班上同学特别敬畏。

还有一位给我留下深刻印象的老师是语文老师，在学校里最操劳的就算她了。每当夜深人静时，她还坐在堆满作业的办公桌前，直到批改完当天所有的作业、试卷才会安心地回房睡觉。虽然她只教过我一年的语文，可她是我最敬佩的老师之一，二十年如一日不知疲倦地工作着，对工作从来都毫不松懈，尽自己所能做到最好。

爱的教育

读小学时，每天晚上魏老师都会在学校广播里给我们读《爱的教育》。每天晚上下了晚自习，我们就飞奔回各自寝室，赶快洗漱完毕，躺到床上，听广播里的故事，多数情况下，总是听完故事才睡觉。

《爱的教育》告诉我们，一种崇高纯真的人性之爱就是一种最为真诚的教育，而教育又使爱升华。当夜深人静，教学楼里只有一盏灯还亮着，宿舍的广播里响起娓娓动听的故事时，闭上眼睛，心间会涌上阵阵感动。虽然，每个人的人生阅历不同，对爱的态度可能不一样，但是你会从《爱的教育》中，体会到曾经经历过的那些类似的情感，在让我感动的同时，也引发了我对于爱的一些思索。

没有爱就没有教育。学校始终以“一切为了孩子的健康成长”为工作的出发点和目标。相信每一个来学校的人都是有爱心的，一切为了孩子，为了一切的孩子，为了孩子的一切。因为有爱，才有这个家，才有这样一群不计回报、默默奉献的老师。

军　训

从入校的第二年开始，每个暑假，学校都会对我们进行军训。记得第一年，教官们傍晚才到学校，一到学校，直接让我们所有人把各自的被子打包，背着背包步行了几公里，最后在一个草原上搭起帐篷住了下来。第二天开始正规军训。我们被分成了几个方队，每个方队由一位教官负责训练。第一项就是站军姿。在太阳火辣辣的炙烤下，让我们站上几十分钟，站得不好甚至一个小时。只要教官不发命令，我们就不敢动。我们站得双脚发软，两眼昏花，双手发麻。教官在我们跟前巡视，一双敏锐的眼睛盯着每一个同学。站军姿在军训中最苦最累，是最磨炼人意志的训练。第二项是训练正步走、齐步走、跑步走，有的同学刚开始齐步走时总会同手同脚，有的同学左右摇晃，像个不倒翁一样，而有的同学在跑步走时，教官喊立定总是要慢几拍才停得下来，总之丑态不少，这些花絮也成为在这严肃艰苦的训练中让人开心的事。

军训生活虽然又苦又累，但却让我们深深体会到严格纪律的重要性。虽然受条条框框的束缚，却把人训练得堂堂正正。

演　讲

小学时，每吃过晚饭，我们就会在餐区进行两分钟的说话训练，主要是为了锻炼我们的说话能力和上台的胆量。每个人只需简单地叙述一件当天发生的事情，或是一个自己的看法和想法。每当我们在台上说完后，下面就会有老师对说话内容、技巧及台上的一举一动做出点评。

刚开始老师总是鼓励胆量小、说话能力欠缺的学生，会允许我们少说一点，但要把事情说清楚说完整。对于台风不端正的，则纠正台风，减少在台上多余的小动作及表情。总之两分钟说话训练对锻炼我们的说话能力及仪表等方面起了很大作用。

渐渐地，两分钟说话训练变成每个月的演讲。这也是全校性的，每个同学必须参加，题目自己拟定。当我们硬着头皮，战战兢兢完成了第一次演讲后，老师点评时更多地会给予我们鼓励，让我们对自己充满信心，不害怕演讲，并以一种积极乐观的心态面对演讲。通过多次的上台训练，我们由紧张变为不紧张，演讲水平慢慢提高了。这让我们受益良多。

感　恩

西康福利学校是我永远的回忆，是我永远的家。因为是家，我们不再在黑夜里感到孤独害怕。偶尔有雨，可雨后有彩虹可期待。偶尔有云，可云隙中有阳光可照耀。偶尔有泪，可泪中有笑容可醉。有爱的道路，我们不会渐行渐远。

最大的幸福

西绕绒姆*

我的情况比较特殊，家里父母健在，但经济特别困难，初中的时候转学到了西康福利学校。转学后，我好迷茫，也很不自信，连抬头看看四周的勇气都没有，更没有勇气做自我介绍。好在班里的同学们很热情、很友好，有的帮我领了书，有的帮我领了本子、笔，也有的来和我说话，跟我做朋友。第一节课上的是数学课。我听着老师讲，看着老师写，却什么也听不懂。因为那时我基本不会说汉语，只能听懂几句话，所以感到很无助，很想回家。但老师没有放弃我，在了解了我的基本情况后，每天用休息时间给我补课，从最基础的开始。在第一年时

* 西绕绒姆，藏族，2006年10月入校，2012年6月高中毕业离校，就读于四川民族学院藏汉翻译专业；现任教于康定市木雅多饶嘎目九年一贯制学校。

间里，几乎天天都这样。一年后我的数学成绩有了很大的进步，与此同时我的汉语水平也有所提高，那年我得到了学校给予的进步奖。

这一年中，老师对我的付出是难以想象的。当时我自己很想逃学，很想放弃，我感觉每天都在煎熬，很绝望。记得在初一的一天下午，刚吃过晚饭，数学老师突然叫我，说要和我一起散步。老师一路鼓励我，叫我坚持不要放弃，还说我有进步，相信我会学好的。老师说相信我，让我有了很大信心坚持下去。老师总是鼓励我，给了我希望。老师不断的关怀和辅导，让我鼓起了勇气。如果没有老师们当时的付出、鼓励和照顾，我根本不可能完成自己的学业。

高中的时候，学校重新调整了全校吃饭的分组。我天生不爱吃番茄炒鸡蛋，所以番茄炒鸡蛋我一口没动。一个新分到我们吃饭组的同学看不惯我挑食，就把我挑食的事报告给了校长。校长找到我并教育我说不能挑食，我记住了校长的教育，也承诺以后不再挑食。不过，我对告发我的同学还是十分生气，于是气冲冲去找那位同学理论，两个人大吵了一架。俗话说得好："不打不相识。"一次矛盾，一次吵架，让我们成了最好的闺密。我们好像成了彼此的影子，她犹如我，我犹如她。

她跟我一个班，年龄比我小一岁，眼睛大大的，头发自然带卷，性格活泼，聪明伶俐，学习成绩很好。但她身体不好，每天都要吃很多药来控制病情，而且要经常性地请假回去看病。不过她很坚强，即便身体不舒服，也要坚持看书，有时去不了教室，在寝室她也会努力看书。

她执着地求学，遇到困难很坚强，面对病魔时表现得很无畏。她在生活中的一点一滴都影响着我，感化着我。我和她就那样一起走过高中三年。在生活中我们是彼此的姐妹，在学习上我们是彼此的师徒，有困难我们一起面对。她给予了我从来没有感受到过的友谊，她让我懂得了友情的可贵、朋友的重要。现在我们两个人虽然在各自的世界奋斗着、前进着，可从来没有忘记过彼此的存在。

2012 年 9 月，我离开福利学校到外面读大学。第一次要走出去，心里很担心，也不知怎样去报到。不过，我有我的贵人。在我出发前的一个早上，上师见了我，并交给我一张单子，单子上是报到程序以及相关的需要准备的事情，原来上师早已安排好了一切。当我去大学报完到后，坐在宿舍里，突然接到一条短信，是上师。他写着："孩子，你已经上大学了，在外面要学好，要照顾好自己。"我顿时热泪盈眶。这就是我不是父母却胜过父母的上师。想到上师，我就感到很幸福、很温暖。他对我的照顾，对我的关爱，是我今生最大的幸福。

如今我长大了，有了工作，更加深刻地体会到在福利学校时上师的爱、老师的教导和同学的陪伴对我是多么的重要，而我又是多么的幸福、多么的幸运！

共同的根

雪饶卓玛*

六岁的时候，我来到了西康福利学校，从此有了一个家。六岁以前，我的记忆是模糊的。只听说，我父母离了婚。大概在我四岁的时候，我爸爸和爷爷出了车祸去世了。大概又过了半年，我妈妈选择了服毒自杀。

是的，与很多我的小伙伴一样，我的童年也很不幸。可是不幸的我们来到了西康福利学校后，变成了幸运的人。我们人生的列车驶上了不一样的轨道，变得精彩而又有意义。

刚来到学校，一切都是陌生的。大家年龄普遍比较小，为了更好地照顾我们，我们被分成了很多小家。每个小家有一个生活妈妈照顾我们，她们与我们同吃同住。很多时候天还没亮，她们就起床了，而夜晚要等我们都入睡了之后，她们才睡下。那时候，我们很多人都没有生活自理能力，她们像父母一样，耐心地陪着我们，照顾我们。为了让我们更适应在学校的生活，生活妈妈经常让我们坐在一起围成一圈，给我们讲故事，教我们唱歌，带着我们做游戏。

我们的老师多数是来自内地的志愿者，怀着一腔热血以及对我们的爱，放弃了城市生活，全身心地把青春奉献给了我们。他们不仅是我们传道授业解惑的老师，更是我们的父母。我们吃住在一起，吃饭时每一桌会有一个老师带着几个不

---

* 雪饶卓玛，藏族，1998年来校，2007年9月离校去康定中学读高中，2010年6月高中毕业后就读于西南民族大学酒店管理专业；现在中国国际航空公司工作。

同年级的孩子一起吃，吃完饭后再带大家到操场走一走，一则可以促进消化，二则我们边走边聊，可以促进师生的交流和感情。每一位老师的周围都有一堆孩子，或说说笑笑，或轻声低语，一片和谐恬静。每次我们散步时，除了聊学习上的事情，也会谈自己平时生活上遇到的困惑。任何人遇到什么难题大家都会努力去帮他解决，我们不是血缘上的亲人，可是却胜似亲人。

为了让我们德智体美劳全面发展，学校开展了许多课外活动，如课外阅读、篮球、足球、象棋、书法等。我最喜欢阅读，静静坐在一楼的图书室看书，领略书中的广阔世界。读书培养了我的辩证思维，也丰富了我的视野和精神世界。

除了让我们好好学习外，在我们学校，上师和老师们放在第一位的是教导我们好好做人，懂得感恩。上师常说我们的成长离不开国家对我们的关爱，国家好了，民族才会好；民族好了，个人才会好。他教育我们要爱党爱国。

阿克还身体力行地教导我们要尊老爱幼。他告诉我们：在他的老师面前，他永远都是毕恭毕敬。他要求我们从小背诵《弟子规》，要理解里面说的每一句，并且贯彻到平时的生活当中。他让我们热爱劳动，亲自带着我们在学校里植树种草。他用自己的一言一行教育我们、感化我们，让我们要做一个好人，不要误入歧途。

小学到初中，我一直都在福利学校读书；到了高中，因为学校只有文科班，所以我和另外一个同学去了康定中学读理科。那时候最开心的就是有些周末，上师会来看我们，带我们吃一顿小火锅或者坐下来聊聊天，问问我们最近在学习中与生活中的情况。

十年寒窗磨一剑，终于到了高考的日子。当时大家的考场都在康定中学。考试那天，上师和老师一起将我们送进考场，告诉我们不要紧张，只要自己发挥好就什么都不怕了。我当时觉得只要有上师在，似乎天塌下来都不怕。在我们这个家中，上师就是我们的天，不管有任何的风风雨雨，他都在替我们挡着。

高考分数出来了，为了能让我们每一个孩子都读上大学，那时每一个晚上，接待中心都是灯火通明。上师和老师们陪着我们查分数、挑学校、选专业。最后天遂人愿，我们这一批二十多个同学，几乎都进入了理想的大学。

大学我们去了不同的城市读书，但是每年暑假寒假，我们还是会回到我们的家。大家聚在一起，像从前一样过春节，谈心聊天，追忆过去，畅想未来。记得有一年暑假，大家约着一起上山去烤土豆。上师知道了，也在百忙之中抽空陪我们一起上山去玩。那个暑假应该是最难忘的了，我们在山上疯玩了一天，虽然下了点雨，可是在我们心里，那一天阳光洒满了整个大地。这也让我想起从小到大，基本每一个暑假，上师都会带我们去草原上搭帐篷“耍坝子”，一起去爬山，一起坐在帐篷里吃着零食聊着天。心里装着他老人家的爱，我们永远都还是当年依偎在他身边的孩子。

二十年了，福利学校已成为任何时候都可以为我们遮风挡雨的温暖的港湾。无论走到哪里，我们都有一个共同的根，都不会忘记自己的初心。我们会用实际行动去回报这个家。由上师牵头，同学们一起努力，我们已经成立了整个家的基金会，目的和宗旨就是感恩以及去帮助和关爱社会上需要帮助的人。

脚踏实地，不断努力

益西志玛*

因为西康福利学校，我享受了太多的关爱和温暖，得到了太多的帮助和支持。我感恩我的学校。无比感恩多吉扎西活佛，有他才有这所学校，这个家园。无比感恩政府的关爱，没有政府的支持与帮助，就没有学校今天的成功。无比感恩所有老师的栽培，没有你们十几年如一日的艰辛付出，就不会有我们的今天。感恩所有爱心人士的帮助，感恩同学们的陪伴。请你们相信，我会努力去做更多有意义的事，去帮助能够帮助的人，把最好的自己奉献给这个时代。

我从小失去了母亲，父亲没有足够能力抚养我，在我出生不久就把我寄养在爷爷奶奶家。我被送去爷爷奶奶那里时，已经是生命垂危。为了救我，他们花费了不少精力和金钱。感恩父母给了我第一次生命，感恩爷爷奶奶给了我第二次

---

* 益西志玛，藏族，1998年来校，2011年6月高中毕业离校，就读于中国工程物理研究院工学院旅游管理专业；现任职于四川扎西集团分公司酒店。

生命。

在爷爷奶奶家，大家对我宠爱有加。我体质较差，家人不让我去放牛，还让我去读书。在学校里还有做校工的小姨陪伴我。可是好景不长，在我七岁那年，小姨突发重病去世。从那以后，我就被迫退学了。

突然有一天，家里得到一个振奋人心的消息，说在塔公有所学校正在招生，并且面向失去双亲，或者家庭条件困难的孩子。记得1998年9月的一天，爷爷把我送到西康福利学校。就这样，缘分让我走进了新的生活，拥有了一个新的家，有了好多兄弟姐妹。

在福利学校，我们一百来个学生被分给了几位生活老师来管理，我们都称她们为“妈妈”。这不仅仅是一种称呼，她们付出的就是我们缺失的母爱。每天早上由生活老师叫我们起床，洗漱完毕吃过早餐后，就去教室上课。每天中午我们都有一个多小时的午休时间，下午放学早，老师就带我们进行体育活动。项目很多，记得我们女生尤其喜爱跳绳、踢毽子，男生则是打篮球、滚铁环等。吃过晚餐，每一家的生活妈妈就会把所有同学组织在一起讲故事、做游戏。晚上等我们睡了，生活妈妈还要挨个宿舍检查，看有没有小孩被子没盖好，或者要起夜上厕所。

我记忆中的每一天都很充实快乐。我小学阶段的学习成绩似乎一直很不错，也常得到老师的赞扬和奖赏。我常给自己喜欢的老师送上自己在校园里采摘的小花并附上小纸条，放在老师宿舍门口，表达自己对老师的尊敬与爱。

步入初中后，我们成长了许多，成熟了许多，没有再整天围着老师转了。课程增多了，作业也多了。老师还选时间让我们进行课外阅读，背诵了很多唐诗宋词，还有《中庸》《论语》等。偶尔学校还组织演讲比赛，老师拟题，我们各自准备演讲稿，选定一个时间，在全校师生面前依次上台演讲。这个恐怕是我最畏惧的，因为自己胆小，很怕出洋相，被嘲笑。每次演讲，一上台两条腿就不听使唤地哆嗦到演讲结束。

记得我初中时数学特差，总被老师叫去办公室私下辅导做题，老师们总是耐心辅导，从没有怨言。不过，也许是努力不够，也许是自己太笨，我初中学习成绩很不好。初中毕业成绩出来后，我差点放弃了，想要直接报考中职，去学个技能。在老师的建议下，我选择了复读，一年后我成功地考上了高中。

高中的学习更加紧张了，我有时候觉得喘不过气。早上六点之前起床，早操后就开始上早自习，上午四节课。吃过午饭，多数同学都会继续回教室自习，下午也是四节课，晚上两节课过后，还要上自习课。如果停电了，就点蜡烛学习。每天的生活满满当当。我因为学习成绩上不去，有时候有些泄气，可老师们依然没有一丝松懈，常常为我们加油打气，还单独找压力大的同学聊天，进行开导。

高中生活在2011年的6月画上了句号。所有同学都期待着录取通知书的到来，我也不例外，每天祈祷。终于有一天老师打电话来说通知书到了，于是我飞奔去学校。虽然我考上的并不是什么名牌大学，但我终于可以体验大学生活了。

大学毕业后，我的第一份工作是在一家奶茶店打工。半年后，我去了甘孜州乡城县的一家民营酒店工作。那时这家酒店刚装修完，还需要打扫卫生，我就从打扫卫生做起。我在这家酒店工作了快三年。我明白所有的工作都不容易，要做好它就得学会待人处事，要心存一颗积极向上的心，脚踏实地，不断努力。

守护这个家

泽登多吉*

我12岁来到了西康福利学校，我生命中的第二个家。到校后的好几个月，我跟着生活妈妈学习个人卫生和生活方面的各种习惯。那时我不会说汉语，也听不懂来自其他地区的很多藏族孩子的话，语言交流成了很大的问题。那时的我经常跟同学打架，老师教育批评我的时候，我又听不懂，老师只好找同学来翻译给我听。就这样，我慢慢学会了汉语，开始了新的生活。

---

* 泽登多吉，藏族，1998年来校，2008年离校，自考四川农业大学远程与继续教育学院计算机信息管理专业（中专），现在多饶嘎目文化园区任门卫。

传统文化教育

在学校，老师教我们学习传统文化。刚到学校时，生活妈妈带着我们学习古诗；上学了，就学习《大学》《中庸》《论语》《弟子规》等传统经典。那时的我虽然不解其意，但只要听生活妈妈和老师读几遍，我就可以背。这些小时候读诵的经典到我们长大后就起了很好的作用，特别是初、高中的时期，在老师的帮助下我们重读这些经典时，对其中的一些内容会恍然大悟："哦，原来是这样的。"这些经典教会了我们如何尊敬师长、友爱同学，以及生活规律和做人的准则。我们学校特别强调善有善报、恶有恶报的传统观念，以及知恩图报的理念。

当然，传统文化每个民族都有。在藏地，最常见的传统文化是各种格言和传统歌舞。这也是我们要学习的。有段时间，学校专门请来了一位舞蹈老师教我们跳锅庄。大家边跳边唱，歌词主要描述地方的历史和习俗，有些歌词是传承了很多代的。

上师对我们学习传统文化特别重视，他还亲自来检查我们的舞蹈学得怎么样。一次，全校师生在操场上围成圈，上师站在圆圈中间，看每个人的舞步和动作是否和舞蹈老师的一样。大家都很认真，上师觉得可以过的同学和老师就到中间去跳。这样一个大圈变成了一大一小的同心圆，就这样进行考核。上师非常严格。最后上师觉得有两个学生跳得不够用心，他们被请出了圆圈，在全校师生面前受到了批评。

后来，每逢过节或接待来校检查的领导时，我们就会跳锅庄来庆祝和表示欢迎。

多饶嘎目

那一年我们耍坝子，第一次徒步从塔公来到多饶嘎目，这个被无数先贤祝福过的地方。那时公路还没有通，这里是牧民的牧场。后来，上师在这里修建了学校。我们福利学校的同学们也都参加了建设。接待中心的地基是同学们挖的。多饶嘎目学校第一期学生的生活老师也是福利学校的同学们。上师要求我们把从生活妈妈那里学到的都教给他们。我们很认真地教了他们近一个月才回到学校上课。

高二那年，我自己觉得成绩不好，放弃了学业，投入到多饶嘎目的建设中，因为我希望帮着家里干点实事。刚开始我学的是电工，也帮学校维修门窗，做一些工地上的事。后来，我做了多饶嘎目的门卫，一直到现在。

门卫工作其实很重要，也很锻炼人。过去我脾气很暴躁，自从当了门卫，我接触到各种各样的人，慢慢地就把我的暴躁脾气磨得没剩多少了。未来，我希望能够当好多饶嘎目的门卫，把好这大门，也期望能够变得更了解他人和了解自己。

感恩上师给我这个家，感恩老师们的教导，感恩所有曾经关心过我们家的善心人的帮助！

永远的记忆

泽仁拉姆*

从步入校园的那一刻起，我的人生开始充满阳光。因此，那个无比普通的日子在我的记忆里越来越光明，成为吉祥的一天。记得那天跟随家长来到西康福利学校，看见许许多多和我同龄的小伙伴，内向的我并没有立刻和他们打成一片。面对新生活还充满忐忑的我，被生活妈妈领到了宿舍里。宿舍干净整洁，淡淡的清香扑鼻而来。上下床上整齐地叠放着一色的被子，正对窗户有一张大桌子，整齐排列着各种书籍以及一些玩具。生活妈妈领我到卫生间，在一个大盆里放上满满的温水，示意我洗澡。生活妈妈异常地温柔，挽起袖子蹲下，拿起澡帕轻轻给我搓背，并温柔地询问我的一些情况。洗完澡后，同宿舍的小伙伴拿来一整套新的衣服，生活妈妈细心地照顾我穿上。过了一会儿，同宿舍的小伙伴都回来了。

---

* 泽仁拉姆，藏族，1998年来校，2011年6月高中毕业离校，就读于眉山职业技术学院初等教育专业；现任教于甘孜州色达县大则小学。

生活妈妈向他们介绍了我，并叮嘱他们要带我一起玩耍。如今回忆起来，一切都那么清晰，好像昨天刚刚发生一样。

我们的老师都是来自五湖四海的志愿者，有的能歌善舞，有的博学多才。由衷地感谢他们，感谢他们的教诲，因为他们我才能变成现在的我。在这里要特别感谢陪伴我们长大的胡忠老师、魏宏老师、盈明丽老师、刘勇老师、陈少雄老师……

胡忠老师是我的班主任，也是学校的校长。高三那年，为了让我们能认真复习功课，他把办公桌搬到教室里，每天陪着我们上课、下课。每天早上他都守在教室里督促我们背书，晚上无论多晚都陪着我们复习功课。

魏宏老师是我的语文老师。在我心里，她是一位名副其实的才女，优雅智慧。在她悉心的教导下，我逐渐爱上了文字。我们读的每一本课外读物，都是她细心挑选出来的。她上的每一堂课都生动形象。

盈明丽老师是我最崇拜的人。她原来是教语文的，但来学校后改教数学了。她能把一堂枯燥的理论课上得生动有趣，能把一道复杂的数学题，简单易懂地讲解出来。

刘勇老师是我的历史老师。他的历史课完全是故事课。他上课不用看书，上下五千年的历史他能轻松从头讲到尾。他对许多历史人物和事件的看法独到而有趣。

陈少雄老师是我严厉的体育老师。我跑步跑不快，铅球扔不远，仰卧起坐躺下就起不来……只要是体育课上考的项目，我没有一项是及格的。在大部分同学都自由活动后，我还在陈老师的指导下一遍遍地练习，认真的他从来没有轻易地放弃过我。

我们的老师都多才多艺，在课余时间为我们开设了内容丰富有趣的“第二课堂”，有美术班、数学班、书法班、古筝班……由我们按自己的兴趣选择。我参加了数学班。教这门课的是我最崇拜的盈明丽老师，她总是能四两拨千斤地把复杂的数学问题轻易解出来，并用最简洁的方式让我们理解。我还跟着好朋友去蹭了几节书法课。上书法课的老师竟能握着笔尖无比柔软的毛笔，写出苍劲有力的字，太神奇了。

如今的我已如愿当上了一名教师。经过两年多的学习和实践，我真切体会到了作为一名教师的不容易。想要做一名合格的教师，我深知自己还有很长的路要走，还有很多的技能要学习。庆幸的是在这条路上我有许多优秀的榜样。

在这样一个充满爱的大家庭里长大，如今天各一方，总想做点什么来纪念、感恩这个家，今天终于有这样一个好的机会，能用文字来记录下那一次次的感动。

十二年，那和你们朝夕相处的十二年，有笑有泪的十二年，早已封存在了我内心最柔软的深处。大家庭里每一个人的笑容、每个名字我都清晰地记着。我开始渴望回到有你们的每一天，幻想着有一天睁开眼，这一切都是梦，我们依然在黄昏靠墙而坐……

永远的归宿

扎西曲珍*

初入校园

来福利学校前，我每天吃过早饭带着一天的干粮赶着牛去山上。不管风吹日晒，我只能在外面与牛为伴。直到有一天，有人带来一个好消息，说我和姐姐可以到一个很远的地方去读书。我开心得睡不着觉，睡着后也会在睡梦中笑着醒来。

第二天我与姐姐一起来到了西康福利学校，一个陌生的地方，但它却从此变成了我们永远的摇篮、永远的归宿，因为这是一个犹如家的学校，一个由爱组成的学校。

刚踏进学校，发现学校非常大，非常漂亮，我不禁整个身心都激动了起来，想到自己往后要在这里生活、在这里学习，就无比的开心快乐。与此同时也看到了与自己一样大小的孩子，他们开心地在校园里玩耍嬉戏，没有一点烦恼，是那样的天真浪漫。我们去见了阿克。当看到阿克的那一刻，我觉得似乎整个世界都

---

* 扎西曲珍，藏族，1999年10月入校，2011年6月高中毕业离校，就读于南充职业技术学院语文教育专业；现任教于康定市木雅多饶嘎目九年一贯制学校。

安静了下来，都亮了起来。他用慈父般的眼神望着我，微笑着与我说话。我感觉好像到家了一样，温暖又温馨。

老师们进进出出、忙忙碌碌，面带着微笑与我们温柔地说话，虽然那时听不懂老师们说什么，可从他们的眼神和动作中我明白了，我听懂了，那是给予我们问候与关怀。看到老师们的笑脸，我更安心了，没有了一丝的陌生与不自在，更没有害怕。当天，老师为我们洗了澡，还换上了漂亮的衣服。我内心的激动无法用语言文字来形容。晚上盖着散发着香味的棉被，在香气中进入了梦乡。

老师的付出

她长发及腰，总是用一个蝴蝶夹把它夹在脑后，风一吹，就在她背后翩翩起舞。身穿一袭长衣，走起路来总是脚下生风，那绰约的身姿一直留在我心中，挥之不去。她就是我的启蒙老师——皮晓萍老师。看着讲台上美丽而干练的皮老师，我在心中埋下了一颗种子，随着年龄的增长，这颗种子慢慢地被滋养着，等待着发芽、长大——我要和老师一样，要成为一支燃烧着的蜡烛，燃烧自己去照耀别人。皮老师喜欢带着我们去图书馆看书，让我们从小养成读书的好习惯；喜欢带着我们去郊游，接近大自然，让我们用自己的双眼去发现大自然的美；喜欢带着我们去做游戏，去锻炼身体……

在往后的学习中，老师在课内课外，都给我们传播知识，就像蒲公英妈妈撒种一样。我从老师身上学到了很多的知识，学到了很多做人的道理。在学习生涯中，我记忆最深的是高中最后一个阶段。那是紧张又枯燥的一年，可也是学到知识最多的一年。老师们比我们还要辛苦，当我们放下一天的疲劳，停下一天奋斗的脚步，进入梦乡后，老师们还在工作。在昏暗的台灯下，他们的神情是那样的专注，手里握着笔杆，批改着作业，没有一丝的不耐烦。批改完作业后，他们没有急着去休息，而是继续准备着第二天的一切，就这样一直忙碌到深夜。有时当天边泛起白光，老师们才发觉天快要亮了，才想起要休息。一阵短短的小憩后，老师们又开始了战斗。

在高三，老师们不管是从精神上、言语上，还是身体上，都极力地支持我们，为我们加油打气。老师们生怕我们倒下，生怕我们放弃。可殊不知，最累是他们自己。他们把最好的一面展现给我们，给我们做表率，可回到他们的世界里，他们连站起来的力气可能都没有了。但即便他们已经累成了这样，也从不在我们面前表现出来。

美好的今天

当我成为教师的那一刻，我想我要把这份爱传递下去。看着一张张活泼可爱、天真浪漫的脸庞，看着一双双纯净清澈、渴求知识的眼睛，我感觉到教师职业的神圣与责任的重大。

如果没有爱心人士的帮助，有可能我还是个放牛的孩子；若没有老师们无微不至的关怀，我更不会成为今天的我；没有阿克，我就没有今天的一切。是阿克，让我拥有了这美好的每一天；是阿克，让我有了回报社会的机会；是阿克，让我发现了世界的美。因为遇见了阿克，我的命运就此改变了。可以坐在整洁安静的办公室里，拿着笔，在纸上飞舞，在知识的海洋里畅游，追逐着自己的梦想。

怀念与感恩

泽仁琼佩*

光阴如白驹过隙，漫长的20年，弹指一瞬间。

1998年的秋天，爷爷送我到了西康福利学校。那年我5岁。在学校度过的第一个晚上，我睡觉时突然就想起了爷爷，时不时在被窝里抽泣。生活妈妈摸着我的头，不断安慰我说：“不要难过，大家都是你的兄弟姐妹。”是的，我从此有了很多亲人。

---

* 泽仁琼佩，藏族，1998年9月来校，2012年6月高中毕业离校，后毕业于四川民族学院藏汉双语法学专业；现在甘孜州色达县司法局工作。

忆念老师

想起了语文老师魏老师给我推荐的第一本课外书：杰克·伦敦的《野性的呼唤》。作品讲述巴克原是米勒法官家的一只爱犬，经过了文明的教化。该作品写的是狗，也反映人的世界，同样也是我的世界。

想起了体育老师陈大哥，早上六点准时叫醒我们，组织我们跑操，男生7圈，女生5圈，谁掉队就得挨罚。陈大哥平时待人温和，但在教学中却严格、负责，他教会我们打篮球、踢足球，让我们拥有了强健的体魄。

想起小学、初中的数学老师盈老师。数学一直是令我头疼的学科，上课几乎是在听天书。还记得小学毕业考试，我数学考了全班倒数第一。盈老师把我叫到办公室，我想肯定要完蛋了，没想到盈老师并没有责备我，而是语重心长地帮我分析考砸了的原因，并且告诉我，面对不会的一定要有不放弃的钻研精神。从此以后，我慢慢地喜欢学习数学，数学成绩渐渐提高了。

想起了高中地理老师顾老师，一个特别认真、细心、负责的老师。顾老师让我们准备一个笔记本，然后教我们画每个大洲、每个国家、每个地区、中国每个省份的地图，标好经纬度线，分析气候特点……高中下来画了厚厚的一本。真希望这本笔记本还在，里面满满都是回忆啊。

学校所有的老师都是认真负责的，把自己的一切都奉献给了学校，把所有的爱与关怀都给予了我们。许多老师的面孔我依然清晰记得，时常在梦里也能见到他们。感恩每一位老师对我的付出，愿所有老师都能健健康康，一切如意。

怀念食堂

我很怀念学校的食堂：早上热滚滚的稀饭、大又甜的馒头，还有鸡蛋加上各类泡菜。当时流行着一种吃法：把馒头横着掰开，然后剥鸡蛋吃掉蛋白，留着蛋黄夹在馒头里，偶尔夹几片泡菜。那真是人间美味，吃上一口就很幸福。食堂的午餐特别丰盛，有三菜一汤，有时两素一荤，有时两荤一素，而且每一天的菜品都不一样，要是等到过年过节那就更不用说了。晚上差不多和中午一样，有时会吃面。

感恩活佛

西康福利学校创始人多吉扎西活佛，是我们所有人的恩人，永远是慈悲智慧的化身。离开5年的时间，每当自己做错事，心烦意乱时，想起老人家的教导，就能够顿时醒悟，从困境中走出来。活佛教导我们要心存善念，温和待人，吃亏是福……当我们离开学校，走上工作岗位，活佛仍以微信群聊的形式不断教导我们怎样面对新的事物。

2012年6月22日晚上，高考成绩出来，我对自己的成绩还挺满意的，加试了藏文，过了本科分数线，报了四川民族学院法学院法学专业（藏汉双语）。我们就快要离开西康福利学校这个家了。曾经是那么渴望外面的世界，但是面对最后的分离，却是万分的不舍。

那一天，我们围坐在活佛身边。临走时活佛教导我们，进入大学一定要用功读书，将来成为一个对社会有用的人。这是非常朴实的一句话，对我来说却是沉甸甸的，这句话里承载着活佛多年来对我们的期望。

大学毕业后，我最终选择参加公务员考试。第一次落榜，第二次同样落榜，第三次终于考上了。学校教导我们“不抛弃，不放弃”，我做到了。

“爱国　敬师　笃学　求真”，这是我们母校的校训。现在理解这段话感觉和小时候不一样了，现在感觉范围更广，责任也更加重大了。母校的校训将永远指引我不断前进，怀着感恩之心，珍惜这来之不易的一切，心存善念，做一个对社会有用的人。

美好的回忆

泽汪多吉*

西康福利学校的时光是永远都无法忘怀的。那温馨的港湾见证着我们的青春。在那温暖的地方留下的都是美好的回忆。

难忘学校生活

天气清爽的早晨，当熟悉的旋律响起的时候，睡眼朦胧的我们飞奔到篮球场上，等待值周老师一声令下，然后就开始了“一二一”的晨跑。这就是忙忙碌碌新一天的开始。

十几分钟过后，教室的沉静被琅琅的读书声打破了，大家进入了紧张的学习生活中。

四十几分钟过后，下课铃声响起的时候，我们会以火箭般的速度冲向阳光棚，因为美美的早餐在等着我们。

吃完早饭之后的整个上午，都在教室苦读，因为上午对我们来讲是最能集中精力的时候。

午饭过后，就是午休时间。我们经常可以在篮球场上表演我们的球技。

下午对很多人来说，是一个犯困集中爆发的时间段。有时候老师会带着全班同学到操场上，以一种比较放松、比较自由的方式上课或者复习。

晚上七点过后开始了晚自习。

---

* 泽汪多吉，藏族，2007 年入校，2013 年 6 月高中毕业离校，就读于西南民族大学藏汉双语行政管理专业；现工作于中共石渠县委统战部。

这就是我们一天的生活，也几乎是我们一年四季的生活。

难忘课余生活

学校非常重视让学生们参加节目表演。有时候，一台节目几乎要花一个月的时间去排练。不过对于我们来讲，这段时间是最安逸、最开心的。通常一台节目中，每个人都要参加八九个节目，一个节目表演完后上气不接下气地跑到幕后换服装，再继续上场表演。就这样，我们在舞台上挥洒青春和汗水。虽然很累，但我们每次的表演，都会惊艳在场的每一位。

另外一件幸福的事莫过于劳动锻炼：坐着卡车或背着自己十几天二三十斤的行李去十几公里之外打地基、下货搬货、打扫卫生等等。虽然很累很累，但是年轻的身体永远感觉不到疲倦。队伍里永远有那么几个开心果，在他们的带动下，我们唱军歌、讲笑话，相互调侃、相互吐槽。无论劳动强度多大，天气多么恶劣，路途多么遥远，对于我们而言，时间总是过得那么快。

回想起那些美好的过去，那些事、那些人，一股暖流就会流遍全身，然后久久停驻在心间。我会用我的一生好好地珍惜。

感恩的火种代代相传

土　登*

幸　运

自记事开始，我的生活里便没了爸爸。后来，唯一能给我爱和快乐的母亲也

---

* 土登，藏族，1998年入校，2010年6月高中毕业离校，四川大学汉语言文学专业毕业；现任职于康定市人力资源和社会保障局。

悄然离开了我。从此之后，我的世界没有了光，只剩下苦难。

我也是幸运的，就在我感到最黑暗的时刻，在遥远而陌生的地方，一片光明向我召唤。1998 年 9 月，我告别那小小的村庄，第一次踏上远途，颠簸了两天，终于来到了让我生命转折的地方。来到这个地方好长时间后，我才知道她叫西康福利学校，坐落在被人称为菩萨喜欢的地方——塔公。从此，西康福利学校这个名字成了这世间最让我刻骨铭心的符号，我的血液里洋溢着她浓郁的芬芳。

母校作为一所民办全日制全封闭的寄宿制学校，收留了像我这样的一百多个经历了苦难的孩子，成了一个家。自从我踏入这个家门，我一天比一天更加深刻地体会到家的温暖。

在我懵懵懂懂地踏入西康福利学校的那一刻起，我的生命重生了。入学的第一天，生活妈妈为我洗去了身上的污垢，换上崭新的校服，寓意着一个崭新的开始。在以后的无数个日日夜夜里，她监督我们早晚刷牙，睡前洗脚，周末洗澡、洗衣服；她要求我们饭前集合排队，进餐保持安静，不浪费，不挑食，饭后打扫卫生。就是在那些平凡而琐碎的生活里，我们渐渐丢弃了以往的不讲卫生、懒惰、邋遢、任性的坏习惯，学会了有条理、讲卫生的生活。现在回想起来，那时我们反反复复看似机械的事情，却给了我们最初的启示：健康的人生，来自规律、干净、惜福。这启示一直伴随着我们长大，也给了我一个健康的身体。

传统教育

我还清楚地记得，一个阳光灿烂的清晨，在校园操场的一个角落，我大声朗诵着《大学》《论语》。那时我还不能流利地讲汉语，更不用说理解这些传统经典的内容，只是那时异常的兴奋，摇头晃脑，恍若古人。后来对这些经典粗浅的认识，归功于恩师们的言传身教。他们给我们展现的每个细节，行走坐卧，待人接物，就是用平凡的细节阐述并践行着圣贤遗训。他们每天都在告诉我们：待人真诚，不撒谎；尊长面前谦逊、礼貌；不在他人背后论长论短，“己所不欲，勿施于人”；不恶语中伤他人；珍爱身边的一切，不践踏任何生命；不轻诺寡信，承诺的事情一定要完成……在夜深人静的时候，每次回想这些教诲，都是一次反省，会增添我继续努力前行的勇气和动力。

学校的创始人多吉扎西仁波切将每年的六月一日定作我们所有孩子共同的生

日。过生日是一种神圣的体验，那天的生日烛光里，我第一次从恩师的嘴里听到“感恩”二字：感恩天地万物、感恩祖国、感恩父母、感恩师长、感恩身边一切帮助过你的人。第一次，我们的出生被纪念，第一次，我们深深地感恩。那一刻尤为庄严，那一刻格外特殊。小小的心灵在那一刻被震撼，被融化。从此，在我的心里，多了一个值得我一辈子念叨和践行的词：感恩。

我曾经抱怨过命运，在我小小的年纪，就给我了不应有的苦难。但其实比我更苦的人有很多，而后来我又是这样的幸运，我的恩师们用光明引导我走向人生彼岸，还有那些至今我都没有办法知道名字的千千万万个善心人士，他们默默付出，用温暖和真诚为我铺成平坦大道。我铭记于心，我至诚感恩。

随着年岁的增长，我更加懂得了我承受的恩情的厚重，也渐渐体会到感恩能够带来的满足与力量。感恩是快乐与幸福的源泉，感恩更是人生前行的力量。有很多时候，我会被自己的狭隘拖进狭小的空间，并用懈怠和恐惧来填塞，在自我的固执怂恿下，妄自菲薄与怨天尤人进一步将我推向迷失的深渊。每当这个时候，只要想到母校教我的感恩，心里就会涌起一股股热浪，这些澎湃的浪潮会击碎我的所有自私与狭隘，如醍醐灌顶，让我重回温暖与平静。

归　途

西康福利学校二十岁了，我的恩师们褪去了青春的乌发，银发渐渐显露，却仍然为西康福利学校的发展努力付出。第一批同学中，也有很多拿起粉笔，站上讲台，踏上恩师们走过的路。原来人世间会有那么多的温馨重复，一遍一遍，一代一代，传承着西康福利学校的温暖。三十而立的我，也在自己的工作岗位上，认真踏实地办事，不消极，不气馁，不妥协，不放弃。为他人尽一份绵薄之力，为自己坚守一颗赤子之心。

归途，不知道何时归，但是希望我的每一步都有西康福利学校的影子，我的每一个脚印都能诠释她赐予我的教诲，我的每个清晨都有她炽热的目光相伴。我更希望她特殊的精神之火能够代代相传，照耀每一个失落的灵魂重新找到希望。

说不尽的感恩

金泽喜*

时光荏苒，从西康福利学校毕业到现在已经过了五年。回想在校的点点滴滴依然记忆犹新，从当初的懵懂无知到现在的大学毕业，我学到的不仅是书本上的知识，更重要的还有做人做事的技巧。感恩学校，感恩老师，感恩同学。正因为有了你们的陪伴与支持，才有了今天不一样的我。

回首童年

记得刚来学校时我才七岁，什么都不知，什么都不懂，汉话就更不用说了。由于我性格内向，与其他同学交往很少，每天都一个人独来独往，内心感到很孤独。我的生活妈妈就很耐心地与我交谈，慢慢地我的心打开了，跟其他同学交流多了，渐渐地感受到了集体的温暖、家的温馨。

后来，学校里的同学越来越多，就分班了。由于我从来没读过书，不会说汉语，不会认字写字，就被分到了学前班。在老师们细心与耐心的指导下，我学会了认字写字，并慢慢地会写一点日记。学校有图书馆，我也渐渐喜欢上了阅读。通过读书，我的作文成绩提高很快，经常都会被老师拿来当范文读。

小学我成绩特别好，从学前班到小学六年级，我在班上都名列前茅，每次考试都在全班前三名，一直都没下降过。不仅这样，我也非常听老师的话，在老师眼中一直都是一个乖学生。这可是我的骄傲，此生难忘。

---

* 金泽喜，藏族，1998 年 9 月来校，2012 年 6 月高中毕业离校，就读于西南民族大学藏汉双语行政管理专业；现在甘孜州雅江日基农业开发有限公司工作。

我们学校是封闭式学校，虽然空间不大，但我们的生活有滋有味。学校不仅是学习的地方，更像我们的家。在这个大家庭里，住着藏汉彝羌四个民族的孩子，还有来自外地的老师。老师不仅教我们知识，更像我们的家长，精心呵护着我们每个人的生活和学习，磨炼我们每个人的心智，助力我们的成长。在这里，我度过了我不后悔的童年。

开心的事

我在福利学校从七岁长到二十岁，一共十四年，开心的事很多。最开心的莫过于“六一”过生日。每年这一天，我们都会双手合十，默默许下自己的愿望，然后在大家长阿克的祝福下，开心地吃蛋糕。

每年的运动会也很使人开心。运动会一般会举行三天，这三天学校会特别热闹。每个人都在努力，都在加油。最难忘的是我一次参加三千米长跑，刚开始跑时很有劲，跑在第一个。在旁边同学的加油鼓劲下，跑得特别努力，但后来慢慢地我的体力就不支了，跑得越来越慢，最后落在了后面。虽然没有取得好名次，但我觉得尽力就好，加上我在其他项目中得了几个第一名，还是特别开心的。

还有过藏历年，我们都穿上藏装，过得特别热闹，会举办很多活动，隆重的是演藏戏。为了演好藏戏，活佛专门请了三位专业藏戏老师来校指导我们。由于老师的认真与同学们的刻苦学习，最终藏戏演出特别成功。当然，还有我特别喜欢的藏餐，活活把我吃成了“金胖胖”。

还有学校节庆日必不可少的篝火晚会，在操场中央点起篝火，全校师生包括我们敬爱的家长都会手拉手一起围着篝火跳锅庄，很开心、很幸福、很温暖。

高考记忆

记得高三，每个人都不再顽皮。为了高考，我们努力学习。每天早起晚睡，六点起床，晚上近十二点才休息，没有一天是轻松的。一天一天的倒计时，时刻提醒我们日子不多了，上战场的日子近了。学校老师也在陪着我们学习，督促我们，其实他们比我们更加辛苦。

随着倒计时的结束，我们终于走向了考场。每届中考、高考都是上师领着我们去考试。在高考期间，每天早上上师会给我们祈祷，然后带着我们走向考场，到考场门口后与我们一一碰头加持。高考三天，天天如此。至今仍然历历在目。

功夫不负有心人，我考上了位于成都的西南民族大学。当得知自己被这一所学校录取后，我整晚睡不着觉，兴奋不已。只是高考后，我也不得不离开我的第二个家——西康福利学校了。当我把东西打包带走，来到学校离门不远的地方，停住脚步，向后看时，我情不自禁地流下了眼泪。心里说着一定要回来，回来看我的母校及爱我疼我的老师。

感恩一切

在福利学校我体会到了太多太多的爱，同学之间的爱，老师与同学间的爱，阿克对我们每个孩子的爱，还有社会上许多人对学校的关心与帮助。这些一点一滴的爱汇聚成了我们学校，让我们学校每个同学发展得那么好，所以只说感谢表达不了我们的心声，我们应该做的就是用实际行动来回报学校，回报社会。

散步时的成长

求知荣智*

我入校是 1999 年夏天的一个中午。有两位女老师向我走来，微笑地用汉语问我叫什么名字，我说慈诚荣智。老师问：是不是叫求知荣智？我纠正说叫慈诚荣智，老师还是重复“求知荣智”？也不知是因为老师亲善甜美的笑容让我失去了

* 慈诚荣智（求知荣智），藏族，1999 年来校，2012 年 6 月高中毕业离校，就读于四川民族学院藏汉翻译专业；现在甘孜州色达县克果乡人民政府工作。

抗拒能力，还是因为我与生俱来的求知欲，我居然放弃了纠正自己的名字，从此我叫了“求知荣智”，拥有了这个来之不易的求知机会。

这个家有大家长，有生活妈妈，有无微不至的老师们，他们教我们掌握了最基本的卫生生活常识，教我们读写识字，教我们做人的道理，教我们读书考试，用无尽的心血，把我们这些农牧家庭出身的苦孩子，几乎全部培养成了大学生。

在藏地，家里人最多记得你在什么季节出生，是什么属相，很少会记什么时候生日。但是在西康福利学校我们有了自己的生日：6 月 1 日。以后每年的 6 月 1 日，我们都过生日，我们上大学时也是如此。现在大家都踏入社会了，我们还会在这一天过自己的生日，以此感恩大家长、感恩老师。小伙伴们相互联络，近的就在一起过，远的送上最真挚的祝福。过生日时，最重要的是要请我们的大家长给我们祝福。

大概在初中的时候，大家长提出让老师和孩子们一起吃饭一起散步的倡议，老师们积极响应。每个圆桌来了一位师长，气氛自然要严肃得多了，平时餐桌旁打打闹闹的少了，吃饭时都规规矩矩的。

第一个来我们桌的老师是谢老师，她的严格在学校是出了名的。我当时很听话，非常珍惜碗中的每粒饭，这让我养成了很好的用餐习惯。第二位是魏老师。魏老师笑得很甜。

最开心的环节就是散步，在散步过程中可以提很多问题，老师自己也会讲一些故事。在这个过程中，我学会了很多东西。我开始对读课外书有兴趣，不再像以前周末全用来打球，有时还会去老师那里借书看，老师也会推荐许多好书。这样我又养成了一个爱阅读的习惯。

后来，换了好几位老师。从不同老师身上，我学到了不同的东西。在胡老师身上学会了尽职，在耿老师身上学会去观察大自然，在付老师身上学会思辨，在刘老师身上学会剖析事物本质，在盈老师身上学会激发自己、认识自己、做好自己，在顾老师身上学会钻研，学会务实。一个圆桌派，让我学到了好多好多的东西，就像海绵吸收老师们身上的养分。

愿我们这群被宠爱的孩子不会辜负那些宠爱我们的人。

从调皮捣蛋鬼到好学生

登巴达吉*

刚来学校，我的坏习惯太多，经常惹是生非。不是跟新来的同学打架，就是跟几个调皮的孩子逃出去玩耍，完全没有学生应有的纪律和规矩。有一次，我跟几个同学逃跑了，跑到学校附近的商店里买了一些好吃的糖果、方便面、饮料。我们来到河边正准备享用时被老师发现了。老师把我们带回了学校，语重心长地教育了我们。

又有一次，生活妈妈要我们重洗没有洗干净的衣服。我是寝室的室长，要负责督促其他同学洗衣服。大冬天太冷了，我们不想洗衣服，所以我带着室友们去玩耍了。晚上回到寝室，生活妈妈严厉批评了我们。

就这样，我的坏习惯在老师严格教导下，一点一滴被纠正过来。我越来越守规矩了，当室长有责任心了，也不再欺负小同学了，不会再调皮捣蛋惹是生非了。我现在养成的一些好习惯，如讲卫生、爱干净、热爱学习、懂礼貌、守规矩等，都离不开学校的严格管理和老师的谆谆教诲。

每年的六一儿童节是我们一百多个孩子的共同生日。这个特殊的节日，让我们心头充满了喜悦。印象最深刻的是，这一天三好生和表现优秀的同学可以领奖品并与上师一起点生日蜡烛、切蛋糕。那个时候我真的很羡慕那些能切蛋糕的同学。

有一年六一生日那天，领奖的同学中竟然有我。真的不敢相信有自己的名字，我每天的努力和期盼，终于实现了！这个奖励激励着我要做一个积极向上、刻苦学习、品学兼优的学生。

---

* 登巴达吉，藏族，1998年月来校，2010年6月高中毕业离校，就读于达州职业技术学院初等教育专业；现在甘孜州色达县然充乡小学任教导主任。

感恩您，我的母校、我的老师！小小的我们进入学校，为我们的长大成人，你们花去了多少的心血与汗水，从小学到初中，乃至大学，又有多少老师为我们呕心沥血，默默奉献着热和光，燃烧着自己，照亮着别人。我满怀感恩！

如父如母的老师

尼玛泽仁*

我们的老师也是我们的父母，关心我们，爱护我们，不让我们受一点伤。这样的老师很多，以下我就说说我们的魏老师。

魏老师在我印象里是个非常爱笑的人。她笑的时候让我们每个学生心里都感到很温暖。但魏老师也非常的严格，教室的地面、教室的玻璃、上课时的纪律，还有背的或写的作业，都必须按要求完成。我知道魏老师的身体状况一直都不是很好，但她总是会显得很精神，永远都告诉我们：没事，我没事。刚进校时，我与身边的同学不熟，心里有些怕。魏老师告诉我：不要怕，大胆去表达，没人会瞧不起你，只有你自己瞧不起你自己。高二的下学期，魏老师得了急性咽炎，但是她依旧带病上课，哪怕嗓子发不出声音来。魏老师会把想说的话写在黑板上。在魏老师得病的这段时间里，她的课没落下过一节。魏老师的这种坚持让我终身受益。高三的时候，魏老师对我们更是寸步不离。

这就是我们的老师，十多年的教诲，十多年的师生情谊，我们学会了太多太多。风雨中，我会想到母校老师们那期望的眼神，这些眼神是我一生最大的动力！老师，请你们放心，我们一定努力地工作，为国家、为社会，付出自己毕生的心血，为学校争光，不给学校丢脸。

---

* 尼玛泽仁，藏族，1998年10月来校，2011年6月高中毕业离校；就读于四川民族学院藏汉翻译专业；现任职于新龙县竹登寺管理委员会。

铭记您的教诲

德　罗*

我出生在一个美丽的地方——康定市塔公镇，很小的时候就来到了西康福利学校。刚来到学校时，面对着陌生的面孔，看着许多和我一样哭哭闹闹的孩子，心里很是害怕。是老师的无尽慈爱让我很快地融入了这个温暖的家。

记得我小时候比较懒，开始并不懂得珍惜学习机会。一次，老师郑重地对我说："只有勤奋的人才能学到知识，才能为社会做出贡献。"我一直记住这句话，它影响了我的一生。感恩您，我的老师，感激您的用心良苦。

我们的教师像春蚕，像蜡烛，在他们呕心沥血、无私奉献中，我们逐渐成长成才，而他们自己增添的却是丝丝白发和斑斑皱纹。在精心培育我们增长知识的同时，他们也为我们传播大爱。当我们在学习上碰到曲折时，他们给予鼓励。当我们悲伤时，他们给予安慰。教导我们如何做人，怎样处事，如何面对困难，如何感受生活，如何珍惜幸福。你们用汗水与泪水给我们心里播下了快乐种子。校园里我们清脆、明亮的声音，都是你们的爱。因为有了你们，我们的世界才会变得如此美丽。老师为我们付出的太多太多，我们将铭记你们的无上恩情，并将用最好的服务社会的实际行动来报答你们的教育和养育之恩。

毕业后，我一直立志想当一名人民教师，继承恩师们神圣光荣的事业。未来我要继承传播我们老师的良好师德，为共同撑起美好的教育蓝天，贡献一份自己微薄的力量。

---

* 德罗，藏族，2000 年 9 月来校，2013 年 6 月高中毕业离校，就读于广安职业技术学院语文教育专业。

附录：学校规章制度

学校教育教学和财务、后勤等各项规章制度均依据《中华人民共和国义务教育法》等相关法律法规和上级教育主管部门发布的各项制度结合学校实际制定。篇幅所限，与国家及上级部门规定相同的内容概不赘述，只列出具有学校特色的制度和条目。

教师职业道德规范

在国家教育部1997年颁布的《教师职业道德规范》基础上增加以下条目：

1. 有奉献精神，能为工作无私付出，根据工作需要无条件接受学校安排。

2. 随时随地对学生的错误和不良行为予以及时教育和纠正，不能视而不见，不能姑息放纵；锲而不舍地帮助学生改掉坏习惯，培养好习惯。

3. 不偏爱学生，严禁学生进入自己宿舍，不单独给学生任何东西。

4. 不放弃任何一个学生，尽全力辅导和帮助学困生。

5. 尊重当地习俗，尊重各民族习惯，不得制造任何不团结的因素。

6. 不超越正常师生关系，不得以任何形式和行为给孩子身心造成创伤。

7. 在校不赌博、不抽烟、不酗酒，为学生树立榜样。

生活教师一日工作常规

一、早上

1. 根据天气状况，通知学生加减衣服，并决定是否出操。

2. 督促学生洗漱（手、脸、脖干净，头发整齐），检查学生着装是否统一、整洁、保暖，督促学生喝水并按时出操。

3. 观察学生的健康状况，并向校医通报情况。

4. 督促值日生做好寝室卫生。

5. 催促学生按时上早自习，检查寝室卫生、寝室公区（走廊、楼梯）卫生并记录。

6. 公布前一天寝室卫生总评分。

二、上午

1. 检查寝室卫生。

2. 检查寝室是否有脏衣物堆积。

3. 对寝室公物使用情况进行例行检查和登记，并将维修单上报总务处。

三、午间

巡视学生午休情况，保证全体学生安静休息；冬季不午休时，组织学生安静活动。

（注：生活教师被耽误的午眠时间在下午学生上课期间内等量补齐。）

四、上、下午课间

1. 第一节上课铃响，在宿舍等候因个人卫生不合格而返回的学生，帮助做好清洁重整工作。

2. 学生上课，生活教师到图书室进行理论学习或按规定补休。

3. 下午上课期间，检查一次寝室卫生。

五、用餐（三餐）

1. 提前 10 分钟到餐厅为学生分餐。

2. 负责餐前集合，检查学生是否按时到餐厅就餐，督促学生餐前洗手。

3. 陪同学生进餐，直至用餐结束。

4. 培养学生文明用餐习惯：进餐适量、安静用餐、不掉饭、不剩饭、不挑食、不将饭菜带出餐厅。

5. 检查值日生工作（洗涤餐具、收拾桌面）。

6. 管理学生时，须尽量轻声；对严重违纪的学生，应叫出餐厅进行教育，保证餐厅的安静，不影响其他学生用餐。

六、课外

在校园陪同学生进行课外活动，做个别学生的思想教育工作，为个别学生缝补衣服，安排内务卫生。

七、晚自习

检查一次寝室卫生。（寝室卫生标准：床铺平整，被子统一叠放；毛巾按规定晾晒；桌上、床下物品摆放整齐；地面干净、干燥；开窗，无异味；衣柜、鞋柜干净，内部分类摆放整齐。）

八、晚上洗漱

1. 督促学生刷牙、洗脸、洗脚。

2. 督促学生及时换洗袜子和小衣物。

九、就寝（午休、晚休）

1. 清点学生是否全部回到寝室。

2. 督促学生换鞋进寝室，鞋子、衣物按规定摆放整齐。

3. 检查学生是否安静就寝。

4. 晚上叫特殊学生起夜。

十、周末周日

1. 星期六晚上，组织学生看电视。清理违纪学生及负责安排、管理未看电视的学生，结束后监督学生做好电视室的清洁工作。

2. 星期日下午安排学生做好个人卫生、宿舍扫除及衣物清理工作，统一检查并作记载，于晚餐前讲评。

十一、生病学生的护理

1. 随时注意学生的健康状况，督促生病学生及时就诊（重病学生须亲自陪同到医务室就诊），关心其服药情况。

2. 悉心护理持医生证明需卧床休息的生病学生，关注其病情发展；若医生提出需病号伙食，经学校同意后与食堂联系。

十二、其他例行工作

1. 每周评选一次卫生寝室，并根据纪律、公物及卫生三项总和评选出优秀寝室。

2. 负责安排周末学生的洗澡次序。

3. 负责与洗衣房联系，安排衣物的统一洗涤工作：学生校服一周清洗一次，床单、被套半月清洗一次。

4. 负责学生清洁日用品的发放工作。

5. 安排学生的衣物清查工作。

6. 本着不浪费的原则，对学生衣物的报废与请购提出建议。

7. 负责学生的理发。

学生公约

一、礼节

1. 升降国旗或唱国歌时，肃立示敬。

2. 师生间：(1) 到教师办公室，须立正报告。(2) 校园内见老师，点头微笑问好；不躲避，不绕道。(3) 校外路遇老师，立正，脱帽，肃立道旁，鞠躬问好。(4) 向老师质疑问难，回答老师问题，必起立。(5) 师长给与物品，须两手奉接。(6) 与师长同行，应师长先行，缓行其后，不超越师长。(7) 师长立不可坐，师长来必起立。(8) 师长问话，须应答，以清晰可闻为宜；师长面前，不大呼小叫；不从师长面前超行，应从背后绕行。(9) 对师长不直呼其名。(10) 随时随地愿受老师的指导与督促，接受教育帮助后，应鞠躬道谢。

3. 同学间：(1) 互助，互谅，互让，互学。(2) 闻过则喜，乐意虚心接受同学提出的意见。(3) 同学间不说、不传是非；不扬恶。(4) 同学有错，劝其改正；见同学违反校规，劝其主动向老师承认错误；若不接受，则及时向学校报告。(5) 互相尊重，不吵架、打架，不开不庄重的玩笑，不开过分的玩笑；不取不叫绰号；不恶作剧伤害同学身心。(6) 不以大欺小。

4. 会场中：(1) 让客人坐前（主）位。(2) 轻步进出。(3) 会未毕，不请假，不退场。(4) 不交头接耳，不大声咳嗽，不瞌睡。

5. 待客人：(1) 在学习区自修，遇客参观，若客人来到面前，应起立问好。(2) 路遇客人，让道，微笑问好。(3) 积极参与迎接客人的准备工作，乐意接受学校安排的接待任务。(4) 主动为客人开门，让客先行。(5) 主动询问客人，经同意后帮客人拿行李。(6) 师长或客人交谈，不干扰，不围观。

二、学习

6. 上课认真听讲，积极参与，积极动脑。（不搞小动作，不看课外书，不写与本课无关的东西，不瞌睡，不扰乱课堂秩序。）

7. 按时按质完成作业。（不抄袭作业、不敷衍应付作业、按规定交作业。）

8. 不无故缺课，不迟到早退。

9. 刻苦学习，努力达到学习要求。

10. 诚实考试，不作弊。

三、纪律

11. 集合：跑步到达集合地点，迅速、整齐、安静；老师讲话时，精神集中，安静倾听。

12. 餐厅：(1) 座有次序，高位（上座）让长者。(2) 餐前洗手。(3) 站立和行走时不吃东西，不饮水。(4) 师长动筷后方能进餐。(5) 就餐时，左手端碗，不踩桌腿。(6) 只向菜盘中自己一方夹菜，不在菜盘中翻搅、挑拣，不立起向他人面前及菜盘中心取菜取汤，公用筷匙，不触己碗。(7) 从就餐者侧面上菜上饭，不得越过他人头顶。(8) 自己碗中的饭菜，不可倒回饭盆菜盘中。(9) 对大家都喜爱的菜肴，不可独霸贪食。(10) 吃饭要食不满口，细嚼慢咽，喝汤喝粥，不使出声；不用汤水泡饭。(11) 安静就餐，需要说话，必须轻声且避免唾沫溅入菜盘中。(12) 咳嗽须转身向后捂嘴；不对人剔牙齿。(13) 吃饭应定时定量，最多以两碗（早餐两个馒头）为限，肠胃不可过饥或过饱；不来就餐应请假。(14) 不挑剔食物的好坏，不偏食，不剩菜剩饭，碗中不留饭粒，桌面不掉饭菜。(15) 客人未进餐完毕，主人不放碗筷，不先起身。(16) 全桌未吃完，不收拾碗筷，不擦桌。(17) 午餐、晚餐后全桌一起离开，并散步两圈。(18) 餐后值日生认真清洁，做到餐具、桌面干净，不把桌面饭粒、菜渣抛到地上，洗碗帕与擦桌帕洗净拧干。(19) 餐厅扫除做到餐桌整齐，地面、饭台、洗碗间干净，倒净垃圾。(20) 饭后半小时内，不作激烈运动。

13. 寝室：(1) 按规定时间安静就寝，按时起床，不赖床。(2) 寝室随时保持干净整齐；墙上不得随意张贴。(3) 开窗通气，室内不能有异味。(4) 早晚认真洗漱，晚上入睡前尽量不吃甜食，睡前刷牙；定期洗澡，身上不能有异味。(5) 及时清洗、晾晒脏衣物，记住收回；衣柜里不能有脏、湿衣物。(6) 生活自理，自己的事情自己做，不无故让他人代劳。(7) 帮助需帮助之人。(8) 不得自行到他人寝室就寝。

14. 教学区：(1) 教学楼、阳光棚、学生宿舍内，不高声唱歌、乱跑、乱叫、弹舌、吹口哨、打闹。(2) 教室内不打闹、游戏，保持抽屉整洁。(3) 在教室及学习区自习或阅读书刊，应保持肃静，不做其他事；不在桌上乱贴乱画。阅览书报，不折角、不画线、不批注、不唾粘、不损坏丢失；阅后放回书架原来的位置，不带离图书区；在学习区学习后，必将坐椅还原。

15. 活动：遵守活动纪律，服从安排。

16. 服从管理：服从学校的一切安排，服从各级管理。

四、行为

17. 注重个人形象和仪表：(1) 保持学校规定发型，定期修剪；女生头发不遮眼睛和面部，不蓬乱。(2) 衣着朴素整洁，破烂即补；按规定着装，不戴装饰品；衣不违时。(3) 仪容整齐，拉好拉链，结好钮扣，不敞衣服；不“露衣角”。(4) 行，不勾肩搭背，手不揣在衣袋和裤兜里；站，身体不歪曲斜倚；坐，端正，双腿平放，不抖腿摇臀，不翘椅凳；睡，不仰不伏，右卧如弓。(5) 在校园内及公众场合，不横坐，不横腿，不扪脚，不躺卧。(6) 仪态大方，不挠头搔耳，不流涕，不抠鼻。

18. 尊重一切生命，不伤害动物。

19. 他人谈话，不在中间插嘴；两人对谈，不向中间穿走。

20. 与人交谈，须专注凝视对方，眼神不乱动，不漫不经心。

21. 不对着人打呵欠、伸懒腰、打喷嚏。

22. 学校家庭的事，不轻易告诉外人。

23. 口为祸福之门，话要得体，经一番考虑再说，力求说到做到；说话行事戒随意。

24. 施恩求忘，受恩必报，对帮助了自己的人要及时当面道谢；得罪了他人，应主动求得和解，被人得罪，应予宽恕。

25. 亲近善友，远离恶友。

26. 凡事要讲理智，遇有消极情绪，学会调节，不乱发脾气，不迁怒于人。

27. 凡有求于人，须亲自当面求助，不可委托他人。

28. 敬茶果先长后幼。

29. 做人诚实，不撒谎；犯错不掩饰，认错即改。

30. 不贪不偷；未经同意，不得动用、翻看他人物品、书信。

31. 借用东西，按期当面归还，若有损坏，应主动赔偿并道歉；动用了的东西及时还原。

32. 不进教职工寝室，不私下托校内外任何人买东西和收发信件，不接受校内外任何人私自给予的钱物；不能拥有规定之外的私人物品，家里带来的钱物要及时按规定交学校寄存。

33. 爱护物品，不浪费和损坏生活用品、学习用品、公共设施。

34. 做事认真负责。

35. 生活有规律，不抽烟，不饮酒；在校期间，不谈恋爱。

36. 校内坚持说藏语和普通话，语言文明，不说粗俗语。

学生操行评分标准

满分100分；90分以上为优秀，等级A；80～90分为良好，等级B；60～70分为中等，等级C；60分以下为差等，等级D。

项目	分值	主要内容	备注
尊师重道	20分	爱党爱国，爱校如家，主动为学校做事出力； 视师如父母；主动关心老师、为老师帮忙出力； 见到老师，自然地向老师问好； 诚心接受老师教育，知错能改； 服从老师管理，对老师不顶撞、不埋怨、不仇视、不议论、不起绰号等。	1. 以上要求满分100，若有不达要求，将酌情减分，若有突出良好表现，将酌情加分。

项目	分值	主要内容	备注
同学友情	20 分	同学间如兄弟姐妹，平等相待，以礼相待，相互关爱，乐于互助；同学间不以大欺小，不打架、不吵架、不开过分玩笑，不起绰号，不搬弄是非；同学间发生矛盾能文明解决，相互宽让，不仇视、不埋怨； 异性同学间交往有礼有节，不对彼此的健康成长造成不良影响。	2. 加减分由个人表现情况而定，个人表现情况由师生反馈的信息来定。 3. 操行分每月评定一次，若对评定有意见，可书面上交班主任老师加以澄清解释。 4. 重大违纪，影响恶劣，操行评定另行处理。 5. 操行不合格者，本人写出书面整改意见，上交班主任，以观后效。 6. 学生操行成绩评分由各班主任负责完成，报学校审议通过，并由全校师生共同监督其公平性。
学习态度	20 分	注重做人品行，严格要求自己，有造福人类、回报社会的高尚理想；热爱知识文化，对学习有明确的目标；上课积极参与，态度认真；作业按要求完成，态度认真；诚实考试，不作弊；不怕困难，不混日子，对做人、对学习、对习惯培养不放弃、不放任。	
生活习惯	10 分	热爱生活，热爱劳动，自己的生活习惯有规律，不随便、不放任自流； 个人形象大方自然，合乎学生仪容要求； 个人卫生上，自觉洗漱，勤洗澡、勤换衣、换下的衣物及时洗、晒、收；寝室内务合格；就餐不挑食，做好餐桌卫生和餐区卫生值日；就寝前不串寝室、不乱睡床位、不喧闹、不影响他人休息；睡前洗漱、脱衣脱袜；听到起床音乐及时起床，做好内务及时下楼集合或上课；入厕大小便后，及时冲水、洗手；体育活动后要及时洗手；饭前发现手不净，要及时洗； 有病及时就诊，按时吃药，不拖病、不怕病。	

项目	分值	主要内容	备注
遵纪守信	20分	认真学习《中小学生守则》《西康福利学校学生公约》的内容，并努力实践； 严格要求自己，信守承诺；借人物及时还； 爱护校园一切公物及自己一切生活学习用品； 集合听指挥、按要求；校园内不大声喧哗、不怪叫、不吹口哨、不追打奔跑； 不在操场、草地、旗台上横躺斜卧；文明看电视，男女分坐，不大声喧哗，坐姿端正； 家里带来的私人钱物应交学校存管；不私自托人打电话、带物交信； 不向人要东西；不托人买东西；不偷拿他人钱物；不进教职工宿舍；不乱串教室、不乱睡寝室；不将图书带出阅览区等。	7. 学生操行连续不合格或有重大违纪者，由全体教师共同商议处理办法，并报学校审议通过。
公益活动	10分	热爱公益劳动，乐于奉献，不偷懒、不讲条件，多出力；对学校内外的公益活动一律要服从安排、不讲条件、不怕辛苦、积极参与； 活动中要注重礼仪、礼貌，不喧闹、不散漫； 严格要求自己，遵守活动纪律，保证活动质量和效果。	

学生寝室物资管理、使用和领用办法

一、寝室公共物资管理

（一）清理：总务主任、生活教师和维修负责人，会同室长、同学对公有物资数量及破损情况现场清点并登记，进行整改和维修后退还多余，补充不足，达到配置标准（门、窗，灯和开关，桌凳，挂钩，上下铁床，储物格，鞋柜，扫把、撮箕、拖把，立镜，擦桌布、肥皂、肥皂盒、沐浴露、洗发水、洗鞋刷，卫生卷纸)。室长作为责任人、生活教师作为监督人在物资清单上签字;一式两份,一份上墙,一份录入总务处电脑。宿舍钥匙室长保管。

(二)管理:

1. 由室长负责,同学协助共同管理。

2. 爱护寝室公物,开窗及时挂上挂钩,人走关水、关灯、关门。上课期间,锁寝室。寝室公物破坏或丢失,由责任人劳动赔偿;不能确认责任人,由寝室人员共同劳动赔偿。

3、爱惜劳动工具,合理使用生活物资。遵循“够用不浪费”的原则,不能积存不用,也不能滥用或随意放置、丢弃。

二、个人物资管理

(一)清理:方法如上,过期的丢弃,多余的退还,不够的补足,达到配置标准(洗脸盆、洗脚盆,女生卫生用水盆,洗脸毛巾、擦脚毛巾,女生卫生用小毛巾,凉拖鞋和棉拖鞋,漱口杯、牙刷、牙膏,香皂、香皂盒,梳子,擦脸油,垫褥,床单,被芯被套,枕芯、枕套)。核对认可后的同学作为管理责任人、室长作为监督人,在物资清单上签字;一式两份,一份学生留存,一份录入总务处电脑。

(二)管理:

1. 由使用人负责管理。爱惜物品,按规定统一放置;合理使用,积存不用、使用过期物品、滥用、随意损坏或丢失、捡回不属于自己的物品等均会受到批评教育或惩罚,管理出色的同学会受到表彰。

2. 注意保管,不随意翻看、挪用他人物品。

3. 室长负责监督室员的物品使用和保管,需补充或更换物品时,汇总后统一办理申领。

三、物资领用管理

(一)在总务处电脑里,为每间寝室创建工作表(含公共物资清单和室员个人物资清单);领取物资信息录入“物品领用登记表”。据此掌握学生各种生活物资使用周期,及时发现和处理异常情况。

(二)领用流程:

1. 室长持“物资领用申请单”到总务室办理申领手续。

2. 香皂、沐浴露、洗发水、肥皂、卫生卷纸等易消耗品,核查使用周期正常后，总务主任在申请单上签字；室长持申请单到库房，按签发的品名和数量领取相应物品。

3. 塑料盆、漱口杯、牙膏、牙刷、毛巾、拖鞋、香皂盒、梳子等物资，实行“以旧换新”。(1) 洗脸毛巾、牙刷，属三月更换一次物品；牙膏按正常周期使用完即可领取。室长交回旧的毛巾、牙刷、牙膏皮，数量相符，即可办理手续。旧物品回收。(2) 洗脸盆、洗脚盆、用水盆，香皂盒、梳子、拖鞋，床单、被套类物品，室长交回旧物时需说明更换理由（塑料老化、盆子裂纹漏水、凉拖鞋断面、棉拖鞋断底、梳子折断等），合理且数量相符，即可办理手续。旧物品回收。(3) 修理后可继续使用的，如拖鞋脱线导致的鞋面和鞋底分开等，申请单留在总务处，室长找维修老师处理。修好，撤走申请单；无法修补的，总务主任签字领取。(4) 属人为破坏或故意弄丢物品想重新领取的，不予办理，用劳动“换取”物品。老师根据不同情况（情节轻重、是否撒谎、是否过失性损坏等），参考物品价值，结合学校现有劳动项目，安排强度、时间、内容不同的劳动任务；学生完成后，办手续领取。

4. 申请领用灯泡、维修电路等事宜，需室长填写“寝室维修申请单”，总务主任签字，交维修老师。

5. 学生统一成套的校服、鞋子由生活教师直接办理领取；学生的内衣裤等其他衣物先进行清理、登记，录入电脑后，再由生活教师申请领取。个别特殊情况（如爱运动的同学鞋袜易磨损等）由总务处和生活教师灵活处理，保证够用；不搞平均主义，造成物资的浪费。

6. 回收物品，清理分类后分别予以重新利用（棉制品等）、卖给废品收购站或作垃圾倒掉。